中国历史

西夏史

李蔚 著

人民出版社

目 录

前　言

　　中国是一个统一的多民族的国家,中国的历史是中华民族各族人民共同创造的历史。正如毛泽东在《论十大关系》一文中所指出:"各个少数民族对中国的历史都作过贡献。"在 10 至 13 世纪期间,先后与宋、辽、金鼎立,统治近 200 年的西夏王朝,曾经组织领导其境内的以党项族为主体的各族人民,发扬爱国主义精神,在极其艰苦的条件下,从事生产斗争和军事斗争,开展同周边邻国的经济文化交流,发展了社会经济和文化,为开发祖国的大西北,作出了不可磨灭的贡献。它的兴起、发展和衰亡的历史,是我国历史不可分割的有机组成部分。

　　历史是一面镜子。学习研究西夏史,不仅可以使我们全面去了解、掌握我国古代史的发展规律,而且还为我们今天的改革开放,建设四个现代化的社会主义强国,提供有益的借鉴。其历史的和现实的意义是不言而喻的。

　　我对西夏史的学习和研究,是从 1981 年开始的。这一年的 8 月,我到宁夏回族自治区银川市,参加西夏研究学术讨论会,会上聆听了有关专家的高论,参观了西夏皇陵和宁夏博物馆珍藏的西夏文物,从而对西夏史产生了浓厚的兴趣。此后,我一面学习西夏文,搜集有关史料,给本科生、研究生讲授西夏史和辽宋西夏金元史史料学,一面对西夏史的一些问题展开研究,经过十多年的努力,不仅发表了 20 余篇文章,而且还编出了西夏史讲义。可谓教研相长,相得益彰。本书就是在此基础之上,吸收有关专家的一些科研成果编撰而成的。

　　如众所知,由于元人修辽、宋、西夏、金史时,不给西夏写分量可观的纪传体专史,致使西夏公私史料湮灭亡佚,现存的足资佐证的关键性的史料,不仅贫乏而且分散,从而给撰写该朝历史带来一定的困难,加之本人地处西北边陲,学术情报闭塞,功力不深,水平有限,谬误之处,在所难免,恳请专家读者不吝赐教。

　　在撰写的过程中,为了使我能够比较全面了解国内外研究西夏学的概况,甘肃省图书馆高士荣同志在百忙中按照图书分类法编了《西夏史文献目录》;孟凡秀、蔡华等同志及时手抄写了书稿;人民出版社张秀平同志提出过许多宝贵的修改意见;校系有关领导给予不少热情的鼓励和帮助。在此,谨向他们表示衷心的感谢!

李　蔚

1994 年 5 月于兰州大学历史系

西夏各时期疆域形势图

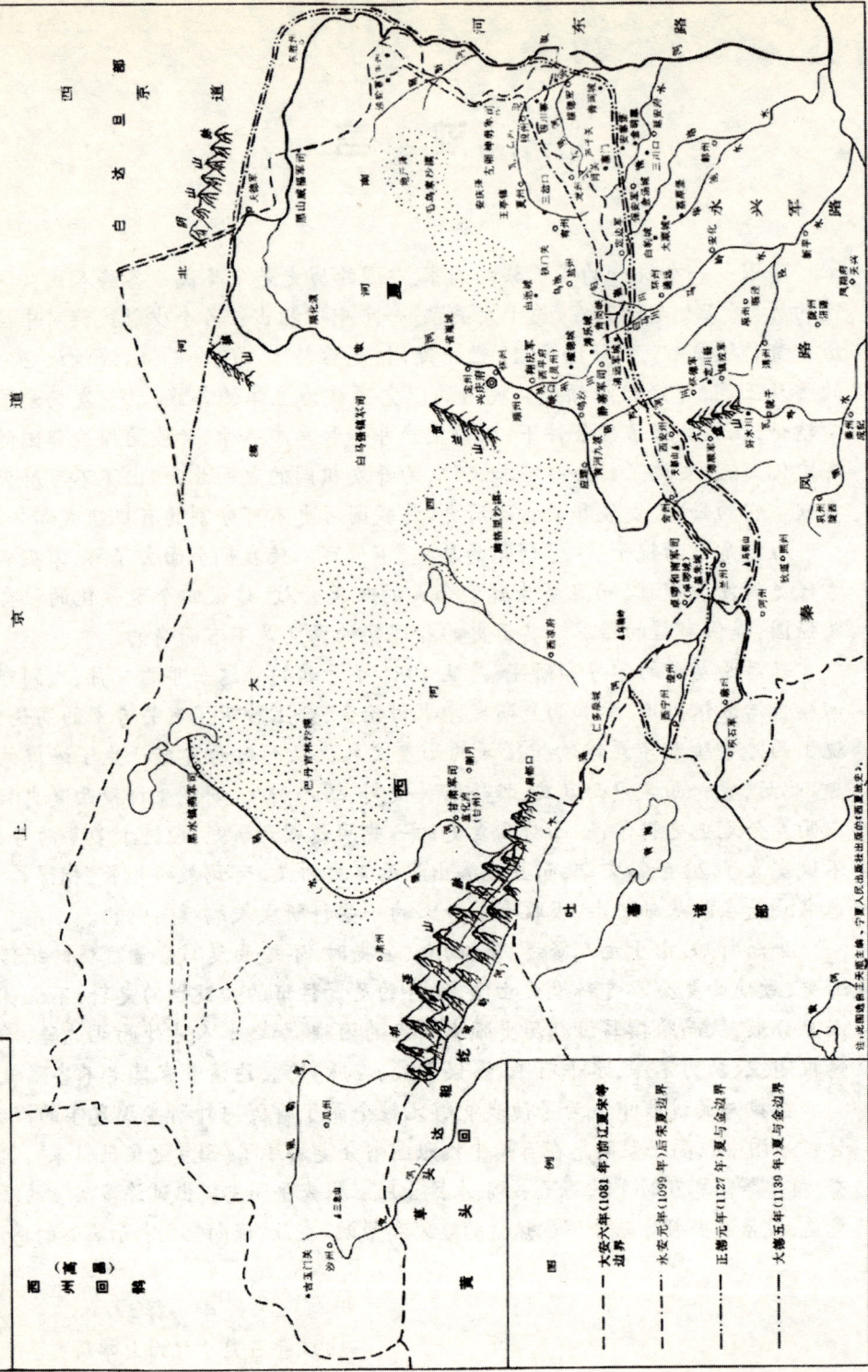

图例

— — — 大安六年（1081年）的辽夏宋等边界
—·—·— 永安元年（1099年）后宋夏边界
———— 正德元年（1127年）夏与金边界
—————— 大德五年（1130年）夏与金边界

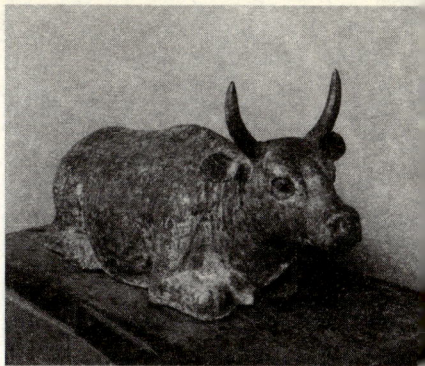

西夏铜牛

第一章

总　论

一、12 世纪前后的中国概况

12 世纪前后的中国境内，与西夏同时并存的民族政权，在其东南地区有宋，北部地区有蒙古诸部，东北地区有辽，西部地区有高昌等小国，其南部地区有吐蕃和大理。

下面就这些民族政权林立的概况作一简要地叙述。

公元 960 年(建隆元年)赵匡胤通过"陈桥兵变"，黄袍加身的闹剧，夺取了后周政权。接着，在后周初步统一的基础[柴荣去世前，已夺取后蜀的秦(今甘肃天水市)、凤(今陕西凤县东北)、成(今甘肃成县)、阶(今甘肃武都东)四州和南唐的 14 州 60 县]之上，采用"先南后北"的战略方针，在将近 20 年(960—979 年)的时间里，先后于 960 年平泽州(今山西晋城县)李筠和扬州李重进，962 年(建隆三年)平荆南(南平)，964 年(乾德二年)平后蜀，971 年(开宝四年)平南汉，975 年(开宝八年)平南唐，979 年(太平兴国四年)平北汉，从而在相当大的范围内完成了统一，结束了自中唐以来的方镇长期割据混战的局面。

北宋时期的统治地盘，"东南际海，西尽巴僰，北极三关(指雁门关、宁武关、偏头关)，东西〔宽〕六千四百八十五里，南北〔长〕万一千六百二十里"。[1] 有关专家据此推算，北宋疆域大体上为 250 万平方公里。[2]

[1]《宋史》卷 85，《地理志》。
[2] 袁震:《宋代的户口》附表三,《历史研究》1957 年第 3 期。

西夏石马

北宋在相当范围内进行统一后，随即强化了中央集权，采取了一系列旨在恢复和发展社会经济的措施，从而使农业、手工业、商业，在唐代的基础之上获得了较大的发展。农业方面，宋代垦田数量大体上在 700 万顷至 750 万顷之间，为汉唐的 2 倍。手工业方面，唐代矿冶有 186 所，北宋增至 271 处，同时产量也有提高，唐中叶，铜的产量为 60 万斤，宋仁宗、英宗时增加为 697 万斤，比唐增加了近 12 倍。商业方面，唐代旧的城市厢坊制度（居民居住区与贸易区严格分开）已被打破，而代之以新的厢坊制度，工商业者面街而居，随地经营，标志着宋代商品经济的高度发展。

但是，随着社会经济的发展，各种社会矛盾（包括阶级矛盾、民族矛盾、统治阶级内部矛盾）也日益积累尖锐起来。北宋仁宗时，由于土地兼并严重，赋税不均，大量的自耕农破产，从而促使阶级矛盾激化，小规模的农民起义"处处蜂起"，"一年多于一年，一伙强如一伙"。[1]

在阶级矛盾激化的同时，民族矛盾也日益发展。仁宗时，元昊称帝建国，与辽结成联盟，不断侵宋，使宋在军事上连续失利。加上国家财政出现赤字，国库空虚，积贫积弱之势，日趋严重。所谓"民力弹竭，国用乏匮"，[2] "中夏之弱，自古未有"，[3] 正是这种积贫积弱形势的写照。

北宋统治者在内忧外患日益严重，国家处于国用乏匮，"西北交侵，寇盗充斥"[4]的情况下，虽然先后推行过"庆历新政"与王安石变法，但都以失败而告终。这种局势，发展至徽、钦之时，随着统治者的腐朽，阶级矛盾与民族矛盾更加激化，北宋王朝犹如一幢将倾的大厦，摇摇欲坠，岌岌可危，终于在女真兵马的沉重打击下寿终正寝了。

辽是契丹族耶律氏建立的国家，其统治地盘，"东至于海，西至金山，暨于流沙，北至胪朐河，南至白沟，幅员万里"。[5]

辽自耶律阿保机建国后，三传至穆宗耶律述律（951—969 年），明显开始了封建化，至道宗耶律洪基（1055—1101 年）统治时期，大体上完成了封建化。这可以从以下几个方面清楚地看出：从生产关系看，社会上存在

[1]《欧阳文忠公文集·奏议集》卷 4,《再论置兵御贼札子》。
[2] 李焘:《续资治通鉴长编》卷 143, 庆历三年九月丙戌。（以下简称长编）。
[3]《长编》卷 131,庆历元年二月丙戌。
[4]《长编》卷 143,庆历三年九月丙戌。
[5]《辽史》卷 37,《地理志》4。

着地主与农民两大阶级对立。一方面,农民的土地被封建地主所占有;另方面,农民逐渐变为农奴,封建土地所有制确立。从政治制度看,统治者采用汉制,加强了中央集权,各种封建的典章制度日益完备。从社会经济看,畜牧业逐渐衰落,农业逐渐取得支配地位。统治者完全采用封建的剥削方式,凭借着政治权力强迫各族劳动人民,按照耕地交纳租税,交纳布帛、房钱、农器钱以及其他杂税,并从事各种无偿劳役;而从事畜牧业者则要给统治者供应军马,交纳丁口和牲口税。这一封建化过程的完成,是契丹族发展史上的界碑,对于我国北部边疆地区社会经济的发展,无疑起了加速和促进的作用,其进步意义是显而易见的。

西夏陵区1、2号陵(远景)

随着辽王朝的封建化和国力的增强,宋辽之间也多次发生了激烈的较量。公元1004年(宋景德元年,辽统和二十二年),辽圣宗为了缓和国内矛盾,转移人民视线,以及掠夺更多财富以巩固其统治,主动挥师南下侵宋,结果宋胜辽败。在宋军打了胜仗的情况下,双方签订了和约,史称"澶渊之盟"。按照和约规定,宋每年要给辽赠纳绢10万匹,银10万两。这对改善辽国的财政状况,无疑起了重要的作用。

"澶渊之盟"签订后,辽宋关系形成了暂时的稳定局面。辽统治者为了恢复和发展社会经济,比较重视采纳中原地区进步的生产技术和科学文化,从而加速了农业和文化的发展,缩小了宋辽之间经济和文化的差距。

但到12世纪初期,随着辽封建化的加深和社会经济的发展,其统治者也日趋腐朽。他们对各族劳动人民进行着残酷的剥削和奴役(如垄断土地,检括户口,等等),阶级矛盾、民族矛盾日益激化,民族起义不断,加之统治阶级内部争权夺利的斗争愈演愈烈,从而使辽王朝的统治迅速走向崩溃的深渊。至天祚帝时,终于经不住内忧(民族起义)、外患(宋金联合攻辽)的夹击而灭亡了。

高昌在回鹘(今维族)人迁去之前,早已进入了封建社会,其农业基础较好。回鹘人迁去之后,他们进一步发展了农业,开始过着比较稳定的定居生活。

由回鹘人所建立的高昌,其最高统治者称亦都护,又称阿萨兰(意为幸福之王),推行封建中央集权统治,首都

西夏陵区 1、2 号陵(正视)

喀喇和卓(今新疆吐鲁番东),其极盛时的统治地盘,"南距于阗,西南距大食、波斯,西距西天步路涉、雪山、葱岭,皆数千里"。[1]境内有汉、回鹘、南突厥、北突厥、大众慰、小众慰等民族。有的经营农业,有的经营畜牧业。无论农业、畜牧业均颇发达。农业方面,盛产五谷、棉花、葡萄、蚕桑等等。水利灌溉也颇发达,"有水,源出金岭,导之周围国城,以灌田园,作水磑"。[2]畜牧业方面,其"地多马,王及王后、太子各养马,放牧平川中,弥亘百余里,以毛色分别为群,莫知其数"。[3]手工业有冶金、琢玉、丝棉纺织及酿酒技术,均达到了相当水平。

自 10 世纪至 12 世纪期间,高昌的使节和商人,络绎往来于辽、宋之间。他们用马匹、药物、香料,交换宋、辽的金银和各种产品。辽在上京(今内蒙古自治区巴林左旗)设有"回鹘营",作为回鹘人的住宿区。宋在秦凤路设"市易司",专门管理包括高昌在内的西北少数民族贸易,市易司的收入,每年达 2000 万贯以上。

高昌地处东西陆路交通要冲,当时波斯、印度、阿拉伯及东罗马商品,通过高昌转输到中原地区,从而促进了中原王朝同这些国家的经济文化交流,起了中转站的积极作用。

吐蕃于唐咸平年间(869—877 年)所爆发的奴隶和各族人民起义,沉重打击了吐蕃统治阶级,结束了吐蕃奴隶主的统治,并进入了封建农奴制时期。

12 世纪的吐蕃,虽然已经进入了封建农奴制时期,但其发展极为缓慢,政治上处于四分五裂。封建主割据一方,称王称霸。吐蕃本部有拉萨阿里、亚泽及雅龙觉阿四个王系对立。在今青海东部至今甘肃甘南一带的汉藏地区,还建立了唃厮啰地方割据政权。

唃厮啰(996—1065 年),出身于吐蕃赞普之后,他所建立的地方割据政权所控制的地区,据零星史料记载,大约东至秦州,北临夏国,西过青海,南界蛮夷。[4]用沈括的话来说:"有汉陇西、南安、金城三郡之地,东西两千余里。"[5]具体地说,大致包括宋代的熙州(今甘肃临洮)、河州(今甘肃临夏西南)、洮州(今甘肃临潭)、岷州(今甘肃岷县)、湟州(今青海乐都)、廓州(今青海尖扎北)、叠州

[1]《宋史》卷 490,《高昌传》。
[2]《宋史》卷 490,《高昌传》。
[3]《宋史》卷 490,《高昌传》。
[4]张方平:《乐全集》卷 22;杨仲良:《资治通鉴长编纪事本末》卷 140。
[5]沈括:《梦溪笔谈》卷 25,《杂志》2。

（今甘肃迭部）、宕州（今甘肃宕昌县）和积石军（今青海贵德县）。其政治中心则在青唐（今青海西宁市）。居民以经营农业为主，"居板屋"，兼营畜牧，"以毡为幕"。盛行佛教，如青唐城，广建佛祠，"城中之屋，佛舍居半"。[1]

西夏黑水城外景

在唃厮啰统治期间，无论农业、畜牧业、手工业、商业均获得了较大的发展。

农业。经由青唐城北的湟水两岸，土壤肥沃，水利灌溉发达，生产粮食较多，如青唐城一处的粮食积蓄，就可供 1 万军队十年之用，反映了河湟地区农业经济的发展。

畜牧业。出产马、牦牛、羊等，其中以马的产量最多。宋每年需马量最高时为 4 万余匹，最低时为 2 万余匹。这些马匹几乎全部都依赖吐蕃各部落供给。

手工业。境内有专门制造各种手工业产品的行业，如铁甲制造业、铜器制造业、银器制造业和采盐业，等等。这些手工业除了能生产一般农牧民所需要的日用品外，还能制造质量较高的贡品，如铁甲、铜印、银枪、银装椅等。

商业。唃厮啰统治时期商业的发展突出表现在城市商业的繁荣，如唃厮啰政权的首府——青唐城里，就居住着"四方往来贾贩之人数百家"。[2]"厮啰居鄯州，西有临谷城通青海，高昌诸国商人皆趋鄯州贸卖，以故富强"。[3]

除青唐之外，邈川、喀啰（今青海乐都东北）、嘉木卓（今青海乐都东北）等地，也都有一定规模的商业城市。[4]

10 至 12 世纪，吐蕃与宋、回鹘的关系十分友好。吐蕃与宋的朝贡贸易十分突出。大中祥符九年（1016 年），唃厮啰一次送给北宋马达 582 匹。自真宗大中祥符元年（1008 年）至哲宗元符元年（1098 年）91 年中，唃厮啰共向宋进贡 39 次。进贡的物品有马、金、银、珍珠、玉石、象牙、犏牛、乳香、硇砂、银枪、铁甲、铜印、银装交椅等十余种，但其中主要贡品为马匹。[5]同时，吐蕃与回鹘贸易也很频繁，回鹘商人到青唐、鄯州（今青海乐都）贸易的很多。

公元 937 年（后晋天福二年）白族继南诏之后所建立的大理国，是我国西南边疆的封建国家。其统治地盘以洱海四周地区为中心，统治着八府、四郡、三十七部。统治者段思平，虽然继承了南诏的一切制度，但同南诏相比，其社会经济有了明显的发展。农业方面，注意兴修水利，开

[1] 李远：《青唐录》，见陶宗仪《说郛》卷 35。

[2] 李远：《青唐录》，见陶宗仪《说郛》卷 35。

[3] 《宋史》卷 492，《吐蕃传》。

[4] 李蔚、汤开建：《唃厮啰政权兴起的原因及其历史作用》，载《中央民族学院学报》1983 年第 1 期。

[5] 以上进贡次数、物品，散见于《宋会要辑稿》、《宋史》、《续资治通鉴长编》等书。

辟了许多梯田。手工业方面,制铁、制毡、织绫等手工业相当发达,所制的剑锋利精美。

大理同宋王朝不仅在政治上保持着友好关系,而且在经济上进行着频繁的贸易。大理以刀、甲胄、弓箭、披毡、药材等交换宋的手工业产品。由于朝贡是一种变相的官方贸易,有利可图,"进奉实利于贾贩"。[1]因此,他们经常向宋朝贡。如公元 1076 年(宋熙宁九年),"遣使贡金装碧玕山、毡罽、刀剑、犀皮甲鞍辔"。[2]政和七年二月,"至京师,贡马三百八十匹及麝香、牛黄、细毡、碧玕山诸物"。[3]在大理向宋输出的物品中,尤以马为大宗。大理每年向宋供给数以千计的马,宋金战争爆发后,大理的马成了宋朝军用马匹的重要来源之一。

大理和宋的文化联系也很密切。汉文成为大理的通用文字,汉文书籍在大理广为流行,宋曾赠送给大理很多儒家经典和其他书籍。

大理佛教十分盛行,寺庙遍布全国,有"妙香国"之称。

元宪宗蒙哥三年(1253 年),大理被忽必烈所灭,不久,建立云南行省,省下设路府州县。

以上是 12 世纪前后中国境内民族政权林立的简要概况。这一简要概况说明:

第一,有宋一代是我国封建生产方式向边疆扩展时期,12 世纪前后中国境内林立的民族政权,尽管其政治、经济、文化在宋朝的影响下,水平各不相同,但有一点却是相同的,即他们均已进入了封建制阶段,并且根据各自的国情获得了长足的发展。

第二,封建经济是以自给自足的自然经济为其基本特征的。而自给自足的自然经济又是以一家一户(或一帐)为单位的分散的小农经济为其基础的。而小农经济本身就具有很大的封闭性和保守性。上述民族政权,虽然它们之间存在着这样那样的经济文化联系(诸如朝贡贸易、在边境设立榷场、和市等等),但这些交往和联系,并不足以影响其自给自足的自然经济所占的支配统治地位。这种以小农经济为基础的自给自足的自然经济正是 12 世纪前后中国民族政权林立割据的经济方面的原因。

黑水城出土的《贵人像》

[1]《宋会要辑稿·蕃夷》4 之 59。
[2]《宋史》卷 488,《大理传》。
[3]《宋史》卷 488,《大理传》。

第三，在上述民族林立的割据政权中，以宋朝的疆域最大，封建经济和文化发展水平最高，真可谓地大物博，人口众多，文化繁荣昌盛，在众多的民族政权中，处于执牛耳的地位。在唐末以来分裂割据日益缩小，大统一的趋势日臻成熟的情况下，赵宋统治者本应在全国范围内完成更大规模的统一，但由于赵宋王朝社会矛盾的积累和发展，积贫积弱之势早在真宗之时即已形成，顾此失彼的内忧外患，严重削弱了赵宋统治者的实力，无力进一步彻底消灭当时中国境内的割据势力。相反，经过激烈的民族冲突和较量，出现了辽、宋、夏、金的新的割据均势，[1] 这种均势，大体上维持了 300 余年，最后被元朝统治者所打破，出现了中国历史上的空前大统一。

西夏正是在上述的历史条件下，称帝建国的。[2]

二、西夏的国名及其立国长久的原因

"大夏"——这是元昊立国时的自称。为什么要国号"大夏"呢？因为赫连勃勃曾于东晋末年所谓"五胡乱华"之时，在今宁夏一带建立过大夏国，并自称大夏天王，元昊国号大夏，显然与此有关。

"西夏"——这是宋朝对它的称呼。为什么称大夏为西夏呢？因为西夏在宋朝的西北方，习惯上称之为"西夏"。从西夏同宋辽官方的往来文书看，他们之间还有以下一些自称和互称，如西夏自称"西朝"，称宋为"东朝"，或"南朝"，称辽为"北边"，辽则称宋为"南朝"，宋有时称辽为"北朝"。[3] 这种称呼，显然是为突出三国鼎立的地理方位。

"白上国"（ꗃ ꓦ ꗃ ꕿ）——西夏语音译为"疙喻领"，也译作邦泥定。白上国是义译。在西夏文碑铭、经典和诗歌里，经常出现"白上国"或"白上大夏国"（ꗃ ꓦ ꗃ ꕿ）或"大白上国"（ꗃ ꓦ ꗃ ꕿ ꕿ）之称。为什么称"白上"？中外史学界学者曾对此展开过热烈的争论，主要有两种不同的解释。其一，"白上"指的是白河之上。所谓白河，即四川、甘肃两省交界的白水，也叫白龙江。白河上指其上流。

西夏壁画中的《男女供养人像》

[1]《宋史》卷 372《王之望传》："南北之形已成，未易相兼，我之不可绝淮而北，犹敌之不可越江而南也。"说明这种割据均势，早在南宋隆兴年间即有人看出。

[2] 参阅拙作：《关于元昊若干问题的探讨》，载《宁夏大学学报》1996 年第 1 期。

[3] 田况：《儒林公议》。

西夏黑水城外景

《西夏赋》云："黔首石城漠水边,赤面父冢白河上。""赤面父",即"猕猴种"。因党项羌自称"猕猴种",其发源地当在白河之上,故称"白上国"。[1]

其二,"白上国"即"尚白国"。因为汉文的"上"与"尚"相通,"白上"就是"尚白",即崇尚白的颜色。西夏统治者为什么要崇尚白的颜色呢? 因为尚白是我国古代一些少数民族的固有的风俗习惯。不仅党项族尚白,就是与西夏为邻的一些少数民族,诸如女真、蒙古、吐蕃以及中亚的一些民族也都崇尚白的颜色,"以白为好"。同时"尚白"还为了适应当时立国的政治需要(对外摆出一副独立自主的姿态),以及随着党项统治者的日益汉化,很自然地会采取汉族的五行学说。由于西夏在宋西边,西方属金,金为白色,位居五行之首,故曰白上。[2]但"白上国"、"大白上国"是过去的翻译,现在有的学者如李范文先生,根据西夏人汉文记载,改"上"为"高"。[3]

"番"、"番国"——党项人自称。如西夏《凉州碑》中凡提及党项人多称"番"。骨勒茂才《番汉合时掌中珠》也称番。

"梅那国"——如榆林窟15窟墨书西夏文题记云:"梅那国番天子国王大臣官律菩萨,……当为修福"。[4]这里的"梅那国"可能是藏族对党项族的称呼。

至于"唐兀"、"唐古特",那是后来蒙古人对党项人的称呼。

西夏立国,如果自1038年(宋宝元元年,夏天授礼法延祚元年)景宗元昊正式称帝建国算起,至1227年(宋理宗宝庆三年,夏宝义二年)末主睍(音贤)被蒙古所灭,首尾190年。如果上溯至唐末拓跋思恭因镇压黄巢起义有功,被唐僖宗封为定难军节度使,建立夏州地方政权的公元881年(唐僖宗中和元年),则其立国为347年。如果将它同辽、宋、金的立国时间作一比较,辽立国为210年(916—1125年),宋立国为320年(960—1279年),金立国为120年(1115—1234年)。即比辽长137年,比北宋长27年,比金长227年。

西夏立国为什么如此长久呢? 主要有以下六个方面的原因。

[1] 持有这种观点的学者计有前苏联学者聂历山和我国学者罗福成,等等。

[2] 持有这种观点的有王静如、吴天墀诸先生。

[3] 李范文主编:《西夏通史》,人民出版社、宁夏人民出版社2005年版,第3页注②。

[4] 史金波、白滨:《莫高窟榆林窟西夏文题记研究》,载《考古学报》1982年第3期。

（一）地形险要，宜农宜牧的地理环境，以及经济基本上自给自足，是西夏赖以立国，并能长期生存下去的物质条件。

宋人蔡襄在谈到西夏的险要地形时指出："西虏之地亦多险隘。"[1]西夏境内北有阴山与狼山，西有贺兰山，西南有祁连山，东南有六盘山，黄河自西南向东北流，直贯其中，首都兴庆府（今银川市）更是依山带河，形势雄固，至于靠近宋朝边境的横山，"延袤千里……其城垒皆控险，足以守御"。[2]

西夏境内的河西走廊和黄河河套的一些地区，如甘州（今甘肃张掖）、凉州（今甘肃武威）以及兴州（今宁夏回族自治区银川市）、灵州（今宁夏灵武西南）等地，宜农宜牧，水利素称发达，为西夏的粮仓和良马的产地，是西夏赖以立国的重要经济区域之一。

（二）西夏统治阶级尊重知识，尊重人才，大胆选拔人才，注意培养人才，从而扩大了统治基础，加强了国家内外职能。这是西夏立国长久的又一重要原因。

对人才的尊重、选拔和重用，突出表现在景宗元昊之时。元昊除了十分重视在其统治境内延揽人才之外，还特别注意招揽重用宋朝投奔过来的失意知识分子、文臣武将。对于这些投奔西夏的宋人，"或授以将帅，或任之公卿，推诚不疑，倚为谋主"。[3]对于在战争中被俘的宋朝降官降将，不但不杀，相反，加以礼遇和重用。"执却蕃官，获吾将帅，多礼而不杀。"[4]同时，在使用人才时，注意赏罚分明，量才录用，将被用者放在恰当的位置。"昊贼据河南，列郡而行赏罚，善于用人，此中国之患也。"[5]

在尊重知识，重用人才的同时，西夏统治者还特别注意通过兴建学校培养人才。元昊时创建蕃学，乾顺时创建"国学"（汉学），仁孝时进一步在全国各州县设立学校，尤其重视小学幼儿教育。由于西夏统治者采取了一系列行之有效的措施，从而培养了大批人才，缩小了汉族同党项族在文教方面的差距，从整体上提高了西夏国家的文化水平。

（三）西夏统治阶级不断在上层建筑领域内进行改革，使上层建筑适应经济基础，生产关系适应生产力的性

琉璃鸱吻

[1]《蔡忠惠公文集》卷19，《论不利攻战》。

[2]《宋史》卷335，《种谔传》。

[3]《长编》卷124，宝元二年九月。

[4]赵汝愚：《诸臣奏议》卷332，《边防门·欧阳修上仁宗论庙算三事》。

[5]《长编》卷138，庆历二年十月戊辰。

质,是西夏立国长久的根本原因。

在西夏统治者中有许多富有革新精神和务实精神的人。如景宗元昊,"更祖宗之成规,邈中朝之建置",[1]建国之前即着手在官制、兵制等方面进行了一系列的改革。西夏中期的仁宗仁孝,进一步对中央官制和礼乐等进行革新,从而使西夏的政治、经济和文教获得了较大的发展。

(四)作为西夏的主体民族——党项羌同汉及其他少数民族,共同开发西北的爱国主义精神,奋发图强的进取精神,以及境内其他各族的友好相处,是西夏立国长久的又一重要原因。

由于西夏是个小国,人力、物力同辽、宋、金相比,处于劣势,加上对外战争频繁,因此,经常处于高度警惕的临战状态,庄重自强,奋发进取,充分发挥主观能动性,化劣势为优势,由弱小变为强大。这种情况,正如北宋史学家王称所指出:

> 大抵国大有所恃而不戒,故其强易弱;国小则无所恃而常惧。军民之势犹一家也,相恤相救,谋虑日深,故其弱为难犯,此其所以为"中国"之患欤?[2]

一语道破了西夏立国长久的原因。

(五)民族政权林立,辽、宋、金在不同时期,互相攻伐,抵消实力,尤其是西夏的邻邦宋朝,貌似强大,实则虚弱,内外交困,穷于应付,是西夏立国长久的外部原因。

西夏立国时,在当时祖国的大地上虽然存着众多的民族政权,但是举足轻重的,足以互相抗衡的为辽、宋、金和西夏。在辽、宋、金鼎足而立的时期里,北宋在1004年(真宗景德元年)"澶渊之盟"以前,同辽发生过多次战争,金在太祖阿骨打时,发动了大规模的对辽战争,此后,金对宋进行了长达110年之久的战争。这些旷日持久的消耗战,其结果是吃掉了大辽,灭亡了北宋,削弱了南宋和金,这对西夏进一步发展、壮大和巩固,无疑是一个外部的有利条件。

(六)西夏统治者善于根据自己的实力及辽、宋、金的强弱形势,决定联合谁,孤立谁,打击谁。正如《金史》作者所指出:

西夏《女供养人像》

[1]《西夏书事》卷18。
[2] 王称:《东都事略》卷128,附录6,《西夏》2。

〔西夏〕立国二百余年,抗衡辽、金、宋三国,缅(音面,背离)乡(倾向)无常,视三国之势强弱以为异同焉。[1]

即使对待已经确定的敌国,也往往是战争与和谈两手交替使用。如继迁、元昊统治期间,根据当时的形势,决定联辽抗宋,推行"远交近攻"之策,但联辽的结果,只能得到政治上的声援,经济上捞不到好处,故有时又讨好宋朝,希望能得到它的"岁赐"。正如宋人李纲所指出:

夏人狡狯多诈而善谋。强则叛乱,弱则请和;叛则利于掳掠,侵犯边境;和则岁赐金缯,若固有之。以故数十年西鄙用师,叛服不常,莫能得其要领。[2]

总之,西夏统治者利用外力但不完全依赖外力,采取战争与和谈两手交替使用的灵活外交路线,对于延长西夏的寿命无疑起了重要的作用。[3]

三、西夏的疆域,地理条件及其境内民族的分布

西夏的疆域有一个逐步发展、扩大和巩固的历史过程。具体来说,它经历了六个不同的历史时期。

第一个时期,自唐末拓跋思恭建立夏州地方割据政权,到宋初李继捧归宋。在这期间,夏州统治者僻居一隅,仅有夏、银、绥、宥等四州,而且这数州之地,还因为李继捧献于宋而一度化为乌有。

第二个时期,为李继迁统治时期。李继迁叛宋自立后,经过20年的惨淡经营,终于迫使宋真宗归还银、夏、绥、宥等州故土,同时伺机用武力夺取了宋朝的一些地区,使重建的夏州地方政权统治地盘有所扩大。其具体疆界为:

东薄银、夏,西并灵、盐,南趋鄜、延,北抵丰、会,迤逦平夏,幅员千里。[4]

也就是说,占有黄河河套[5]的大部分地区。

第三个时期,为李德明统治时期。德明继位之后,在

西夏《男供养人像》

[1] 《金史》卷134,《西夏传赞》。
[2] 戴锡章:《西夏纪》卷28,跋文引李纲话。
[3] 参阅拙作:《试论西夏立国长久的原因》,载《宁夏社会科学》1985年第3期。
[4] 《长编》卷123,宝元二年六月乙亥。
[5] 河套:指贺兰山以东,吕梁山以西,阴山以南,长城以北之地。其境有山地、河流、平原、丘陵沟壑、沙漠五种地形为其特征。河套平原位于内蒙古自治区的西部和宁夏回族自治区东部,为黄河上游的冲积平原,面积约2.5平方公里。主要有三大块,即青铜峡与石嘴山之间银川平原(即西套);巴彦高勒与西山嘴之间的后套平原;包头、呼和浩特、喇嘛彦之间的土默川的前套平原。这些平原,土地肥沃,有灌溉之利,农业发达,历史上为北方游牧与中原定居农业民族争夺之地。

对宋、辽保持友好的同时,竭尽全力经营河西,先后用武力夺取了甘州、凉州,"扩疆数千里",[1] 使夏州地方政权的势力范围扩大为银、夏、绥、宥、灵、盐、甘、凉八州之地。此时西夏的统治地盘,"其地东西二十五驿,南北十驿,自河以东北十有二驿而达契丹之境"。[2] 同继迁时期的疆域相比,扩大了几倍,为元昊的立国奠定了基础。

第四个时期,为景宗元昊时期。在这时期里,由于元昊彻底统一了河西,使疆域扩大为 20 个州。据李焘所载:

> 赵元昊既悉有夏、银、绥、静、宥、灵、盐、会、胜、甘、凉、瓜、沙、肃,而洪、定、威、怀、龙,皆即旧堡镇,伪号州,仍居兴州,阻河,依贺兰山为固。[3]

《宋史·夏国传》所记与此大同小异,仅在威龙二州之间少一怀州。这反映了西夏疆域的初步奠定。

第五个时期为崇宗乾顺统治时期。乾顺利用宋金战争激烈的大好时机,先后用武力攻占了宋朝的震威城、西安州、定边军、府州、西宁州等地,同时,通过外交途径,迫使金朝把陕西北部地区,以及青海东部地区的乐州、积石、廓州等地,割让给西夏,从而把西夏疆域扩大到建国以来从未达到的规模。清人吴广成在评论乾顺开扩疆土时指出:

> 乾顺当绍圣乖方,靖康厄运。始则谋生豕突,继则利享渔人,不特义合、葭芦侵疆尽复,而西宁、湟、鄯亦入版图。盖摧坚者难为功,拉朽者易为力也。[4]

概括地阐述了乾顺善于抓住有利时机开疆扩土的实况。

第六个时期为仁宗仁孝统治时期。这是西夏疆域的最后奠定时期。这时西夏比较稳定地统治着 22 州,面积约 2 万余里。其具体分布的情况是:

> 河南之州九:曰灵、曰洪、曰宥、曰银、曰夏、曰石、曰盐、曰南威、曰会。河西之州九:曰兴、曰定、曰怀、曰永、曰凉、曰甘、曰肃、曰瓜、曰沙。熙、秦河外之州四:曰西宁、曰乐、曰廓、曰积石。[5]

22 州之地,河南九州,包括今伊盟和宁夏黄河以东地区,

人像石座

[1]《长编》卷 159,庆历三年正月乙卯。

[2] 曾巩:《隆平集》卷 20,《西夏传》。

[3]《长编》卷 120,仁宗景祐四年十二月。

[4]《西夏书事》卷 35。

[5]《宋史》卷 486,《夏国传下》。

河西九州,包括今银川平原至河西走廊一带,河外四州,包括今青海东部至甘肃天水一带。简言之,大体上包括今天的宁夏全部、甘肃大部、陕西北部、青海东部和内蒙古部分地区。以上是西夏比较牢固地长期占领的基本地区。

此外,西夏还实际领有静州、胜州、龙州、韦州、西安州、府州等地。据吴天墀先生考证,至少实际领有 32 州。[1]但究竟实际领有多少州,还有待于进一步深入研究。

西夏疆域究竟有多大? 据《宋史·夏国传》载:

> 东据河,西至玉门(指古玉门关,在今敦煌县西 200 余里的小方盘城)、南临肖关(在今宁夏同心县城南),北抵大漠,地方二万余里。

该疆域据俄国学者克恰诺夫的推断,自西至东约有 1400 公里(从敦煌到黄河河岸、米脂地区),从南到北约有 650 公里(从西宁到额济纳湖峡谷)。如果按照自然地理条件去划分,大体上可分为五个部分。(1)鄂尔多斯,包括长城以南地区。鄂尔多斯高原,其气候冬季严寒多风,夏季干旱,河流 10 月冰封,4 月开冻,年降雨量为 273 毫米。今天包头市,1 月份平均气温为 −15.1℃,7 月份为 21.3℃。长城以南地区,其境内有横山、白玉等山,及无定河、大理河、延河、洛河等。其气候干旱少雨,7 月份气温为 25℃,1月份平均气温为 −7℃,年降雨量为 380 毫米;(2)陕北盆地和陇西盆地一部分;(3)阿拉善沙漠和阿拉善区(贺兰山)。阿拉善大部分为不毛之地的沙漠,只有少量绿洲与其犬牙相错。如阿拉善东部有山泉可供灌溉,其东部有隋河贯穿全境。其境内的额济纳河两岸,为肥美牧场。其气候 1 月份平均气温为 −15℃至 −20℃,7 月份平均气温有的地方可达 30℃,年降雨量为 200 毫米,只有阿拉善山麓和该山与黄河之间的狭长地带——西夏首都兴庆府(今银川)地区,才有比较适合农耕的气候条件;(4)南山和北山地区。其中南山山麓有大片耕地和牧场,宽度为 40—100 公里,夹杂有大片绿洲,受到南山雪水灌溉的狭长高原,高度超过 5000 米,在山下延伸达 900 公里。其山麓气候变化无常,温差很大,雨量稀少,冬季刮起的风沙,加速了这片肥沃土地的沙化。西夏西部的瓜州和敦煌,因有疏勒河和党河的灌溉,居民从事农耕。但其以北的北山山区

安西榆林石窟外景

---

[1] 吴天墀:《西夏史稿》附录二,《西夏州名表》。

宁夏青铜峡一百零八塔

则是半沙漠地带;(5)青海高原的东北部,包括黄河上游平原和青海湖盆地的一部分。这是一个被众多河谷切割的山区,其中最重要的河谷为黄河谷地与大通河谷地。该地区宜农宜牧,在青海湖区和草原上有牧场。西宁一带有小麦稻米。这一带气候比较温和,西宁1月份平均气温为-6.5℃,7月份平均气温为18.1℃,年降雨量为377毫米。

总之,西夏大部分是沙漠,半沙漠和山区,其气候属于温带大陆性气候,冬季寒冷、夏季酷热,降雨量稀少。[1]

当然,以上气候状况是根据现代资料所进行的描述,与当时实际情况还是有些出入。实际上西夏立国前后两个多世纪的气候比今天要温和湿润。正如《金史》作者在论赞中所指出:

> 〔其地〕南界横山、东距西河,土宜三种,善水草,宜畜牧……。土坚腴,水清冽,风气广莫。……自汉唐以水利积谷食边兵,兴州有汉、唐二渠,甘凉亦各有灌溉,土境虽小,能以富强,地势然也。[2]

所谓"土宜三种,善水草,宜畜牧……土坚腴,水清冽",表明10—12世纪西夏同辽宋金鼎立之时,其气候比今天要温和湿润一些。尽管古代西夏气候与今天不可画等号,但有一点却是相同的,即都是多变的大陆性气候。这种地理条件和气候环境,直接影响和制约着西夏农业和畜牧业的发展,比较容易产生各种自然灾害,是很自然的事。[3]

西夏是一个多民族的国家,在西夏统治的疆域内,其主要民族的分布情况如下:

党项(也叫党项羌):是西夏境内人数最多的民族。该民族大体上分布于今甘肃、陕西北部、宁夏全部和内蒙古鄂尔多斯(在黄河河套内)一带。西夏皇族——鲜卑拓跋部,就是凭借着党项人的力量而建立政权的。

汉族:分散在西夏境内,主要居住在城市及其近郊。

吐蕃:即藏族。主要分布在凉州(今甘肃武威)、洮州(今甘肃临潭)、河州(今甘肃临夏)、兰州、叠州(今甘肃迭部)、宕州(今甘肃宕昌)到宗哥(今西宁市以东大小峡一带)、青唐(今青海西宁市)等地。

此外,在宋夏两国交界的一些地区,诸如仪州(今甘

---

[1] 〔俄〕克恰诺夫:《西夏史纲》第三章《西夏国》第二节《西夏版图及其地理条件》(俄文版)。

[2] 《金史》卷134,《西夏传》。

[3] 参阅拙作:《西夏自然灾害简论》,载《国家图书馆馆刊》增刊《西夏研究专号》,2002年出版。

肃省华亭县)、渭州(今甘肃平凉)、泾州(今甘肃泾县)、原州(今宁夏固原)、环州(今甘肃环县)、庆州(今甘肃庆阳)、秦州(今甘肃天水)以及河套内无定河流域的银州、夏州等地,均有吐蕃居民分布。同时,这一带的吐蕃有生户与熟户之分,即所谓"接连汉界,入州城者谓之熟户,居深山僻远,横过寇掠者谓之生户"。[1]

回鹘:即维吾尔族。主要居住在甘肃省西北部的甘州(今甘肃张掖)、瓜州(今甘肃敦煌)一带。其人口仅次于党项羌。

此外,在今内蒙古河套地区的黄河沿线,还有鞑靼、吐谷浑(当时叫吐浑或者退浑)和契丹人,他们也都是西夏这个多民族国家的大家庭里的重要成员。

毛泽东在《论十大关系》一文指出:

各个少数民族对中国的历史都做过贡献。

居住在西夏境内的各民族,他们长期友好相处,互相学习,取长补短,共同开发着祖国的西北地区,作出了重要的贡献。

西夏佛像

四、西夏历史发展的段落
划分及其社会性质

西夏史如果从唐末拓跋思恭建立夏州地方割据政权算起,到末主睍被蒙古所灭为止,首尾 347 年(881——1227 年)。如果将这 347 年划分一下发展阶段的话,那么,大体上可以分为四个大的段落和八个小的阶段。

第一个发展段落,自公元 881 年(唐僖宗中和元年)至 1031 年(宋仁宗天圣九年),首尾 151 年,大体上经历了第九世纪末,第十世纪,第十一世纪初期,总计一个半世纪。这是党项拓跋部建立夏州地方割据政权,"虽未称国,而王其土"[2] 的时期。这个大的段落,又可分为两个小的阶段。第一个小阶段,自 881 年至 982 年(宋太宗太平兴国七年),首尾 102 年。即自拓跋思恭被封为定难军节度使,据有夏、银、绥、宥四州,至李继捧将四州八县之地奉献给宋太宗,从而中断了夏州地方政权。在这期间,夏

[1]《宋史》卷 264,《宋琪传》。
[2]《宋史》卷 486,《夏国传下》。

西夏彩绘影塑
护法金刚像

州地方政权的统治者尽量利用军阀之间的割据混战,从中渔利,进一步发展壮大了自己的实力。

第二个小阶段,自公元983年(宋太平兴国八年)至1031年,首尾49年。这是李继迁重建夏州地方政权,与德明初步统一河西时期。在这个阶段里,李继迁背宋自立,联辽抗宋,经过艰苦曲折的斗争,迫使宋朝统治者归还了四州八县之地。其子德明继立,一方面同宋友好,保境息民,发展社会经济;另方面竭尽全力初步统一河西,从而为元昊进一步建立西夏国家奠定了良好的基础。

第二个发展段落,自公元1032年(宋明道元年,夏显道元年)至1085年(宋神宗元丰八年,夏大安元年),首尾54年。大体上经历了11世纪中期和后期,约半个多世纪。这是西夏国家建立和巩固时期,也是宋夏战争最频繁的时期。这个大的段落,也可以分为两个小的发展阶段。第一个小阶段,自公元1032年至1048年(宋仁宗庆历八年,夏天授礼法延祚11年),首尾17年。这是景宗元昊创建西夏国家的时期,也是西夏封建制确立的时期。在这期间,元昊首先用武力彻底统一了河西,接着称帝建国,确立典章制度,确定尚武重法的立国方针,同时进行侵宋抗辽战争,并获得胜利。

第二个小阶段,自公元1049(宋仁宗皇祐元年,夏延嗣宁国元年)至1085年,首尾37年。这是西夏国家的巩固时期。在这期间,西夏国家经历了外戚专政(没藏氏擅权与梁氏擅权)和对外战争(辽夏战争与宋夏战争)的严峻考验,统治者采取了诸如加强皇权,增官职,重用汉人等一系列措施,从而使西夏国家得到了巩固。

第三个发展段落,自公元1086年(宋哲宗元祐元年,夏大安二年)至1193年(宋光宗绍熙四年,夏乾祐二十四年),首尾108年。约当11世纪末期,12世纪,13世纪初期。这是西夏国家的繁荣昌盛时期,也是西夏封建生产关系得到进一步发展和完善的时期。这个大的段落,可分为两个小发展阶段。第一个小阶段,自公元1086年至1139年(宋绍兴九年,夏大德五年),首尾54年。这是西夏政治经济文化得到较大的发展并进入初步繁荣时期。在这个阶段里,崇宗乾顺适应当时政治经济文化的需要,改过去

"尚武重法"的立国方针为"尚文重法"的方针。他内兴改革,外抗宋朝侵扰,利用辽金、宋金之间的矛盾,开疆扩土,将西夏的疆域扩大到前所未有的规模。

第二个小阶段,自公元 1140 年(宋绍兴十年,夏大庆元年)至 1193 年(宋光宗绍熙四年,夏乾祐二十四年),首尾 54 年。在这个阶段,由于国内比较安定,加上仁孝继续推行"尚文重法"的路线,对内实行改革,发展生产,振兴文教,厉行节约,及时粉碎外戚任得敬分裂夏国的阴谋,对外同宋金保持友好关系,从而使封建生产关系和社会经济得到进一步发展,使西夏国家进入了全盛时期。

第四个发展段落,自公元 1194 年(宋绍熙五年,夏天庆元年)至 1227 年(宋宝庆三年,夏宝义二年),首尾 34 年。约当 13 世纪初期。这是西夏社会矛盾日益积累加深,西夏国家走向衰亡时期。这个段落可分为两个小阶段。第一个小阶段,自公元 1194 年至 1205 年(宋开禧元年,夏元庆十二年),首尾 12 年。这是西夏由盛转衰的阶段。在这段时间里,桓宗纯祐一方面继续推行崇宗乾顺既定的立国方针,对内安国养民,对外附金和宋。但此时的西夏面临着蒙古入侵的严重威胁,同时西夏统治阶级内部矛盾开始激化,社会经济、文化的发展停滞不前。这些,说明西夏国家开始走下坡路,"夏叶中衰,于是乎始"。[1]

第二个小阶段,自公元 1206 年(宋开禧二年,夏襄宗应天元年)至 1227 年(宋宝庆三年,夏宝义二年),首尾 22 年。这是西夏国家走向灭亡的时期。这个阶段经历了襄宗安全(5 年),神宗遵顼(13 年),献宗德旺(3 年),末主晛(1 年)的统治。在这个阶段里,统治阶级内部矛盾更加激化(突出地表现在联合谁打击谁的问题上意见分歧,斗争尖锐、激烈,以及皇位更替频繁,每隔 5 年更换一个)。从襄宗安全开始,执行了一条附蒙侵金的错误的对外路线。侵金的结果,元气大伤,终于在蒙古强大的军事进攻面前,节节败退而寿终正寝了。[2]

关于西夏的社会性质,主要有下列两种不同的意见:第一种意见认为西夏没有经过奴隶制,而是从氏族公社制直接过渡到封建制。持有这种观点的同志认为,党项内迁后,其社会便开始了由氏族公社制向私有制的过渡阶

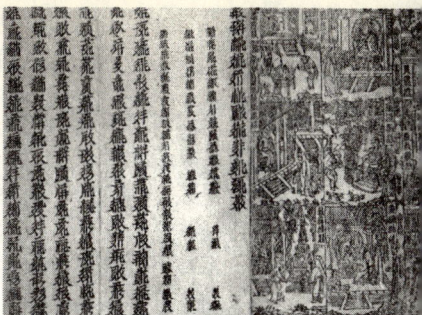

黑水城出土的西夏
文佛教版画

[1]《西夏书事》卷 42。
[2] 参阅拙作:《试论西夏的历史分期——兼谈西夏立国方针的转变》,《甘肃社会科学》1992 年 5 期。

黑水城出土的《南无妙法莲华经》版画

段,即向部落联盟过渡。宋初,自继迁至元昊建国,为党项社会由氏族公社所有制向封建所有制转化的时期。元昊建国后,西夏已过渡到封建制。[1]

第二种意见认为西夏社会是从氏族公社制经过奴隶制而发展到封建制。但持有这种观点的学者在党项社会何时进入氏族制、奴隶制和封建制的问题上仍有不同的看法。一种意见认为党项羌自公元 6 世纪前后已处于氏族制走向瓦解的原始社会末期;自 7 世纪 70 年代内迁后,在定居内地的 300 年中,党项社会已进入了以家长奴隶制为特征的奴隶制社会。同时也积累了封建制因素。自五代、宋初,尤其从继迁开始,加快了封建化的步伐。元昊建国标志着西夏进入封建制阶段。同时,西夏封建制又可细分为领主制(即采邑制)和地主制两个阶段。大体上自李继迁到元昊建国完成为领主制阶段,元昊之后至仁宗仁孝时期为地主制阶段。[2]

另一种意见认为,一直到宋朝时期党项族才由氏族部落制逐步发展为奴隶制,并进而建立了党项奴隶主国家,元昊建国是"产生于氏族公社废墟上的奴隶主国家"。一直到崇宗乾顺和仁宗仁孝时期,西夏社会才完成了"从奴隶制到封建制的转化",[3]封建制在夏国占据统治地位。

关于西夏的社会性质,我赞同西夏未经过奴隶制阶段,而是由原始公社制直接转变为封建制的观点。

西夏社会的发展,就其性质而言,大体上以元昊称帝建国为界碑。元昊建国前的党项社会为原始氏族公社制,建国以后为封建制。就其建国前的社会而言,又可分为内徙前的与内迁后的党项社会。

内徙前的党项社会:自公元 6 世纪末至 7 世纪初期(隋及唐初),党项社会处于原始社会末期。这一时期的党项羌人居住在今青海省东南部的草原上,过着"牧养牦牛、羊"逐水草而居的游牧生活。这时的党项社会,土地为公社集体所有,男子由于在生产中起决定性的作用而成为公社里的主要成员,妇女在生产中起次要作用而降为从属的地位,父权制明显取代了母权制。男子地位的提高与妇女地位的下降,突出表现在婚姻问题上盛行收继婚

[1] 金宝祥:《西夏的建国和封建化》,载《甘肃师大学报》副刊《历史教学与研究》,1959 年第 5 期。
[2] 吴天墀:《西夏史稿》增订本,第 39—165 页。
[3] 蔡美彪等著:《中国通史》第 6 册,书前《说明》,及正文第四章。

制,"妻其庶母及伯叔母、嫂、子弟妇"。[1] 这种婚姻制度的盛行,表明妇女可以作为家族或家庭的私有财产,由具有家长权力地位的男性及其子弟去继承,说明当时党项社会处于原始氏族公社末期。这一时期,在党项羌居住的地区内,随着畜牧业的发达,人口的增加,产生了许多大小部落,"其中每姓别自为部落,一姓之中复分部落,大者万余骑,小者数千骑"。这些部落各有地分,"不相统一",[2] "习尚武,无法令、赋役",[3] "各为生业",[4] 也就是说这些部落尚未形成部落联盟,产生阶级,过着相当原始而落后的生活。

内迁后的党项社会:自 7 世纪中叶到元昊立国之前。这是党项社会由原始氏族公社制向封建制的转变的时期。7 世纪中叶以来,党项羌由于受到吐蕃的侵扰,先后迁到了今甘肃陇东、陕北横山以及夏州以北、河套一带居住。这一带为汉人长期休养生息之地,也是中原王朝统治过的地区。党项羌人与当地汉人杂居,采用汉人先进的生产技术,金属生产工具及水利灌溉设施,从而提高了生产力,加速了党项社会的发展。

这一时期,一方面作为重要生产资料的土地,仍然保存了公社集体所有制的形式,正如马克思所指出:

> 在那里,财产仅仅是为公社的财产而存在,单独的成员本身只是一块特殊土地的占有者,或是继承的,或是不继承的,因为财产的每一小部分都不属于任何一个单独的成员,而属于作为公社的直接成员的个人。[5]

无论畜牧业或农业均是被约束在公社内部以家庭或家族为单位进行小生产;另方面,作为社会生产的负担者依然是公社的广大成员。公社成员的个体家庭往往定期分有小块土地,有少量的私有财物。在公社内,除了具有自由身份的个体农、牧民之外,还存在着为数不多的奴隶,他们主要从事家内劳动。由于奴隶数量较少和主要用于家内劳动,这就决定了党项社会的生产关系不大可能转变为奴隶制。

在党项内迁后的近 300 年里,随着生产力的提高,畜牧业的发达以及农业、手工业的发展,国内外贸易也有所

安西榆林第三窟普贤变中的建筑界画

[1]《旧唐书》卷298,《党项传》。
[2]《新唐书》卷221,《党项传》。
[3]《新唐书》卷221,《党项传》。
[4]《隋书》卷83,《西域·党项传》。
[5] 马克思:《资本主义生产以前各形态》第 11 页,马克思原注,人民出版社 1956 年版。

发展。以对外贸易为例，他们以"善马劲羊"及其副产品，去换取汉族人民的谷物、绢帛、武器、旗帜、铜铁、生产工具和其他日用品。自唐至五代党项同中原王朝的马贸易十分频繁。后唐明宗时，下令于沿边"置场市马"，在成交的马贸易中，以"党项马最多"。除沿边榷场贸易外，一些党项"大姓之强者"，[1]还通过朝贡的方式同中原王朝进行贸易，以便从中捞到好处。

那些党项"大姓之强者"，为了满足他们日益增长的贪欲，在积极开展内外贸易的同时，还强化以氏族血缘关系为纽带的部落军事组织，对外进行武装掠夺。他们把掠夺当做一种原始劳动，和对外贸易的补充形式。正如恩格斯所指出：

> 掠夺在他们看来是比创造的劳动更容易甚至更荣誉的事。[2]

在频繁的对外掠夺中，广大的农、牧民为了避免外来掠夺战争所带来的灾难，不得不依附于那些拥有军事实力的"大姓之强者"，受其庇护，在其占有的土地上进行放牧和耕作，供其役使和剥削，从而同部落大姓之间建立了封建隶属关系。这种在"行将崩溃的氏族公社的躯壳之内所孕育的封建依附关系"，[3]发展至李继迁、李德明时，随着私有制的发展，阶级对立的加深和部落联盟的建立，便逐步成为社会的主要关系。因此，自继迁重建夏州地方政权，中经德明到元昊建国之前，是西夏社会自原始公社制向封建制的过渡时期，即封建制的萌芽时期。

就其建国后的社会性质而言，又可分为封建制的确立与巩固时期，和封建制的进一步发展时期。

封建制的确立与巩固时期：公元1038年元昊称帝建国，国号大夏。夏国的建立，标志着西夏封建制的正式形成与确立。

为什么说元昊称帝建国标志着西夏封建制的形成与确立呢？

第一，从生产关系看，党项部落贵族占有土地和牲畜。这些部落贵族同牧民之间的关系，是封建性的隶属关系和依附关系。这种依附关系，如前所述，早在继迁重建夏州地方政权前后即已存在和发展。这些部落贵族对于

维修前的拜寺口
双塔全景

[1]《旧五代史》卷138，《党项传》。
[2]恩格斯：《家庭、私有制和国家的起源》，人民出版社1972年版，第162页。
[3]金宝祥：《西夏的建国和封建化》，载《甘肃师大学报》副刊《历史教学与研究》，1959年第5期。

汉人和"熟户"所采用的剥削方式是"计口赋粟",[1] 或者征取贡赋(牲畜),即剥削方式完全是封建性的。

第二,从上层建筑看,在诸如官制、礼乐等很多方面模仿唐宋。史载:

> 其设官之制,多与宋同。朝贺之仪杂用唐宋,而乐之器与典则唐也。[2]

这种政治形式完全是为了适应当时的封建生产关系而设置的。

第三,为了适应封建经济的需要,西夏统治者积极推行儒家学说,不遗余力地实行汉化。

西夏封建制之所以迅速形成,除了有它自身发展的内在原因(是为主),还与其外界环境对它的影响分不开的。西夏自李继迁叛宋自立至元昊立国之时,其新的占领地区,如灵州(今宁夏回族自治区灵武县西南)、盐州(今宁夏盐池县北)以及河西走廊的许多州县,均为汉族聚居之地,早已盛行封建制。党项人既已进入该地居住,必然要在多方面受到先进汉人的影响,加速封建化的进程,因为占领后的社会性质总是要受占领对象约束的。

此外,西夏的邻国诸如北面的契丹,西部的回鹘,西南的吐蕃,东南的北宋,都早已是封建制的国家,西夏处在这些国家的包围之中,受其影响则是很自然的事。

但元昊建立的国家,就其社会实质而言,是一个比较落后的宗法封建领主制的国家。其所以如此,这是因为:其一,元昊所建立的封建统治,是以封建领主土地所有制的形态为其基础的。封建领主各有一份领地,而领地制的形成与原始社会末期部落林立的历史条件是密不可分的。元昊称帝建国时,出于"兴法建礼",即建立新的封建统治秩序的需要,将大大小小的部落贵族,纳入封建的尊卑有别的隶属关系之中。这些部落首领,早在原始社会末期,便占有使用氏族公社的部分土地,并习以为常地视为自己的私有财产,成为既得利益者,新的最高统治者为了获得他们的支持,不能不承认他们对土地的占有,使之合法化,对于那些缺少土地的部落首领,则让他们用部落村社的名义,重新占有一定数量的土地和畜群,役使部落属民进行生产。这样,他们在新的历史条件下,便转变为占

维修后的拜寺口双塔全景

[1]《宋史》卷491,《党项传》。
[2]《宋史》卷486,《夏国传下》。

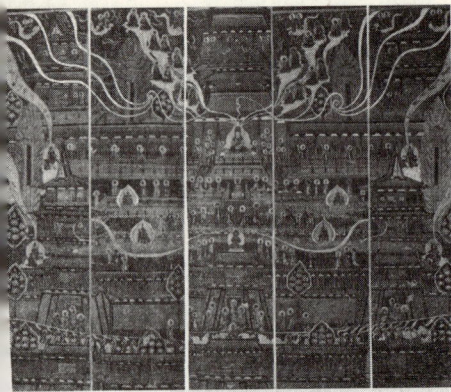
西夏万佛洞壁画

有一定领地的封建领主。与此同时,氏族公社土地所有制的形式仍然残存着。

其二,以氏族血缘关系为纽带的部落兵制仍然被保存下来。这是一种以帐为单位的征兵制,所征之兵由各部落首领管带,"各将其种落兵,谓之'一溜'"。[1]这说明元昊称帝建国后虽然封建制已经形成确立,但属于比较低级的宗法封建领主制,它保存了残存着原始氏族制时期的许多落后的东西。

封建制进一步发展时期:自崇宗乾顺开始至西夏灭亡,为地主制取代了领主制的时期。为什么说自崇宗乾顺开始领主制已经发展成了地主制呢? 这从以下几个方面可以看出。

(一)封建等级制进一步得到加强。这突出表现在乾顺、仁孝时对后妃的册封和大力推行封王制度。如乾顺时封庶弟察哥为晋王,宗室子弟仁忠为濮王,等等。仁孝时期的"官阶封号表",所列封号名称为七个等级,说明西夏后期封建等级森严,统治者对于封建等级制度的规定十分完备。

(二)专制主义中央集权得到加强。如众所知,专制主义中央集权的加强,是封建皇权同封建领主分裂割据势力长期进行斗争的结果。因此,中央集权的加强,意味着领主制的衰落和地主制的兴起。在君权的支持和庇护下,地主阶级的政治和经济地位将更加巩固,力量日益壮大,并最终取代封建领主。

(三)自乾顺开始,于宋夏沿边之地,大规模地兴城筑寨以设防,在军事上采用阵地战同宋对垒。这种军事上的变化,与西夏社会已由领主制过渡到地主制,出现新的政治、经济形势,是有着密切的关系的。

五、西夏的文化政策,文化的区域划分、特征及其发展所受诸因素的制约

(一)西夏的文化政策

公元1038年,元昊称帝建国,在确立"尚武重法"方

[1]《长编》卷132,庆历元年五月甲戌。

针(详后)的同时,采取一条"兼容并蓄",博采众长的文化政策,并一直推行到灭亡。

所谓"兼容并蓄",即将汉文化、吐蕃文化、西域文化以及其他文化,一并吸收融合,从而形成颇具特色的西夏文化。如西夏统治者以佛教为国教,但同时又允许道教、伊斯兰教、基督教等同时并存,任其发展。又如西夏壁画,即继承了中原的绘画传统,又吸收了高昌回鹘的画法,同时还采纳了吐蕃佛教密宗绘画的长处,加以融会贯通,从而在构图、造型、线条、敷彩等方面,形成了具有本民族特色的绘画风格。这种融会贯通所取得的成果证明了西夏统治者在文化上采用"兼容并蓄"、博采众长政策的正确性。

西夏统治者为什么要推行"兼容并蓄",融合多种民族文化于一的政策呢? 究其原因,大体上有以下几点:

第一,与西夏社会经济结构的构成及其性质有关。

如众所知,西夏比较牢固地长期占有的基本地区,为22州(详前)。22州按照地理环境的差异及其经济结构的不同,又可分为牧区、半农半牧区及农业区三种不同的类型。其牧业区包括鄂尔多斯高原中部、阿拉善和河西瓜(今甘肃安西县东)、沙(今甘肃敦煌县东)诸州。这些地区沙海茫茫,气候干燥,雨量稀少,只生牧草,不产五谷,居民以游牧为业。

半农半牧区,包括西夏占领的横山以北地区及河西走廊的甘州(今甘肃张掖)、凉州(今甘肃武威)一带,西夏东起横山、西至天都山一带,农田与草场错落其间,宜农宜牧,为西夏军粮和战马的重要产地。尤其是横山,境内山岳绵亘、河流错综。境内水利比较发达,粮食产量仅次于兴、灵。河西的祁连山自古为天然牧场。甘、凉一带,水草丰美,向为西夏的粮仓和良马的产地,居民过着定居农耕与放牧的生活。

农业区,以兴、灵一带最为典型,位于宁夏平原,号称"塞北江南"的兴(今宁夏银川市)、灵(今宁夏灵武县西南)二州,农田水利十分发达。兴州有汉源、唐徕古渠,灵州则有秦家、汉伯、艾山、七级、特进等古渠灌溉农田,水利十分发达,粮食产量较多,这一带居民主要从事农业,其畜牧业则为家庭副业。

安西榆林第三窟的
《唐僧取经图》

瓜州东千佛洞《玄奘取经图》

以上经济结构,虽然按照地理条件的不同去划分,大体上可以分为三种类型,但从其性质去区分,实际上只有两种,即游牧经济与农业经济。经济基础决定上层建筑。游牧经济与农业经济的并存及其交融,反映在文化上必然是游牧文化与农业文化的并存与融合。这是西夏统治者采用"兼容并蓄"文化政策的经济方面的原因。

第二,与多民族的构成有关。

西夏是一个由众多民族组成的大家庭。"国家表里山河,番汉杂处。"[1] 元昊建国后,其境内计有党项、汉族、吐蕃、回鹘、鞑靼、吐谷浑、契丹等民族(详前)。不同的民族有着不同的文化素质、风俗习惯及宗教信仰。正如西夏〔千字文〕韵文所描绘的那样:"西夏人(党项)勇健(尚武),契丹人迟缓,吐蕃人信仰佛教,汉人爱俗文,回鹘饮酸乳。"即使是同一民族,其文化习俗也不尽相同。以党项族为例,由于党项族内的民族成分,既有羌藏系统的因素,又有阿尔泰民族的因素,同时还夹杂着各种土著因素,从而使党项民族的风俗成为一种五花八门的杂俗。西夏境内各民族既然存在着各不相同的文化风俗和宗教信仰,这就决定了其统治者只能实行"兼容并蓄"的文化政策。

第三,与西夏统治者的多民族文化修养和融合思想有关。西夏历代统治者几乎程度不同地都存在着多民族文化修养和融合思想,其中以开国之君元昊比较典型。史载元昊"晓浮图学,通蕃汉文,案上置法律,常携《野战歌》、《太乙金鉴诀》"。[2] 表明元昊不仅通晓佛学,精通汉藏语言文字,而且还重视和应用法律条文以及《野战歌》一类的军事著作,说明其文化修养是多方面的。其所以如此,与他具有多民族文化融合的思想有着较大的关系。

西夏统治者的多民族融合思想的表现是多方面的。表现在经济上为农牧并重、工商齐举,尤其重视同周边民族及邻国的经济文化交流;在政治方面,除了大力推行"蕃汉联合统治"的政治体制,以及同时重用党项汉人外,在"治国之术"问题上,十分重视"以儒治国","以佛治心",儒佛并重;在文化上表现为蕃学汉学并举,尤其重视党项文化同汉、吐蕃、回鹘文化的交融。

[1]《西夏书事》卷16。
[2]《宋史》卷485,《夏国传上》。

（二）西夏文化的区域划分及其简要概况

西夏文化如果按照其境内各地文化水平的高低，结合其文化渊源和西夏占有其地的先后划分一下区域的话，那么大体上可以分为鄂尔多斯文化区、兴灵文化区、河西文化区及河湟文化区。

下面分述这些文化区的简要概况。

1. 鄂尔多斯文化区。

西夏统治下的鄂尔多斯地区，自古就是中原与西北及北方少数民族的联结处，是中原通向西北的交通枢纽，是少数民族和中原进行商业贸易的要道和市场。其文化渊源可以上溯至黄河流域古文化遗存六大地区（其名称是泰岱、卫滏、郑洛、泾渭、河套、河湟）之一的河套文化。古河套文化的范围以内蒙河套地带为中心，包括鄂尔多斯、晋西北、陕北等相邻地带。[1]

以夏为中心的鄂尔多斯地区，在继迁将其政治中心迁到西平（即灵州，今宁夏灵武县西南）之前，一直是夏州地方政权赖以安身立命之地。由于这一带宜农宜牧，其农田有大理、无定诸河灌溉，生产粮食较多，加之同中原地区经济文化交流频繁，因此，中原儒学早在继迁之时即在此发轫。史载：

> 迁贼包藏凶逆，招纳叛亡，建立州城，创建军额，有归明、归顺之号，且耕且战之基。仍闻潜设中官，全异羌夷之体，曲延儒士，渐行中国（宋朝）之风。[2]

由于继迁时期社会经济获得了较大的发展，封建制因素在党项社会内部已经萌芽，因此，中原王朝的官制兵制和儒学，也就很自然地传到了这一地区。德明时期，中原文化进一步在此基础之上生根发展。其"礼文仪节、律度声音，无不遵仿宋制"。[3]也就是说，连礼仪、音乐也渗透到党项社会之中。

元昊建国之后，其经济文化中心虽然已经转到兴州，但鄂尔多斯南部与宋交界之处，仍然是宋夏文化的窗口和中转站。由于宋夏在沿边设立了诸多"榷场"和"和市"，西夏用牛、马、羊、骆驼等换取宋朝的缯、帛、罗、绮等及汉人经书、史书、医书和佛经等物质和精神文化用品。这对

内蒙古百眼窑石窟
附近的石刻塔

[1] 张学正：《略论陕甘青地区几种主要文化的渊源》，载《西北史地》1988 年第 4 期。

[2]《长编》卷 50，咸平五年十二月丁卯。

[3] 戴锡章：《西夏纪》卷 6。

宁夏贺兰县拜寺沟方塔

西夏经济文化的发展,无疑起了促进和加速的作用。

2.兴灵文化区。

兴灵地处黄河冲积平原,历史悠久,形势险固,水陆交通十分便利。史载:"〔黄〕河自南来,入青铜峡,与西夏群山相会,出峡口,北流三百余里,直接贺兰,兴灵包络其中,可谓四塞险固矣。"[1]兴灵境内水利发达,农业兴盛,经济文化密不可分。其中灵州(今宁夏灵武县)"土俗淳厚",[2]文化发达,继迁攻占灵州后,改为西平府,并将其政治中心由夏州迁至灵州。德明时期,鉴于怀远镇(原属灵州)的地形比灵州险要,再将其政治中心由灵州迁至怀远,改名兴州,元昊建国,改名兴庆,并以此为都城。

由于兴州经过继迁、德明、元昊祖孙三代30余年(1020—1055年)的惨淡经营,水利发达,农业甚盛。其人文经济条件比灵州更好,后来居上。因此,它不仅是西夏的政治经济和军事的中心,也是文化的中心。

元昊建国后兴庆府是一个宫殿林立、寺观荟萃、工商发达、人口众多、文化发达的大都会。

兴庆府发展至崇宗乾顺、仁孝之时,由于统治者"以儒治国",尊孔读经,发展科举,兴学育才,各类教育文化机构迅速发展,日臻完善。其教育机关计有蕃学、国学(汉学)、小学、大汉太学、内学等等。其专门管理各类文化的机构,则有主管天文的"司天监"、主管历法的"大恒历院",主管史书编撰的"翰林学士院",以及主管出版印刷的"刻字司"。此外,为了振兴儒学和发展佛教,还不断派遣使者到宋朝去求购儒家典籍和佛经,请回鹘高僧前来译经、讲学。

总之,以兴州为中心的兴灵文化,是西夏文化的主体,在西夏文化发展的过程中起着向四周辐射的主导作用。其兴衰和发展的快慢,直接影响到其他文化发展的历史进程和水平。

3.河西文化区。

由于河西地区地形险要,"黑山峙其东北,黄河绕其西南",[3]加之水草丰美,宜农宜牧,具有重要的战略地位。因此,元昊在"尽有河西之地"[4]以后,便采取了诸如设置州郡和府、建立监军司、屯驻重兵等一系列措施,来加强

[1]《西夏书事》卷10。
[2]《西夏书事》卷10。
[3]《西夏书事》卷22。
[4]《西夏书事》卷22。

对它的经营和管理。经过元昊到末主睍近两个世纪的苦心经营，使河西的社会经济获得了较大的发展，文化在原有的基础之上大大前进了一步。其文化的发展突出表现在儒学和佛教的兴盛之上。

河西儒学的发展，早在东汉末年即已开始，在五凉时已进入了它的全盛时期。五凉时期的河西儒学是以西州大姓家学为基础的地域之学。所谓西州大姓，即凉州地区的世族地方集团，其中包括河西土著世族、久染汉化的河西蕃姓世族、寓居河西的凉州世族和流播河西的中州世族。[1]

河西儒学的兴盛势头大体保持到安史之乱以前。安史之乱以后，河西儒学虽因战乱中衰，但仍为河西吐蕃、回鹘、西夏等建立的地方政权所继承。尤其是元昊统一河西后，河西儒学在原有的基础之上，还有所发展，主要表现在以下三个方面：

第一，重用河西儒学英俊，使之与宋朝投奔过来的失意知识分子相结合，让他们取长补短，共同辅政。史载元昊"自得灵夏以西，其间所生英豪皆为其用"。[2]所谓灵州、夏州以西地区，正好属于河西地区。

第二，仁孝时期，为了兴学育才，在全国各州县设立学校。在甘州黑水河发现的建桥石碑文中有"都大勾当镇夷郡正兼郡学教授王德昌"[3]的署名，从而证实了河西地区曾广立学校。

第三，仁孝尊孔子为"文宣帝"，下令在全国建立孔庙，谓之"帝庙"。西夏灭亡后，孔庙大部分被毁，"惟甘州仅有其迹……凉州有殿及庑焉"。[4]甘、凉既设孔庙，河西其他州郡广立孔庙，概可想见。

与此同时，河西佛教也在原有的基础之上获得了发展。这主要表现在兴修和营造了众多寺庙佛塔和佛窟之上。其著名的寺庙有凉州感应塔和护国寺、甘州卧佛寺等等。其著名佛窟则有沙州莫高窟、瓜州榆林窟。此外，在黑水城（今内蒙古自治区额济纳旗）内外，还有20余座佛塔寺庙遗址，出土了大量西夏文、汉文佛经、佛像、西夏文木雕经板等等。这表明黑水城曾是西夏佛教兴盛重要地区之一。

敦煌莫高窟第 206 窟南壁《说法图》

[1] 武守志：《五凉政权与西州大姓》，载《西北师院学报》1985 年第 4 期。

[2] 《长编》卷 150，庆历四年六月戊午。

[3] 王尧：《西夏黑水桥碑考补》，载《中央民族学院学报》1978 年第 1 期。

[4] 虞集：《元文类》卷 18，《西夏相斡公画像赞》。

西夏佛经插画

4. 河湟文化区。

该文化区也同鄂尔多斯文化一样，是属于黄河流域六大古文化遗存地区之一的河湟文化。河湟古文化遗存地区的范围，以兰州附近及青海东部为中心，旁及河西走廊、青海湖周围和渭水上游地带。甘肃仰韶文化（包括马家窑、半山、马厂类型）分布的中心，就在河湟地区。[1]

河湟地区土壤肥沃，水草丰美，宜农宜牧，形势险要，自古为兵家必争之地。该地宋初为吐蕃统治，王韶熙河开边，拓地两千里，从吐蕃手里夺取了该地，并建熙河湟廓路。继宋之后为金占有（详后）。西夏立国190年，占领河湟地区约90年，是西夏统治时间最短的地区。

由于河湟地区久经战乱，西夏与吐蕃、宋、金、蒙古均在此发生过战争，加上西夏统治该地时间不长，其文化的发展虽然比不上上述三个地区，但其佛教的兴盛却由来已久，比较突出。由于河湟居民最重佛法，"居者皆板屋，惟以瓦屋处佛，人好诵经"，[2]因此，该地佛教早在吐蕃唃厮啰统治时期就获得了长足的发展。西夏占领该地之后，大体上保持了吐蕃时期的兴盛势头。兹以青唐为例，史载："〔青唐〕城之西……建佛祠，广五六里，缭以冈垣，屋千余楹，为大像，以黄金涂其身，又以浮屠三十级护之。……城中之屋，佛舍居半。"[3]青唐一地如此，属于河湟内的其他地区佛教之盛概可想见。

（三）西夏文化的特征及其发展所受诸因素的制约

西夏文化的特征大体上有以下几点：

第一，文化上的多源与融洽。这种多民族文化的来源及其交融，其表现呈多方面的。首先，西夏佛教主要来自中原（表现为佛经的大量输入）。其次，来源于吐蕃。在已发现的西夏文佛经中，其中有一部分如《五部经》、《八千般若经》、《圣大明王随求皆得经》等等，就是从吐蕃佛经中翻译的。再次，来源于西域。例如元昊延请回鹘高僧到兴庆讲经谈法，演绎经文，从而将西域佛教文化传到了西夏。由于博采众长，加上原有的佛教基础，从而融合为颇具特色的西夏佛教文化。

第二、儒、佛、皇权互相利用，协调互补，密不可分。西夏统治者在文化上虽然采用了"兼容并蓄"的政策，但并

[1] 张学正：《略论陕甘青地区几种主要文化的源源》，载《西北史地》1988年第4期。
[2] 孔平仲：《孔氏谈苑》卷1。
[3] 李远：《青唐录》，见陶宗仪《说郛》卷35。

非对多种文化一视同仁，而是有所侧重。其重点是什么呢？一是儒学，二是佛教。其所以如此，因为儒能安邦定国，佛能征服人心。同时，儒佛的发展，必须以皇权为靠山，儒、佛、皇权三者混元一体，互为依存，互相利用，协调互补，相得益彰。

同时，儒佛在为皇权服务，进行"教化"百姓的过程中，往往和平共处，并不排斥，这与中原王朝儒佛互相排斥的情况时有发生，成了鲜明的对照，这是西夏儒、佛并存，同时发展经久不衰的重要原因之一。

俄国探险家科兹洛夫像

第三，儒学的发展充满着矛盾斗争。以兴庆府为中心的儒学的发展，并非一帆风顺，而是不断产生矛盾斗争。例如崇宗乾顺时，御史中丞薛元礼主张以儒治国，振兴儒学，却遭到御史大夫谋宁克任的反对。仁宗仁孝尊孔读经，大力振兴儒学，外戚任得敬上疏极力反对（详后）。以上相左意见，虽未被统治者采纳，但反映了西夏儒学的发展，经历了曲折而复杂的历史进程，反映了游牧文化与农业文化在交融过程中，既统一又斗争的辩证发展的规律性。

以兴庆府为中心的西夏文化，虽然获得了较大的发展，但因其受到某些因素的制约而未达到应有的高度，其制约因素，主要有以下三个方面。

其一曰经济基础薄弱，农业发展水平不高。西夏建都兴庆以后，其社会经济虽然获得了长足的发展，但同宋朝比较仍有较大的差距。其农业发展水平不高，手工业发展有限，商业以同邻国的贸易比较突出。以农业为例，西夏虽然由于统治者重视兴修水利和开垦荒地，使兴、灵、甘、凉以及横山、天都山、马衔山一带的农业获得了较大的发展，但从其全国看，大部分荒地仍未开垦。由于农业发展水平不高，必然要影响其手工业、商业和文化的发展。

其二曰中西交通阻塞，影响经济文化交流。"无数铃声遥过碛，应驮白练到安西。"这是诗人张籍对唐政府利用丝绸之路，进行中西经济文化交流盛况的生动写照。历代统治者鉴于古老的丝绸之路能够为其社会经济和文化的发展注入新的血液，利国利民，无不采取种种措施加以保护，使其畅通无阻。但自西夏控扼丝绸之路以后，却在一个相当长的时间里，对过境商贾收以重税，或扣留贡

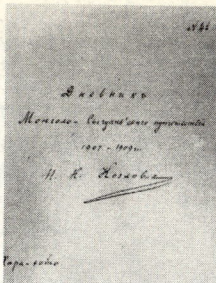

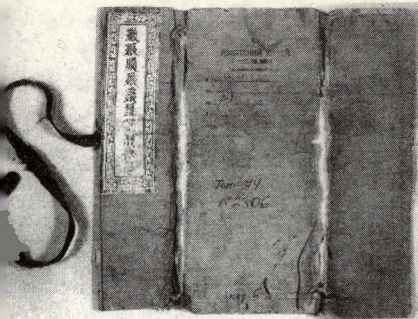

俄藏西夏文《大夏国守护经第十下》封套及缥带

使,充当拦路虎的角色(详后),从而在一定程度上影响西夏同中亚、西域各国的经济文化交流及西夏文化的发展。

其三曰频繁的战争破坏了西夏文化的正常发展。西夏自元昊建国到末主睍灭亡将近两个世纪的时间里,同其邻国宋、辽、金、蒙、吐蕃,先后发生了大大小小的战争(详后)。频繁的战争破坏了西夏休养生息的安定环境,妨碍了其农业生产的正常发展(尤其是立国的初期和后期),严重影响了西夏同邻国的经济文化交流,从而使其文化的发展达不到应有的高度。[1]

六、西夏的历史特点

西夏历史的特点之一,是政治上采用蕃汉联合统治。所谓"蕃汉联合统治",指的是以皇族鲜卑拓跋氏为核心,党项羌上层为主体,联合吐蕃上层,回鹘上层以及汉族地主阶级,共同治理西夏国家,剥削奴役着各族广大劳动人民。这种联合统治充分暴露了西夏国家的阶级压迫实质。

西夏的联合统治,并非自立国开始,而是早在李继迁重建夏州政权之时,即已初见端倪。公元982年(宋雍熙三年)二月,李继迁袭踞银州(今陕西省米脂县西北80里),在"蕃族附者日众"的情况下,为了团结蕃部首领共同抗宋,于是"设官授职,以定尊卑,预署酋豪,各领州郡"。[2]其联合统治的机构设有都知蕃落使、左右都押牙、刺史等官职,由11人组成,其中汉姓3人,党项羌姓4人,鲜卑拓跋姓2人。这种蕃汉联合统治的特点是以蕃为主,以汉为辅,以及实授与预署并行,但以实授为主。

李德明时期的蕃汉联合统治,明显有所发展。其统治机构所设之官,除了继续设有都知蕃落使、左右都押牙、刺史等之外,还新设有行军左司马、右司马指挥使、都知兵马使、孔目官、牙校,等等。[3]总人数仍为11人,但以汉为主(其中汉姓8人,蕃姓3人);取消预署,均为实授。

西夏的蕃汉联合统治发展到景宗元昊之时已初具规模。从其所设官制的情况看,大致有如下特点:(一)模仿宋朝官制(如中央机构仿宋设二十四司)、参照吐蕃官制

[1] 参阅拙作:《西夏文化若干问题刍议》,载《甘肃社会科学》1999年第1期。
[2]《西夏书事》卷4。
[3]《西夏书事》卷8。

（如设监军司等）结合本国国情设立官职；（二）采用一套官职，两种官称；（三）中央机构中元昊任命12人，仍以汉人为主（汉占其七，蕃占其五）；（四）从中央到地方凡主兵马者均为党项人。表明西夏统治者认识到军事的重要性，把军队当做他们的命根子。

景宗元昊以后的蕃汉联合统治，就基本特征和性质而言，大体上没有什么变化，但就其官制的发展看，同元昊时期相比，则有许多不同之处。如毅宗谅祚时新增了各部尚书、侍郎……等官，番号官称也增加了诸如昂摄、昂星……等新的内容，乾顺亲政后，仅用汉官官称，不用蕃号官称，[1]仁孝时期进一步将政府机构分为五品。即上品、中品、下品、末品、不入品等，表明西夏蕃汉联合统治机构，经过多次补充，至此已臻完善和定型，进入了它的成熟时期。

西夏之所以产生蕃汉联合统治并非偶然，而是由下列两种因素所造成。第一，在西夏统治的疆域里，居住着党项、汉族、吐蕃、回鹘以及鞑靼、吐谷浑等族。这些族的统治者都占有一定数量的土地，或者拥有一定数量的牧地和牲畜。这些统治阶级为了维护各自的经济利益，镇压农、牧民的反抗，都需要直接或间接（由其政治代表参加）参与政治，加入到蕃汉联合统治的各级政府中去，共同行使对被压迫阶级的统治权。

第二，作为西夏国家的主要组织者和领导者——鲜卑拓跋氏，无论其统治经验和文化水平都不如汉族地主阶级，加上立国前后的一段较长时期里人才缺乏，在这种情况下，要想有效地维持并巩固其统治，仅仅让党项羌、吐蕃、回鹘等族上层参与政权是不够的，而必须让汉人地主阶级知识分子加入到各级政府中去，这就决定了西夏国家政权的组织形式只能是蕃汉联合统治。

西夏历史特点之二，是经济发展的不平衡性及其对外存在着某种程度的依赖性。

“夏之境土，方二万余里”，[2]其比较稳定的长期存在的州郡为22州。在这广阔的疆域里，各地经济存在着较大的差异性。22州大体上有三种经济状况：第一种为蕃汉集中居住的据点，如西夏都城、州县治所及其附近地区，为

甘肃武威出土的木衣架

[1] 参阅拙作：《西夏蕃官刍议》，《西北史地》1985年第2期。

[2] 《宋史》卷486，《夏国传下》。

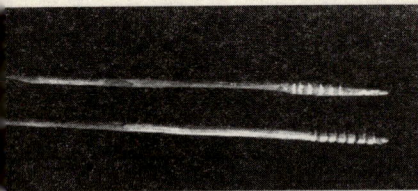
甘肃武威出土的木筷子

唐末五代以来早已封建化的地区，其经济和文化发展水平较高。如凉州无论畜牧业和农业都很发达，居住在那里的吐蕃部落，"多是华人子孙，例会汉言，颇识文字"。[1]至于西夏都城——兴庆府的屏障灵州（今宁夏灵武县西南），不仅农业发达，其文化水准也很高。"其人习华风，尚礼好学。"[2]

第二种是靠近宋夏边界的蕃汉杂居的农牧地带。如西夏东面的横山，"多马宜稼……且有盐铁之利，夏人恃以为生"。[3]此外，西夏的天都山、马衔山一带，也属于这类地区。

第三种是一些土地贫瘠、人烟稀少，或者本来就是一望无际的沙漠地区，如西夏河套的地斥泽、兴庆府西面的腾格里以及同蒙古接壤的广大北部地带，均属于这类地区。这类地区的居民主要靠从事游牧业和狩猎业维持生活，是西夏最落后的地区。

西夏经济除了呈现着发展不平衡性外，对外还存在着某种程度的依赖性。

早在西夏立国之前，夏州地方政权对中原王朝在经济上就存在着严重的依赖性。如周世宗显德元年（954年）五月，府州防御使折德扆入朝，"彝殷恶其职与己埒，以兵塞路，不许通诏使"。世宗拟停止对夏州的贸易，并遣使持诏切责，"彝殷惶恐，撤兵谢罪"。[4]彝殷屈服于周世宗经济制裁的压力，说明夏州地方政权在经济上对中原王朝存在着怎样严重的依赖性。

西夏立国后，随着疆域的扩大，社会生产的发展，以及对外贸易的兴盛，这种依赖性多少有所减轻。宋司马光在评价西夏经济上依赖宋朝时指出：

> 彼西人公则频遣使者商贩中国，私则与边鄙小民窃相交易，虽不获岁赐之物，公私无乏，所以得偃蹇自肆，数年之间似恭似慢，示不汲汲于事中国，由资用饶足，与事中国时无以异故也。[5]

由于西夏同宋贸易获得好处，从而使其对宋的经济依赖性明显减轻，又由于经济上"资用饶足"，"公私无乏"，因而在政治上变成为"似恭似慢"，不卑不亢了。

建国后西夏在经济上的依赖性，虽然一度有所减弱，

[1]《长编》卷51，咸平五年三月癸亥。
[2]《西夏书事》卷7。
[3]《宋史》卷335，《种谔传》。
[4]《西夏书事》卷2。
[5]司马光：《司马文正公传家集》卷50，《论西夏札子》。

但由于西夏经济比较脆弱，水平不高，加上受到战争影响，因此这种依赖性不可避免地将会长期存在。并突出表现在对宋朝"岁赐"与"和市"之上。史载：

> 既绝岁赐，复禁和市，羌中穷困，一绢之直，至十余千。……既通和市，复许入贡，使者一至，赐予不赀，贩易而归，获利无算；传闻羌中得此厚利，父子兄弟始有生理……。[1]

绝"岁赐"，禁"和市"，西夏物价飞涨，生灵穷困，反之，"始有生理"，两相对照，说明了西夏对宋经济依赖的严重性。

西夏不仅在经济上对宋朝存在比较严重的依赖性，而且对金朝也存在着一定的依赖性，这主要表现在对金边境的榷场贸易之上。金先后于兰州、保安、绥德、东胜、环州等地设置榷场，置场官管理。[2]西夏通过榷场、走私，以及夏使至金，"许带货与官商交易"，[3]从而获得必要的生活用品。

由于西夏在经济上对其邻国存在着依赖性，因此，在外交上不能不表现出一定的依附性。兹以元昊对宋朝的态度为例，宋末元初的史学家马端临云：

> 元昊倔强构逆，兵势甚锐，竭天下之力，不能稍挫其锋；然至绝其岁赐、互市，则不免衣皮食酪，几不能以为国，是以亟亟屈服。[4]

元昊在对宋战争获得胜利的情况下，之所以主动要求纳款称臣，"亟亟屈服"，固然原因颇多，但与西夏在经济上对宋存在着较大的依赖性有着很大的关系。

西夏历史特点之三，是民族矛盾经常处于主要地位，对外战争频繁。

西夏自 1038 年元昊建国至 1227 年末主睍灭亡，首尾 190 年。在这将近两个世纪的时间里，西夏同它的几个主要邻国——宋、辽、金、蒙均发生过大小不等的战争，同吐蕃唃厮啰也多次兵戎相见。在同邻国的战争中，尤以宋夏战争时间最长，次数最多，其影响与后果也最大。西夏自景宗元昊立国到崇宗乾顺同宋高宗缔结和约，历时 91 年（1038—1128 年），双方和平共处仅 26 年，其余 75 年时间均处于交战状态。在这漫长的时间里，总计战争 15 次，其中比较著名、规模较大的战役，计有元昊时期的好水川

武威西郊林场西夏墓出土的木版画《蒿里老人》

---

[1] 苏辙：《栾城集》卷 39，《论西夏事状》。

[2]《金史》卷 50，《食货志》。

[3]《西夏书事》卷 38。

[4] 马端临：《文献通考》卷 322，《古雍州案语》。

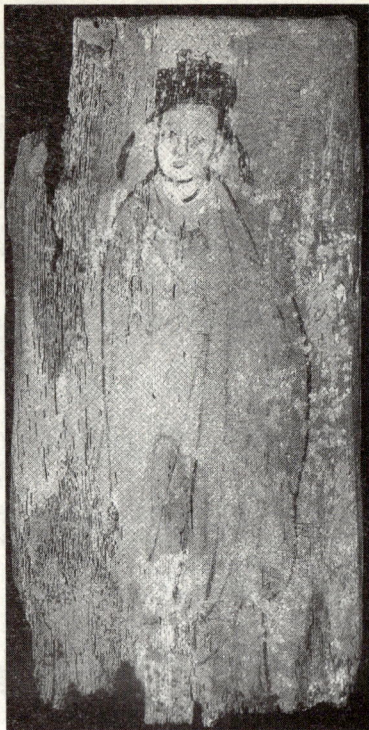

甘肃武威西夏墓出土
的木版画《男侍》

之战，三川口之战，定川砦之战，惠宗秉常时期的灵武之
战和永乐之战，以及宋夏争夺横山地区的斗争。

　　长达 75 年的战争，归纳起来，大体上有如下特点：战
争时断时续，中间呈间歇状态；其主要战场集中于今陕西
北部、甘肃东部，以及宁夏南部地区；尽管双方处于交战
状态，但两国信使却照常往来，"朝贡"与"回赐"也很少间
断；较量的结果，互有胜负，势均力敌，谁也不能消灭对
方。

　　除了对宋进行旷日持久的战争外，至襄宗安全统治
时期，夏金双方又发生了长达 13 年（1210 年 8 月—1223
年 7 月）之久的战争。在 13 年里，双方大小战争约 25 次，
其中规模较大的为 4 次，平均每年 2 次。

　　在夏金战争激烈进行的同时，蒙古成吉思汗也发动
了旨在灭亡西夏的战争。蒙夏战争首尾 23 年（1205 年 3
月—1227 年 7 月），先后爆发了 8 次重要战争，这些战争
无一例外地均以蒙古的胜利而结束。

　　除了上述战争外，在景宗元昊和毅宗谅祚统治期间，
还同辽发生过两次较大的战争，另同吐蕃唃厮罗 5 次兵
戎相见（元昊时 2 次，谅祚时 3 次），前两次以西夏的大获
全胜而告终，后 3 次以西夏的失败而结束。

　　频繁的战争，给西夏及其邻国带来了严重的后果与
影响。

　　第一，破坏了西夏同其邻国人民休养生息的和平环
境，使其人民惨遭屠戮，流离失所。史载：

　　　　自元昊叛，河西之民迁徙以避兵，因留雄勇
　　津，循河上下，侨寓者众，公躬训谕安辑之，俾还
　　故业。[1]

说明元昊发动对宋战争，使本国人民不得安宁，饱尝颠沛
流离之苦。至于宋朝人民，受害更大，死伤惨重。"关中之
民，自经西事以来……亡失太半"，[2] 说明战争给宋朝沿边
人民带来的灾难超过西夏人民。

　　第二，使西夏及其邻国元气大伤。如西夏同金长期混
战，元气大伤，由强变弱，最后因无力抵御蒙古的进攻而
灭亡。蒙夏战争的结果，使西夏"田野荒芜，民生涂炭"，[3]
"耕织无时，财用并乏"。[4]

[1]《折继闵神道碑》，转引自
中国考古学会第一次年会
论文集。
[2]《温国文正公文集》卷38，
《横山疏》。
[3]《金史》卷 134，《西夏传》。
[4]《西夏书事》卷 41。

第三，阻碍了西夏同邻国的经济文化交流。如元昊对宋战争，虽然三战三胜，然"人畜死伤亦多，部落甚苦之；又岁失赐遗及沿边交易，颇贫乏"。[1]既失宋朝"岁赐"，又"丧沿边交易"，使西夏本来就比较脆弱的社会经济，更加陷入困境。

总之，西夏对外战争频繁，在较长的时间里，破坏了其休养生息的安定环境，妨碍了正常的农业生产，消耗了国力，影响了西夏社会经济的正常发展（尤其在它的初期和后期），使本来可以发展较快的社会经济，在一定程度上延缓了历史的进程。

西夏历史特点之四，是文化上的多源与儒学佛教的兴盛。

所谓文化上的多源，即西夏文化渊源于汉族、吐蕃、西域文化，是长期吸取这些文化的养料而逐步发展起来的，但以吸收汉文化的养料为主。

西夏文化大量吸收汉文化，同汉文化有着密不可分的关系，这一点为当时西夏人所公认。西夏仁宗时的党项人骨勒茂才在其《蕃汉合时掌中珠》一书的序言中指出：

> 今时人者，番汉语言可以自备，不学番言，则岂和番人之众；不会汉语，则岂入汉人之数！番有智者，汉人不敬，汉有贤士，番人不崇。若此者，语言不通故也。……论末则殊，考本则同。

一语道破了西夏文化同汉文化不可分割的关系。

西夏文化深受汉文化的影响，具体表现在西夏字、音乐、绘画、建筑、雕塑等方面。如西夏字的形体明显模仿汉字，以汉字为依据，参照党项民族语言的特点而造成，音乐深受唐宋影响，等等。

西夏文化受吐蕃文化的影响，具体表现在：佛教主要来源于中原，其次来源于吐蕃；军制的最小单位为"抄"，由"正丁"和"负担"组成。这种"正丁"和"负担"，来源于吐蕃的"组"和"仆役"。[2]至于监军司的设立，则与吐蕃王朝，"在〔其〕东北和极西境地区建立的军镇组织"，[3]十分类似；服饰：如元昊"衣白窄衫，毡冠红果顶，冠后垂红结绶"，[4]既受吐蕃赞普服饰的影响，同时也参考了回鹘可

甘肃武威西夏墓出土的木缘塔

[1] 司马光：《涑水纪闻》。
[2] 参阅王忠：《论西夏的兴起》，载《历史研究》1962 年第 5 期。
[3] 〔匈〕乌瑞著、荣新江译：《KHKOM（军镇）：公元七至九世纪吐蕃帝国的行政单位》，《西北史地》1986 年第 4 期。
[4] 《长编》卷 115，景祐元年十月丁卯。

宁夏同心县康济寺塔

¹《嘉靖宁夏新志》卷 7，李梦阳:《夏城漫兴》。

²骨勒茂才:《蕃汉合时掌中珠·人事下》。

汗的服制。

西夏文化受西域文化的影响，主要表现在回鹘僧人翻译佛教经典之上。一些著名的回鹘僧人在元昊、秉常时期，先后负责主持佛经的大规模的翻译，对西夏文化作出了有益的贡献。

西夏统治者早在李继迁时，就注意吸收儒学有识之士为己用，至元昊时，除了注意搜罗儒学有识之士加以重用外，还将一些儒学著作翻译为西夏文，从中吸取对其统治有益的东西。西夏儒学经过毅宗谅祚、惠宗秉常及崇宗乾顺的提倡，到仁宗仁孝之时已进入了它的鼎盛时期。乾顺、仁孝时大力振兴学校，从中央到地方设立了各种学校（包括小学、太学、内学，等等），同时注重发展科举制度。通过兴学，发展科举，尊孔读经，不仅为西夏国家培养了大批人才，而且还为元朝统治者储备了很多人才。其人才之盛同辽金比较，实有过之而无不及。

西夏佛教的兴盛突出表现在广修寺庙和佛事活动的频繁之上。

西夏佛寺极为普遍。"名存异代唐渠古，云锁空山夏寺多"，¹ 这是对首都——兴庆府（今银川市）水利发达、广建寺庙的生动写照。至于西夏全国各地所建寺庙，几乎到处都有。有的是对佛教旧址的修葺，有的则属新建。在众多的佛寺中，其中最著名的有兴州的戒台寺、高台寺、承天寺，凉州的护国寺，甘州的卧佛寺，等等。

西夏除了重修和新建了不少寺庙外，还重建和改建了不少石窟。据有关专家统计，西夏在占领瓜、沙后，对莫高、榆林两地石窟，大约重修和改建了 70 余座。这些石窟为西夏各个时期各阶层的善男信女们顶礼膜拜，从事宗教活动的佛教圣地，对于弘扬佛法，宣传佛教的唯心主义思想起了极为重要的作用。

由于西夏统治者带头崇奉佛教，在他们的大力倡导下，老百姓信仰佛教，从事各种佛事活动者与日俱增。正如党项人骨勒茂才所记载：

　　亲戚大小，性气不同，或做佛法，修盖寺舍，诸佛菩萨，天神地祇，璎珞数珠……供养烧香……入定诵咒，行道求修。²

这是对西夏老百姓信仰佛教的生动写照，我们从中看到了西夏百姓从事各项佛教活动的盛况。[1]

武威西夏墓出土的
《五男侍图》

七、西夏的历史地位

西夏在我国古史中究竟应该占有怎样的历史地位？有一种观点持否定态度，如宋末元初著名的史学家马端临云：

> 河西之地，自唐中叶以后，一沦'异域'，顿化为龙荒沙漠之区，无复昔之殷富繁华矣。……虽骁悍如元昊，所有土地过于五凉，然不过与诸蕃部落，杂处于旱海不毛之地，兵革之利，财货之殷富，俱不能如曩时。是以北事辽，南事宋，仅足以自存。[2]

马氏不仅从经济上完全否定了西夏的历史地位，而且全盘否定了中唐以后所有统治过河西地区的一切少数民族政权的历史作用，这种带有严重民族偏见的评价，显然是不正确的。

与上述观点相反，当代一些史学工作者，用马列主义的立场、观点和方法，去评价西夏的历史地位，程度不同地肯定它在历史上的作用和贡献。如王忠先生认为：

> 西夏的兴起并不完全是消极和反动的历史逆流。在祖国各族人民互相融合为一个民族大家庭的过程中，党项族作为一个历史的力量是有贡献的。[3]

到目前为止，大多数史学家对西夏在我国历史上的地位，似乎都主张应当予以充分的肯定，但究竟应当从哪些方面去进行肯定，则仍然是一个有待深入研究的问题。

对于该问题，我认为应从以下几个方面去肯定。

第一，西夏所进行的局部统一，为祖国西北地区民族经济的发展和文教的昌盛，提供了政治上的保证，并为元朝的大统一奠定了一定的基础。

西夏自李继迁重建夏州政权之后，随着政治经济军事实力的增强，其疆域也在不断扩展，至景宗元昊时领有

[1] 参阅拙作：《试论西夏的历史特点》，载中央民族学院出版社出版《中国民族研究》第 2 辑。
[2] 马端临：《文献通考》卷 322，《古雍州案语》。
[3] 王忠：《论西夏的兴起》，载《历史研究》1962 年第 3 期。

武威西夏墓出土的
《五女侍图》

22 州,方圆约 2 万余里。至仁宗仁孝时至少实际领有 32 州,方圆超过 2 万余里(详前)。

西夏之所以能逐步统一西北大部地区并非偶然,而是"番汉杂处"的西北各族经过近 200 年的长期自然同化,不断冲突融合的结果。自唐末开始,一直到明初,为我国第三次民族大冲突大融合的时期。这一时期的历史发展总趋势是从分裂走向统一,而世居西土,"恩信孚部落"的西夏王族——鲜卑拓跋部,利用党项羌的力量,凭借着自己丰富的政治经验和较强的组织能力,顺应着这一历史发展趋势,在这一带经济文化发展接近内地的基础之上,逐步消灭异己而最后完成的。

西夏的局部统一,有着深远的历史意义。它为元王朝的空前大统一奠定了一定的基础。历史的实践表明,没有唐末五代的大动荡、大分化及其局部统一,就不可能有宋初的统一;同样,没有辽、宋、西夏、金的局部统一,及其又冲突又融合,以及漠北草原上的强大的蒙古部落,异军突起,去打破宋、西夏、金三足鼎立的割据均势,也就不可能有元朝的空前大统一。

第二,西夏的立国对祖国西北地区的开发作出了一定的贡献。

西夏对祖国西北地区的开发,突出表现在西夏农业的发展上。西夏农业比较发达的地区为兴州、灵州、凉州、肃州等地,其次为横山、天都山和马衔山一带。

西夏农业的成就概括地说,表现在以下五个方面。即采用汉族比较先进的生产工具和生产技术知识:其农器均为木柄铁器所构成,与宋农民所用生产工具并无二致;牛耕的普遍使用:其牛耕用二牛抬杠,一人扶犁进行操作,与内地汉民完全一样;水利灌溉发达:西夏统治者除了注意修复旧渠之外,还修了一些新渠,如"昊王渠"等;开垦荒地:西夏开垦荒地,见于记载的多数在宋夏沿边毗邻之处,即用侵耕宋地的办法,去达到扩大耕地面积的目的,其侵耕之地计有宋河东路麟州(今陕西省神木县北)屈野河及大理河东葭芦境上一带,侵耕的结果,激化了宋夏矛盾;生产了大量粮食:由于水利的兴修,各地农田及时得到了灌溉,"岁无旱涝之虞",[1] 加上牛耕的普遍使用

[1]《宋史》卷 486,《夏国传下》。

和采用汉人先进生产技术,因此,西夏生产了大批粮食。
这些粮食除食用部分外,被储存于公私粮窖之中。西夏粮
窖早在李继迁重建夏州政权之时即已见于记载,此后,随
着农业的发展,这种粮窖越来越多。粮窖的增多,从一个
侧面反映了西夏农业的发展。

　　西夏农业的发展有着重大的影响和意义。首先,西夏
农业的发展,使党项族从内迁前的逐水草而居,"不知稼
穑",[1] 到建国前的逐步农耕化,以及建国后农业成为社会
经济的主要部门,这在党项族的发展史上,无疑是一个巨
大的进步;其次,由于农业的发展,带来了手工业商业的
繁荣,从而增强了西夏的国力,使西夏有可能自立于民族
之林。西夏与辽、宋、金之所以能够长期鼎立,原因固然很
多,但与西夏农业的发展,经济上基本自给自足,有着很
大的关系。

　　第三,通过公私贸易,加强了西北边疆同内地的经济
文化交流,从而丰富了边疆、内地各族的物质和精神文化
生活,有利于宋夏边界的安宁。

　　宋夏的经济交流的主要途径和方式计有定期朝贡,
在宋夏沿边之处设立固定的贸易机构——"榷场",以及
次一级的商场——"和市",此外,还有"窃市",即宋夏沿
边军民的私下交易。

　　宋夏文化交流,自宋输入西夏的计有佛经、"九经"
(指《易经》、《书经》、《诗经》、《公羊传》、《谷梁传》、《左
传》、《礼记》、《周礼》、《仪礼》)、宋历和时服,等等。自西夏
输入宋的属于物质文明的计有神臂弓、夏人剑,等等。

　　宋夏经济文化交流对于宋夏双方起了极为重要的历
史作用。

　　作用之一,给宋夏两国带来了物质上的好处。尤其对
于比较落后的西夏来说,作用更大,正如范仲淹在其《答
赵元昊书》中所指出:

　　　　大王之国,府用或阙,朝廷每岁必有物帛之
　　厚赐,为大王助。……又马牛驼羊之产,金银缯
　　帛之货,有无交易,各得其所。[2]

　　作用之二,是对于互通边情,维护宋夏边境安宁起了
一定的作用。如宋通过沿边互市,以缯锦换取蕃部马,可

宏佛塔出土的中号
西夏文雕版

[1]《隋书》卷83,《党项传》。
[2]《范文正公文集》卷9。

宏佛塔出土的大号
西夏文雕版

以"利戎落而通边情"，反之，如果取消互市，就会引起边境蕃部"猜阻不安"，[1] 很难维持边境安宁。

作用之三，在一定程度上改善和丰富了宋夏人民的生活。正如宋臣苏辙指出：

> 既通和市，复许入贡，使者一至，赐予不赀，贩易而归，获利无算；传闻羌中得此厚利，父子兄弟始有生理。[2]

表明西夏人通过至宋首都及宋夏沿边和市，以其所有易其所无，获益良多。西夏人民获利如此，宋朝内地尤其是沿边人民得此经济交流好处，概可想见。

作用之四，是西夏文教昌盛，不仅为西夏自身培养了大批文武人材，而且为元朝统治者储备了大量有用人才。西夏在文教方面富有成效的努力，对于提高西夏境内各族以及整个中华民族的文化水平，作出了有益的贡献。

西夏立国之前，主要通过礼贤下士，延揽人才，以及吸收宋朝投奔过来的失意知识分子，去建立其统治机构。如李继迁时既引"张浦为谋主"，又"纳灵州叛人郑美"，[3] 授以指挥之职。立国之后，元昊除继续采用上述办法外，还开始设立蕃学与汉学，即通过兴办学校去培养人才。乾顺时通过同时兴办蕃学、国学，为国家培养了更多人才。仁孝时，除了在中央和地方继续兴办学校外，还大力发展科举制度，为国家培养了大批人才。

由于西夏统治者建国伊始，就创建学校，振兴文教，尤其是经过乾顺、仁孝时期对文教事业的发展，因此，至西夏末期，人才辈出，不仅自身不乏人才，而且为元初蒙古统治者储备了不少人才。

西夏灭亡后，一批文化素养较高的西夏人，活跃在元代的历史舞台上，充当了自中央到地方的各级重要官员。这样的西夏人到底有多少？据有的同志初步统计，见于记载的约有370余人，[4] 说明西夏人才之盛。

西夏知识分子活跃在元朝的历史舞台上，对于蒙古人的汉化，以及蒙汉文化的融合，起了加速和促进的作用。这种历史作用正如陈登原先生所指出：

> 西夏人才，初虽有资于宋，其后亦卓然有所

[1]《宋史》卷299,《张若谷传》。
[2] 苏辙：《栾城集》卷39,《论西夏事状》。
[3]《西夏书事》卷6。
[4] 参阅汤开建：《元代西夏人物表》，载《甘肃民族研究》1986年第1期。

　　自己,并曾启迪金源,蒙汉文化混合,西夏与有
　　力焉。[1]
可谓一语破的,不失为中肯之论。对于这个问题,我以前
曾经撰文考察,此不赘述。[2]

宁夏贺兰山岩画

[1] 陈登原:《国史旧闻》第 2
册,第 344 页《西夏》。
[2] 参阅拙作:《试论西夏的历
史地位》,载《兰州大学学
报》1989 年第 1 期。

中卫县老虎嘴沟山梁二道
梁岩画图案《牧羊图和塔》

第二章

党项拓跋部的兴起与
夏州地方政权的割据

第一节　党项拓跋部的兴起与内迁

一、党项的兴起

　　西夏是党项人于公元 11—13 世纪期间建立的国家。党项是羌族的一支,因此,史书上也称之曰党项羌。"党项羌者,三苗之后也。其种有宕昌、白狼,皆自称猕猴种。"[1] 羌族是我国有着悠久历史的古老民族之一。它长期生息、繁衍、活动于我国的西部地区。早在远古时期,羌族与华夏族就有着密切的联系与交往。在出土的殷商甲骨卜辞中就有关于羌族的记载。东汉时,羌族以西海郡(今青海海晏县西)为其活动中心,南到蜀郡(今四川雅安西)、广汉郡(今四川广汉县),西北接鄯善(今新疆鄯善县东南)、车师(今新疆吐鲁番县西)。其部落虽多(约 150 余),但各不相统属,过着逐水草而居的游牧生活。

　　魏晋以后,羌族势衰,其中一部分被吐谷浑所征服,一部分臣属中原王朝,另一部分则逃入四川西部的深山野谷之中。"西羌微弱,或臣中国,或窜山野。"[2]

　　唐初,党项羌势力范围有所扩展。"东至松州(今四川省松潘县北),西接叶护(指西突厥领地,即今新疆维吾尔自治区),南界春桑(在今青海省南部果洛藏族自治州境内),北邻吐谷浑(其统治地盘在今青海省北部、甘肃省南

[1]《隋书》卷 83,《党项传》。
[2]《旧唐书》卷 198,《党项传》。

部一带,活动中心地区则在青海湖附近),有地三千余里。"[1]
他们按照自氏族分化出来的家族结为部落,并以家族的
姓氏作为部落的名称。在众多的族姓中,比较显赫著名的
计有细封氏、费听氏、往利氏、颇超氏、野利氏、房当氏、米
擒氏、拓跋氏等八个族姓。八大族姓中又以拓跋氏最强,
在整个党项羌中起着领导的作用。[2]这时的党项羌各部
落,仍然各自分立,不相统属。

公元584年(隋文帝开皇四年),党项羌有千余家愿
意归顺隋王朝。公元585年(开皇五年),其大首领拓跋宁
丛率领部落请求定居旭州(今甘肃省临潭县境),文帝任
命他为大将军。

公元590年(开皇十年),党项羌进攻会州(今茂汶羌
族自治县境),被隋军打败,纷纷表示愿意降附。[3]公元623
年(唐高祖武德六年),党项羌派遣使者,请求内附,唐在
其地设置维州(今四川理县)和恭州(今四川丹巴县东)。
唐太宗统治期间,其社会环境比较安定,人民安居乐业。
公元627年(贞观元年),党项羌首领细封步赖率领部落
归附唐朝,唐朝统治者在其居住境内设置轨州(今四川省
阿坝藏族自治州松潘县境),由细封步赖担任州刺史。在
细封步赖的带头下,其他党项羌首领也跟着响应,纷纷率
部落归唐。唐在境内设置崌(ju 据,今四川茂汶羌族自治
县)、奉(今四川理县西北)、岩(今四川松潘西北)、远(今
四川茂汶羌族自治县境)等四州,仍以其各部首领为州刺
史。

公元631年(贞观五年),太宗派遣使者"开其河曲地
为六十州,内附者三十四万口"。[4]

党项羌大首领拓跋赤辞与吐谷浑王慕容伏允关系密
切,结为姻亲。公元634年(贞观八年),吐谷浑叛唐,太宗
派行军大总管李靖率军进攻吐谷浑,拓跋赤辞率军屯狼
道峡(今甘肃迭部县境),协助浑王伏允作战。不久,赤辞
战败于肃远山,伏允也因党项羌人民和家族厌战,兵败请
降,唐政府于其居地分设懿、嶍、麟、可等32个羁縻州。这
些羁縻州的位置大体上在松州西北一带的四川、青海和
甘肃3省的邻接地区。唐政府任命这些归服的部落首领
为都督刺史,[5]并以拓跋赤辞为西戎州都督,赐李姓,都督

青铜峡市口子门沟岩画
图案《牧羊图》

[1]《新五代史》卷74,《党项传》。

[2]《旧唐书》卷198,《党项传》,《新唐书·党项传》记载与此同。

[3]《隋书》卷83,《党项传》。

[4]《唐会要》卷98,《党项羌》。

[5]《新唐书》卷43,《地理志·羁縻州》云:"自太宗平突厥,西北诸蕃及蛮夷稍稍内属,即其部落,列置州县;其大者为都督府,以其首领为都督、刺史,皆得世袭"。

府的治所设在松州。

二、党项的内迁及其与中原王朝的关系

唐朝初年，早已进入西藏地区的羌族——氂牛部和苏毗部，渐趋统一，并建立了吐蕃奴隶主政权。唐太宗时，吐蕃灭吐谷浑，势力更加强大。玄宗开元年间，吐蕃四出侵掠，散居于今甘肃南部和青海省境内的党项羌诸部，因为不堪吐蕃的掳掠和压榨，请求内徙，唐玄宗让他们迁至庆州(今甘肃庆阳)，并把原来设在陇西地区的静边州都督府移置庆州，对他们妥善安置，任命拓跋守寂为右监门都督，封西平公。其原来聚居之地旋即被吐蕃占领，没有迁徙的党项羌人，接受吐蕃统治，并被改称为"弭药"。[1]

8世纪中叶，唐王朝爆发了安史之乱，拓跋守寂出兵助唐平叛有功，被提升为容州刺史，领天柱军使。

公元764年(代宗广德二年)，河北副元帅仆固怀恩起兵反叛，并煽诱党项浑奴剌入寇作乱，朔方节度使郭子仪鉴于散居灵(今宁夏回族自治区灵武县)、盐(今宁夏回族自治区盐池县)和庆州一带的党项羌，其聚居之地与吐蕃邻接，并不断滋生骚乱，为了对他们进行隔离和拆散，于是表请将党项羌部落迁到银州(今陕西省米脂县)以北、夏州(今陕西靖边县境)以东地区，同时，将静边州都督府迁置银州境内。代宗采纳了这一建议，并及时召集党项羌大首领左羽林大将军拓跋朝光、拓跋乞梅等入朝，厚加赏赐，让其安抚部众，及时迁徙。拓跋乞梅居庆州，因为庆州位于陇山(六盘山)以东，所以史书上将由他领导的党项羌部落叫做东山部。拓跋朝光居银州、夏州，因为夏州以北属于今内蒙伊克昭盟地区，"登城一望，则平沙漠漠无林阻"，[2]加上该地区是南北朝时赫连勃勃所建夏国的辖地，俗称平夏，所以由他领导的党项羌部落也以地得名为平夏部。后来建立西夏国家的皇室显赫大姓——拓跋氏，就是出自这个平夏部。

除了东山部落、平夏部落之外，还有一批党项羌人迁到绥州(今陕西省绥德县)、延州(今陕西延安)一带居住。党项羌人第二次迁徙定居之后，由于吐蕃继续向东北侵扰，被迫于公元765年(唐代宗永泰元年)以后，一度向东

黑水城出土的《山羊和鹿图》

[1] 据新、旧《唐书·党项传》记载，吐蕃称未迁徙的党项羌人为"弭药"。另据《宋会要辑稿·蕃夷》6之1记载，西夏建国后，吐蕃及于阗称西夏为"缅药"(即"弭药")，表明随着时间的推移，"弭药"一词的应用范围，已经扩大了。

[2] 顾炎武：《天下郡国利病书·陕西上》，引《延绥镇志》。

迁徙到石州(今山西省离石县,辖境在今山西三川河、湫水河流域),以便"依水草"而居,由于当地"永安城镇将阿史那思昧,扰其部落,求取驼马无厌",[1]因此,他们又返回黄河西岸地区,即回到了银州、夏州一带。

党项羌徙居内地以后,"其所业无桑事",专以畜牧为生。他们以马牛羊换取汉族的丝织品、珍珠、银、铜、铁和武器。"以善马购铠,善羊贸弓矢",[2]"远近商贾赍杂缯诸货,入其部落贸易牛马"。[3]从其社会发展阶段看,仍处于原始社会末期,私有制和阶级对立均已产生,因此,部落之间表现出喜好劫掠和战争。史载:

> 党项羌其类意气不等,因聚党为兵相伐,强者有其马、牛、羊、骆驼。其后支属更仇杀,辗转六、七十年,莫能禁。[4]

除互相攻掠外,他们还在唐朝统治者面前,互相指斥,将责任推给对方。"比者或有剽劫,必推南山(部落),南山有寇扰,亦指平夏(部落)。既相排斥,互说短长。"[5]唐朝统治者面对着各部落之间的矛盾斗争,不是以调解人的身份去大事化小、小事化无,而是有意从中火上加油,制造矛盾,以便于他们进行分化统治。如在对待"南山党项"与"平夏党项"的矛盾问题上,有意识地贬责南山而抬褒平夏。如当时最高统治者诏令有云:

> 南山党项为恶多年,化谕不悛,颇为边患。……平夏党项素闻为善,自旬月以来,发使安抚,尤其忠顺,一如指挥,更不猖狂,各守主业。[6]

这种一褒一贬,对少数民族进行分化统治的办法,是历代封建统治者的惯用伎俩,是激化民族矛盾的一项重要原因。

唐朝统治者对党项羌在进行分化统治的同时,还加强了对党项羌人民的经济封锁和剥削,如公元787年(贞元三年),一些地方官对"内附诸夷……竞致侵削,藉其蹄角齿毛之异,廉者半价而贾,贪者豪夺",[7]有的"或强市其牛马,不酬其直"。[8]有的边将"失于绥辑,因缘征敛,害及无辜"。[9]在唐的经济封锁和地方官的剥削压迫下,党项羌人民忍无可忍,被迫纷纷起义。唐文宗太和、开成(827—840年)年间,灵州、盐州等地发生了党项羌部落起义,给

贺兰口西夏文题记与类人首

[1] 《唐会要》卷98,《党项羌》。
[2] 《新唐书》卷221,《党项传》。
[3] 《唐会要》卷98,《党项羌》。
[4] 《全唐文》卷737,沈亚之:《平夏文》。
[5] 《唐大诏令集》卷129,《洗雪平夏党项德音》。
[6] 《唐大诏令集》卷130,《平党项德音》。
[7] 《全唐文》卷649,元稹:《授王珏银州刺史制》。
[8] 《旧唐书》卷198,《党项传》。
[9] 《全唐文》卷700,李德裕:《赐党项敕书》。

统治者以较大的打击。唐朝统治者为了平息这些起义,曾多次派遣官吏,进行安抚,如唐武宗以侍御史崔君会、李鄂和郑贺分别为灵州、延州(今陕西延安市)、麟州(今陕西神木县北)等地安抚使,及时进行安抚;而对于那些安抚无效的起义,则派大军围剿,如公元 850 年(宣宗大中四年),"〔党项〕内掠邠、宁,诏凤翔李业、河东李栻讨之,羌乃破殄"。[1]

　　唐王朝与党项羌内迁前后的关系,虽然存在着这样那样的矛盾,有时甚至兵戎相见,但从总体上和主流方面去看,仍然是友好的和密切的臣属关系。其所以如此,与唐王朝对党项羌所采取的总政策——怀柔、安抚,有着很大的关系。党项羌同唐王朝基本上保持着密切友好关系,这对党项羌的政治、经济、文化的发展,无疑起了加速的作用。

第二节　西夏拓跋氏的族源

　　在阐述了作为西夏的主体民族——党项的兴起、迁徙、定居及其与中原王朝的关系之后,紧接着有必要以一定的篇幅谈一下建立西夏王朝的拓跋氏的族源问题。

　　西夏皇族——拓跋氏究竟出自何族,是西夏史中值得进一步深入研究的问题。对于该问题,国内外学者曾经进行过比较深入的探讨和争论,但尚未取得一致的看法。主要有两种意见:一种意见认为西夏拓跋氏其族源出自鲜卑,另一种意见认为西夏拓跋氏与羌族同源。如果将两种意见加以比较,似乎第一种意见比较有说服力,因为它能找到较多的确凿根据。

　　第一,唐宋辽元明的有关记载,说明了西夏拓跋氏与拓跋鲜卑同出一族源。

　　唐人林宝早在元昊立国前 200 年,就已指出:

　　　　孝文帝迁都洛阳,改为元氏。……开元后,右监门大将军西平公静边州都督拓跋守寂亦东北蕃也,孙乾晖银州刺史,侄澄岘今任银州刺史。[2]

拓跋守寂是党项大首领拓跋思泰之子,与拓跋乾晖、拓跋

维修前的宁夏贺兰县宏佛塔近景

[1]《唐会要》卷 98,《党项羌》。
[2] 林宝:《元和姓纂》卷 10,《拓跋》。

澄岷均为西夏拓跋氏的成员，"东北蕃"意为鲜卑，说明西夏拓跋氏与鲜卑拓跋氏同出一源，元昊自称是元魏的后代，并非高攀冒认、伪造祖先历史，而是有所本和有据可寻。

宋人有关记载颇多。《宋史·宋琪传》云：

> 自银、夏至青、白两池，地惟沙碛，俗称平夏拓跋，盖番姓也。自麟、延以北，多土山柏林，谓之南山野利，盖羌族之号也。

所谓"拓跋，盖番姓也"，"野利，盖羌族之号"，说明在宋琪眼里，平夏拓跋不是羌族，而是属于"东北蕃"，即出自鲜卑拓跋，而野利属于党项羌族之大姓，两者不容混淆，应该严格加以区分。

南宋郑樵《通志·氏族略》也认为西夏拓跋氏与鲜卑拓跋氏同出一源，称西夏拓跋氏，出自"北番"。这一看法与唐人林宝，北宋宋琪完全相同。

《辽史·西夏外纪》云："西夏，本魏拓跋氏后，其地则赫连国也。"元人修《辽史》虽然参考的著作颇多，但其最主要和最基本的史料却是耶律俨编修的《皇朝实录》。耶律俨是汉人，本姓李，赐姓耶律，在辽朝官至参知政事，知枢密院事，监修国史。地位很高的耶律俨，作为一代史官，对于辽的友邦西夏的历史，自然比较熟悉。既然《辽史·西夏外纪》的撰修，主要本于耶律俨的《皇朝实录》，那么，它的西夏拓跋氏"本魏拓跋氏后"的观点，当属可信。

元明两代均有关于西夏拓跋氏的记载。如《李世安墓志》云："公西夏贺兰山于弥部人。"[1]《元史·李恒传》云："其先姓於弥氏，唐末赐姓李，世为夏国主。"李世安、李恒均为西夏王族拓跋氏的后代。两条史料均提到"於弥"。何谓"於弥"？据王静如等先生的考证，"於弥"乃"嵬名"之异译。[2]何谓"嵬名"？宋代不少文献如李焘《长编》等，均认为是元昊所改西夏国姓。"自号嵬名称吾祖。"但欧阳修却认定元昊所改为"元氏"。"赵元昊以河西叛，改姓元氏，朝廷恶之，遽改元曰康定。"[3]欧阳修为当时人记当时事，且德高望重，所言当有所本，应为可信。据此推之，"嵬名"一词，似应为"元"之西夏语音。如果此推断可以成立，联系"嵬名"（於弥）姓氏，早在"唐本赐姓李"之前，即已存在（同时西夏赋亦可印证），那么，元昊并非改姓，而是恢复

维修后的宁夏贺兰县宏佛塔远景

[1]《吴文正公集》卷42。

[2] 王静如：《西夏国名考》，载《西夏研究》第1辑。

[3] 欧阳修：《归田录》卷1。

石嘴山市韭菜沟
岩画刻塔

旧姓。如果我们再联系到位于今宁夏回乐县西北的贺兰山，历史上曾居住着鲜卑族和"於弥"部人，[1]那么，西夏拓跋氏出自元魏，源于拓跋鲜卑之说，则是可信的。

第二，从西夏统治阶级的自述看，除元昊上表自称"臣祖宗本出帝胄，当东晋之末运，创后魏之初基"，[2]以及赍宋嫚书"况元昊为众所推，盖循拓跋之远裔"[3]外，还有南院宣徽使罗世昌撰《夏国谱·序言》："元魏衰微，居松州者，固以旧姓为拓跋氏"。[4]一般的家族和部族，对于自己祖宗的族系，总是记忆犹新的，古今中外概莫能外。西夏统治者的自述，宋、元、明的有关史实互相印证，有力地说明西夏皇族出自元魏拓跋鲜卑。

第三，拓跋鲜卑流为党项羌别部。前面已经提到党项羌内有8个著名的部落，其中八部之一的拓跋部为党项羌中最强和最重要的一支。但这个拓跋部并非党项羌里原来就有的部落，而是外面迁徙进来的。正如明代宁夏的学者胡汝砺所指出："夏本拓跋魏之后，流为党项别部。"[5]那么，这个拓跋部又是怎样流进党项羌中来的呢?据有的史学工作者考证，其流入的过程大体是这样:拓跋鲜卑原居于我国东北额尔古纳河东南大兴安岭北段的大鲜卑山一带。公元1世纪，拓跋鲜卑乘蒙古高原上的匈奴分裂成南北两部，势力衰颓之机，南下至今内蒙古呼伦贝尔湖一带。到2世纪初期，辗转迁徙到今河套、阴山一带。公元3世纪中叶，拓跋鲜卑中的一支，迁到了河西地区，并建立了南凉政权。公元414年(晋义熙十年)，西秦灭南凉，秃发(拓跋)，鲜卑一分为二，先后归服于吐谷浑政权。此时，党项之名虽已出现，但只是属于吐谷浑政权中的一个部落。

隋末，吐谷浑在隋王朝的打击下，曾一度被逐出以青海湖为中心的驻牧地，以拓跋鲜卑为核心的党项诸部，乘吐谷浑势衰之机，向东迁徙，并吸收了宕昌、邓至、白狼等部羌人，形成了一个以拓跋鲜卑为核心的党项部落联盟。这时，吐谷浑乘隋末战乱，又重返青海湖驻牧地。但此时的吐谷浑和党项羌已成为各自为政、各有自己领地的政治实体。此后，党项羌各部在拓跋氏的领导下，同中原王朝的统治者发生关系，一步步发展成了西夏国家。[6]

第四，从拓跋部与羌族的关系看，自从拓跋部流进羌

[1]《太平寰宇记》卷36:"贺兰山在县(回乐县)西北，鲜卑之类多依山谷为民族。"
[2]《宋史》卷485，《夏国传上》。
[3]《长编》卷125，宝元二年闰十二月。
[4]《金史》卷134，《西夏传》。
[5]《嘉靖宁夏新志》卷6，《拓跋夏考证》。
[6]参阅汤开建:《关于西夏拓跋氏族源的几个问题》，载《中国史研究》1986年第4期。

族之后,在此后领导群羌建立西夏国家的过程中,既有合作协调的一面,又有矛盾对立的一面。这突出表现在西夏统治者往往把皇族拓跋氏,同一般的"羌人"、"羌户"、"羌部"对立起来。如宋太宗"谓继捧曰:'汝在夏州用何道制诸部?'对曰:'羌人挚悍,但羁縻而已,非能制也。'"[1]十分显然,如果西夏拓跋部与羌是同一族源,就不会产生这种对立状况。

安西榆林窟第 29 窟
南壁东侧男供养人

第三节　夏州地方政权的建立与发展

一、夏州地方政权的建立

公元 873 年(唐懿宗咸通十四年),或其稍前,拓跋思恭占据宥州(今陕西靖边县东)。唐开元二十六年曾在今内蒙古自治区鄂托克旗、海勃湾一带建宥州,宝应后废,唐宪宗元和九年五月复置,距旧州城 300 里。元和十五年移治长泽,即今鄂托克旗东南城川古城。874 年(僖宗乾符元年),爆发了著名的黄巢大起义。880 年(广明元年),黄巢起义军攻入长安,建国号为大齐,年号金统,建立了农民政权。唐僖宗逃到四川,号召各道节度使出兵合围长安。881 年(中和元年)三月,宥州刺史拓跋思恭响应僖宗号召,亲自率领夏州党项和其他少数民族军队数万人与鄜延节度使李昌孝相约会师鄜州(今陕西富县),"同盟起兵",[2] 共同镇压起义,僖宗封其为权知夏绥节度使,[3] 同年四月,夏绥银节度诸葛爽投降黄巢,僖宗命思恭为左武卫将军,权知夏绥银留后。

拓跋思恭与陕西凤翔郑畋等四节度联军进攻长安(今陕西西安),死伤甚众。七月,思恭屯东渭桥(今陕西西安市东),黄巢派朱温、尚让迎击。八月,思恭遣弟思忠与战,死于阵中。思恭率军退至富平(今陕西富平县东北)。十一月,黄巢部将孟楷乘唐各节镇观望不前之机,率军袭击富平。思恭战败,退回夏州。十二月,思恭缮甲训兵,重整旗鼓,请求出兵再战,僖宗传令嘉奖,赐其军号曰定难,并催促他及早率军入见。

公元 882 年(中和二年)正月,僖宗命宰相王铎兼中

[1]《宋史》卷 485,《夏国传上》。
[2]《旧唐书》卷 19,《僖宗纪》,《资治通鉴》卷 254。
[3]《资治通鉴》卷 254。

安西榆林窟第 29 窟
南壁西侧女供养人

书令,充诸道行营都统,以思恭为京城南面收复都统、检校司空、同中书门下平章事。四月,思恭再次出兵,受王铎节制。八月,思恭率领 8000 精兵,不断对起义军发起进攻,受到僖宗的进一步重用,晋升为"京城四面都统,权知京兆尹"事。[1]

公元 883 年(中和三年)四月,拓跋思恭随同雁门节度使李克用率兵攻进长安,黄巢退出长安。七月,唐僖宗以拓跋思恭镇压黄巢起义有功,任命他为夏州节度使,加太子太傅,晋爵夏国公,并且再一次赐姓李。[2]从此,夏州拓跋氏自称李氏,夏州地区也因此而获得了定难军称号,统辖银、夏、绥、宥四州,这个领地的范围,大体上在今内蒙古自治区伊克昭盟南部毛乌素沙漠南沿、长城线以北之地,无定河穿流其境。至此,雄踞一方的夏州地方政权也就正式建立了。

二、五代时期夏州地方政权的发展

唐僖宗虽然借助方镇的力量,镇压了轰轰烈烈的唐末农民起义,但方镇割据的局面却得到了进一步的发展,各种社会矛盾更加尖锐激烈。公元 885 年(光启元年),中尉田令孜为了同河中节度使王重荣争夺盐铁之利,派邠宁节度使朱玫率领鄜州之兵同夏州拓跋思恭的军队会合,共同讨伐王重荣,双方大战于沙苑(今陕西大荔县南)和鄜州,夏兵战败。

公元 886 年(光启二年),朱玫与王重荣、李克用等联兵犯长安,田令孜奉僖宗逃至凤翔(今陕西凤翔),四月,朱玫进逼凤翔,十月,百官奉襄王李熅即皇帝位,改元建贞。僖宗命山南诸镇及夏州兵讨伐,拓跋思恭率军至绥州(今陕西绥德县),闻李熅失败,回师夏州。

公元 888 年(文德元年),拓跋思恭利用方镇混战之机,出兵攻占鄜、延,以拓跋思孝知留后,表请僖宗封其为鄜、坊、丹、翟等州观察使,并检校司徒同中书门下平章事。

公元 895 年(乾宁二年),拓跋思恭卒,其子仁祐早死,孙彝昌年幼,由思恭弟思谏为定难军节度使,[3]此为拓跋氏世袭节度之始。同年三月,保大节度使拓跋思孝请致

[1]《新唐书》卷 221,《党项传》。
[2] 司马光:《资治通鉴》卷 254。
[3]《旧五代史》卷 132,《李仁福传》。

仕,荐弟思敬自代。唐昭宗以思孝为太师,致仕,思敬为保大留后,旋授节度使,后徙武定军。

公元906年(天祐二年)九月,静难节度使杨崇本率兵攻打夏州。拓跋思谏请朱温发兵援救。朱温派遣匡国节度使刘知俊救援,大败杨崇本入侵之军。

公元907年(后梁开平元年),唐末农民起义军叛徒朱温杀唐末帝李柷(zhù 祝),自立为帝,国号梁,建都汴(今开封市),史称后梁。同年五月,朱温鉴于拓跋思谏表示愿意臣服,加封他为检校太尉兼侍中。公元908年(开平二年)十一月,思谏卒,由思恭孙彝昌继位。公元909年(开平三年)二月,拓跋彝昌为其部将高宗益所杀,三月,夏州诸将杀高宗益,推举彝昌族父蕃部指挥使李仁福为留后,朱温授李仁福为检校司空、定难军节度使。

公元910年(开平四年),盘踞河东的晋王李存勖,因不满意李氏投靠其敌人梁太祖朱温,与岐王李茂贞率兵合围夏州,朱温派兵援救,夏州围解。十二月,朱温为了笼络李仁福,给他加官晋爵,先授检校太保同平章事,后又晋封为陇西郡王。公元922年(龙德二年),晋王李存勖攻梁,仁福献战马500匹以示助梁。公元923年(龙德三年)晋王李存勖灭后梁,称帝,国号唐,建都洛阳(今河南洛阳市),史称后唐。

后唐政府建立后,李仁福因曾助梁同李存勖作战,怀着忐忑不安的心情,派人到洛阳表示愿归顺后唐,后唐为了拉拢雄踞夏州的李氏以为己用,册封李仁福为朔方王。[1]

公元933年(后唐长兴四年)二月,仁福死,子彝超继为定难军节度使。

在仁福为定难军节度使期间,后唐统治者表面上对他表示重视和信任,实际上很不放心,既害怕他潜通契丹,又担心他吞并河朔和南侵关中。因此,一直等待时机将他消灭,现在仁福去世,时机已到。唐明宗为了消灭这一隐患,决定采用"调虎离山"之计,发布了将李彝超和彰武(治所在延州)节度使安从进对调的命令。即将彝超自夏州调到延州为延州留后,安从进自延州调至夏州为夏州留后,并以武力为后盾,派邠州节度使药彦稠率军5万,前往接受夏州。彝超决心保卫夏州,他一面上书明宗,

敦煌莫高窟第328窟东壁北侧供养菩萨行列

[1]《新五代史》卷40,《李仁福传》。

讲明不愿迁镇的理由,一面调集党项羌和所谓"诸胡"(西北各少数民族)骑兵万人守城抵御。夏州城为赫连勃勃所建大夏国的都城,城墙以"蒸土筑之",[1] 坚如铁石。彝超命"四面党项部落万余骑,薄其粮道",使后唐军队"死者甚众"。[2] 在唐兵厌战,粮运受阻,人民要求停止战争的情况下,明宗下令撤军,并授予彝超检校司徒、定难军节度使。彝超也因此继续称臣纳贡。

夏州统治者粉碎了后唐政府的吞并阴谋,这在拓跋部发展的历史上有着重要的意义和深远的影响。

第一,这次斗争的胜利表明,拓跋部与中原王朝的军事力量对比发生了较大的变化。过去中原王朝动辄以强大的军事力量强迫少数民族地方政权就范的局面已被打破,经过这次较量,使夏州地方政权看到了自己的力量,看到了自己作为一种政治势力独立发展和进一步建立国家的可能性。

第二,使拓跋部首领对中原王朝的态度发生变化。过去对中原王朝俯首称臣、唯命是从,自此之后,开始"傲视中原,阴结叛臣",[3] 积极参加对中原王朝对抗的活动。从表象上看,与各中原王朝虽然仍旧称臣纳贡,但这只是一种表面文章。

第三,对于提高夏州李氏政权在党项羌和西北少数民族中的威望起了一定的作用。

公元 935 年(后唐清泰二年)二月,李彝超卒,其弟李彝殷(后避宋太祖父弘殷名讳,改殷为兴)继掌夏州政权。

公元 936 年,后唐明宗李嗣源的女婿沙陀部人石敬瑭,勾结契丹,率军攻入洛阳,灭后唐称帝,国号晋,建都汴(今河南开封),史称后晋。石敬瑭为了笼络夏州统治者,授李彝殷为检校太尉同平章事。少帝时又加彝殷为检校太师。

公元 943 年(后晋天福八年)七月,绥州刺史李彝敏与夏州衙内指挥拓跋崇斌密谋攻袭夏州,机密泄露,彝殷首先捕获拓跋崇斌,斩首示众,接着出兵进攻彝敏,彝敏"将骨肉二百七十口"[4] 逃至延州,少帝命捉送夏州,令彝殷斩之,同时任命李仁裕权知绥州州事,绥州之乱得以逐渐平息。

敦煌莫高窟第 328 窟东壁北侧供养菩萨(局部)

[1]《册府元龟》卷 438,《将帅部·无功》。
[2]《旧五代史》卷 132,《李彝超传》。
[3]《册府元龟》卷 166,《帝王部·招怀四》。
[4]《旧五代史》卷 82,《晋少帝纪》。

公元 944 年(后晋开运元年)正月,晋少帝对其主子契丹称孙不称臣,对此契丹极为不满,大兴问罪之师。李彝殷率领蕃汉兵 4 万余人,自麟州渡过黄河进攻契丹西境,为后晋牵制契丹效犬马之劳。

公元 946 年(开运三年),后晋为契丹所灭。第二年石敬瑭部将太原节度使沙陀部人刘知远,在太原称帝,国号汉,史称后汉。公元 948 年(后汉乾祐元年),隐帝为了笼络夏州统治者,授李彝殷为侍中。同年三月,护国节度使李守贞与永兴赵思绾、凤翔王景崇一同叛汉,派兵扼守潼关(今陕西潼关),称秦王,派人持蜡书重币至夏州,希望彝殷出兵相助,彝殷应其所请,出兵相助。隐帝派枢密使郭威率领大军,包围叛军,彝殷见大势已去,为了保存实力,下令撤军,返回夏州。

公元 949 年(乾祐二年),后汉隐帝为了使夏州李氏为其所用,以静州(今陕西米脂县西)地划归李彝殷,并任命他为中书令。[1]

公元 951 年(后周广顺元年),后汉邺都留守郭威与侍卫步军都指挥使王殷,举兵攻入开封,杀死隐帝。郭威即帝位,国号周,建都汴,史称后周。同年,郭威加封彝殷为陇西郡王,954 年(显德元年)又封他为西平王,但彝殷对此不予理睬,反而"遣使奉表于北汉"。[2]公元 955 年(显德二年),周世宗置永安军于府州(今陕西府谷县),以该州防御使折德扆(yi 音椅)为节度使,彝殷不满德扆与己并为藩镇,以兵塞路,不许通行。周世宗遣使责问,彝殷恐惧,被迫撤兵。公元 957 年(显德四年),彝殷见后周势力日益强盛,于是又弃北汉而附后周。

自拓跋思恭被唐僖宗任命为夏州节度使,晋封夏国公,建立了名副其实的夏州地方政权以来,经过唐末五代,传至彝殷,历经六代,总计 74 年(881—954 年)。在这期间夏州统治者一方面通过不断寻找新的靠山,同中央政府搞好关系,帮助中央政府"平叛",以及利用方镇混战之机,看风使舵,帮助一方消灭另一方,从中渔利,从而不仅使自己站稳了脚跟,而且不断发展壮大了自己的实力(尤其是军事力量的加强,此外,地盘也有所拓展,如增加了静州,等等);另一方面,夏州统治者在自己管辖的范围

甘肃武威出土的木刻《太阳图》

[1]《旧五代史》卷 102,《汉隐帝纪中》。
[2]《资治通鉴》卷 290。

黑水城出土的《相画图》

之内,发展生产,征收赋税,任命官吏,俨然独立王国。这种情况正如后唐明宗所指出:"夏、银、绥、宥等州,最居边远,久属离乱,多染夷狄之风,少识朝廷之命。"[1]

《宋史》作者在评论夏州统治者割据称雄时也指出:

> 虽未称国而王其土久矣![2]

这种评价,当为平允和中肯之论。

第四节 夏州地方政权的中断

一、北宋初期的夏州地方政权

公元960年(建隆元年)元旦,后周殿前都点检赵匡胤发动军事政变,夺取了后周政权,国号宋,建都汴京(今开封市),史称北宋。同年正月,李彝殷听说赵匡胤已即皇帝位,派遣银州防御使李光俨奉表入贺,同时为了讨好太祖,避匡胤父赵弘殷的讳,改殷为兴,太祖表示赞赏。

同年三月,北汉刘钧结联代北(今山西代县北)诸部兵马攻掠黄河以西地区,太祖命各节镇出兵,共同抵御,彝兴遣从弟彝玉率夏军抵达麟州,北汉率兵退出,彝兴派人向宋告捷。

公元962年(建隆三年)四月,李彝兴得知宋太祖因进行统一战争,需要战马,遣使献良马300匹,太祖为了嘉奖彝兴,命玉工制一玉带作礼品,并亲自打听彝兴的腰围尺寸。他召见夏使问道:"汝帅腰围几何?使言:'彝兴腰腹甚大。'太祖曰:'汝帅真福人也!'"[3]玉带制成,遣使赠送,彝兴十分高兴,献犛牛一头于宋。

公元967年(乾德五年)九月,李彝兴卒,太祖为了表示沉痛的哀悼,辍朝3日,"赠太师,追封夏王"。[4]命其子行军司马李光睿权知州事。十月,又授光睿检校太保,定难军节度使。

公元968年(开宝元年)十月,夏州所属蕃部寇掠宋边境,宋通远军使董遵诲派军平息,李光睿派遣使者表示谢意。公元970年(开宝三年)九月,绥州刺史李光琇卒,羌族乘机作乱。李光琇之子李丕禄逮捕带头叛乱者,斩首示众,杀一儆百,余党散去。李光睿命丕禄暂代知州事,并

[1]《册府元龟》卷166,《帝王部,怀招四》。

[2]《宋史》卷486,《夏国传下》。

[3]《宋史》卷485,《夏国传上》。

[4]《宋史》卷485,《夏国传上》。

上奏朝廷,太祖命以李丕禄为绥州刺史。

公元 972 年(开宝五年)三月,李光睿得知赵匡胤采纳赵普"稍夺其权,制其钱谷,收其精兵",[1]解除方镇大将权力,用文臣代替武将的建议,内心惶恐不安,于是派遣使者入贡方物,并要求让他入朝觐见,太祖不许。

公元 975 年(开宝八年)五月,北汉刘继元招诱夏州统治者一同攻宋,遭拒绝,于是恼羞成怒,派军 1 万余人渡过黄河,进攻银州,未能攻下。光睿奏知朝廷,八月,太祖调兵遣将分五道讨伐北汉。李光睿出兵配合作战,先后攻占天朝、定朝两关,破北汉吴堡寨(今陕西吴堡县北),"斩首 700 级,获牛羊千计,俘砦主侯遇以献"。[2]

公元 976 年(太平兴国元年)十月,太祖赵匡胤死,太宗赵光义即位,因避光义讳,光睿改名为克睿,太宗鉴于克睿击北汉有功,加检校太尉。

公元 978 年(太平兴国三年)五月,李克睿卒,其子李继筠袭定难军节度使之职,太宗为了表示哀悼,辍朝二日,赠侍中。

公元 979 年(太平兴国四年)三月,太宗亲率大军征讨北汉,继筠为了配合太宗,命银州刺史李克远、绥州刺史李克宪率领蕃汉军队渡过黄河,进入太原境内,以壮宋军声威。公元 980 年(太平兴国五年)十月,李继筠卒,弟继捧继位。

自公元 960 年至 980 年期间,宋太祖一方面用武力消灭十国的割据势力;另一方面在同西北少数民族的地方割据政权诸如夏州李氏、府州折氏的相处中,充满着和平共处的友好气氛。如宋夏之间政治上互通贡使,军事上互相支援,因此,这个阶段的宋夏关系是良好的。这种良好关系的出现,原因固然颇多,但其中一个重要的因素,与宋太祖对西北少数民族政权,采取了比较切合实际的正确的民族政策,有着很大的关系。

宋太祖对西北少数民族地区究竟推行了什么样的民族政策呢?简单地说,就是"皆因其酋豪,许之世袭"。[3]具体地说,就是以其为众所推的少数民族首领,统管其原来的州县,然后加官晋爵,让他们世代相沿袭。史载:

> 恤其家属,厚其爵禄,听其招募骁勇以为爪

拜寺沟方塔出土的
掠印画

---

[1]《长编》卷 2,建隆二年十月。

[2]《宋史》卷 485,《夏国传上》。

[3]《宋史》卷 318,《张方平传》。

牙,凡军事悉听其便宜处置……[1]

说明这些"豪酋"政治上所享有的优厚待遇与内地将帅差别很大。这种内外有别的政策,大体上早在唐太宗之时就已推出,五代相袭,赵匡胤加以沿用。这已被上述北宋初年的宋夏关系发展的史实所证明。

二、李继捧献地归宋与太宗取消夏州地方政权

如众所知,宋太祖赵匡胤自爬上皇帝宝座之日起,即采用各种手段(包括使用武力)全力以赴地消灭方镇割据势力,但消灭内地的方镇割据势力比较顺利,而在处理边疆地区如夏州李氏地方政权时,却感到十分棘手。为什么感到棘手呢? 因为第一, 夏州政权是一个长期雄视一方的, 在西北少数民族中具有较高威望的所谓 "恩信孚部落"的具有地方和少数民族两重性质的割据势力,如果处理不好,必然要激化宋同党项之间的民族矛盾;第二,夏州地方政权割据一隅,经过唐末五代的发展、壮大,实力雄厚,如果使用武力,并不能稳操胜券;第三,找不到取消夏州地方政权的理由和借口,因为夏州统治者"世笃忠贞,虽为西北之捍,可谓无负于宋者矣"。[2]

正当宋太宗对夏州地方政权感到棘手之时, 定难军节度使李继捧作为继承人却因其从父李克文反对而发生问题。"宗族携贰,继捧不当承袭,请遣使谕令人觐。"公元982年(太平兴国七年)五月,继捧亲率族人入朝,并"自陈诸父昆弟多相怨怼,愿留京师,遂献四州八县"。[3] 太宗当即表示接受,并亲自召见继捧于崇德殿,厚加赏赐,赐白金千两,帛千匹,钱百万。同时,授李继捧为彰德军节度使,对其昆弟夏州蕃落指挥使李克信等 12 人,一一加官晋爵。

同年九月, 权知夏州李克文来朝,太宗设宴于崇德殿,任命他为澧州刺史,赏赐钱物很多。同时,太宗还派遣使者往谕绥州刺史李克宪,克宪随使者一同进入首都汴京,授单州刺史。此外,还赏赐李克文、克宪宅第于汴京,让他们永远离开夏州。太宗的上述种种措施表明他决心将割据 300 年的夏州李氏地方政权,和平地加以取消。

但宋太宗不是去调解夏州统治者的内部矛盾,而是

安西榆林出土的西夏
壁画边饰图案

[1]《长编》卷 3,建隆三年十二月甲辰。
[2]《宋史》卷 253,《论赞》。
[3]《长编》卷 23,太平兴国七年五月己酉。

采用取消夏州地方政权的这一做法,显然是错误的。其所以错误,因为第一,这种做法,与宋太祖赵匡胤所制定的对待少数民族地方政权的既定方针——"因其酋豪,许之世袭"相矛盾,既然允许其世袭,怎么可以又随意加以取消呢?

第二,如前所述,夏州统治者"世有战功",且无负于宋。在此情况下,赵宋统治者怎么可以乘人之危,取消其统治呢?这在道义上是站不住脚的。何况继捧献地,并非真献,而是一面献地归宋,一面却暗中与继迁勾结反对宋朝,太宗不察真伪,而是贸然采取取消其统治的行动,其后果是不堪设想的。

事实证明,太宗的这种做法是错误的。它激化了民族矛盾,使党项族内一些具有野心的酋豪叛宋自立,"使中国(宋朝)有后顾之忧"。[1]从此,北宋西北边防岁无宁日,一场由李继迁领导的,旷日持久的旨在恢复祖宗基业、重建夏州地方政权的斗争成为不可避免了。

第五节　夏州地方政权的重建

一、李继迁背宋自立及其统一党项羌诸部

李继迁生于公元963年(乾德元年)二月,其高祖李思忠在镇压黄巢起义中战殁,唐僖宗赠宥州刺史,曾祖李仁颜为唐银州防御使,祖父李彝景,父李光呬于后晋、后周之际,相继袭任银州防御使之职。幼年的李继迁即"擅骑射",长大成人后,"勇悍有智谋"。[2]有一次他率领十余骑上山打猎,突然一只猛虎出现在他面前,他当机立断地命令从骑退入林中,自己爬到一棵树上引弓射中虎眼,虎不久死去,李继迁也因此在党项羌里成为家喻户晓的英雄。公元974年(开宝七年),李光睿授继迁为管内都知蕃落使。李继捧入朝献地,宋政府派遣使者前往夏州发遣李氏族人赴京之时,李继迁与其弟李继冲均持反对态度。继迁与其谋士张浦及其族人商量对策。继迁道:

> 吾祖宗食兹土逾三百年,父兄子弟列居州郡,雄视一方。今诏宗族尽入京师,死生束缚之,

武威西郊林场西夏墓出土的木板画《武士》

[1]《宋史》卷258,《曹玮传》。
[2]《长编》卷25,雍熙元年九月。

李氏将不血食矣,奈何?

继冲认为:

> 虎不可离于山,鱼不可脱于渊。请乘夏州不
> 备,杀诏使,据绥、银,可以得志。

张浦的意见与此相反。他说:

> 不然。夏州难起家庭,蕃部观望,克文兼知
> 州事;尹宪以重兵屯境上,卒闻事起,朝发夕至;
> 银州羌素不习战,何以御之?吾闻小屈则大伸,
> 不若走避漠北,安立室家,联络豪右,卷甲重来,
> 未为晚也。[1]

经过辩论,继迁采纳了张浦的计谋。恰在这时,太宗派遣使者已至银州,于是继迁诈言乳母死,需葬于郊外,将所有兵器藏于丧车之中,与其家族亲信数十人,逃至"善水草,便畜牧"[2]的地斤泽(离夏州东北300里,今内蒙古自治区伊克昭盟巴彦淖尔),并以此为根据地,统一党项羌诸部,联辽抗宋,从而开始了他的漫长的旨在恢复祖宗基业的斗争。

如何统一党项羌诸部,使其形成拳头共同抗宋呢?当时摆在李继迁面前的既有有利条件,也有不利因素。其有利条件是"西人以李氏素著恩德"。[3]可以说李继迁所在的拓跋部在群羌中实力最强,威望最高,并且具有较强的组织能力;同时,拓跋部所建立的夏州地方政权,一直得到中原王朝的承认,以及宋太宗错误地接受继捧献地,为李继迁找到反宋的借口,等等。其不利条件是党项羌诸部"虽各有鞍甲,而无魁首统摄",[4]"族帐分散,不相君长。[5]也就是说,党项羌内部还处于一种无统一领导的分散状态。同时,这些分散的党项羌部,鉴于宋朝的强大和继迁力量的弱小,在反宋与拥宋的问题上,往往徘徊观望,犹豫不决,首鼠两端。因此,要将他们统一到李继迁的旗帜之下,是一件很不容易的事。李继迁在此历史背景下,为了尽快地统一党项羌诸部,果断地采取了如下对策和措施。

1. 宣传祖宗功德,争取酋豪支持。李继迁在地斤泽树起反宋旗帜后,利用"戎人不忘李氏",[6]"〔李氏〕世泽长存,人心思旧",以及羌人"宗贵种"的心理状态,"出其祖彝兴像(应为思忠像),以示戎人,戎人皆拜泣",[7]并对豪酋道:

武威西郊林场西夏墓出土的木板画《童子》

[1]《西夏书事》卷3。
[2]《西夏书事》卷4。
[3]《西夏书事》卷4。
[4]《宋史》卷264,《宋琪传》。
[5]《续资治通鉴长编纪事本末》卷46,《水洛城》。
[6]《西夏书事》卷3。
[7]《西夏书事》卷3。

李氏世有西土，今一旦绝之，尔等不忘李氏，能从我兴复乎!众曰:诺。[1]

这种利用祖辈威望，宣传恢复祖业，以笼络人心的做法果然奏效，史称"族帐稍稍归附"。[2]

2. 在经济上为党项族谋利益。西夏境内的盐州和灵州一带，盛产青盐和白盐。由于其质量优于宋朝解盐，因此，宋朝陕西沿边居民争相购买。李继迁叛宋自立后，宋政府为了从经济上制裁继迁，下令"沿边粮斛不许过河西，河西青盐不得过界贩鬻，犯者不以多少，处斩"。[3]盐禁数月，"西人大困，沿边熟户，无以资生"。[4]继迁为了迫使宋朝开禁，鼓动蕃族44首领，引骑13000人，入寇环州石昌镇，环州知州程德元企图用武力将他们赶走，但无济于事。"因诏弛盐禁，由是部族宁息。"[5]表明李继迁率领党项羌最终获得了反经济封锁的胜利。

3. 与酋豪联姻。雍熙初年，继迁为了同党项羌中的野利氏等大族建立反宋联盟，主动向他们求婚，结果如愿以偿。"羌豪野利等族皆以女妻之。"[6]继迁通过联姻，壮大了自己的势力。"继迁复结婚于帐族之酋豪，凡数年，渐已强盛。"[7]

4. 以武力征服不愿归顺的部落。灵州睡泥族首领岸逋不服继迁统治，"继迁以兵掠其七百余帐。"[8]居住于黄河以南的泥中等族"旧皆内附，继迁诱之叛，不从，数以兵侵掠"。该族首领名番俄、皆移、尹遇、崔保罗等，因族帐屡遭摧毁，被迫"徙居黄河北避之"。[9]

由于继迁采取了上述行之有效的措施，达到了统一大部分党项羌的目的。史载:

> 西界蕃部不下数十万帐。始犹互相捍拒，及继迁兵势寖盛，自灵州北河外、镇戎军、环州至镙子山、贺兰山西、陇山内外、黄河以东诸族，无不帖服。独睡泥族首领岸逋不肯下……[10]

这说明除了少数党项羌部落未能统一外，大体上以夏州为中心，东北到府州(今陕西府谷)、麟州(今陕西神木县北)一带，西南到环州(今甘肃环县)、镇戎军(今宁夏固原县)一带，西到黄河两岸的贺兰山下，北到黄河河套北端的绝大部分党项羌部落，基本上得到了统一。

西夏陵区1号陵(正视)

[1] 《宋史》卷485《西夏传上》。

[2] 《长编》卷25，雍熙元年九月。

[3] 《宋史》卷268，《王显传》。

[4] 《西夏书事》卷5。

[5] 《文献通考》卷334，《四裔考》。

[6] 《西夏书事》卷4。

[7] 彭百川:《太平治迹统类》卷2。

[8] 《西夏书事》卷5。

[9] 《西夏书事》卷6。

[10] 《西夏书事》卷5。

西夏陵区1、2号陵(后视)

二、加强组织管理机构,初步建立蕃汉联合统治

以皇族鲜卑拓跋氏为核心,党项羌上层为主体,同时吸收其他民族上层参加的蕃汉联合统治,早在继迁袭据银州之后,即已开始。史载:

〔继迁〕称都知蕃落使、权知定难军留后;以张浦、〔刘〕仁谦为左右都押牙,李大信、破丑重遇贵为蕃部指挥使,李光祐、李光允等为团练使;复署蕃酋折八军为并州刺史,折罗遇为代州刺史,嵬悉咩为麟州刺史,折御乜为丰州刺史,弟延信为行军司马,其余除授有差。[1]

这说明李继迁所建立的统治机构初步具有蕃汉联合统治的雏形,此后的西夏统治机构就是在此基础上不断补充、调整而逐步完善起来的。

在建立蕃汉联合统治的同时,李继迁还建置州城、创建军制、建立官制,以及重用儒学有识之士。史载:

迁贼包藏凶逆,招纳叛亡,建立州城,创置军额,有归明、归顺之号,且耕且战之基。仍闻潜设中官,全异羌夷之体。曲延儒士,渐行中国之风。[2]

这些,说明李继迁的反宋目的并非仅仅为了恢复祖宗基业,继续僻居一隅,而是在此基础上进一步扩大统治地盘,为创建西夏国家而开基立业。"观此作为,志实非小。"[3]

三、发动旷日持久的对宋战争

李继迁对宋战争,自公元982年至1003年,首尾22年,大体可以分为以下四个发展阶段。

第一阶段,自公元982年(太平兴国七年)至986年,首尾5年。即自李继迁奔地斤泽到降附辽朝。这是李继迁对宋战争的准备阶段。在这个阶段里,李继迁在军事上处于守势。

公元982年十一月,继迁利用地斤泽的有利地形,竖起反宋旗帜,积蓄力量,伺机发动对宋战争。由于这时的力量对比为宋强夏弱,因此,往往被动挨打。如公元984年(雍熙元年),继迁遭到夏州知州尹宪和都巡检曹光实

---

[1]《西夏书事》卷4。

[2]《长编》卷50,咸平四年十二月丁卯。

[3]《长编》卷50,咸平四年十二月丁卯。

的偷袭,"斩首五百级,烧四百(《宋史·太宗本纪》作一千四百)余帐,获继迁母、妻及羊马器械万计,继迁仅以身免"。[1]公元986年(雍熙二年)五月,李继迁与宋将王侁战于浊轮川(今陕西神木县北),大败,损失士卒5000,继而又遭遇到宋内客省使郭守文和夏州知州尹宪的合击,死的死、散的散,投降的投降,其兵力几乎丧失殆尽。为了重振旗鼓,积聚力量,继迁及时采取了两项对策:第一,联辽抗宋。继迁在对宋的斗争中连连失利,深感不借助外力,难以抗宋,他与其部下计议道:

> 吾不能克复旧业,致兹丧败,兵力单弱,势不得安。北方耶律氏(指契丹)方强,吾将假其援助,以为后图。[2]

公元987年(雍熙三年)二月,继迁派张浦为使臣,"持重币至契丹请附"。表示愿意称臣纳贡。辽圣宗耶律隆绪犹豫不决。西南招讨使韩德威建议道:

> 河西中国右臂,向年府州折氏与银、夏共抗刘汉,致大军援应无功。今李氏来归,国之利也,宜从其请。[3]

辽圣宗采纳了他的建议,授李继迁为定难军节度使,夏银绥宥静五州观察使,特进检校太师,都督夏州诸军事。李继迁为了进一步获得辽的支持,不久又亲自向辽请婚,辽"以王子帐耶律襄之女封义成公主,下嫁李继迁",[4]并赠马3000匹。继迁与辽结盟联姻,对西夏与辽都有好处。对继迁来说,大大提高了他的威慑力量。"及契丹妻以公主,羌部慑服,输牲畜者日众。"[5]对辽来说,"既得继迁,诸夷皆从"。[6]

　　第二,秘密联合李继捧共同反宋。李继捧献地归宋后,虽然已被加官晋爵,但其归宋并非本意。宋太宗为了使其更好地效忠宋王朝,曾采纳宰相赵普的建议,重新授李继捧为夏州刺史,定难军节度使,并赐名赵保忠,让他重返故地,以图继迁。继捧深感进退两难,于是派人暗中与李继迁相勾结。继迁为了达到与继捧联合反宋的目的,派人以投靠契丹可以得到高官厚禄和永镇夏州为诱饵,鼓动继捧附辽反宋,继捧心动,表示愿意投靠契丹。契丹授他为推忠效顺启圣定难功臣,开府仪同三司、检校太

1号陵东鹊台

[1]《长编》卷25,雍熙元年九月。

[2]《西夏书事》卷4。

[3]《西夏书事》卷4。

[4]《辽史》卷12,《圣宗本纪》。

[5]《西夏书事》卷4。

[6]《辽史》卷82,《耶律德威传》。

1号陵西鹊台

1《西夏书事》卷4。

2《西夏书事》卷5。

3《嘉靖宁夏新志》卷3,《学校》。

4《西夏书事》卷7。

5《宋史》卷266,《李至传》。

6《宋史》卷277,《刘综传》。

7《长编》卷44,咸平二年六月戊午。

8《嘉靖宁夏新志》卷3,《学校》。

师,兼侍中,封西平王,复本姓。李继捧附辽与继迁联手反宋,使继迁如虎添翼。在李继捧的秘密配合下,出兵攻占绥、银、庆、原(今甘肃镇原县)诸州,取得了一连串的胜利。虽然,这些被攻占的州县不久在宋军的强大反攻之下,得而复失,但却大大增强了李继迁的声势。

第二阶段:自公元987年(雍熙四年)至公元991年(淳化二年),首尾5年。即自李继迁攻取夏州至降服于宋。这是继迁进行试探性进攻的阶段。

公元987年二月,李继迁乘宋辽交兵的大好时机,出兵攻打夏州,知州安守忠率兵3万出战,继迁于夏州西北的王庭镇(今内蒙古乌审旗西南)设伏以待,"大败守忠兵,追及城门而止"。[1]

公元990年(淳化元年)十月,李继迁又一次对夏州发起进攻,未能攻下,恰在这时,党项羌内部发生分裂,其部下指挥朗吉等,"潜相携贰",[2]即偷偷相约背离继迁。宋朝利用其内部不稳定,派重兵进行反击。继迁走投无路,请降于宋,宋授为银州观察使,赐姓名赵保吉。

第三阶段,自公元992年(淳化三年)至995年(至道元年),首尾4年。即自攻占银州至袭击清远军。这是继迁发动更大规模战争进行准备的阶段。在这个阶段里,继迁虽然没有停止对宋朝的军事行动,如公元993年(淳化四年)四月,继迁以李大信为蕃部指挥使,率军入寇庆州。公元995年十二月引契丹兵攻府州,以及攻掠宋沿边诸州,但其主要精力用于发展农业生产,积粟练兵,为夺取宋朝西北的军事重镇——灵州做好准备工作。

第四阶段,自公元996年(至道二年)至1002年(咸平五年),首尾7年。即自继迁开始围攻灵州,至灵州失守。这是继迁竭尽全力攻占灵州的阶段。

灵州位于兴庆府的南面,在黄河与浦洛河交汇之处。其地形险要,"大河抱流,群山环拱",[3]"北控河朔,南引庆、凉,据诸路上游,扼西陲要害"。[4]灵州为宋朝咽喉,"西北要冲",[5]"西陲巨屏",[6]其地域辽阔,宜农宜牧。"灵武地方千里,表里山河,水深土厚,草木茂盛,真牧放耕战之地。"[7]灵州文化发达,人才辈出,"文臣武将,产于该地者代有其人"。[8]争夺灵州对于西夏和宋都有十分重要的战略意义。对继迁来说,如能攻占灵州,那么,他就可以"西取秦界之群蕃,北掠回鹘之健马,长驱南牧"。[1] 对宋朝来说, 如能守住灵州,"则足以张大国之威声,为中原之捍蔽"。[2] 如果灵州失守,"则缘边诸州亦不可保",[3] 其后果是不堪设想的。

西夏木版画《负物男童图》

鉴于灵州的战略意义极端重要,宋朝政府为了守住该地,早就做了大量的准备工作。其主要准备工作有以下几个方面:以裴济为灵州知州兼都部署,让他在那里"谋缉八镇,兴屯田之利",[4] 积粟练兵,长期固守;自陕西关中等地运去大批粮食,如太宗命白守荣、马绍忠领兵护送陕西刍粮,"分三番抵灵州";[5] 让大臣就灵州弃守的得失利弊展开辩论。史载:

> 今之议边事者不出三途:以灵武居绝塞之外,宜废弃之,以休中国飞挽之费,一也;轻议兴师,深入穷追,二也;厚之以恩,守之以信,姑息而羁縻之,三也。[6]

但实际上大臣们发表的意见,并非只有上述三种。经过激烈的辩论,宋政府权衡利弊得失,最后决定"固守灵州",推行"联蕃制夏"之策。即联合凉州吐蕃、甘州回鹘,以及贺兰山的大凉、小凉和秦陇以西诸戎[7] 等等,要求他们配合宋政府讨伐继迁;增兵灵州。如公元 1001 年(咸平四年)以马步军都虞候王超为西面行营都部署,张凝为副都部署,率领步骑 6 万,增援灵州。[8]

正当赵宋君臣在灵州弃守问题上犹豫不决,和采取一些防御措施、行动迟缓之时,李继迁早已抓住战机,当机立断,发动了一系列的旨在夺取灵州的战斗。

李继迁夺取灵州的战争前后计有三次。

第一次在公元 996 年(太宗至道二年)。这一年的五月,李继迁率领 1 万余人,进攻灵州。宋太宗为了守住灵州,"躬自谋度,未尝宁息"。[9] 他以李继隆为灵环十州都部署,并于同年九月,下令兵分五路,增援灵州,命李继隆出兵环州,范廷召出兵延州(今陕西延安市),王超出兵夏州,丁罕出兵庆州,张守恩出兵麟州,但进军的结果,因"诸将失期,士卒困敝,相继引还"。[10]

宋朝五路出兵救援虽然未能成功,但由于灵州守将

[1] 《长编》卷50,咸平四年十二月丁卯。
[2] 《宋史》卷305,《杨亿传》。
[3] 《长编》卷50,咸平四年十二月。
[4] 《宋史》卷308,《裴济传》。
[5] 《宋史》卷277,《宋太初传》。
[6] 《长编》卷44,咸平二年六月戊午。
[7] 参阅《宋会要辑稿·方域》21 之 16。《宋史》卷6,《真宗本纪》。《长编》卷53,咸平五年十二月己巳。《长编》卷50,咸平四年十二月丁未。
[8] 《长编》卷50,咸平四年闰十二月甲午。
[9] 《长编》卷40,至道二年九月己卯。
[10] 《宋史》卷283,《夏竦传》。

窦神宝临危不乱,坚守有方,"间出兵击贼,卒全其城"。[1]
说明继迁首次攻取灵州未能达到预期目的。

第二次是公元997年(至道三年)。这一年的十月,李继迁再次进攻灵州,被合河都部署杨琼所击退。但这次战争仅见于《宋史·真宗本纪》,《宋史·杨琼传》、《宋史·夏国传》均不见于记载,可见其规模不大。

李继迁鉴于两次攻取灵州失利,于是决定暂时停止对灵州的进攻,而将他的主力用于扫清灵州外围的战斗,即夺取清远军与怀远城。

李继迁于公元1001年(咸平四年)九月,攻占清远军,[2]接着又于同年十月攻占怀远城。从而使灵州陷入孤立无援、完全与外界隔绝的状态。

第三次灵州之战,发生于公元1002年(咸平五年)。这年三月,李继迁下令"大集蕃部",包围灵州,并切断灵州粮道,灵州危在旦夕。知州裴济亲写血书,十万火急,派人请求朝廷派兵增援,但"大军讫不至,城遂陷"。[3]知州裴济以身殉职。

继迁攻占灵州后,鉴于该地地形险要,决定改灵州为西平府,作为夏州地方政权的都城。

灵州之战之所以夏胜宋败,原因之一,是宋军素质下降,缺乏破敌帅才。正如知代州柳开所指出:

> 今兵革虽众,不及太祖之时人人练习,谋臣猛将则又悬殊,是以比年西北屡遭侵扰,养育则月费甚广,征战则军捷未闻。[4]

说明灵州之战,宋方之所以失败,与士兵缺乏训练,以及朝廷缺乏运筹帷幄的谋臣和决胜千里之外的猛将,有着很大的关系。

原因之二,灵州地理位置对宋军固守极端不利。知制诰杨亿上疏在评价灵州地利时指出:

> 〔灵州〕盖朔方之故墟,匈奴之旧壤。僻介西鄙,邈绝诸华,数百里之间,无有水草,烽火不相应,亭障不相望……[5]

这种无险可守,在地理上完全与外界隔绝的孤城,即使守将有三头六臂,也是无法长期固守下去的。

原因之三,是缺乏厚赏存恤以激励将士。正如李继和

西夏木板画《捧印童子图》

[1]《长编》卷39,至道二年五月辛丑。
[2]清远军在今甘肃省环县与宁夏盐池县界南侧甜水堡东,原名清远镇,属灵州。
[3]《长编》卷51,咸平五年三月。
[4]《长编》卷43,咸平元年十二月。
[5]《长编》卷50,咸平四年十二月。

在奏疏中所指出：

> 灵州孤垒，戍守最苦，望比他州尤加存恤。且守边之臣，内忧家属之窘匮，外忧奸邪之憎毁，忧家则思为不廉，忧身则思为退迹，思不廉则官局不治，思退迹则庶事无心，欲其奋不顾身，令出惟行，不可得已。良由赏未厚、恩未深也。赏厚则人无顾内之忧，恩深则士有效死之志。[1]

如果能厚赏存恤，本可以激励灵州官兵奋勇抵抗，众志成城。但灵州粮道断绝，士兵连吃饭都成问题，在此情况下，要想守住灵州，只能是一种幻想。

灵州之战对于宋夏双方大体上有如下作用与影响。

第一，灵州之战是李继迁由弱变强的转折点。"灵州初陷于赵保吉，从此西夏遂成强敌。"[2]

第二，使一些党项羌人对宋怀有二心，时叛时服。"自灵武失守，绥银割弃，中国所得役属者不过河外诸小羌，余皆心怀去就，叛服不常。"[3]

第三，使宋沿边的一些熟户转向继迁。"今朔方陷没，所虑缘边蕃族中有从来二心者，因此转更煽惑熟户，致令向背，贼迁因而乘之，为患非浅。"[4]

第四，使宋退保环庆，设防关中。由于灵州失守，关中受到威胁，宋政府只好"益兵备关中"，[5]并于永兴军设正副都总管来统帅关中军队。

第五，使贡路断绝。如回鹘向宋朝贡，"路出灵州，交易于市"，但这条贡路却因继迁攻占灵州而中断。"自是数年，回鹘不复朝贡。"[6]

当然，贡路断绝，并非自继迁始，早在五代时，夏州统治者即邀劫回鹘贡使（详后），但继迁继承并为元昊所效法。[7]

关于李继迁对宋战争的性质，史学界主要有两种观点。一种意见认为"西夏的兴起有封建王朝内部地主阶级分裂割据的性质，也有民族起义和农牧民起义的性质。只承认前者必然要否定各族人民反民族压迫和反封建剥削的正义性。反之，过分强调后者，又将忽视少数民族地主阶级野心家制造分裂割据的罪恶"；[8]另一种意见认为"继

甘肃庆阳出土的西夏砖雕《飞天》

[1]《宋史》卷 257，《李继和传》。

[2]《朔方道志》卷 2，《舆地志·总论》。

[3]《西夏书事》卷 7。

[4]《长编》卷 51，咸平五年三月癸亥。

[5]《宋史》卷 324，《石普传》。

[6]《宋史》卷 210，《段思恭传》。

[7] 参阅拙作：《略论灵州之战》，载《宁夏社会科学》1992 年第 6 期。

[8] 王忠：《论西夏的兴起》，载《历史研究》1962 年第 5 期。

迁的抗宋斗争有反对民族压迫的性质，是一场正义的战争"。[1]

我认为李继迁所进行的对宋战争纯粹是一场具有封建王朝内部统治阶级分裂割据性质的战争，并无正义之可言。

第一，李继迁所处的时代是原始公社制直接向封建制迅速过渡的时期。战争是政治的延续。其发动对宋战争的目的，绝不是什么为了反对赵宋统治者的民族压迫而进行的自卫战争，而是代表党项封建农牧主贵族的利益，为了达到某种政治目的而进行的战争。其具体目的有二：即为了"兴复故土"，"成霸王之业"。前者表现在向太宗上表："乞取残破夏州，奉拓跋氏祭祀。"[2]后者表现在继迁攻占灵州之后，立即改州为府，作为夏州地方政权的都城，并以此为根据地，然后统一河西，向东发展，同宋争霸。"其人习华风，尚礼好学，我将借此为进取之资，成王霸之业"，[3]表明李继迁对宋战争的主要目的，在于扩大已经感觉不够的领土，同宋、辽争霸天下。其斗争实质是宋夏两个统治集团为争夺河套及河西走廊地区剥削权益而进行的斗争。

第二，区别战争的正义性与非正义性的一个重要标准，要看它是掠夺性的战争还是非掠夺性的战争。"凡是掠夺性的战争都是非正义的，凡是反掠夺性的战争都是正义的。"[4]在李继迁对宋的长期斗争中，我们一方面看到了宋朝统治者血洗党项族帐的掠夺压迫情况，如环庆路部署张凝领兵自白豹镇人蕃界，"焚帐族二百余，斩首五千级，降九百余人，毁刍粮八万，获牛、羊、器甲二万"；[5]但另方面，李继迁对宋同样奉行了一条"寇掠"的错误政策。"灵州及通远军皆言赵保吉攻围诸堡寨，侵掠诸民，焚积聚。"[6]在近 20 年中，继迁掳去宋朝沿边人口、牛羊以万计。既然李继迁所进行的战争是一场掠夺性的战争，当然谈不上有什么正义性，而是一场属于统治阶级内部矛盾性质的斗争。

第三，区别战争的正义性和非正义性，还要看其对社会发展起过什么样的作用。"一切进步的战争都是正义的，一切阻碍进步的战争都是非正义的。"[7]李继迁领导的

敦煌莫高窟西夏壁画
《童子飞天》

[1] 徐庄：《试论李继迁的历史作用》，载《宁夏大学学报》1981 年第 4 期。

[2]《长编》卷 42，至道三年十二月甲寅。

[3]《西夏书事》卷 7。

[4] 毛泽东：《第二次帝国主义讲演提纲》，载《八路军军政杂志》1 卷 9 期。

[5]《长编》卷 51，咸平五年正月丁酉。

[6]《长编》卷 35，淳化五年正月甲寅。

[7]《毛泽东选集》第 2 卷第 138 页，人民出版社 1952 年版。

对宋战争,不仅使宋沿边人民损失惨重,而且还直接损害了党项人民的利益,对党项社会的发展是不利的。"继迁走漠北几十年,阻兵嗜杀,蕃部被役属者胥怨",[1] "银、夏州民衣食稍丰者并西徙。蕃落数年荐饥,道殣相望,下多咨怨"。[2]这说明李继迁所领导的对宋战争,尽管对于恢复和巩固夏州地方政权,使党项族自立于民族之林起了重要的作用,但就其性质而言,则并不具有正义性,更谈不上是一场具有农牧民起义性质的战争。

四、发展社会经济

李继迁在积极用武力扩张已经不够的领土的同时,对社会经济的发展,也给予了足够的重视。在李继迁统治时期,其社会经济的发展,首先,表现在对农业生产的十分重视。李继迁在攻取灵州时,就注意"缮城浚濠,练兵积粟"。[3]他一面集中优势兵力围困灵州,一面命令士兵就地屯种。"择灵武山川之险而分据之,侵河外膏腴之地辟之。"[4]其具体的屯田情况是:

> 〔继迁〕以五万骑攻城(指灵州城),城中兵不出战,据其山川险要,凡四旁膏腴之地,使部族万山等率蕃卒,驻榆林、大定间,为屯田计,垦辟耕耘,骚扰日甚。[5]

据此可知,其屯田性质为军屯,目的在于长期围困灵州,并最终夺取灵州。

其次,对水利灌溉也很重视。灵州旧有秦家、汉延、唐徕三渠,继迁鉴于"去岁(指公元 1002 年)伤旱,禾麦不登",下令修筑黄河堤坝,"引河水溉田,功毕而防决"。[6]

此外,李继迁为了满足其统治境内以党项族为主体的各族人民物质生活的需要,在未经宋朝政府同意的情况下,单方面于赤沙(今宁夏盐池县西北)、骆驼路(今陕西神木县北),"各置会贸易",[7]这里的"会"是一种定期市场。赤沙、骆驼路(一作口)"为灵夏二州蕃族屯聚处"。李继迁置"会"的作用有二:其一,可以引诱宋朝沿边熟户归服自己。"于是归者日众,中国(宋朝)禁之不止";[8]其二,对于加强宋夏经济文化交流,改善其境内各族人民的经济生活,无疑起了一定的作用。

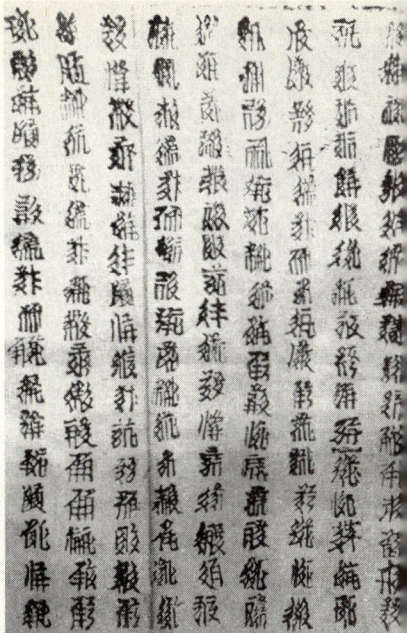
西夏泥活字版西夏文佛经

[1]《西夏书事》卷 5。
[2]《长编》卷 54,咸平六年五月壬子。
[3]《宋史》卷 279,《周仁美传》。
[4]《长编》卷 44,咸平二年六月戊午。
[5]《西夏书事》卷 7。
[6]《长编》卷 54,咸平六年五月壬子。
[7]《长编》卷 51,咸平五年正月甲子。
[8]《宋史》卷 258,《曹玮传》。

西夏木活字版西夏文佛经

五、攻占凉州

李继迁攻占灵州之后，声威大震，军事力量更加强大，不断向外扩展，宋真宗在此形势下，派张崇贵等与继迁议和，"割河西银、夏五州与之"。[1]至此，李继迁梦寐以求的恢复祖宗基业，重建夏州地方政权的夙愿，已完全实现。但恢复祖宗基业，并非李继迁的最终目的，其最终目的是不断扩充疆土，建立西夏国家，与宋辽争霸。因此，继迁在攻占灵州后，旋即东攻麟州，未能攻下，于是回军西向，跨过黄河，越过贺兰山，向凉州进军，从而揭开了宋夏争夺河西走廊战争的序幕。

凉州即今甘肃武威市，唐时置凉州，五代时号称西凉府，宋因之。凉州居住着吐蕃各部，其文化素养较高。"且西凉蕃部多华人子孙，例会汉言，颇识文字"。[2]北宋统治者鉴于"蕃部族盛兵多"，其军事力量比较强大，为了"藉西凉为腹背攻之"，[3]早已与吐蕃六谷部首领潘罗支结成联盟，并派丁惟清为西凉知府，与吐蕃首领共同治理西凉，从而加强了对西凉的管理，使潘罗支成为李继迁的劲敌。

李继迁为了拔除这个钉子，比较顺利地一举攻下凉州，采用了声东击西的战略战术。即集中兵力于盐州（今宁夏回族自治区盐池县北），扬言自骆驼口、车厢峡等路进攻宋朝的环州、庆州，而暗中却将他的军队开往凉州。正如宋真宗一针见血地指出："此必攻略西蕃而声言入寇者也"。[4]这一着棋果然出奇制胜，达到了预期的目的。

公元1003年（咸平六年）十一月，李继迁进攻西凉府，杀知府丁惟清，并改府为州。

李继迁攻占凉州，对于巩固夏州地方政权起了极为重要的作用。这种作用，正如吴广成所指出：

> 于是西夏势成而灵州永固矣。盖平夏以绥、宥为首，灵州为腹，西凉为尾。有灵州则绥宥之势张，得西凉则灵州之根固。[5]

说明凉州也同灵州一样，对西夏来说，具有极其重要的战略地位。

李继迁攻占凉州之后，不免志骄意满，丧失了应有的

---

[1] 司马光：《温国文正公集》卷38，《横山疏》。

[2]《长编》卷51，咸平五年三月癸亥。

[3]《宋会要辑稿·方域》21之21。

[4]《长编》卷55，咸平六年十月癸未。

[5]《西夏书事》卷7。

警惕。凉州吐蕃六谷族大首领潘罗支,联合者龙族,事先设下埋伏,然后伪装愿意归降,并请继迁亲自前去受降,继迁与其谋士张浦等商议是否接受投降。张浦认为潘罗支请降有诈。他道:

> 兵务慎重,贵审敌情,罗支倔强有年,未挫兵锋,遽尔降顺,诈也。不若乘其诡谋未集,一战擒之,诸蕃自伏。

但继迁不同意这种看法。他反驳道:

> 我得凉州,彼势已促,力屈而降,何诈之有?况杀降不祥,尔勿疑,以阻向化之心。[1]

继迁推诚不疑,欣然前往,结果遭到伏兵的突然袭击,大败奔回,"至灵州界三十井死",[2]时为公元 1004 年(景德元年)正月二日,终年 42 岁,庙号太祖,墓号裕陵。其统一河西的未竟事业,由其子德明、孙元昊相继完成。

六、对李继迁的评价

总之,继迁初步统一党项羌诸部,发展农业生产,兴修水利,以及发展商业贸易,对于巩固重建的夏州政权,使党项羌族自立于民族之林,以及在一定程度上改善其统治境内人民的生活,无疑起了重要的历史作用。

至于继迁代表党项农牧主的利益,为了满足他们对土地和财富的贪欲,不断对宋发动掠夺性的战争,既给宋朝沿边人民带来了灾难,也给党项人民带来了危害,因此,是应当否定的。当然,从总体上看,李继迁的一生还是功大于过,在西夏的历史上,仍然是一位值得肯定的历史人物。[3]

第六节　西夏立国基础的奠定

李德明为继迁妻野利氏所生, 小字阿移,生于公元 981 年(太宗太平兴国六年),卒于公元 1032 年(仁宗明道元年),享年 52 岁。史称德明"深沉有气度,多权谋",[4]"精天文,通兵法"。[5]公元 1004 年(真宗景德元年),德明嗣位,时年 23 岁,称定难军留后。李德明在位虽然时间不算

2 号陵(正视)

[1]《西夏书事》卷 7。
[2]《长编》卷 56,景德元年正月。
[3] 参阅拙作:《论李继迁》,载《西北民族研究》1994 年第 1 期。
[4]《西夏书事》卷 8。
[5]《西夏书事》卷 9。

2 号陵月城门阙

太长(仅 29 年),但由于他执行了一条保境息民,发展生产,同辽、宋友好,以及统一河西的正确路线和方针,使西夏社会得到了较快的发展,从而为西夏国家的建立进一步创造了条件。

一、与宋缔结和约,保境息民

公元 1005 年(真宗景德二年)春,宋政府在同李继迁长期进行战争后,决心改变政策,对西夏实行"姑务羁縻,以缓战争"[1]的方针,即实行罢兵息民,以财货爵禄笼络西夏统治者,并主动向德明提出了媾和条件:

> 许德明以定难军节度、西平王;赐金帛缗钱四万、茶二万斤(按此数不明晰。据吴天墀先生《西夏史稿》增订本 408 — 409 页的分析与考证,准确的数字应是银万两、绢万匹、钱二万贯、茶二万斤);给内地节度俸;听回图往来;放青盐禁,凡五事。而令德明纳灵州土疆,止居平夏;遣子弟入宿卫;送略去官吏;尽散蕃汉兵及质口;封境之上有侵扰者禀朝旨,凡七事。

即宋保证做到封德明为王,给他金帛缗钱等五项,同时要求德明做到归还灵州,遣子弟宿卫等七条,作为交换条件。这些条件德明同意其中大部分,"惟以子弟入质及纳灵州为难",因为德明不同意归还灵州和以子弟入质,因此,真宗也就取消了向西夏开放青盐的禁令,"故亦禁如旧"。[2] 经过多次讨价还价,最后求同存异,于公元 1006 年(景德三年)九月,正式签订了和约。

这个和约的签订并非偶然,从西夏方面看,德明之所以同意签订和约,原因有三:第一,与夏州政权因李继迁长期对宋战争而陷入困境有着直接的关系。"贼境艰窘,惟劫掠以济,又藉夏、银、宥州民之丁壮徙于河外,众益咨怨,常不聊生";[3] 第二,与继迁临终遗嘱有关。"李继迁兵败,为潘罗支射伤,自度孤危且死,嘱其子德明必归宋,曰:'一表不听则再请,虽累百表,不得请勿止也。'继迁卒,德明纳款。"[4] 说明同宋和解是继迁临终前就已商议好的既定方针。德明同意签订和约,只不过是对那个既定方针的贯彻执行,即所谓"表守遗言,誓修职贡"[5] 罢了;第

[1]《长编》卷 63,景德三年五月庚申。

[2]《宋史》卷 466,《张崇贵传》。

[3]《长编》卷 55,咸平六年九月壬辰。

[4]《宋史》卷 282,《向敏中传》。

[5]《西夏书事》卷 11。

三,与宋辽签订了"澶渊之盟"有关。由于"澶渊之盟"的订立,使西夏暂时失去了政治上的声援。如果德明继续对宋战争,将会使自己陷于孤立无援的境地。"由是西夏失牵制之谋,随亦内附。"[1]

从宋朝方面看,这个和约的条款,虽然是宋方主动提出,但并非一帆风顺,如知镇戎军曹玮就曾提出反对意见。曹玮上疏云:

> 继迁擅河南地二十年,边不解甲,使中国西顾而忧。今方其国危子弱,不即擒灭,后更盛强难制。愿假臣精兵,出不意,捕德明送阙下,复以河南为郡县,时不可失。

只因"朝廷方欲以恩致德明,寝其书不报"。[2]也就是说,当时宋真宗已经定下了同西夏和解的决心才算作罢。因此,这个和约的签订,是宋主和派战胜主战派的产物。

景德二年的和约,是宋夏之间缔结的第一个和约。这个和约对宋夏双方均有好处。它使宋朝"边鄙无事,民人安居,旷土垦辟,稼穑丰茂,关西物价甚贱";[3]同时也给夏州地方政权带来了一个相对的和平环境,它对医治李继迁所造成的战争创伤,巩固夏州政权,以及发展社会经济起了一定的积极作用。

在同宋缔结和约后,德明为了进一步发展大好形势,巩固夏州政权,一方面接受宋朝对他的加官晋爵,当一名"不侵不叛之臣",[4]如公元1006年(景德三年)十月,"宋以赵德明为定难军节度使,封西平王,给俸如内地",[5]德明欣然接受;另方面,德明一刻也没有忘记主动向辽讨封,同辽继续保持联盟关系。"辽复遣金吾卫上将军肖孝诚赍玉册金印,册为尚书令、大夏国王。"[6]同宋缔结和约,接受其册封,可以通过朝贡贸易等途径,得到大量经济上的好处,而同辽继续结成联盟,接受辽的册封,不仅可以得到辽的政治上的声援,增加对宋讨价还价的砝码,而且对于消除其统治境内少数民族因继迁之死而产生的观望、惊疑之心,也起了一定的安定作用。史载:

> 德明嗣职期年,未膺封册,蕃族多怀观望。
> 行军司马赵保宁言:"国家疆宇虽廓,自西凉扰乱,先王(继迁)被害,蕃人惊疑,若不假北朝

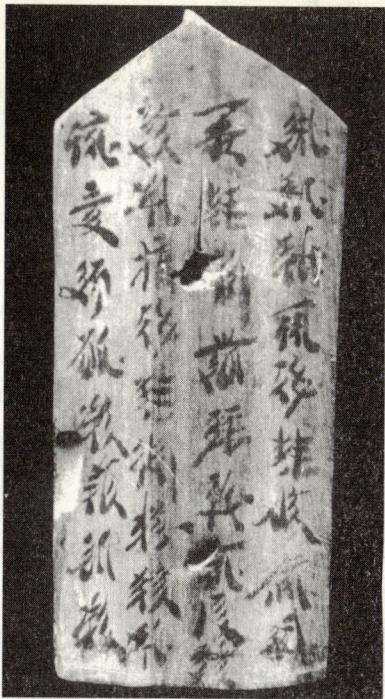

拜寺沟方塔出土的
西夏文木牌

---

[1]《宋史》卷281,《论赞》。

[2]《长编》卷63,景德三年五月辛亥。

[3]罗从彦:《豫章文集》卷4,《遵尧录·真宗》。

[4]司马光:《温国文正公集》卷38,《横山疏》。

[5]《宋史》卷485,《夏国传上》。

[6]《宋史》卷485,《夏国传上》。

（辽）威令慑之，恐人心未易靖也。"德明遂遣保宁献方物契丹，以请册封。契丹主曰："此吾甥也，封册当时至。"待保宁加礼回。[1]

表明德明主动讨封，完全是为了适应其内外形势的需要。

德明在接受宋辽册封的同时，为了稳定其内部，还加强了他的统治机构，尤其注重对军事指挥机构的健全。史载：

> 以左都押牙张浦兼行军左司马，绥州刺史赵保宁兼右司马，指挥使贺承珍兼左都押牙，刘仁勖为右都押牙，破丑重遇贵为都知蕃落使，白文寿、贺守文都知兵马使，何宪、白文赞为孔目官，郝贵、王旻等为牙校；复以李继瑗为夏州防御使，李延信为银州防御使，其余升赏有差。[2]

从这份对官吏任命、安置的名单看，不仅可以看出德明对人才的重视和重用，而且还能看出其苦心经营的具有蕃汉联合统治性质的夏州地方政权，在继迁的基础之上又有了新的发展。

二、西攻回鹘，南击吐蕃

李德明在其统治期间，一方面十分注意其内部的安定，搞好同宋辽的关系；另方面，为了扩大其已经感觉不够的领土，还竭尽全力西攻回鹘，南击吐蕃，为夺取河西走廊[3]地区而"经谋不息"。[4]

回鹘又称回纥，即今天维吾尔族的前身。北宋初年，回鹘可分为甘州、沙州、西州数种，其中以甘州回鹘地近西夏。甘州（今甘肃张掖市北）回鹘是河西地区的主要割据势力，其族分布范围较广，并有一支精锐的军队。"本国东至黄河，西至雪山，有小郡数百，甲马甚精习。"[5]境内水草丰美，宜农宜牧，除盛产良马外，还产玉器、镔铁、剑甲、琉璃器等，早为继迁、德明所垂涎和觊觎。

德明为了夺取甘州，先后五次调兵遣将，简要战况如下：

公元1008年（大中祥符元年）三月，德明命张浦率领骑兵数千攻打甘州，其可汗夜落隔（一作纥）出兵抵御，张浦不能取胜。同年三月，又命万子等军主率领本族之兵，

宏佛塔出土的西夏文木简

[1]《西夏书事》卷8。
[2]《西夏书事》卷8。
[3] 河西走廊：也叫甘肃走廊。因它在黄河之西，形如一条长廊，故名。其范围包括今甘肃西部的祁连山以北，合黎山和龙首山以南，乌鞘岭以西，东西长约1000公里，南北宽约100—200公里，平均海拔1400米左右。境内因有雨雪灌溉，农牧业较发达。
[4]《长编》卷139，庆历三年正月乙卯。
[5]《宋史》卷490，《回鹘传》。

准备偷袭甘州，不料中了回鹘的埋伏，死伤惨重，惟万子军主落荒遁走。

公元 1009 年（大中祥符二年）四月，德明再派张浦率领精锐骑兵 2 万攻打甘州，可汗夜落隔亲自率军抵御，双方相持近半月，甘州守将翟符守荣乘夜突然袭击，张浦大败而回。同年十二月，德明亲自攻打甘州，因白天见恒星，占卜不吉，大惧而还。

公元 1028 年（天圣六年）五月，德明派其子元昊"独引兵袭破回鹘夜落隔可汗王，夺甘州"。[1]

由于"甘州城为边徼重地"，形势险要。"东据黄河，西阻弱水，南跨青海，北控居延"，因此，德明取之，如虎添翼。"今德明得之，恃其形势，制驭西蕃，灵夏之右臂成矣。"[2]

在德明攻下甘州后，瓜州（今甘肃安西县东）王贤顺，深感西夏势力强大，于公元 1030 年（天圣八年）主动"以千骑降于夏"。[3]

南击吐蕃，占领凉州（今甘肃武威）是德明征服河西的又一重大军事行动。

公元 1004 年（宋景德元年），凉州吐蕃六谷部首领潘罗支，用假投降的妙计，使继迁中箭身死。不久，潘罗支也被党项部落迷般嘱部和日逋吉罗丹部所谋杀。潘罗支死后，吐蕃大首令折逋游龙钵等率部归服德明，但六谷部首领厮铎督（潘罗支弟）继续与德明对抗，在这种形势下，一场夏州统治者与厮铎督争夺凉州的战争便成为不可避免了。德明出兵攻打凉州，首尾三次，战况如下：

公元 1007 年（宋景德四年）九月，德明亲自率兵屯境上，准备攻打凉州，结果由于甘州回鹘增援凉州，厮铎督早已严阵以待，只好收兵作罢。

公元 1011 年（大中祥符四年）九月，德明派军校苏守信率军攻打西蕃乞当族，厮铎督会合吐蕃各族共同抵御，苏守信大败而还。

公元 1016 年（大中祥符九年）十一月，甘州回鹘可汗夜落隔派兵攻占凉州，掳掠吐蕃族帐 100 余，斩首 300 级，并夺走了很多马匹。

公元 1032 年（明道元年）九月，德明命元昊攻打凉

安西榆林窟西夏壁画《团龙藻井》

[1]《宋会要辑稿·方域》8 之 29。
[2]《西夏书事》，卷 11。
[3]《宋史》卷 485，《夏国传上》。

敦煌莫高窟壁画
《团布藻井》

州,"回鹘势孤,不能拒,遂拔其城"。[1]至此,德明从回鹘手中最终夺取了凉州。

德明攻占凉州比夺取甘州的战略意义似乎更大。清人吴广成指出:

> 西凉南界横山,西通西域,东距河西,土宜三种,善水草……德明立国兴、灵,不得西凉,则酒泉、敦煌诸郡势不能通,故其毕世经营,精神全注于此。[2]

德明对甘州、凉州的用兵,首尾26年(1007—1032年),虽然付出了巨大的代价,但它所起的历史作用是不可忽视的。首先,夺取甘凉,便可"西掠吐蕃健马,北收回鹘精兵",从而大大加强了夏州政权的军事实力;其次,夺取甘凉,降服瓜州王贤顺,从而扩大了统治地盘,初步征服了河西,为其子元昊进一步彻底统一河西,称帝建国,打下了良好的基础。

三、发展社会经济

自德明与宋议和到元昊称帝建国前的30多年里,由于西夏有一个相对的和平环境,加上德明对经济问题比较重视,因此,西夏社会经济得到了较大的发展。

首先,德明时期的西夏农业同继迁时期相比,有了较大的发展。仁宗时,范仲淹在其著名的《答赵元昊书》中指出:

> 塞垣之下,逾三十年,有耕无战,禾黍云合。[3]

说明德明时期,西夏农业生产得到了长足的发展,在农耕化的道路上大大迈进了一步。

其次,通过向宋朝朝贡,一方面可以得到大量回赐,同时利用朝贡之便大搞贸易活动。"入贡至京者,纵其为市。"[4]在德明统治期间,"贡献之使,岁时不绝"。[5]自公元1005年(真宗景德二年),至公元1029(仁宗天圣七年)15年间,进贡十次(其中景德三年四次,景德四年二次)。其贡品主要是马,其次为骆驼;宋朝回赐主要为器币,其次为袭衣、金带等最高统治者生活用品。[6]

德明所遣贡使,除在宋首都开封公开进行正当贸易

[1]《西夏书事》卷10。
[2]《西夏书事》卷11。
[3]《长编》卷130,庆历元年正月。
[4]《宋史》卷186,《食货志·互市舶法》。
[5]《西夏书事》卷11。
[6]参阅《宋会要辑稿·蕃夷》7之6。《长编》卷65。《宋史》卷485,《夏国传上》。《西夏书事》卷10、11。

之外，还非法贩卖私物，逃避税收。"赵德明进奉人挟带私物，规免市征，望行条约。"[1]

这些贡使一入宋境，便在其来往路上，以马同当地老百姓进行贸易。"夏进奉使入边，辄鬻其所乘马，边人以价值贱，争市之，于是使者带马日多。"[2]这种未经许可的贸易，对当地居民的骚扰时有发生。"夏州贡使，在道市物颇扰民，真宗诏所在有司严示约束。"[3]

除朝贡是一种变相贸易外，在宋沿边离西夏较近之处，还设有固定的贸易场所，叫做榷场。如真宗景德四年（1007年），保安军榷场刚一建立，德明便迫不及待地"请许蕃民赴保安军榷场贸易，从之"，[4]反映了西夏同宋发展贸易的迫切性。

除了公开进行榷场贸易外，德明还派人于宋夏边境偷偷贩卖违禁品。如公元1009年（大中祥符二年），"德明多遣人赍违禁物，窃市于边"。[5]当时宋朝规定的违禁品计有青盐、铜铁、钱币、粮食、书籍，等等。

德明不仅大力鼓励支持西夏人同宋进行公开的和非法的贸易，而且对于途经西夏境内的西域和各国东来的贡使和商人，进行勒索和邀劫。如"回鹘土产，珠玉为最。帛有兜罗绵、毛氉(die 选)、狨（同绒 róng）锦、注丝、熟绫、斜褐；药有腽肭(wànà 袜纳)脐、硇砂；香有乳香、安息、笃耨。其人善造宾铁刀、乌金银器。或为商贩，市于'中国'（宋朝）、契丹之处。往来必由夏界，夏国将吏率十中取一，择其上品，贾人苦之"。[6]这种恶劣的勒索行径，迫使西域商人取道青唐（今青海西宁市），大食贡使改行海道，从而对河西走廊的中西交通，起了终止和破坏的作用。

德明时期宋夏贸易的兴盛，起了不可忽视的历史作用。首先，通过贸易，积聚"赀财无算"，[7]为进一步建立西夏国家，创造了一定的物质条件；其次，通过贸易，实行了经济文化交流，对于提高党项民族乃至整个西夏人的物质和精神生活，对于西夏的汉化（即封建化），无疑都起了一定的积极作用。

四、大修宫室，营建新都，立元昊为太子

李德明用武力开疆扩土，初步统一了河西，又利用其

甘肃武威出土的木版画
《五男子图》

[1]《长编》卷83，大中祥符七年十一月乙未。

[2]《西夏书事》卷10。

[3]《西夏书事》卷9。

[4]《宋史》卷186，《食货志·互市舶法》。

[5]《长编》卷71，大中祥符三年三月己卯。

[6]《西夏书事》卷15。

[7]《西夏书事》卷11。

甘肃武威出土的木板画
《四男一女图》

统治境内比较安定，发展了社会经济，在此大好形势下，德明开始讲究排场，注重享乐，名义上虽然还没有当皇帝，但实际上却在尽力将自己装扮成至高无上的统治者的形象。

李德明早在公元1008年（大中祥符元年）十月，为了迎接安置宋朝使者，开始修建驿馆，于"绥、夏各建馆舍以待王人"。[1]两年之后，即公元1010年（大中祥符三年），在契丹册封他为夏国王的情况下，德明役民夫数万于傲子山（在今延川西），大修宫室，"绵亘二十余里，颇极壮丽"。[2]公元1019年（天禧二年）十月，德明鉴于怀远镇（原属灵州，今宁夏回族自治区银川市），形势险要，"怀远西北有贺兰山之固，黄河绕其东南，西平（灵州）为其障蔽"，[3]于是派贺承珍督役民夫，筑城徙居，大建门阙、宫殿、宗庙、官署等等，改称兴州，并以此为都城。怀远城的修建，为此后西夏社会经济和文化的发展，提供了比较优越的地理条件。

李德明在大修宫室，营建新都的同时，"大赦国中"[4]，并于公元1028年（天圣六年）以元昊"气识英迈，诸蕃誉服"，册立为太子。立元昊生母卫慕氏为后。同时为元昊向辽请婚，辽兴宗以宗室之女封为公主，下嫁元昊。并给其父继迁上尊号曰太祖应运法天神智仁至道广德光孝皇帝，庙号武宗。公元1013年（大中祥符六年），李德明出行延州境北的镦子山时，"大辇方舆，卤簿仪卫"，俨然中原帝王气派，即使宋朝使者到来，也毫无顾忌。史载：

> 朝廷使至，则撤宫殿题榜，置于庑下，使辖始出钱馆，已更赭袍，鸣鞭鞘鼓，吹导还宫，殊无畏避。[5]

这些，充分说明李德明虽然名义上还没有称帝，但在实际上已经过了皇帝的瘾。

公元1032年（明道元年），十月，德明卒，葬于嘉陵。元昊称帝后，追谥其为光圣皇帝，庙号太宗，妣卫慕氏曰惠慈敦爱皇后。

五、对李德明的评价

德明生当西夏由原始公社制直接向封建制激剧过渡

[1]《长编》卷73，大中祥符三年正月己巳。
[2]《西夏书事》卷9。
[3]《西夏书事》卷10。
[4]《西夏书事》卷5。
[5]田况：《儒林公议》卷上。

时期，在西夏人民饱受战争灾难的形势下，坚决同宋议和，休兵息民，努力发展农业生产，争取同宋开展各种渠道的贸易，从而发展了西夏的社会经济，积聚了比较雄厚的经济实力，同时也多少改善了西夏人的生活。至于夺取甘州、凉州，初步统一河西，不仅扩大了统治地盘，而且由于获得了吐蕃健马和回鹘精兵，从而壮大了军事力量。这些，对于党项族自立于民族之林，把夏州地方政权进一步发展成为西夏国家奠定了良好的基础。

清人吴广成在评价李德明时指出：

> 德明当西凉大创之后，诸戎叛涣之初，……表守遗言，誓修职贡，朝聘之使，往来如家。牛羊、缯帛，彼此各受其利，塞垣之下有耕无战逾三十年，殆所谓识时务者耶。迨使俸赐既赡，兵力亦完，然后东战契丹，南扼苍耳，北城怀远，西拔甘、凉，粟支数年，地扩千里，夏国之业，实基于此。元昊虽雄，非藉德明燕翼，其遂夜郎自大乎?呜呼!虽曰偏据，亦云伟矣。[1]

吴广成这段言简意赅的评语，对于作为西夏立国的奠基人——李德明顺应历史发展的趋势，采取了一些有利于党项民族进步和西夏社会发展的措施所进行的赞扬，大体上不失为平允和中肯。[2]

2号陵西门门阙

[1]《西夏书事》卷 11,《论赞》。

[2] 参阅拙作:《略论李德明》,载《兰州大学学报》1988 年第 1 期。

3号陵(全景)

第三章

西夏国家的建立

第一节　"尚武重法"立国方针的确立

一、元昊其人

元昊生于公元 1004 年(宋真宗景德元年)五月五日。其母为惠慈敦爱皇后卫慕氏。元昊小字嵬理,西夏语"惜为嵬,富贵为理"(据王静如先生的考证"理"应为"埋")。因此,"嵬埋"二字,意即"珍惜富贵"。元昊长相英俊,身长 5 尺有余,"圆面高准",即圆圆的脸蛋,高高的鼻子。"性雄毅,多大略","晓浮图学,通蕃汉文",[1]"法令明审,能用其众",[2]"诛赏明,计数黠",[3]"本怀大志,善于用兵",[4]"智勇过人"。[5]案上常置法律著作,供随时翻阅之用。对于《野战歌》一类的兵书,更是手不释卷,潜心研读。元昊平时爱穿白色长袖衣,头戴黑冠,身佩弓矢,出门时乘骏马,前用两名旗手开道,后有侍卫步卒张青色伞盖相随,另有百余骑兵前后左右护卫、警戒,以防不测。

元昊 24 岁时被立为太子。当太子时,就表现出野心勃勃。他劝其父德明背宋自立。德明告诫道:

> 吾久用兵,疲矣。吾族三十年衣锦绮,此宋
> 恩也,不可负。

元昊不以为然,争辩道:

> 衣皮毛,事畜牧,蕃性所便。英雄之生,当王
> 霸耳,何锦绮为?[6]

[1]《宋史》卷 485,《夏国传上》。

[2] 张方平:《乐全集》卷 32,《奏西夏事宜》。

[3]《宋史》卷 292,《田况传》。

[4] 苏辙:《栾城集》卷 39,《论西夏事状》。

[5]《辽史》卷 36,《兵卫志下》。

[6]《宋史》卷 485,《夏国传上》。

元昊父子的这番争论,意义重大,因为它牵涉到夏州地方政权向何处去的问题。当时摆在德明、元昊面前的有两条道路:一条是继续向宋称臣纳贡,仍旧割据一隅,维持夏州地方政权的半独立状态;另一条是叛宋自立,同宋辽争霸,扩大已经感觉不够的领土,走自己独立发展的道路。尽管这种道路,风险很大,前途未卜,但是元昊还是大胆地选择了后者。

3号陵(正视)

二、"尚武重法"方针的确立

元昊在决定背宋自立,建立自己的国家之后,紧接着遇到的第二个问题,就是采用什么样的立国方针去治理这个国家?在该问题上明显存在着两种意见。一种意见认为应当"用夏变夷",即所谓"化民成俗,道在用夏变夷",也就是说,应当变更党项民族固有的习俗,用中原王朝——唐宋治理国家的那一套办法去治理西夏国家。

但这种意见遭到了以"多学识、谙典故"的野利仁荣为代表的另一种意见的驳斥。在野利仁荣看来,西夏只能按照党项本民族的具体情况确定立国方针,而不能照搬中原王朝唐宋的那一套办法。具体地说,应当根据当时西夏的国情民情,采用"尚武重法"的方针。这个方针的内容,用野利仁荣的话去概括,就是"严以刑赏","以兵马为先务","教民以功利"。[1]这一立国方针得到了元昊的赞同和采用。

究竟元昊为什么要赞同并采用"尚武重法"的立国方针呢? 具体地说,大体上有以下三个方面的原因。

第一,驾驭酋豪的需要。如众所知,元昊代表党项农牧主贵族及其他各族上层的利益,所建立的蕃汉联合统治,是以党项酋豪显贵为其统治核心,及其所掌握的军队为其主要支柱的。这些部落"酋帅皆有地分,不相统摄"。[2]他们拥兵自雄,"各将种落之兵,谓之一溜"。[3]他们在各自的范围内长期过着自给自足,孤立闭塞的牧畜生活。这种闭塞落后的经济生活往往具有较大的保守性。随着党项社会经济的发展,党项农、牧主同广大农、牧民的矛盾加深,这些酋豪为了维护本身的阶级利益,他们迫切需要建立一个"最高统一体"的国家,拥戴一个"恩信孚部落"的

[1]《西夏书事》卷16。
[2]《魏书》卷101,《宕昌传》。
[3]《长编》卷132,庆历元年五月甲戌。

党项杰出人物,出任这个国家的至高无上的皇帝。元昊称帝建国后, 向宋仁宗所上的奏疏里之所以喜形于色和出言不逊,"元昊为众所推,循拓跋之远裔,为帝图皇,有何不可"?[1] 就是以那些党项酋豪的积极支持,撑腰打气为其背景的。

同时,作为西夏国家的皇帝——元昊,为了获得这些酋豪显贵的拥护和支持,往往千方百计地笼络他们,同他们联姻,将他们安插在中央和地方的要害部门,让他们掌握着各种权力。至于军事大权,自中央到地方几乎全部被这些酋豪显贵所掌握。

但这些长期盘踞一方,政治上比较保守的拥兵自雄的酋豪,并非个个俯首听命,元昊为了驾驭他们,让他们效忠于自己,不能不于"案上置法律","明号令,以兵法勒诸部",[2] 甚至同他们歃血"盟誓"。对于那些居心叵测胆敢抗命的酋豪,则严惩不贷。所谓元昊"峻诛杀,数诛诸部大人且尽";[3] 并非完全由于元昊生性多疑好杀,而是在很大程度上反映了代表传统保守势力的酋豪,同以元昊为代表的主张革新,"更祖宗成规,邈中朝建置",[4] 为强化中央集权的政治集团之间的尖锐而激烈的矛盾斗争。

总之,从驾驭酋豪需要的角度去考察,元昊之所以赞同"尚武重法"的立国方针,实质上是为了承认诸党项酋豪在经济、政治和军事上的合法地位。一方面,对于那些表示愿意效忠于自己的酋豪,尽量加以笼络和重用;另方面,对于那些怀有二心的酋豪,则绳之以法,甚至大开杀戒,以儆效尤。

第二,稳定其统治的需要。"国家表里山河,蕃汉杂处。"[5] 元昊统治期间,其境内的民族约有七种(详总论),在这些民族中,尤其是河西走廊的吐蕃、回鹘族,虽然被元昊用武力征服,但其酋豪仍然怀有二心,时刻梦想着联宋复辟。史载:

> 自元昊取河西地,回鹘种落窜居山谷间,悉为役属。曹琮在秦川,欲诱之共图元昊,得西川旧贾,使谕意。于是,沙州镇国王子遣使入贡,奉书曰:"我本唐甥,天子实我舅也。自李氏取西

3 号陵陵台

[1]《长编》卷 125,宝元二年闰十二月。
[2]《宋史》卷 485,《夏国传上》。
[3] 司马光:《涑水纪闻》卷 12。
[4]《西夏书事》卷 18。
[5]《西夏书事》卷 16。

凉,遂与汉隔,今愿率首领讨夏。"已而以兵攻沙州,不克。[1]

这表明元昊虽然统一了河西,但因长期割据于此的回鹘、吐蕃势力,仍然盘根错节,根深蒂固,其酋豪居心叵测,局势很不稳定。在境内民族成分复杂,民风强悍的情况下,如果不实行"尚武重法"的立国方针,那么,要想巩固其统治,是不大可能的。

第三,同宋辽抗衡争霸的需要。元昊立国时,四周民族政权林立。其北有大辽,西有高昌、于阗、龟兹,南有吐蕃、大理,东有宋。尤其是宋,地大物博,人口众多,无论政治、经济还是军事和文化,均处于执牛耳的领先地位。元昊早在被立为太子之时,就树立了同宋辽争霸、逐鹿中原的思想和抱负。尽管元昊有此雄图,如果不以武立国,推行"尚武重法"的立国方针,不要说同宋辽争霸将会成为泡影,就是要得到宋朝承认,也将成为不可能。随着西夏同宋、辽矛盾的激化,一旦同宋、辽发生大规模的军事冲突,更是无法稳操胜券,更不要说大获全胜了。

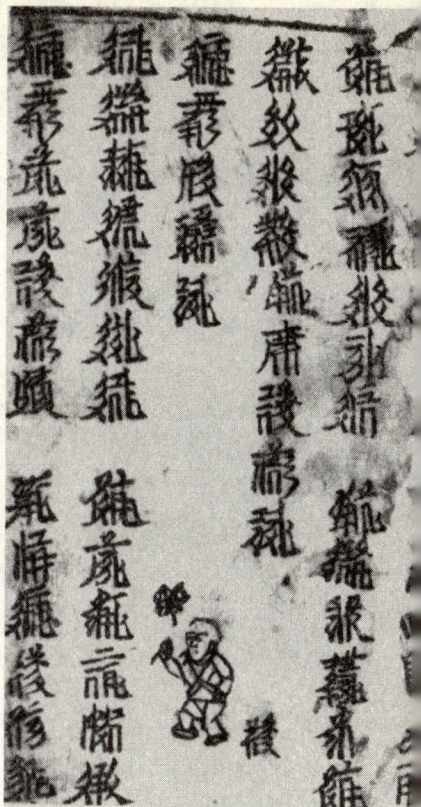

西夏雕版西夏文佛经

第二节　建国前的各项准备工作

公元 1032 年(宋明道元年)后,元昊为了称帝建国,做了一系列的准备工作。

一、改姓立号

元昊废除了中原王朝唐、宋的赐姓——李、赵,改用党项姓"嵬名"。"李、赵赐姓不足重,自号嵬名称吾祖。"[2]同时,元昊更名曩霄,自称兀卒。"兀卒"为党项语译音,意为"青天子",以示同宋朝皇帝——"黄天子"相区别。

公元 1032 年,为宋仁宗明道元年。元昊采纳开国谋臣杨守素"要必建元表岁,以示维新"[3]的建议,借口宋明道年号犯了其父德明的讳为理由,下令改显道三年为开运元年。但刚改年号不久,发现开运为后晋出帝石重贵亡国之前用过的年号,于是又再改元广运。从此,西夏开始使用自己的年号。

[1]《西夏书事》卷 15。参阅《宋史》卷 258,《曹琮传》。
[2]《西夏书事》卷 11。
[3]《西夏书事》卷 11。

西夏雕版西夏文佛经插画

二、建官制

元昊建国前，西夏官制比较简单，仅设有蕃落使、防御使、都押牙、指挥使、团练使、刺史等职。这些模仿中原王朝的官职，分别由帐（一家一户为一帐）、族的较大首领充任。到元昊时，由于统一了整个河西，疆域拓大，其统治范围"东尽黄河，西界玉门，南接萧关，北控大漠，地方万余里"。[1]同时，境内民族较多，元昊根据这种状况，为了适应称帝建国的需要，其中央机构模仿宋朝官制，设立文武两班。皇帝之下设有中书管理行政，枢密管理军事，三司（户部、度支、盐铁）管理财政。御史台管理监察弹劾。开封府（借用宋首都开封地方政府之名，实指管理西夏首都兴庆府衙门）。翊（音奕）卫司（相当于宋朝的殿前司）管宿卫、戍守及侍卫扈从。官计司管官吏人事调动和补阙。受纳司管仓储保管和收支。农田司管农田水利和粮食平粜（音跳）事务。群牧司管马匹饲养、繁殖和交换等。飞龙院管御马供养等。磨勘司管官吏考察和升降。文思院管供御仪物及服饰制造。蕃学与汉学是党项贵族子弟及汉官子弟学习文化的教育机关，其任务是为西夏国家培养急需的人才。

中央官职，自中书令、枢密使、御使大夫、侍中、太尉以下，都可由党项人和汉人担任。

在中央机构的官职，除了有如上述的汉官名称，还有党项语名称，即史书上所谓的"蕃号"名称。如宁令、谟宁令、丁卢、素赍、祖儒、吕则、枢铭、领卢、昂星、谟箇、芭良、鼎利、春约、祝能、印吴、广乐、叶令吴箇、令能、庆唐、磋迈、昂聂、令逊、程谟、吕尼、僚礼、创祐、阿克泥、德明，等等。

在西夏官制问题上，有的西夏史专家认为，西夏官制除了由党项、汉人均可担任的汉官之外，还有一套仅限于党项才能充任的"专授蕃职"，[2]即存在着两套官制，两个系统。

我认为西夏官制是一套官制，一个系统，而不存在两套官制，两个系统。其理由如次：

第一，主张西夏官制的汉官、蕃官两套官制的同志，

[1]《西夏书事》卷12。
[2]蔡美彪等著：《中国通史》第6册，第四章《西夏兴亡》；吴天墀：《西夏史稿》增订本，第201—202页。

主要依据是《西夏书事》卷11上的那段话：

> 而其专授蕃职有宁令,有谟宁令,有丁卢,
> 有丁努,有素赍,有祖儒,有吕则,有枢铭,皆以
> 蕃号名之。

甘肃武威西夏墓出土的
《五方佛冠画》

这段话关键的一句是"而其专授蕃职"。对此,有两种理解,一种把蕃职理解为专门给党项人设立的蕃官蕃职,因为只有党项人才能担任,所以叫做"专授蕃职",按照这种理解,就很自然地得出了两套官制两个系统的结论。另一种把"蕃职"理解为"由党项人担任的官职,〔但〕以蕃号命名"。[1]结果得出了一套官制,一个系统的结论。这两种理解显然以第二种比较正确和科学。因为从全文的内容看,吴广成只说官分文武班,并未明确指出其官分为汉官和蕃官两套官制。我们如把"专授蕃职"理解为只有党项人才能担任的蕃官蕃职,则与史实不符,因为西夏的蕃官蕃职并非只有党项人才能担任。如公元1054年(夏福圣承道四年,宋嘉祐元年)西夏派遣到宋朝的告哀使者是祖儒嵬名聿则和庆唐徐舜卿,其中庆唐为蕃号官称,徐舜卿为汉人,说明蕃官并非党项人所专授。同时,党项人可以兼任汉官,如党项人嵬名济乃任夏西南都统,西南都统为汉官。党项人可以兼任汉官以及汉人也可以担任蕃官的史实,说明了"蕃官"为党项人的"专授蕃职"的不可信,表明蕃官与汉官本是一套官职两种名称罢了。

第二,西夏的一些蕃官如领卢等明显是汉官的党项语音译。史载:

> 夏人遣使入贡,僭汉官移文于州,称其国中
> 官曰枢密,〔程〕戡止令称副使不以官,称枢密曰
> "领卢",方许之。[2]

这里"领卢"就是枢密的西夏语音译。

第三,作为研究西夏的基本史料,如李焘的《长编》、《辽史·西夏外纪》、《金史·西夏纪》都只说"官分文武班",并未说官分蕃官、汉官两个系统。

第四,西夏仁宗仁孝时,党项人骨勒茂才所著《蕃汉合时掌中珠·人事门》记载西夏官制时,仅罗列了一套汉官,并未记载汉官之外,还有一套蕃官。既然当代人记载当代人之事没有留下蕃官的记录,那么,蕃官作为一套与

[1] 钟侃等著:《西夏简史》,第二章第一节。
[2]《宋史》卷292,《程戡传》。

汉官并列而存的官制,显然是不大可能的。

第五,西夏与辽、金同为少数民族建立的国家,按理在他们的交往中,西夏派往辽、金的使者应该出现蕃号官称,但西夏蕃官却不见于《辽史》和《金史》的记载。

第六,在夏宋交往过程中,西夏使者并非自始至终都用蕃号官称。这种蕃号官称,据《宋史·夏国传》的记载最早出现于公元1042年(夏天授礼法延祚五年,宋庆历二年)。但到公元1099年(宋哲宗元符二年,夏永安元年)乾顺亲政之后,西夏蕃官不再出现于汉文的记载。[1]

当然,关于"蕃号"官称,是一个不易搞清楚的问题。到目前为止,除了少数知道它的含义,如兀卒(乌珠)是皇帝,兀泥是太后,必吉是宰相、领卢是枢密,鼎利是阁门之音译,谟箇即宣徽,令能即陈告〔使〕等[2]之外,大部分至今很难作出解释。其中有些虽是汉官的党项语音译,有的则不一定是严格的官职称谓的党项语音译,而是党项贵族首领一种封号或尊称的称呼。如"谟宁令",汉译为"天大王"。而野利仁荣被称为"谟宁令",后官居太尉,十分显然,"谟宁令"不是党项语音译明矣。

元昊所设立的中央官职,至公元1039年(夏天授礼法延祚二年,宋宝元二年),又有所发展。其中央机构增加为十六司,用来管理政务,又设"尚书令"以总理庶务。

元昊将地方机构分为州、县两级。州设刺史、通判,县设县令等官。公元1036年(夏广运三年,宋景祐三年)七月,元昊攻占瓜、沙、肃诸州,为了加强这一带回鹘、吐蕃的管理,还设立了特别的机构——郡和府。"以肃州为蕃和郡,甘州为镇夷郡,置宣化府。"[3]这里的郡兼理军民。至于宣化府,则是一种管理少数民族的宣抚机关,用以妥善处理回鹘、吐蕃等少数民族事务。

元昊在设置西夏官制之时,虽然参考了宋朝官制,"其设官之制,多与宋同",[4]但并非完全照搬。同宋比较主要有以下几点不同:(一)宋为一套官职,一种名称。西夏虽然也是一套官职,但却有汉蕃两种名称;(二)宋朝官职除边疆少数民族地区外,自中央到地方均用汉人担任。而西夏担任汉官者,既有汉人,也有"蕃人";(三)一些官职名称与宋名同而实异。如中书令,北宋虽设,但很少真正

甘肃武威出土的木版画《驭马图》

[1] 参阅拙作:《西夏蕃官刍议》,《西北史地》1985年第2期。
[2] 汤开建:《西夏史札记》,载《中国民族史研究》(二),中央民族学院出版社1989年版。
[3] 《西夏书事》卷12。
[4] 《宋史》卷486,《夏国传下》。

授官(主要是赠送),形同虚设,到南宋时干脆废除;西夏的中书令有职有权,但位于宰相之下,大约相当于宋朝的参知政事(即副宰相)。"〔乾祐二年〕夏五月,以斡道冲为中书令……百僚师贰之。未几,任为相";[1](四)宋朝的地方官为州县两级,与州平级的有府、军、监,西夏虽然也实行州县两级制,但在一些比较麻烦的地区还设有专门管理当地少数民族的郡和府;(五)宋朝实行官、职、差遣的分离,西夏则完全摒弃了这种混乱的制度;(六)宋朝官员享有优厚的俸禄,西夏虽有俸禄,但并不优厚。

三、定兵制

公元 1036 年,元昊在彻底攻占河西地区以后,即着手完善改革各种军事制度。

西夏在一个相当长的时间里,实行带有氏族血缘色彩的部落兵制。这是一种征兵制。这种兵制的特点是以部落为单位,一个部落就是一支武装力量。征兵时以帐(一家为一帐,相当于一户)为单位派征。大体上男子年满 15 岁叫做成丁,要服兵役。每 2 丁征取 1 丁为"正军",每 4 丁中抽 2 丁随军服杂役,叫做"负担"。由"正军"与"负担"共同组成的"抄",是军事组织的最小单位。所征之兵由各部落首领管带,"各将种落之兵,谓之一溜"。[2]

西夏军队的装备,规定凡属"正军",配给"长生"马、骆驼各 1 匹,死了要赔偿;团练使以上,配给帐 1 幅,马鞍 1 副,箭 500 枝,马 1 匹,骆驼 5 匹。此外,还发给"旗、鼓、枪、剑、棍、棓(同棒)、粆袋(粆音 shā,粆疑为"麨"之异体字。麨即炒米、干粮之类)、披毡、浑脱(水上交通工具)、背索、锹、钁(同镢 jué,刨土工具)、斤、斧、箭牌、铁爪篱等兵器和军需品;刺史以下,无旗鼓,每人骆驼 1 匹,箭 300 支,兵 3 人。无帐幕,住在用木架支撑覆盖着毛织物的"幕梁"之中。一般士兵规定 3 人住一"幕梁"。[3]

元昊厘定军制之时,重点抓了以下三个方面的工作。

第一,除了组织由党项羌组成的"族内兵"之外,还增加了"族外兵"。所谓"族外兵",指的是在被俘虏的汉人中挑选勇敢善战者组成军队,取名为"撞令郎",让他们在前面冲锋陷阵,这样可以减少党项军队的伤亡。

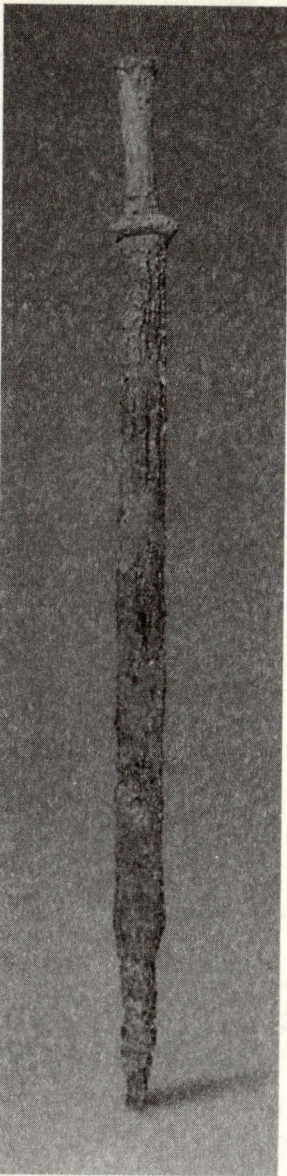

西夏铁剑

[1]《西夏书事》卷 37。

[2]《长编》卷 132,庆历元年五月。

[3]《宋史》卷 486,《夏国传下》。

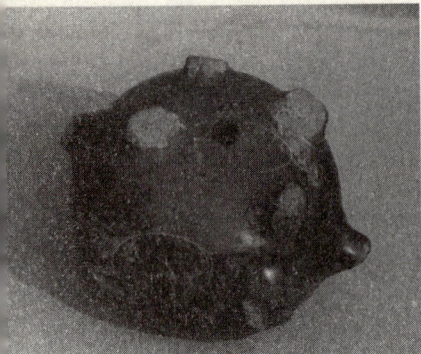

西夏黑釉瓷质兵器火蒺藜

第二,健全军队指挥机构,加强中央对地方驻军的领导。元昊为了便于对军队的管理和调遣,仿照宋朝"厢"、"军"的设置。以黄河为界,将全国划分为左、右两厢,共设立十二个监军司,各立军名,规定驻地。其军名和驻地如下:

左厢:

神勇军司——驻夏州弥陀洞(今陕西榆林县东南,一
　　　　　　说在明堂川)。

祥祐军司——驻石州(今陕西米脂西北,确切地说早
　　　　　　期应在绥州,后期移至石州)。

嘉宁军司——驻宥州(今陕西靖边县东)。

静塞军司——驻韦州(即威州,今宁夏同心县境)。

西寿保泰军司——驻柔狼山北(在兰州的东北面,实
　　　　　　际应在兰州南面的定西城)。

右厢:

卓罗和南军司——驻兰州黄河北岸喀罗川侧。

朝顺军司——驻贺兰山区克夷门(一说在天都山)。

甘州甘肃军司——驻甘州(今甘肃张掖市)。

瓜州西平军司——驻瓜州(今甘肃敦煌)。

黑水镇燕军司——驻黑水城(今内蒙古额济纳旗)。

白马强镇军司——驻娄博贝(今内蒙古阿拉善左旗
　　　　　　吉泰兰,一说在盐州,即宁夏盐池
　　　　　　县北)。

黑山威福军司——驻黑山(在银州北面、夏州东面的
　　　　　　黑山,即今陕西榆林西北近处[1])。

每个监军司都设有都统军、副统军和监军使各一员,由中央任命党项贵族充任。监军使之下设有指挥使、教练使、左右侍禁等官,分别由党项人或汉人充任。

第三,除健全军事机构外,还建置了如下兵种:

"铁鹞子"——又叫"铁林",西夏最著名的骑兵。元昊时这种骑兵约有 3000 人,"分为十队,队各有长:一妹勒、二浪讹遇移、三细赏者埋、四理奴、五杂熟屈则鸠、六隈才浪罗、七细母屈勿、八李讹移岩名、九细母嵬名、十没罗埋布"。[2] 担任队长的"皆一时之悍将"。[3] 这是一支战斗力很强的军队。元昊除了用它作为最高统治者的护卫外,还用

[1] 关于黑山威福军司的驻地,一说在今额济纳旗的居延故地,一说在西夏东北境与契丹天德军接壤处。此处采用汤开建同志的考证,载《西夏监军司驻所辨析》,《历史地理》第 6 辑,上海人民出版社 1988 年。

[2] 田况:《儒林公议》卷上。

[3] 周春:《西夏书》卷 3,《开国诸臣》。

它来作为冲锋陷阵的"前军"。这支骑兵装备精良,乘善马、重甲、刺斫不入;骑士以索贯穿于马上,虽死不坠。[1]

"擒生军"——一种在战争中专门俘掠生口的军队,计10万人。

"卫戍军"——由党项贵族子弟中挑选能骑善射者组成的轮番宿卫的军队,计5000人。"另选豪族善弓马5000人,号'御园内六班直',分三番宿卫"。[2]每人每月给俸米2石。

此外,还有泼喜军,此为西夏的炮兵部队,只有200人。"陟立旋风炮于骆驼鞍,纵石如拳。"[3]可知这种炮兵所发出的炮弹为石块;强弩兵,它是一种专门发射箭矢的步兵。"始纵铁骑冲我军,继以步奚挽强注射,锋不可当。"[4]

西夏军队总数为50余万人,其兵力的具体部署大体上是这样:以首都兴庆府为中心,面向四周邻国:自河北到午腊蒻(音弱)山驻兵7万以防辽;自河南洪州(今陕西省靖边县南)白豹、安(西安州)、盐州、罗落、天都山、惟精山一带驻兵5万,防备宋朝的环、庆、镇戎、原州的军队;左厢宥州路5万人,防备宋朝的鄜、延、麟、府。这两地是专一防宋的。右厢甘州路驻军3万人,专防西(吐)蕃、回纥(鹘)。

以兴庆府为中心,西北至贺兰山,南至灵州,各驻军5至7万人,即贺兰山5万,灵州5万,兴庆府7万,从而形成了一条三角线的防御。[5]这是西夏兵力部署的重点。

此外,在西夏军队中,还有一种被称之为"山讹"的横山羌兵,人马劲悍善战,堪称西夏作战部队的中坚。[6]

西夏兵制虽然在一定程度上受过宋朝兵制的影响,但主要是根据本国的具体情况而定的。大体上有如下特点:

第一,实行征兵制。成年壮丁二丁抽一,并编入军籍。宋朝虽然实行过征兵制,但主要是募兵制。

第二,全民皆兵。正如宋人滕甫所指出:"无复兵民之别,有事则举国皆来。"[7]

第三,寓兵于农。西夏军队除了"铁鹞子"、"擒生军"、"卫戍军"、"侍卫军"、"泼喜"、强弩兵等为常备军队之外,还有大量的招之即来的军队。这种军队平时从事生产、训

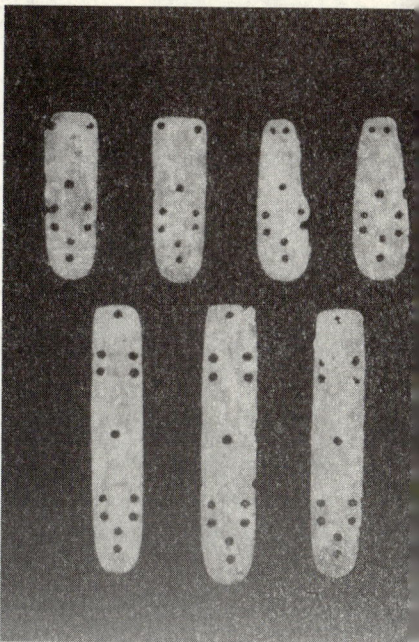

西夏陵区出土的铜甲片

[1] 范镇:《东斋记事》卷2。
[2]《西夏书事》卷12。
[3]《宋史》卷486,《夏国传下》。
[4]《宋史》卷292,《王尧臣传》。
[5]《宋史》卷485,《夏国传上》。
[6]《宋史·夏国传上》:"若战倚山讹,山讹者,横山羌,平夏兵不及也。"
[7]《长编》卷217,熙宁三年十一月乙卯。

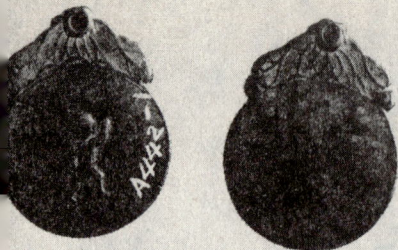

西夏铜腰牌

练,战时由部落首领点集出征。

第四,监军司分管民户。如左厢神勇分管民户 2 万余,宥州监军司分管 4 万余,灵州监军司分管 1 万余,[1] 等等。

第五,军队训练有素,军容整肃。史载:

> 西贼首领各将种落之兵,谓之"一溜",少长服习,盖如臂之使指,既成行列,举手掩口,然后敢食,虑酋长遥见,疑其语言,其整肃如此。[2]

这同宋军"将愚不识干戈,兵骄不知战阵"[3] 的状况成了鲜明的对比。

第六,军队指挥机构严密,布防合理。在全国设十二个军区(监军司),分区防守,而把重点放在贺兰山、灵州、兴庆府三角地带和四邻边界。既拱卫了首都,又加强了边防,可谓内外并重,布防合理。

四、其他措施

此外,元昊还采取了诸如秃发、建都兴庆、定官民服饰、整理西夏文字、设立蕃字院和汉字院、建立蕃学、改革礼乐等措施。

公元 1032 年(夏显道元年)三月,元昊向其统治境内的党项人发布秃发令。即推行党项传统发式,禁止用汉人风俗结发。元昊首先带头秃发(即剃光头顶),然后强令党项人秃发,限期 3 日,有不执行命令者"许众杀之"。[4] 也就是说,对于不愿秃发者,任何人都可以将他处死。但西夏秃发,并非自元昊始。早在李德明时即已存在。这从 1965 年发掘宁夏石嘴山市属于李德明时期的西夏城址,出土文物有秃发状瓷人头像,即可佐证。该瓷人头像除头顶施褐色釉外,其余均施白釉。[5]

公元 1033 年(显道二年)五月,升首都兴州为府,更名兴庆,并调动民夫在兴庆府大兴土木,营建殿宇,扩建宫城。兴庆府的规划布局、建设特点,几乎完全依照唐都长安、宋都汴京。

在官民服饰上,元昊为了体现封建等级关系,采用法律的形式确定官民的服装式样,规定文官戴幞头,着靴,穿紫色、红色衣服。武官戴金帖起云镂冠、银帖间金镂冠、

[1] 郑刚中:《西征道里记》。

[2] 《长编》卷 132,庆历元年五月甲戌。

[3] 欧阳修:《上英宗论河西可攻四事》,载《诸臣奏议》卷35,《边防门》。

[4] 《长编》卷 115,景祐元年十月丁卯。

[5] 宁夏回族自治区展览馆:《宁夏石嘴山市西夏城址试掘》,载《考古》1981 年第 1 期。

黑漆冠和间起云的金帖、银帖纸冠,等等。其服饰穿紫色旋襕衫,下垂金涂银束带。无官的庶民百姓,只准穿青绿色衣服,贵贱等级分明。至于元昊自己的服饰则是"衣白窄衫,毡冠红里,冠顶后垂红结绶"。[1]

公元 1037 年(夏大庆元年),元昊为了增强民族意识,巩固民族语言,命大臣野利仁荣搜集、整理西夏文字,使它系统化、规范化,编撰成 12 卷。这就是史书上说的"蕃书",一般人称它为西夏文字。

同年,元昊还设立蕃字院和汉字院。但对其中的蕃字院尤为重视,由野利仁荣负责主持。汉字用于同宋朝往来的文书,同时与"蕃字"并列,由"汉字院"官员负责撰写;蕃字用于吐蕃、回鹘、张掖、交河,[2]同时与汉字并列,由"蕃字院"官员负责撰写。蕃汉二字院的设立,扩大了西夏文的使用范围,对于西夏同邻国的经济文化的交流,起了重要的作用。

与此同时,元昊又命野利仁荣主持建立"蕃学",用西夏文翻译《孝经》、《尔雅》、《四言杂字》等书,选拔党项和汉官子弟入校学习,学成之后,经过考试,量才录用。

在礼乐方面,元昊认为唐宋礼乐制度过于繁琐,为了适应当时的政治需要,一反德明采用唐宋礼乐的作法,"令国中悉用胡礼"。在"吉凶嘉宾、宗祀、燕享"各种场合里,"裁礼之九拜为三拜,革乐之五音为一音"。[3]他在对野利仁荣解释改革礼乐的理由时指出:

> 王者制礼作乐,道在宜民。蕃俗以忠实为先,战斗为务,若唐宋之缛节繁音,吾无取焉。[4]

这种从本国的实际出发,大胆简化礼乐制度,充分体现了元昊的务实精神。

以上是元昊称帝建国前所做的准备工作。从这些准备工作看,尽管元昊在恢复党项民族传统,提倡民族意识方面,做了种种努力,而且衣冠文物、礼乐器用等方面有许多标新立异之处,一些典章制度,结合本国国情,多少有所改革,有所创新,但从总体上和实质上去考察,只不过是中原王朝典章制度及其封建文化的翻版。正如宋臣富弼所指出:

> 得中国(宋朝)土地,役中国人力,称中国位

宁夏灵武出土的西夏银碗

[1]《宋史》卷 485,《夏国传上》。

[2] 交河:交河城即秦汉时车师,为姑师人创立。唐宋时回鹘西迁占领古高昌国,史称高昌回鹘,交河也为回鹘所有。故城位于今吐鲁番县城西北十公里左右的五星乡雅尔崖子沟村附近。

[3]《西夏书事》卷 12。

[4]《西夏书事》卷 11。

甘肃武威出土的
西夏金碗

号,仿中国官属,任中国贤才,读中国书籍,用中
国车服,行中国法令。[1]
　　其所以如此,是因为元昊称帝建国时,党项社会已经进入
封建制,经济基础决定上层建筑,既然其经济基础已经是
封建性的,那么,它的上层建筑,也就不可能不模仿唐宋,
属于封建性的。何况元昊统治的地区是中原王朝控制过
的早已封建化的地区呢?

第三节　称帝建国

一、西郊称帝

　　公元 1038 年(夏大庆三年,宋宝元元年),元昊先在
兴庆府的南郊,高高筑起祭台,接着于十月十一日在幽雅
的乐曲声中,在众大臣的陪同下,登上了皇帝宝座,宣布
西夏国家正式成立。国号大夏,改元天授礼法延祚元年。
这年元昊 30 岁。
　　元昊即位后,为了迅速组成能够体现蕃汉联合统治
的强有力的政权机构,及时任命了一批官吏。史载:

　　　　以嵬名守全、张陟、张绛、杨廓、徐敏宗、张
　　文显辈主谋议,以钟鼎臣典文书,以成逋克成、
　　赏都卧移、如定多多马、窦惟吉主兵马,野利仁
　　荣主蕃学。置十二监军司,委豪右分统其众。[2]

元昊任命官吏的名单,说明了什么呢?
　　第一,所任官员总数 12 人,汉占其 7,蕃占其 5。表明
元昊时期的蕃汉联合统治,其人员的构成仍以汉人为主,
这点与继迁时相反,与德明时大体雷同。
　　第二,从中央到地方,凡主兵马者均为党项人。这表
明西夏统治者认识到军权的重要性。在他们看来,只有将
军队牢固地掌握在党项人手里,才能有效地行使西夏国
家的统治权。
　　元昊称帝后,尊母亲卫慕氏为惠慈敦爱皇后,封妻野
利氏为宪成皇后,立子宁明为皇太子。
　　同年十一月,元昊仿效宋朝皇帝,派大臣潘七布、昌
里马乞率领兵马护驾,亲诣西凉府祀神。

[1]《长编》卷 150,庆历四年
六月戊午。
[2]《宋史》卷 485,《夏国传
上》。

公元 1039 年（夏天授礼法延祚二年，宋宝元二年）正月，元昊派遣使臣给宋仁宗上表章，阐述其祖先与中原王朝的密切关系，论证其称帝建国的合法性，要求北宋朝廷承认他称帝建国。其表文云：

> 臣祖宗本出帝胄，当东晋之末运，创后魏之初基。远祖思恭，当唐季率兵拯难，受封赐姓。祖继迁，心知兵要，手握乾符，大举义旗，悉降诸部。临河五郡，不旋踵而归；沿边七州，悉差肩而克。父德明，嗣奉世基，勉从朝命。真王之号，凤感于颁宣；尺寸之封，显蒙于割裂。臣偶以狂斐，制小蕃文字，改大汉衣冠。衣冠既就，文字既行，礼乐既张，器用既备，吐蕃、塔塔、张掖、交河，莫不从伏。称王则不喜，朝帝则是从。辐辏屡期，山呼齐举。伏愿一垓之土地，建为万乘之邦家。于是再让靡遑，群集又迫，事不得已，显而行之。遂以十月十一日，郊坛备礼，为世祖始文本武兴法建礼仁孝皇帝，年号天授礼法延祚。伏望皇帝陛下，睿哲成人，宽慈及物，许以西郊之地，册为南面之君。敢竭愚庸，常敦欢好。鱼来雁往，任传邻国之音；地久天长，永镇边方之患。至诚沥恳，仰俟帝俞。谨遣弩涉俄疾、你斯冈、卧普令济、嵬崖弥奉表以闻。[1]

这表章实际上是西夏立国的宣言。表文气势磅礴，一气呵成，说理明白。

夏国使臣带上表章，经延安辗转到达开封，面呈仁宗，仁宗当然不予承认。但夏国的存在，并不以宋仁宗的态度为转移，一个朝气蓬勃的"大夏"国家，已岿然屹立在宋朝的西方，并日益发挥着它的重要作用。

元昊的称帝建国，标志着党项族的发展进入了一个新的历史阶段，是党项历史发展的里程碑。因为它标志着西夏封建制的确立，它对我国多民族历史的发展，将产生比较深远的影响。

二、西夏立国的必然性

西夏的立国并非偶然，而是有它历史的必然性，这从

甘肃武威西夏苦行僧人修行洞遗址

[1]《宋史》卷 485，《夏国传上》。

甘肃武威出土的西夏
僧人苦修铜像

以下几个方面可以清楚地看出。

第一，西夏境内分布的各族，包括西夏王族鲜卑拓跋部，几乎一无例外地都受过吐蕃王朝的统治，西夏统治的地区也大部分是吐蕃王朝统治过的地区。在吐蕃王朝兴盛时期，各族首领虽然诚惶诚恐，俯首听命，各族人民受尽剥削和压迫，但在侵掠四邻，尤其是富饶的汉族地区时，其首领固然可以从中得到较多的掠获物，就是其士卒和部民也多少得到一些好处。在吐蕃王朝崩溃后，各族虽然已经摆脱了吐蕃王朝的控制和压榨，但因地小兵弱，各自为政，加之不断互相残杀掳掠，抵消力量，无法扩大财富和荣誉。在这种情况下，他们大有今不如昔之感。因此，他们怀念旧王朝，怀念过去得到的利益。他们力图通过"立文法"去逐步加以恢复。自吐蕃王朝崩溃后到西夏立国前，各族首领差不多都把"立文法"作为向往和奋斗的目标。其所以如此，因为"文法成，可以侵汉边，复蕃部旧地"。[1]"立文法"将会给他们带来实际的物质利益。

西夏国家的建立，正是适应其统治境内各蕃族部落强烈要求"立文法"、建立国家的愿望的。元昊在立国之前劝父德明"勿事中朝"，认为向宋称臣纳贡，"所得俸赐"不能满足人口日益增多的各部落的物质需要和已经感觉不够的领土。因此，他主张"习练干戈，杜绝朝贡，小则恣行讨掠，大则侵夺封疆"，从而达到"上下俱丰"[2]的目的。元昊对其父德明所说的那番话，正好反映了其境内各蕃族部落，要求在初步统一的基础之上进一步建立国家的愿望。

第二，西夏国家的产生是民族矛盾和阶级矛盾发展的产物。

西夏立国前，横亘于宋夏接壤地带，自仪州(今甘肃华亭县)、渭州(今甘肃平凉市)、泾州(今甘肃泾川县)、原州(今甘肃镇原县)、秦州(今甘肃天水市)，至灵州、夏州，主要居住着吐蕃族。同时还居住着党项、羌、汉族及其他少数民族。这一带民族成分复杂，经济发展不平衡，有的民族已经进入封建社会，有的还停留在原始社会阶段。其中党项、吐蕃还有所谓生户和熟户的区别。史载：

大约党项、吐蕃风俗相类，其帐族有生户熟

[1] 《长编》卷86，大中祥符九年三月己巳。
[2] 《长编》卷124，宝元二年九月。

户,接近汉界入州城者谓之熟户,居深山辟远,横过寇略者谓之生户。[1]

这些蕃族有自己的地主阶级,在蕃汉杂处(尤其是"熟户"与汉人杂居者更多)的情况下,往往发生蕃汉地主争夺土地和农奴的现象。如范祥在秦州"括熟户田",[2] 就是汉族地主利用政治权力对蕃族土地的一种暴力掠夺。

宋政府除了掠夺蕃族的土地外,还推行其他民族歧视和民族压迫的政策。如宋政府规定"诸路蕃官不系官职高卑,久例并在汉官之下"。[3] 环州知州翟继思派人到诸蕃部族帐催督熟户和买粮草,"催督者恣为奸欺,诛求数倍,小不如意,则鞭挞随之"。[4] 蕃族由于不堪忍受宋政府的民族歧视和民族压迫,往往奋起反抗,如秦州蕃酋药家族作乱,知秦州李参"讨平之"。[5] 即使暂时没有叛乱的,对宋也往往离心离德,如环州"蕃情常怨",[6] 泾原的康奴、灭减、大虫族"常有叛心"。[7] 说明西夏的兴起与立国,正是这种蕃部对宋离心力日益发展的结果。

至于河西地区,元昊虽然用武力征服了甘州、沙州回鹘和凉州的吐蕃,但他们一有机会就阴谋复辟,企图东山再起。如沙州回鹘,在曹琮的引诱下起兵反抗,最后虽然失败了,但它反映了河西走廊民族矛盾的尖锐性和复杂性。"民族斗争,说到底是个阶级斗争问题",因此,民族矛盾的实质是阶级矛盾。

总之,元昊代表蕃汉农牧主的利益,为了镇压广大农牧民和少数民族酋豪的反抗,解决蕃汉地主之间的矛盾,以及引诱宋夏沿边蕃族脱离宋朝,归顺自己,都需要树立旗帜建立国家,强化国家机器。

第三,累世经营的基础。西夏自拓跋思恭建立夏州地方政权以来,其历代统治者都十分注意保存实力,发展壮大自己的力量。尤其经过继迁、德明两代的惨淡经营,不仅发展了社会经济,而且增强了军事实力,扩大了统治地盘。"拓跋之境,自灵武陷没之后,银绥割弃以来,假朝廷威灵,聚中原禄物,略有河外,役属小蕃,德明、元昊久相继袭,贸易华戎,捃剥财物,拓地千余里,积货数十年,较之继迁,势以相万。"[8] 这种情况正如元昊的策士杨守素所云:"国家累世经营,规模宏远。"[9] 元昊就是在继迁、德明

甘肃武威出土的西夏双鱼团花纹衣料

[1]《宋史》卷264,《宋琪传》。
[2]《宋史》卷330,《傅求传》。
[3]《长编》卷375,元祐元年四月己亥。
[4]《长编》卷103,天圣三年六月丙寅。
[5]《宋史》卷330,《李参传》。
[6]《宋史》卷285,《陈执中传》。
[7]《长编》卷35,淳化五年三月。
[8] 夏竦:《文庄集》卷14,《陈边事十策》。
[9]《西夏书事》卷11。

相继奠定的基础之上正式建立西夏国家的。

第四，具备了立国的外部条件。从宋朝方面看，如众所知，宋太宗虽然用武力统一了江南，但却无力收复燕云十六州，改变南北两个王朝的对峙形势，在此情况下，宋朝统治者只好竭尽全力整顿内部，把注意力放在消灭方镇割据，强化中央集权之上。但在强化中央集权的过程中，由于军队的过分集中，使宋朝的对外战争败多胜少（如对辽八十一仗，只有一次获胜），加之实行"更戍法"，使"兵不识将，将不知兵"，士兵缺乏训练，从而使军队素质下降。在此情况下，宋政府既不能御敌于国门之外，也不能有效地组织力量一举歼灭入侵之敌，结果只有屈膝求和，将搜括来的民脂民膏，以"岁币"的形式拱手奉献给自己的敌人。

至于同宋对峙的辽王朝，凭借着强大的军事力量，不断南下侵宋，使日益尖锐的宋辽矛盾更加激化。

宋辽矛盾的加剧，给西夏统治者以可乘之机。早在李继迁、李德明时，即利用此矛盾"联辽抗宋"，甚至结为姻亲，"共谋寇难，缓则指为声势，急则假其师徒，至有犄角为倚，首尾相应"。[1]夏辽结盟、共同抗宋，使宋处于两面受敌的境地，即所谓"一身二疾，不可并治"。[2]这种对西夏极为有利的斗争形势，构成了元昊立国的外部条件。

第五，西夏的立国是西北地区长期民族大冲突大融合的结果。中唐以后，全国方镇割据林立：夏州李氏淹有银、夏、绥、宥四州；青唐唃厮罗割据于河湟；吐蕃占有凉州、肃州；回鹘据有甘州；汉人张义潮、曹议金先后割据于瓜、沙二州。这些割据势力经过长期冲突、融合之后，其境内与汉族杂居的少数民族，已经部分完成了自然同化于汉族的过程，无论其经济和文化都已基本上接近于内地的先进地区，并且逐步采用封建生产方式。元昊正是在这种经过民族大冲突大融合的蕃汉杂处的土地上称帝建国的。[3]

三、建国后巩固封建统治的措施

元昊建国后，为了巩固其封建统治，继续采取了一系列的措施。

西夏纱地绣杂花方片

[1]《长编》卷124，宝元二年九月。

[2]《宋史》卷325，《刘平传》。

[3]参阅拙作：《关于元昊若干问题的探讨》，载《宁夏大学学报》1996年第1期。

第一,进一步调整中央官制。元昊建国前,曾仿照宋朝官制,建立了一套适合西夏国情的官制。公元1039年九月,元昊以中书省不能统理日常事务为由,在中央政府机构中增设尚书省,置尚书令。其职掌是"考百官庶府之事而会决之"。[1]同时,又将宋朝的二十四司改为十六司,"设十六司于兴州,以总庶务"。[2]十六司隶属尚书省。西夏官制至此日臻完善。

发现重要西夏文物的武威亥姒洞遗址

元昊所设的十六司名称,据仁宗仁孝时党项人骨勒茂才《蕃汉合时掌中珠》记载,除设有中书、枢密府外,还设有经略司、正统司、统军司、殿前司、皇城司、三司、内宿司、巡检司、陈告司、磨勘司、审刑司、农田司、阁门司、群牧司、受纳司、监军司等带司的机构。[3]也就是说,如果加上属于地方的监军司机构,正好为十六司。此外,与司同级但不带司名的中央机构,还有大恒(汉)历院,宣徽、工院、马院、承旨,等等。这记载虽属于中晚期官制,但也能从中看出元昊所设十六司及其整个官制的梗概。

第二,确立朝贺仪式。元昊即位后,其宫廷中的朝贺仪式,除"于正朔朝贺杂用唐宋典式",其他仪式从本国实际出发,进行必要的更动。规定群臣"常参"为六日,入见"起居"为九日。"凡六日、九日则见官属。"[4]朝贺之时,由宰相(必须由党项人担任此职者)领班,文武百官依次序排列朝谒,舞蹈,行三拜礼。凡大臣朝拜时执笏不端,行立逾矩,有失礼仪者,要受到处罚。

另外,元昊还暗中派人潜入宋境,用重金购买被宋仁宗释放的宫人[5]数人,养在自己宫中,以便从他们那里了解大宋"朝廷刑赏,宫闱阴事",[6]作为制定西夏宫廷规章管理制度参考之用。

第三,培养和重用人才。元昊为了巩固其蕃汉联合统治,除了通过大力兴办蕃学,培养人才外,还注意招揽重用自宋朝投奔过来的失意知识分子、文臣武将。正如宋臣富弼所指出:

> 元昊早蓄奸险,务收豪杰。故我举子不第,贫贱无归,如此数人,自投于彼。或授以将帅,或任之公卿,推诚不疑,以为谋主。[7]

在元昊所重用的文臣武将中,其中对元昊的所作所为影

[1]《西夏书事》卷13。
[2]《宋史》卷485,《夏国传上》。
[3]《蕃汉合时掌中珠·人事下》。
[4]《宋史》卷485,《夏国传上》。
[5]《宋史》卷10,《仁宗本纪》云:"〔宝元二年四月〕乙丑,放宫女二百七十人。"按:《长编》作二百七人。
[6]《西夏书事》卷13。
[7]《长编》卷124,仁宗宝元二年九月丁巳。

响较大者,当推张元、吴昊。

张元、吴昊原名叫什么?一些研究西夏史的同志,几乎一致认为"二人原名久佚",[1] 或"无从考查"。[2] 其实,吴昊原名虽不可知,但张元原名为源,似乎有据可寻。李焘《长编》云:

> 诏陕西都部署司,令张元弟侄张起、张秉彝、张仲经等往塞下,诱接张源。候还日,优与恩泽……。仍以秉彝为华州长史,仲经为文学。[3]

这段记载告诉我们:张元兄弟二人,均以一字为名,曰源,曰起。他有两个侄儿,均以二字为名,曰秉彝,曰仲经。秉彝、仲经并未因张元投奔西夏而立即罢官,仍然担任华州"长史"和"文学"的职务。另外,清人周春《西夏书》云:

> 元初名源,字雷复。[4]

不仅肯定他的原名为源,而且还指出了他字雷复。

张元、吴昊祖籍为宋永兴军路华州华阴县人。他们年轻时胸怀坦荡,性情豪放,尤其是张元,常"以侠自任",[5] 并做了一些助人为乐、行侠仗义之事。

张元、吴昊与姚嗣宗"相友善",而且都少年气盛,颇有才华,"负气倜傥,有纵横才"。[6] 当时盛行科举制度,张元、吴昊也像其他许多知识分子一样,本想十年面壁寒窗,一步一步地经过秀才、举人、进士等科举考试,走学而优则仕的道路。但他们在科场上却一再碰壁。"累举进士不第","落魄不得志",心中积满了怨气,"无以自伸"。因此,他们经常借酒消愁,"托兴吟咏"。如张元作《咏鹦鹉诗》云:"好着金笼收拾取,莫教飞去别人家。"[7] 以此来抒发自己"怀才不遇"的思想感情。

他们在科场失败之后,并不甘心醉生梦死,幽游度日,老死空林。时值元昊图谋称帝建国,宋西北边防吃紧,他们决定投笔从戎,投奔到宋边帅大营,谋个一官半职,报效国家。他们来到边帅驻地,边帅虽然召见了他们,但在是否留用问题上却犹豫不决。张元、吴昊见此情况,一气之下,不辞而别,"径走西夏"。等到边帅觉察,派骑兵追赶,未能赶上,只好表奏姚嗣宗为其幕僚。

张元、吴昊,历尽千辛万苦,终于到达西夏首都兴庆

甘肃武威西夏彩塑大卧佛

[1] 吴天墀:《西夏史稿》第42页,注17。
[2] 白滨:《元昊传》第68页。
[3]《长编》卷127,仁宗康定元年六月乙未。
[4] 周春:《西夏书》卷3,《臣传·张元吴昊》。
[5] 王巩:《闻见近录》。
[6] 洪迈:《容斋三笔》卷11,《记张元事》。
[7] 陈鹄:《耆旧续闻》卷6。

府。他们在城外一家酒店整天饮酒,故意将其姓名改为张元、吴昊,在酒店墙壁之上大书"张元、吴昊来此饮酒"。他们这一非同寻常的举动,被兴庆府的巡逻兵看在眼里,于是出其不意地将他们捉拿去见元昊。元昊先问他们为何要擅自来到夏国,接着又问他们为什么如此大胆地犯讳称元称昊?二人大声回答道:"姓尚不理会,乃理会名耶?"[1]时元昊虽然称帝建国,但给大宋的表章仍用宋的赐姓——赵。元昊闻此,张口结舌,"悚然异之",[2]决定给他们授以官职,加以重用。

张元、吴昊自 1037 年(宋景祐四年)投奔夏国,到 1044 年(夏天授礼法延祚七年,宋庆历四年)十二月,张元去世,首尾 8 年。在这期间,他们对元昊大政方针的决策,起了极为重要的作用。史称"夏人以为谋主,凡立国规模,入寇方略,多二人导之"。[3]说立国规模多二人导之,似乎查无史据,但入寇方略多二人导之,则有史可据。"西夏曩霄之叛,其谋皆出于华州士人张元与吴昊。"[4]事实上张元不仅煽动元昊叛宋自立,而且还鼓动元昊夺取宋朝领土,亲自为元昊规划过入寇宋朝的总方略。

> 国有征伐,辄参机密。常劝元昊取陕右地,
> 据关辅形胜,东向而争,更结契丹兵,时窥河北,
> 使中国(宋朝)一身二疾,势难支矣。[5]

可见,联结契丹,夹击宋朝,先取宋关中之地,然后直捣长安,这便是张元为元昊所规划的入寇宋朝总方针。这个方略,完全符合元昊的"小则恣行寇掠,大则侵夺封疆"的早已胸有成竹的构想。元昊称帝建国后,所发动的一系列对宋战争,正是在这一入寇总方针指导下进行的。[6]

第四节　宋夏战争

一、元昊发动对宋战争的原因

公元 1038 年元昊称帝建国,按理元昊也应像我国历史上的开国之君那样,实行轻徭薄赋,与民休养生息的政策,把主要精力放在发展国内的社会经济上,但元昊没有这样做,而是立即发动了一连串的对宋战争,其中大战三

金书西夏文《大方广佛华严经》

[1] 岳珂:《桯史》卷 1,《张元、吴昊》。
[2] 岳珂:《桯史》卷 1,《张元、吴昊》。
[3] 王仁俊:《西夏文缀》卷 1。
[4] 洪迈:《容斋三笔》卷 11,《记张元事》。
[5] 《西夏书事》卷 17。
[6] 参阅拙作:《张元、吴昊事迹考评》,《西北史地》1982 年第 2 期。

图解本西夏文《妙法莲华经》

次,使西夏人民蒙上了深重的战争灾难。

为什么元昊在立国不久即发动对宋战争呢?

蔡美彪先生主编的《中国通史》第6册西夏专章在分析宋夏战争的起因时指出:

> 新建的夏国,处在宋、辽两大王朝之间,这
> 不能不和宋、辽发生冲突。

由于这种分析过于简略,我们无法从中看出这次战争的必然性。实际上,元昊之所以发动对宋战争,并非偶然,而是既有内因又有外因。

从西夏方面去看,有以下四点:

第一,由于党项贵族的贪欲所引起。元昊立国前后,随着党项社会经济的发展,人口的增加,新兴的农、牧地主阶级为了满足他们对财富日益增长的贪欲,扩大其已经感觉不够的领土,需要发动一场旨在掠夺扩张的战争,这从元昊劝其父德明"勿事中朝",背宋自立即可看出。这是元昊发动对宋战争经济方面的原因。

第二,在"国中数有叛者"[1]的情况下,为了转移国内人民视线,消灭异己,提高国威,巩固新生的封建政权,用武力迫使宋朝承认,也需要同宋决一雌雄。至于宋仁宗对待元昊的错误做法,则直接加深了宋夏关系的紧张和恶化。如前所述,元昊称帝建国后,曾上表要求宋朝承认他所建立的西夏国家,但宋仁宗不但不予承认,反而采取了粗暴的敌视态度。史载:

> 诏削夺官爵、互市,揭榜于边,募人能擒元
> 昊者斩首献者,即为定难军节度使。[2]

这种做法,不但无补于解决日益紧张的宋夏关系,反而激化了民族矛盾,成为元昊发动战争的借口和导火线。

第三,具备了发动战争的物质条件。一方面,西夏自德明以来,社会经济得到了较大的发展,尤其是农业获得了长足的发展,出现了"禾黍云合"[3]的丰盛景象;另方面,西夏通过同宋贸易,积累了大量财富。正如韩琦、范仲淹所指出:

> 从德明纳款后,来使蕃汉之人,入京师贾
> 贩,憧憧道路,百货所归,获中国(指宋朝)之利,
> 充于窟穴,贼因其事力,乃兴兵为乱。[4]

[1] 王称:《东都事略》卷129,《西夏一》。

[2]《宋史》卷485,《夏国传上》。

[3]《长编》卷130,庆历元年正月戊寅。

[4]《长编》卷139,庆历三年二月。

说明德明以来通过贸易所积聚的财物，为元昊发动战争做好了物质上的准备。

第四，张元、吴昊的图谋和策动，对于这次战争的爆发起了火上添油的作用。张元、吴昊是怎样鼓动元昊发动对宋战争的呢？史称：

> 〔张元、吴昊〕以刘元海、符坚、元魏故事，日夜游说元昊，使其侵取汉地，而以汉人守之。[1]

在张、吴的策动下，元昊不断兴兵侵犯宋朝边境。"朝廷困西兵十二年，皆二人之力。"[2]

从宋朝方面去看，宋自真宗之后，积贫积弱之势已经形成，到了仁宗、英宗之际，"天下之势，譬犹病者"。[3] 由于统治者日趋腐朽，为政"因循姑息"，[4] 从而导致阶级矛盾激化，"群盗蜂起"，[5] 内外交困，国防空虚。这种情况正如欧阳修所指出：

> 上下安于无事，武备废而不修，庙堂无谋臣，边鄙无勇将，将愚不识干戈，兵骄不知战阵，器械腐朽，城郭隳颓。[6]

从表象上去看，宋朝是个庞然大物，实际上外强中干，不堪一击。

宋臣范雍在延州的妄动干戈，为元昊发动对宋战争找到了藉口。史载：

> 范雍在延州，屡使王文思辈先肆侵掠，规贪小利，贼遂激怒其众，执以为辞。[7]

表明范雍的贪功妄动，直接诱发了这场战争。

二、宋夏陕西之战

所谓宋夏陕西之战，指北宋仁宗年间，发生在陕西境内著名的三川口之战、好水川之战和定川砦之战。下面对这三次规模较大的战役分别加以阐述。

1. 三川口之战

公元 1040 年（夏天授礼法延祚三年，宋仁宗康定元年）正月，元昊集中了 10 万人马的优势兵力，发动了著名的三川口之战。所谓三川口，在今陕西省安塞县东，即延川、宜川、洛川三条河流的汇合处。这次战争的激战地点虽然在三川口，但元昊的主攻目标却在延州。延州（今陕

甘肃武威西夏文《重修护国寺感通塔碑》

[1]《长编》卷 149，庆历四年五月壬戌。

[2] 张端义：《贵耳集》卷中。

[3]《宋史》卷 320，《蔡襄传》。

[4]《宋史》卷 302，《鱼周询传》。

[5]《宋史》卷 320，《余靖传》。

[6]《长编》卷 204，治平二年正月癸酉。

[7]《长编》卷 132，庆历元年五月。

西夏黑水河建桥敕碑

西延安)是宋朝西北的边防重镇。元昊为什么要选择陕西延州作为主攻目标?这得从宋夏两国的国界说起。在西夏南部边界与宋毗连相接之处,有一条横山山脉。该山脉自东北向西南方向延伸。在东到麟州(今陕西省神木县北)、府州(今陕西府谷县境),西至原州(今甘肃镇原县)、渭州(今甘肃平凉)2000 余里的边境线上,形成了一条宋夏天然分界线,称为"山界"。自元昊建国之后,宋夏两国均沿着横山一线积极布防。元昊为了突破宋军防线,经过多次试探性的进攻和派人侦察,终于摸清了宋朝整个西北边防的情况。宋陕西环州(今甘肃环县)、庆州(今甘肃庆阳)一带(后设环庆路),边砦排列甚密,且有宋宿将刘平、赵振等把守,加上"蕃部素不知其山川道路",[1] 很难打开缺口;泾州(今甘肃泾川)、原州(今甘肃镇原)一带(后设泾原路),壁垒坚固,"屯兵亦众,复有弓箭手蕃落骑精强",[2]元昊以此为突破口,也不能稳操胜券。至于熙州(今甘肃临洮)、河州(今甘肃临夏西南)一带,有吐蕃首领瞎毡率兵驻守,并与宋结成联盟,牵制西夏。唯有陕西鄜州(今陕西富县)、延州一带(后置鄜延路,延州即为该路的治所),"其地阔远,而贼所入路颇多。又寨栅疏远,士兵至少,无宿将精卒,熟谙山川形势"。[3] 加上延州知州范雍怯懦无谋,延州外围金明寨守将都巡检李士彬贪暴愚顽,部下怨声载道。相比之下,是元昊比较理想的和稳操胜券的突破口。

这次战役,西夏由元昊亲自担任总指挥,宋方由延州知州范雍负责全面防守。

这次战争大体上经历了以下三个小阶段:

第一小阶段为计取金明寨。[4]元昊要想攻占延州,必须首先拿下延州北面的重要军事据点——金明寨。镇守金明寨的将领为党项族首领金明都巡检使李士彬。士彬是一位勇猛过人的宿将。他率领 18 寨羌兵,近 10 万人,被延州人称为"铁壁相公"。是一支只可智取,不可硬拼的劲敌。元昊为了拔除这颗钉子,大体上采取了如下对策:第一,行反间之计,试图借宋人之手,轻取李士彬首级。他派人捎书信、锦袍、金带投置金明县境上。书信大意是说同李士彬相约叛宋。不料该反间之计被鄜延副都部

[1]《西夏书事》卷 13。
[2]《长编》卷 125,宝元二年闰十二月。
[3]《长编》卷 125,宝元二年闰十二月。
[4]金明寨在陕西安塞县沿河湾乡北。地处浑州川(今杏子河)与清水河(今桥川河)交汇处。

署夏随识破。当有人怀疑李士彬对宋不忠时,夏随即辩解道:"此夏人行间耳,士彬与羌世仇。若有私约,通赠遗,岂使众知耶?"[1]

第二,行诱降之计。反间计失败后,元昊暗中派人到金明寨,许以高官厚禄,劝其投降。不料士彬斩使拒降,此计又成泡影。

第三,行诈降之计。元昊先遣党项部众诈降李士彬。士彬将此事禀知延州知州范雍,并建议将这些请降者迁徙到南方,范雍命厚赏金帛隶属于士彬麾下,于是继降者络绎不绝。这等于在士彬营垒里安上了定时炸弹。于是元昊又派衙校贺真到延州诈降,很快取得范雍信任。贺真到金明与诈降士彬的党项部众取得联络,随时准备内应。

西夏烧制的绳纹砖

第四,行骄兵之计。元昊命夏军诸将与李士彬的军队相遇时,故意不战而退。并扬言道:"吾士卒闻铁壁相公名,莫不胆坠于地,狼狈奔走,不可禁止也。"[2]士彬闻之,果然喜形于色,更加骄横,不可一世,遇部下偶有过失,则严刑拷问,弄得部下怨声载道。

公元1040年正月,在一切准备停当之后,元昊用猝不及防的突击战术,出兵包围金明,并发起猛攻。原诈降的士兵,群起响应。当时李士彬居黄堆寨,闻敌至急忙披挂准备迎敌,向左右索马,随从牵弱马让其骑坐,无法冲出包围,被内应者执送元昊,其子李怀宝也一同被擒。李士彬被元昊带回夏国后,割耳而不杀,关押十余年后,卒于西夏。

第二小阶段为决战于三川口。元昊攻占金明之后,乘胜进攻延州。延州故城丰林县,其城为赫连勃勃所筑,故又名赫连城,延河直贯其中,将延州一分为二。因其城墙依山而筑,故易守难攻。时延州城内只有钤辖内侍卢守勤率领的士兵数百人。可谓兵力单薄,孤城难守。延州知州范雍为了守住该城,急忙发出檄令,要求驻在庆州的鄜延副总管刘平率兵增援延州。刘平率领3000士卒用了4天时间自庆州赶至保安军,按照原定计划应与鄜延副都部署石元孙会合,一起向土门进军。这时接到范雍援救延州檄令,急忙昼夜倍道兼行,刘平军在前,石元孙军继后,行至三川口以西10里处安下营寨,并遣骑兵先趋延州夺

[1]《宋史》卷290,《夏随传》。
[2]《长编》卷126,康定元年正月庚辰。

门。

西夏黑釉剔刻牡丹纹瓷罐

范雍在檄调刘平、石元孙增援延州的同时，还命令鄜延都监黄德和，巡检万俟政、郭遵等各将所部前来与刘平、石元孙会合。于是五将合步骑万余，结阵向东行5里至三川口。此时的宋军已完全陷入元昊预设的埋伏圈内。西夏军队列阵包围攻击宋军，刘平指挥宋军奋力迎战，杀声震天。激战中主将刘平左耳右颈受伤，宋军怯战。元昊抓住战机，乘日暮以轻骑兵袭击宋军，宋军不能抵御。时黄德和居后阵，见宋军退却，便率部先遁，宋军大溃，郭遵率部队奋力拼杀，战死。刘平率残卒且战且退，退至西南山下，设七道栅寨固守。入夜，元昊派人向寨中问道："主将安在？"刘平命令宋军不准答应。夜四鼓之时，元昊命士兵围寨大呼："如许残兵，不降何待！"[1]黎明，再一次派人大声呼叫道："汝降乎！不然当尽死。"[2]刘平令士兵自山后发起攻击，不幸战败，与石元孙同时被俘。三川口之战以夏军大获全胜而告终。

第三小阶段为元昊被迫撤军。元昊于三川口大捷之后，即集中主力，准备进攻延安城。知州范雍见援军被歼，孤城难守，举止失措，在绝望中求神庇佑。延安被围困了一个星期未能攻下。此时，元昊得到一连串夏军战败的消息，宋麟州都教练使折继闵，柔远砦主张岊袭破浪黄、党儿二族，军主敖保被杀，并代钤辖王仲宝率军进入贺兰山谷，蕃将逻通被宋军战败于长鸡岭。加上正遇天降大雪，朔风怒号，寒气袭人，夏军缺少御寒衣物，无心再战，在此情况下，元昊下令撤军，延安之围被解。

2. 好水川之战

公元1041年（夏天授礼法延祚四年，宋庆历元年）二月，元昊再一次发动对宋进攻。这次主攻的目标是属于秦凤路的渭州（今甘肃平凉）。而双方的决战地点则在六盘山下的好水川（又名甜水河，在今宁夏隆德县北。川水自东而西流入葫芦川，全长约60余里）。这次战役宋方的最高司令官为夏竦，西夏方面仍然是元昊。

战前双方的态势大体上是这样：西夏方面元昊自撤离延州之后，将大军驻扎在金明，打算以金明为基地，在扫清后路之后，再一次发动对宋的进攻。五月，元昊率军

[1]《宋史》卷325，《刘平传》。
[2]《西夏书事》卷13。

进攻金明以北200里处的塞门砦，塞门砦主内殿承制高延德、兵马都监王继元，在坚守5个月之后，因粮尽援绝而率众弃城逃走，元昊率军截击，王继元战死，高延德被俘。接着，元昊乘胜攻占安远寨，并分兵夺取栲栳、黑水等砦。从此，元昊控制了横山以南至延州一带的大片地方，宋西北边防因失去屏障而更加易攻难守了。

西夏白釉褐花牡丹纹瓷瓮

宋朝方面，三川口战败的消息传到北宋朝廷时，满朝文武大臣为之震惊，手足无措。但经过一阵震惊之后，统治者开始认识到宋夏对垒的严重性，决心改弦易辙，积极布防，采取了如下应急对策和措施。

第一，宋仁宗撤换了败军之将范雍，将他贬知安州。对临阵脱逃的黄德和处以腰斩之刑，枭首于延安城下，对于三川口战役中的有功和阵亡将士，则封官晋爵。如赠刘平为忠武军节度使兼侍中，石元孙为忠正军节度使兼太傅(其实，刘平、石元孙并未阵亡，而是束手就擒，详前)；李士彬为宿州观察使，子怀宝为右千牛卫将军。

第二，调整边帅人选。以户部尚书夏竦为陕西都部署兼经略安抚使，韩琦、范仲淹为陕西经略安抚副使，共同措置陕西的军事防务。同时让他们有比较明确的分工。即由夏竦负责全面指挥，范仲淹具体负责主持鄜延路，韩琦主持泾原路。在对西夏的战略问题上，韩、范二人主张各不相同：韩琦主张应集中优势兵力，寻找西夏主力进行决战；范仲淹则主张先巩固自己的防务，然后进取绥、宥，占领茶山、横山，认为只要能控制这一战略地带，就能有效地阻止西夏的侵扰活动。但宋仁宗采纳了韩琦的主张。

第三，积极备战。如增募兵员，收括驴马，在陕西境内普遍修筑城池。甚至在潼关设防。参知政事宋庠“请于潼关别添使臣兵甲，严设守备，诏如其请”。[1]同时，打算在战争失利的情况下，准备随时放弃关中。

第四，遣使联络青唐唃厮罗，促其出兵助战，牵制西夏。如宋政府先派左侍禁鲁经，前往邈川联系唃厮罗，“使背击元昊以披其势，赐帛二万匹”。[2]相约出兵灭亡西夏后，即予高官厚禄。“如能有心荡灭得昊贼，即当授卿银、夏等州节制。”[3]并派屯田员外郎刘涣出使青唐，“见唃厮罗授以爵命”。[4]企图用爵禄笼络唃厮罗，让他为宋王朝牵

[1]《宋会要辑稿·兵》27之26。
[2]《宋史》卷492，《吐蕃传》。
[3]《宋会要辑稿·蕃夷》6之3。
[4]沈括：《梦溪笔谈》卷25。

西夏手掌纹条砖

制西夏效力。

尽管赵宋统治者进行了种种的积极备战，但丝毫也不能阻挡元昊新的军事进攻。

公元 1041 年二月，元昊亲自率领 10 万大军自天都山出发，深入宋境准备同韩琦统领的泾原路主力决战。这时韩琦正在高平(今宁夏固原北)巡边，听说元昊率领大军经三川砦已经到达怀远城(今甘肃平凉以北)，于是急忙赶到镇戎军，集合军队数万，交大将任福带领。同时命耿傅任参谋，泾原路驻泊都监[1]桑怿为先锋。钤辖朱观、都监武英、泾州都监王珪各率所部，在任福的指挥下，并力抵御夏军。为了确保对夏战争的胜利，韩琦召见任福面授机宜。他要求任福率军趋怀远城向西到德胜砦，向南到羊牧隆城，迂回敌后，以逸待劳据险伺机伏击，断其归路。临行前，韩琦再三嘱咐道："苟违节制，有功亦斩。"[2]

元昊到怀远城，谍报宋大将任福带兵北来，于是命令大军利用夜色朦胧，向西南方的羊牧隆城推进，在羊牧隆城南、瓦亭川东山地摆好阵势，等待任福的到来。

大将任福和先锋桑怿、参军耿傅等率领轻骑数千，越过六盘山，到达笫头山西麓时，遇上镇戎军西路巡检常昆、巡检内侍刘肃与夏军战于张家堡南，旋即参加战斗，斩首数百级。夏军弃马、羊、骆驼假装败北，桑怿、任福从后追赶。

当晚，任福、桑怿军屯好水川，朱观、武英等军驻笼头山北的笼络川(为好水川支流)。两军隔山相距 5 里，约明日会兵川口，全歼夏军。

伪败的夏军，故意保持四五里的距离，引诱宋军追赶。任福不知是计，分兵两路，朱观军在北，任福军在南，沿好水川穷追不舍。一直追到笼竿城北，进入了夏军的包围圈，这才发现已经中了元昊的诱兵诡计。

任福、桑怿等为了冲出包围圈，率军沿好水川西行，出六盘山，在距羊牧隆城 5 里处准备布阵应敌时，"见道傍置数银泥合，封裹谨密，中有动跃声"。[3]任福命士兵打开，但见百余只悬哨鸽子腾空而起，盘旋于宋军之上。元昊知宋军中计，决定采用分割包围的战术消灭宋军。命将军克成赏率领洪州所部 5 万人马包围驻扎在南山东面的

[1] 宋总管、钤辖、都监将兵情况，据《宋史》卷 314，《范仲淹传》载："诏分边兵：总管领万人，钤辖领五千人，都监领三千人，寇至御之，则官卑者先出。"
[2] 《宋史》卷 312，《韩琦传》。
[3] 《宋史》卷 485，《夏国传上》。

朱观、武英等部宋军。自己率领亲军与窦惟吉所率领的灵州部队包围任福、桑怿、刘肃等军。任福等率军决一死战。自辰时交战到午时，宋军人困马乏，饥渴交迫，渐渐不支。任福下令突围，宋军左冲右突，未能破围而出。桑怿、刘肃力竭战死。任福被夏军团团围住，身中十余箭，小校刘进劝福投诚自免，福叹道："吾为大将，兵败，以死报国耳!"[1]于是挥动四刃方铁锏，挺身决斗，身上血流如注。接着，左面部又中一枪，福无法继续战斗，以手自扼咽喉而死。其子怀亮也战死。

花卉纹瓦当

在任福军被围困的同时，朱观、武英的军队也在东面被包围。两军隔山虽然只相距5里，但却失去任何联系，彼此不知对方情况。夏军分左右两翼包围朱观、武英，幸好王珪率领4500步兵从羊牧隆城增援，渭州都监赵津率领2200骑兵自瓦亭堡增援，才摆脱被围的困境。

当四将合兵一处，向夏军阵地发起攻击时，元昊率西面大军自背后杀来。宋军顿时因腹背受敌而大乱。武英、王珪、赵津、耿傅均战死，宋军死伤1万，惟副将朱观率领1000余人，退守一处围墙之内，四向纵射，等到夜幕降临，夏军退去，因而得以保全下来。

这次战争，宋军损失惨重，任福以下几十名将校全部战死。败报传到朝廷，群臣交章弹劾夏竦，宋仁宗撤去了夏竦的总指挥之职务。韩琦上章自劾，被贬至秦州任知州。同时，赠任福为武胜军节度使，兼侍中。王珪、赵津、武英、桑怿等皆赠官，以示褒奖。

这次战争，张元也跟随元昊参与机谋，战斗结束后，张元奉命于界上寺壁题诗云：

> 夏竦何曾耸，韩琦未足奇。
> 满川龙虎辇，犹自说兵机。[2]

诗的下面写着"太师、尚书令、兼中书令张元随大驾至此"。该诗虽然是对夏竦、韩琦的挖苦及对宋朝的蔑视，但也反映了西夏君臣的踌躇满志和喜形于色。

3. 定川砦之战

公元1042年(夏天授礼法延祚五年，宋仁宗庆历二年)闰九月。元昊再一次发动了对宋朝较大规模的战争。这次战争的主攻目标为镇戎军(今宁夏固原)，决战地点

---

[1]《宋史》卷325,《任福传》。
[2]周辉:《清波杂志》卷2。

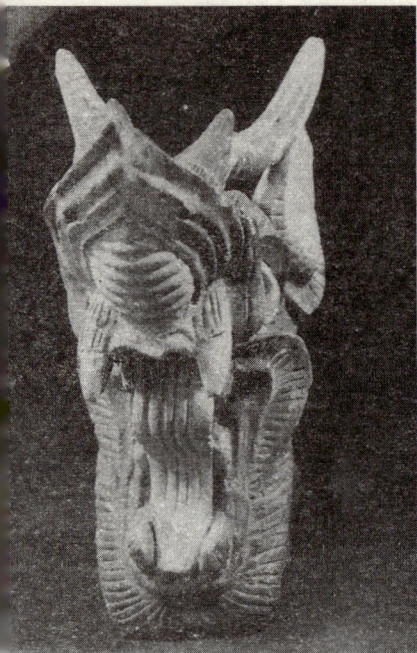
琉璃龙头饰

在定川砦。定川砦在镇戎军西北面。"西控六盘山一带,太平兴国中置,东至州四十里,西赵林砦二十里,西南仪州制胜关三十里,北至山砦五十里。"[1]表明该砦形势险要。其具体方位在今宁夏固原县中河乡大营村。

战前双方态势:西夏方面,好水川之战以后,元昊将他的军队驻扎在天都山。在那里经过几个月的休整补充之后,旋即转攻属于河东路的麟州(今陕西神木县)和府州(今陕西府谷县)。由于宋军死守,进行顽强的抵抗,未能攻下,于是转攻丰州(今陕西府谷县北)。在攻克丰州后,再回师围攻麟、府二州。元昊派兵绝其粮饷,断其水源,使二州朝不保夕,幸好宋并代钤辖张亢来到府州,与张岊兵合,防守麟、府二州,并接连打了胜仗,才使二州转危为安。

宋朝方面,自好水川战败之后,宋政府完全采取守势。为了加强西北防务,宋政府将陕西划分为鄜延、环庆、泾原、秦凤四路(相当于今天的军区)。以韩琦知秦州,王沿知渭州、范仲淹知庆州、庞籍知延州,各兼本路马步军都部署经略安抚缘边招讨使,分区守防,各专其职,负责各路军事。

四路之中,以泾原路为薄弱环节。原因是由于该路"川平原阔",[2]无险可守。正如泾原安抚使王尧臣所指出:

> 至陕西,见鄜延、环庆路其地皆险固而易以守;惟泾原则不然……。盖自镇戎军至渭州,沿泾河大川直抵泾邠,略无险阻。虽有城寨,多居平地,贼径交属,难以捍防。[3]

这就是元昊接连发动对宋战争,每次都选择了泾原路的原因。

至于这次元昊选择泾原路,除了地势对他有利之外,还因知渭州王沿,既不熟悉边事,又无军事指挥才能。选择这样的地方为突破口,是比较理想的。

公元1042年闰九月,元昊的宰相张元建议进军路线可定为自天都山出发,向南攻占镇戎军,然后经渭州东南深入关中地区。张元道:

> 中国精骑并聚诸边,关中少备。若重兵围胁

[1] 曾公亮:《武经总要·前集》卷18,《边防门》。
[2]《长编》卷149,庆历四年五月壬戌。
[3]《长编》卷139,庆历三年正月丙子。

边城,使不得出战,可乘间深入,东阻潼关,隔绝
两川贡赋,则长安在掌中矣。[1]

元昊采纳了这一建议,于天都山[2]点集兵马10万,分东西
两路进军。一路出刘璠堡(今宁夏海原西南),一路出彭阳
城(今宁夏固原东北),分进合击,会师镇戎。

渭州知州王沿闻夏军自天都山倾巢出动,急忙派泾
原路副总管葛怀敏率兵据瓦亭砦阻击夏军。按照王沿的
原定布置,葛怀敏应在第背城安营扎寨,诱敌深入,伺机
进击。葛怀敏率领缘边都巡检使向进、刘湛等4将至瓦亭
砦未遇夏兵,于是便不按王沿的部署,擅自领兵向养马城
进军。同时,镇戎军统领曹英,泾原路都监李知和、王保、
王文,镇戎军都监李岳,西路都巡检使赵璘等也领兵前来
会合。此时谍报元昊军已进入镇戎军界,部将赵珣对葛怀
敏说道:

> 贼远来,利速战,其众数倍,锐甚。为今之
> 计,且以奇制之,宜依马栏城布栅,扼贼归路,固
> 守镇戎以便饷道,俟其衰击之,可必胜。不然,必
> 为贼所屠。[3]

但葛怀敏不听,下令兵分四路。向进、刘湛出西水口,泾原
路都监赵珣出莲花堡(今甘肃隆德西),曹英、李知和出刘
璠堡。葛怀敏率领一支军出定西堡,四路并进,会师定川
砦(今宁夏固原县中和乡)。

葛怀敏的这种军事部署,正好是元昊所希望的。因为
元昊为了诱敌深入,已在定川砦做好了埋伏的一切准备,
单等葛怀敏主力的到来。

元昊为了全歼宋军,还派军烧毁定川砦后面定川河
上的木桥,断绝宋军退路,又派人断绝流入定川砦的水
道,使宋军无水可饮。

这一切准备停当之后,元昊亲率优势夏军,将屯集于
定川砦的葛怀敏军队重重包围,分割歼灭。元昊先以锐兵
冲击葛怀敏中军,被击退。接着,向曹英军发起攻击,忽狂
风大作,飞沙走石,曹英军阵乱溃败,向西南砦内逃避。葛
怀敏军见此情况,也争相强奔入砦。元昊抓住战机挥军掩
杀,宋兵自相践踏,曹英受伤,葛怀敏被士兵踩践得一度
昏死过去,良久方苏。幸好此时赵珣骑兵赶到,杀退夏军,

琉璃鸽

[1] 《西夏书事》卷16。
[2] 天都山:在西安州(今宁夏海原县西)东南,即今南华山、西华山。天都介宋五路间,元昊每次攻宋,均于此点集军马。
[3] 《长编》卷137,庆历二年闰九月癸巳。

葛怀敏等才得以进入瓮城之内。

当天夜晚，元昊派士兵手持火把到城墙外西北角向惊魂未定的葛怀敏喊话："尔得非部署听上点阵图者耶？尔善屯军，乃入我围中，今将何往？"[1]夜一更天，葛怀敏召开军事会议，让诸将商议向何处突围，最后决定"结阵走镇戎军"。[2]

葛怀敏率军退至长城边上，不料壕路已被元昊截断，这才发觉又陷入元昊大军的重重包围之中。宋军遭到夏军的四面攻击，葛怀敏及诸将曹英等16人皆战死，宋士兵9400余人，马600余匹，均成了元昊的战利品。葛怀敏子宗晟与郭京、走马承受王昭明、赵政等还保定川。

元昊取得定川砦大捷之后，紧接着率领大军直捣渭州，攻破栏马、平泉（今甘肃平凉境）2城。一路上焚荡庐舍，屠掠居民，最后满载而归。元昊在胜利进军途中曾张贴榜文，告谕关中军民。令张元做露布，有"朕今亲临渭水，直据长安"之语。一种按捺不住的胜利喜悦之情溢于言表，跃然纸上。

当定川砦之战宋军惨败的消息传到首都汴京之时，宰相吕夷简感到震惊，慨叹道："一战不如一战，可骇也。"[3]

这里有一个问题，即西夏对宋战争三战三胜，战果辉煌，但在胜利之后，西夏并未乘胜追击，攻占关中地区，进一步扩大战果，这是什么原因呢？明末清初著名的思想家、史学家王夫之认为：

> 昊之不能东取环、延，南收秦、陇以席卷关
> 中者，幸其无刘渊、石勒之才也。[4]

这显然不是中肯之论。实际上，那是由于元昊的行动受到下列各种因素的制约。

从西夏方面看，首先，人民不让元昊将这场不义战争继续打下去。如前所述，元昊发动这场战争的目的之一，是为了大量掠夺财富，以满足西夏皇室和党项贵族的贪欲，但战争的结果，"所获不偿所费"，[5]不但没有达到预期目的，相反，加重了老百姓的负担。沉重的兵役和徭役将老百姓压得喘不过气来，加上宋朝关闭边境榷场，停止和市贸易，使西夏人民"饮无茶，衣帛贵"，[6]深感今不如昔，"国中为'十不如'之谣以怨之"。[7]在"上下困乏"，[8]元昊

石兽头

[1]《长编》卷137，庆历二年闰九月癸巳。
[2]《长编》卷137，庆历二年闰九月癸巳。
[3]田况：《儒林公议》卷上。
[4]王夫之：《宋论》卷41，《仁宗》。
[5]《长编》卷154，庆历五年正月丙子。
[6]《长编》卷138，庆历二年十二月。
[7]《宋史》卷485，《夏国传上》。
[8]《长编》卷154，庆历五年正月丙子。

"知众之疲,闻下之怨"[1]的情况下,是不会贸然向关中进军的。

其次,西夏上层统治集团发生裂痕,矛盾重重,也不允许元昊继续打下去。

元昊立国之初,为了获得党项贵族的支持,在对宋战争的一些决策问题上,往往召集部落首领召开军事会议,征求他们的意见。但随着元昊独断专行的加强,必然要使元昊同党项部落首领之间矛盾激化。元昊为了发展中央集权,对于那些反对者往往"峻诛杀","左右用事之臣有疑必诛"。[2]这样做固然可以大权独揽,集权中央,但当"诸部大人且尽"[3]之时,元昊也就陷入了势单力孤的困境,无力进兵关中,只好罢兵求和了。

从宋朝方面看,陕西边防的加强,有力地制止了元昊进一步的军事进攻。这首先表现在军事实力的加强。史载:

> 〔元昊〕所以复守巢穴者,盖鄜延路屯六万
> 八千,环庆路五万,泾原路七万,秦凤路二万七
> 千,有以牵制其势故也。[4]

四路驻扎中央禁军近20万,加上地方弓箭手和蕃兵约有30余万,这对元昊的牵制是可想而知的。

其次,从根本上改变了指挥人才庸懦无能的状况。通过三大战役的锻炼,涌现出了一批新的军事指挥人才。正如欧阳修所指出:

> 朝廷用韩琦、范仲淹等,付以西事,极力经
> 营,而勇夫锐将亦因战阵稍稍而出,数年之间,
> 人谋渐得,武备渐修,似可以枝梧(抵抗)矣。[5]

说明战争锻炼了陕西边将和人民,并从中涌现出了不少战将和勇士。

再次,增加了陕西边防的经济力量。通过招募弓箭手,屯田养兵,且耕且战,既增强了军队的战斗力,又部分解决了陕西驻军的兵饷粮运问题。欧阳修指出:

> 宝元、庆历中,赵元昊反,屯兵四十余万,招
> 敕宣毅、保捷二十五万人,皆不得其用,卒无成
> 功。范仲淹、刘沪、种世衡等专务整辑番汉熟户
> 弓箭手,所以封殖其家,砥砺其人者非一道,藩

西夏百釉剔花牡丹纹瓷罐

[1]《长编》卷136,庆历三年正月乙卯。
[2]《西夏书事》卷17。
[3] 司马光:《涑水纪闻》卷12。
[4]《长编》卷204,治平二年正月癸酉。
[5]《长编》卷204,治平二年正月癸酉。

回民巷窑出土的瓜棱罐

篱既成，贼来无所得，故元昊臣服。[1]
说明宋在陕西的屯田，无形中筑起了一道人工的藩篱和屏障，对于阻止元昊的进兵关中，起了极为重要的作用。

从西夏同其邻国——吐蕃的关系看，据有今青海省东部和甘南一带的唃厮啰政权，虽然父子分裂，各据一块地盘，势力不如从前，但仍与宋结成联盟，对元昊进兵关中起了一定的牵制作用。"自元昊梗命，终不敢深入关中者，以唃厮啰等族不附，虑为后患也。"[2]

从西夏的盟邦——辽国看，当时辽夏关系已经恶化，辽不再支持西夏继续对宋战争。恶化的主要原因是在宋夏战争期间，辽乘机向宋提出割让晋阳（今山西太原市）和瓦桥关（今河北雄县）以南十县之地。宋朝虽然没有割让土地，但答应每年增加银10万两、绢10万匹。辽得到这些经济实惠后，反过来劝西夏停止对宋战争，从而激怒了元昊，引起两国关系的恶化。在辽夏关系恶化，西夏失去辽的政治声援的情况下，如果继续对宋战争，那将要冒很大的风险的。

此外，从统治者经常采用的两手——战争与和平，究竟哪一手对元昊有利呢？显然，继续战争前途未卜，后果不堪设想。结束战争，同宋签订和约，"所获者大利，所屈者虚称。[3]西夏将能从宋朝那里获得诸如银、绢、茶叶以及榷场和市贸易等经济利益。同时，对西夏恢复战争创伤，发展社会经济也是非常有利的。

三、夏胜宋败的原因

战争是力量的竞赛。论国力，宋地大物博，人口众多，西夏为小国寡民；论兵力，宋仁宗时有军队125万，而西夏仅有50余万。无论从版图、人力、物力及军队数量看，宋朝都占有压倒的优势，但战争的结果，却是夏胜宋败，其原因是什么呢？

元昊在发动这场战争时，西夏刚刚建国，处于封建社会的上升阶段，统治者充满着革新和务实精神。他们立官制、定军制，扩大军队来源，健全军事指挥机构，并集军权于中央，从而较好地发挥了自上而下的指挥功能，军队数量虽然不如宋朝，但军队的质量和指挥方面却占有明显

[1] 《文献通考》卷15，《兵考》。
[2] 《宋史》卷295，《孙甫传》。
[3] 《长编》卷149，庆历四年五月壬戌。

的优势。

宋朝与此相反。"中夏之弱,自古未有",[1] 举国上下,"人情玩习而多务因循",[2]"天下空虚,全无武备……体弱势危,可忧可惧"。[3] 仅从军事的角度看,宋朝军队的数量虽多,但质量不如西夏。宋臣丁度对比宋夏军队的质量时指出:

> 羌戎上下山阪,出入溪涧,中国之马不如也。隘险倾侧,且驰且射,中国之技不如也。风雨疲劳,饥渴不困,中国之人不如也。[4]

这种三不如的结论,尽管很不全面,但仍不失为平允和中肯的评价。

战前进行充分的准备工作,是西夏赢得这场战争的有力保证。元昊战前的准备工作主要有以下六个方面:

彻底摧毁河西地区的割据势力,以便全力同宋对垒。公元1034年(宋景祐元年,夏广运二年)元昊出兵击败回鹘,彻底完成河西统一,这对于进一步同宋决一雌雄,有着重要的战略意义。"从此用兵中原无后顾忧矣。"[5]

与此同时,为了防止割据于今青海东部甘肃南部的吐蕃唃厮啰"制其后",出兵攻打兰州诸羌,向南攻占马衔山等地,筑城留兵镇守,以便"〔断〕绝吐蕃与中国相通之路"。[6]

于宋夏沿边山险之地,大修堡寨,"欲以收集老幼,并驱壮健,为入寇之谋"。[7]

派遣使者深入宋地,名义上到山西五台山供佛,实际是"欲窥河东道路",[8] 即打探由宋河东入侵的路线。

为了孤立宋朝,争取宋境内的党项羌背宋,里应外合,"阴诱属羌为助,而环庆酋长六百余人,约为乡导"。[9] 说明元昊的暗中策反在一些地区取得了成功。

及时召开党项部落酋长会议,讨论入寇宋朝方略,同他们歃血盟誓,"〔相〕约先攻鄜延,欲自德靖、塞门寨、赤城路三道并入"。[10] 对于那些反对者严惩不贷,"诸酋有谏者辄杀之"。[11]

总之,元昊战前所做的充分准备工作,同宋朝处于"我无边备"[12] 的被动挨打状况,成了鲜明的对照。

元昊卓越的军事指挥才能和宋方的种种失误是西夏

西夏陵区3号陵东碑亭出土的人像石碑座

[1]《长编》卷131,庆历元年二月丙戌。
[2]《长编》卷123,宝元二年三月壬寅。
[3]《长编》卷142,庆历三年七月辛亥。
[4]《长编》卷127,康定元年六月。
[5]《西夏书事》卷12。
[6]《长编》卷119,景祐三年十二月辛未。
[7]《长编》卷132,庆历元年五月甲戌。
[8]《宋史》卷485,《夏国传上》。
[9]《宋史》卷314,《范仲淹传》。
[10]《长编》卷122,宝元元年九月。
[11]《西夏书事》卷12。
[12]《长编》卷132,庆历元年五月甲戌。

西夏陵区 3 号陵西碑亭
出土的人像石碑座

获得胜利的根本原因。

西夏方面作为指导这场战争的最高统帅元昊，自幼熟读兵书，心娴韬略，年轻时即带兵打仗，长期的战争锻炼使他成为西夏历史上最杰出的指挥者。他结合西夏国情摸索出一套克敌制胜的用兵之法。宋人将它概括为"包藏变谲，图全择利"，[1]"先谋而后战，啬财用，爱惜人命"。[2]他的这一套，为此后的西夏统兵者所遵循。"大抵夏人用兵，皆本元昊之法"。[3]

元昊卓越的军事指挥才能，首先表现在同宋对垒的战略方针之上。欧阳修云：

　　〔元昊〕假僭名号以威其众，先击吾之易取者一二以悦其心，然后驯养精锐为长久之谋。故其来也，虽胜而不前，不败而自退，所以诱吾兵而劳之也；或击吾东，或击吾西，乍出乍入，所以使吾兵分备多而不得减息也。吾欲速攻，贼方新锐，坐而待战，彼则不来。如此相待，不三四岁，吾兵已老，民力已疲，不幸又遇水旱之灾，调敛不胜而盗贼群起，彼方奋其全锐击吾困弊。……此兵法所谓不战而疲人兵者，上策也。……自初僭叛，嫚书已上，逾年不出，一出则其锋不可当。执劫蕃官，获吾将帅，多礼不杀，此其凶谋所畜，皆非仓卒者也。[4]

可见，元昊对宋战争确有一套灵活的多变和比较完整的方略。

其次，突出表现在对陕西三次战役的正确指导之上。元昊是怎样正确地指导这些战争呢？根据宋人的记载，主要体现在以下五个方面：

其一，时出偏师，先发制人。元昊根据当时宋朝西北边防线自东至西长达 2000 余里的特点，时出偏师以困扰之，使宋朝分兵处处设防，防不胜防。司马光把元昊的这种战术叫做"先发制人之术"。并认定这种战术是从周世宗那里学来的。元昊之所以常常获胜，就是因为运用该战术使宋由逸变劳，西夏则化劳为逸，把握了战争的主动权。"夫兵分备寡，兵家之大害也，其害常在我，以逸待劳，兵家之大利也，其利常在彼，所以往年贼常得志。"[5]

[1]《长编》卷 132，庆历元年五月甲戌。

[2] 赵汝愚：《诸臣奏议》卷 140，《边防门》，张舜民：《论进筑非便》。

[3]《诸臣奏议》卷 140，《边防门》，张舜民：《论进筑非便》。

[4]《长编》卷 129，康定元年十二月。

[5]《长编》卷 204，治平二年正月癸酉。

其二，主动有次，先易后难。正如集贤校理余靖所指出：

> 臣观贼昊虽曰小羌，其实黠虏。其所举动，咸有次序。必先剪我枝附，坏我藩篱，先攻易取之地，以成常胜之势……此乃贼知先后之计也。[1]

试举例以证之。如金明寨离西夏最近，其守将李士彬骄傲轻敌，故用诈降之计，里应外合以取之。接着，见丰州（今内蒙古河套东部）形势孤立，援兵难集，远水救不了近火，于是出兵攻取。后来又发觉泾原路将帅庸懦无能，于是率大军深入宋地，接连获胜。

其三，择有利地形以深入，据胜地以诱宋师。在择有利地形方面，如元昊三次亲率大军深入宋地，一不从秦凤路，二不从环庆路，三不从鄜延路，唯独选择泾原路，就是因为该路地势平坦，"略无险阻"，[2] 有利于西夏骑兵的进攻，且地当要冲，一经突入，势难阻挡。

在择胜地设伏以诱宋军方面，元昊所指导的陕西三次战争，都是因为运用了该战术而取胜的。正如宋人王尧臣所指出：

> 延州、镇戎军、渭州山外三败之由，皆为贼先据胜地，诱致我师，将佐不能守险击归，而多倍道趋利，方其疲顿，乃与生兵合战，贼始纵铁鹞子冲突，继以步奚挽强注射，锋不可当，遂致掩覆。此主帅不思应变以惩前失之咎也。[3]

这段平允而中肯的分析，真可谓抓住了问题的症结之所在。

其四，集中优势兵力，一举歼灭宋军。就宋朝在陕西布防所投入的兵力，及西夏入侵宋朝的军队看，宋最多时为40万，西夏为10万。也就是说宋军在数量上占了压倒的优势，但就每次战役宋夏双方集中的兵力看，西夏在数量上又往往占了绝对的优势。如好水川之战，西夏并兵一路而来，集中了10万军队，而宋由于战线太长，处处设防，兵力分散，总共集中不到2万人。三川口之战和定川寨之战，西夏军队同样占了压倒的优势，在"彼常以十战一，我常以一战十"，[4] 众寡悬殊，强弱势异的情况下，加上宋军骄傲轻敌和将领的贪功冒进，宋军的失败就成为不

西夏陵区出土的石马（小型）

[1]《长编》卷138，庆历二年十一月辛巳。

[2]《宋史》卷292，《王尧臣传》。

[3]《长编》卷132，庆历元年七月癸丑。

[4]《长编》卷132，庆历元年五月乙亥。

西夏陵区出土的石马(中型)

1《长编》卷 132,庆历元年
五月甲戌。

2《长编》卷 140,庆历三年
三月乙巳。

3《长编》卷 140,庆历三年
三月乙巳。

4《长编》卷 140,庆历三年
三月乙巳。

5《长编》卷 145,庆历三年
十二月戊申。

6《长编》卷 133,庆历元年
八月戊午。

7《长编》卷 132,庆历元年
五月甲戌。

8《长编》卷 138,庆历二年
十一月丁酉。

9《长编》卷 131,庆历元年
二月癸卯。

10《长编》卷 163,庆历八年
二月甲寅。

可避免的了。

其五,及时刺探情报,作为指导对宋战争的依据。元
昊早就重视对宋朝各种情报的搜集,尤其注重派遣间谍
刺探宋朝军情。正如宋臣田况所指出:

　　自古用兵,未有不用间谍而能破敌者也。昊
　贼所有谍者,皆厚其赏赂,极其尊宠,故窥我机
　宜,动必得实。1

间谍所得情报对于元昊制定对宋战争正确的战略战术无
疑起了重要的作用。

与西夏的情况相反,宋朝指导战争的失误和弊病较
多。主要有以下四个方面:

其一,命将非人。从指导三次战争的最高司令官看,
范雍、夏竦、韩琦、范仲淹等都有一个致命的弱点,就是
“以儒臣委西路,不能身当行阵,为士卒先”。2其中尤其是
范雍、夏竦很不称职。史载:

　　范雍在延州,屡贪小利,贼遂激怒其众,执
　以为辞。3

范雍的贪功生事,为元昊的入侵宋朝找到了藉口,可谓成
事不足,败事有余的庸碌之徒。继范雍之后的夏竦,除庸
懦寡谋之外,还加上好色和享乐。正如台谏交章抨击时指
出:

　　竦在陕西,畏懦苟且,不肯尽力,每论边事,
　但列众人之言,……常出巡边,置侍婢中军帐
　下,几至军变。4

真可谓“战士军前半死生,美人帐下犹歌舞”。从具体负责
指挥冲锋陷阵的将校看,他们虽然出身戎武,但同样是一
些庸碌无能的“暗懦险贪”5之辈。如参加三川口之战的宋
将刘平“勇而无谋”6;负责好水川之战的大将任福“论其才
力,只一卒之用”7;具体指挥定川寨之战的宋将葛怀敏,更
是“以善承迎得虚誉”,8“猾懦不知兵”。9由于参与作战的
宋方将领大多“空疏阑茸”之徒,“故大举即大败,小战辄
小奔”。10

其二,兵不识将,将不知兵。正如宋臣韩琦所指出:

　　〔陕西〕沿边总管钤辖下指挥使臣甚众,每
　御敌皆临时分领兵马而不经训练服习,将未知

士之勇怯,士未服将之威惠,以是数至败衄。[1]
以未经"训练服习"之众,对训练有素、斗志旺盛的西夏精兵,其屡战屡败,是不言而喻的。

其三,兵分势弱,互不应援。北宋西北边防线,东起麟府,西尽秦陇,地长2000里,分为五路,有州军24,堡寨城200余,都需要军队把守。由于防御西夏边防战线太长,需要扼守要冲的地方很多,因而兵分势弱,被动挨打。韩琦、范仲淹在论述这一弊病导致战争失败时指出:

> 窃计陕西四路之兵,几三十万,非不多也。然分守城寨,故每路战兵,大率不过二万余人,坐食刍粮,不敢轻动。盖不知贼人果犯何路,其备常如寇至。彼则不然,种落散居,衣食自给,或忽而点集,并攻一路,故其众动号十余万。以我分守之兵拒彼专举之势,众寡不敌,遂及于败。[2]

他们的精辟分析,可谓抓住了问题的症结所在。

即使已经集中的军队,大敌当前,其领兵将领也往往互不为援,"昨延州之败,盖由诸将自守,不相应援",[3]从而导致战争的失败。这种现象从一个侧面反映了宋朝军政的腐朽。

其四,不察彼己,如坠云雾。在宋夏的间谍战中,宋朝一方间谍由于无厚赏,所得情报多不真实。因此,指挥作战的将领对西夏的真实情况一无所知,或者知之甚少,耳目闭塞,几乎成了盲人瞎马,如坠云雾之中。三川口、好水川、定川寨之战,宋军之所以贪功冒进,其原因固然颇多,但与领兵主将对元昊设伏以待的情况一无所知,不无关系。

以上仅就宋夏双方指导战争的得失利弊去分析夏胜宋败的原因。如果我们再从每一次战役去做更进一步的细致分析,就能找出更为具体的原因。如定川寨之战,从宋朝指挥方面去看至少有如下失误:

> 定川之败,其失有四:不住瓦亭,奔五谷口,一失也。离开远堡北,不入镇戎军,由西南直移养马城,二失也。自养马城越长城壕赴定川,三失也。定川见贼不能尽死,四失也。[4]

四失之所以产生,固然与统兵将领葛怀敏"贪功冒进"有

西夏陵区出土的琉璃四足兽

[1] 韩琦:《安阳集》甲集,《家传》卷2。
[2] 《长编》卷149,庆历四年五月壬戌。
[3] 《宋史》卷324,《张亢传》。
[4] 《长编》卷138,庆历二年十二月。

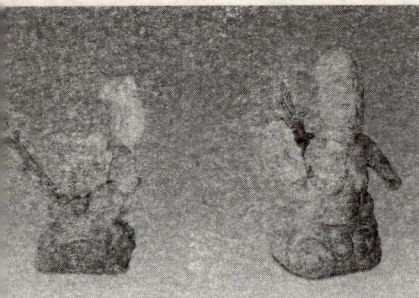

西夏陵区3号陵出土的
灰陶迦陵频伽

关,但更主要的是由于他暗于知兵所造成。

其五,行动迟缓,贻误战机。如三川口之战,之所以夏胜宋败,与宋将孙廉等所率援军未能及时赶到,有着很大的关系。史载:

> 诏并代副部署孙廉趋鄜延界并力击贼,仍令秦凤泾原、鄜延环庆部署左右援之。先是环州赵振、庆州高继隆,以经略司檄各出兵救延州,及至,贼已出境。廉被诏继往,未至延州,贼出境盖逾月矣。[1]

说明宋援军行动迟缓,是其失败重要原因之一。

四、战争的后果和影响

这场战争给宋夏双方带来了严重的后果和影响。由于三大战役都发生在宋朝陕西境内,在战争中西夏统治者又实行屠掠政策,因此,这场战争对西夏的影响较小,而对宋朝的影响最大,后果也最严重。

这场战争对宋朝究竟产生了哪些影响和后果呢?

第一,加重了宋朝全国老百姓的负担。据司马光奏称:

> 及元昊背恩,国家发兵调赋以供边役……东自海岱,南逾江淮,占籍之民,无不萧然,苦于科敛。自其始叛,以至纳款,才五年耳,天下困敝,至今未复。[2]

其中尤以关陕和四川人民负担最重。"自关陕兵兴以来,修完城垒,馈运刍粟,科配百端,悉出州郡。"[3]四川人民除了承担层出不穷的科敛外,还有和买绢等额外负担。"两川和买绢给陕西,而蜀人苦于烦敛。"[4]

第二,陕西人民蒙受了屠杀和焚掠等空前的战争灾难。即以陕西鄜延路为例,史载:

> 自元昊陷金明、承平、塞门、安边、栲栳寨,破五龙川,边民焚掠殆尽。[5]

至于宋夏沿边党项羌熟户,经过多次战争的烧杀抢掠,"亡失太半",[6]而没有遭到屠杀的也往往迁徙他处,致使陕西人口锐减。

第三,宋朝国库空虚,公私匮竭。随着西夏入侵宋朝规模的扩大,陕西驻军的增多,需要大量的军费开支(包

[1]《长编》卷126,康定元年二月丙戌。

[2]司马光:《温国文正公集》卷38,《横山疏》。

[3]《长编》卷140,庆历三年四月壬戌。

[4]《宋史》卷304,《曹颖叔传》。

[5]《宋史》卷311,《庞籍传》。

[6]《温国文正公集》卷38,《横山疏》。

括钱帛粮草）。史载：

> 宝元元年未用兵，……陕西入一千九百七十
> 八万，出一千五百五十一万，……用兵后，陕西入
> 三千三百九十万，出三千三百六十三万。[1]

这是庆历三年（1043年）户部郎中、权三司使事王尧臣，取陕西路用兵前后岁收支财用"会计以闻"的数字。该数字表明：陕西用兵后的军费开支，比用兵前大约增加了三分之二。如此众多的军费开支，除了部分由陕西本地供给外，大部分要由中央和其他地区调拨。由于数量太大，供不应求，国家积聚的财物有限，结果必然要造成国库空虚，民穷财尽，国家元气大伤。

第四，加深了宋朝阶级矛盾的激化。由于宋夏陕西之战加重了老百姓的负担，使宋朝本来就很尖锐的阶级矛盾更加激化。宋臣富弼在将陕西之战前后农民起义概况作对比时指出：

黑水城出土的《顶髻尊胜佛母》

> 臣伏思西贼未叛以前，诸处虽有盗贼，未尝
> 有敢杀戮官吏者。自四五年以来，贼入州城打劫
> 者，约三、四十州。向来入城，尚皆暮夜窃发，今
> 则白昼公行，擅开府库，其势日盛。……今张海、
> 郭邈山等数人，惊扰州县，杀伤吏民，恣凶残之
> 威，泄愤怒之气。[2]

在张海、郭邈山等农民起义的影响下，西京诸州的农民起义相继发生。"襄、邓、唐、汝、光、随、均、房、金、商、安、郢等十余州，尽见盗贼"，一时农民起义"遍满天下之渐"。[3]大有星星之火，将成燎原之势。

总之，宋夏陕西之战，加大了宋朝的积贫积弱之势，加深了阶级矛盾。仁宗年间，自庆历三年十月至庆历四年五月的"庆历新政"之所以产生于宋夏三大战役刚刚结束，并非偶然，它与新政的主持者范仲淹、韩琦等曾经领导过陕西之战，目击赵宋王朝由于长期因循守旧，不思更张而形成的种种积弊，在这次战争中暴露无遗，不无关系。

宋夏三大战役，对西夏来说，虽然达到了掠夺邻国财富，消灭异己（如山遇惟亮等因反对入侵宋朝，被元昊用乱箭射死等），迫使宋朝承认他所建立的大夏国家的目

[1]《长编》卷140，庆历三年四月己未。
[2]《长编》卷143，庆历三年九月丁丑。
[3]《长编》卷143，庆历三年九月丁丑。

的，但总的来看仍然得不偿失。这场战争不但加重了西夏老百姓的负担，破坏了他们的正常生活，更重要的是严重影响了西夏社会经济的发展。"屡有点集，人多失业"，[1]"黄鼠食稼，天旱"，[2]反映战争破坏了农业的正常生产。"用兵以来，牛羊已悉卖契丹"，[3]反映战争严重影响了西夏的畜牧业。榷场关闭，"互市不通，饮无茶，衣帛贵"，[4]反映战争中断了宋夏手工业产品的交换和商业贸易。这些，同德明时期社会经济的发展，成了明显的对照。德明加速了西夏社会经济的发展，而元昊在刚刚立国之初，在西夏人民需要休养生息之时，却使西夏人民卷入战争的漩涡，从而在一定程度上延缓了社会经济发展的历史进程。[5]

五、宋夏战争的性质

关于北宋仁宗年间宋夏陕西之战的性质，有的史学工作者认为它是一场反抗宋朝民族压迫的自卫战争。元昊是西夏历史上的民族英雄。因此，就其性质而言，是一场正义的战争，这个观点对不对呢？我以为是很成问题的。实际上这场战争，对西夏来说，其性质是非正义的。其理由如次：

第一，这场战争对西夏来说，自始至终是一场掠夺成性的战争。史称：

> 贼来利在掳掠，人自为战，故所向无前……。故贼不患不能入也。既入汉地，分行钞略，驱掳人畜，劫掠财货。[6]

说明元昊发动对宋战争的目的，除了用武力迫使宋朝承认他所建立的西夏国家之外，还有一个重要的目的，那就是为了掠夺邻人的财富和扩大已经感觉不够的领土。

第二，发生在陕西的三次大战，每次都是元昊主动挑起的。他在经过一番战争准备之后，总是先发制人，发动对宋军的进攻，然后屠掠而行。因此，元昊在这场战争中所扮演的角色决不是什么自卫者，而是入侵者、掠夺者。

第三，宋人也认为曲在元昊。北宋著名的史学家苏辙在评价这场战争时指出：

> 昔仁祖之世，元昊叛命，连年入寇，边臣失律，败亡相继，然而四方士民裹粮奔命，唯恐在

黑水城出土的《顶髻尊胜佛母曼荼罗》

[1]《长编》卷135，庆历二年二月辛巳。

[2]《长编》卷138，庆历二年十二月。

[3]《长编》卷138，庆历二年十二月。

[4]《长编》卷138，庆历二年十二月。

[5]参阅拙作：《试论北宋仁宗年间宋夏陕西之战》，载《宁夏社会科学》1987年第4期。

[6]《宋史》卷292，《王尧臣传》。

后，虽捐躯中野，不以为怨，兵民竞劝，边守卒
固，而中国（宋朝）徐亦自定，无土崩之势；何者？
知曲在元昊，而用兵之祸，朝廷之所不得已也。
顷自出师西讨，虽一胜一负，而计其所亡失，未
若康定、宝元之多也。然而边人愤怒，天下咨嗟，
土崩之忧，企足可待，何者？知曲在朝廷，非不已
之兵也。[1]

苏辙以时人对战争是否支持为标准，对比元昊时期的对
宋战争与宋神宗的五路伐夏，认为前者曲在元昊，后者曲
在宋廷，可谓言之成理，持之有据，当不失为中肯之论。

六、宋夏和约的缔结

元昊在对宋战争中，虽然屡战屡胜，但由于西夏是小
国寡民，人力、物力有限，连年的战争给老百姓带来了沉
重的负担和灾难。史称：

> 死亡创痍者相半，人困于点集，财力不给，
> 国中为"十不如"之谣以怨之。[2]

在此情况下，为了巩固新建的封建政权，不如乘战胜之
威，以胜利者的姿态，向富裕的宋朝提出缔结和约，通过
谈判，从中捞到经济上的好处。

元昊在三川口之战获胜后，就向范仲淹作出和平姿
态，他一面"使人于泾原乞和"，[3] 同时又释放宋塞门砦主
高延德，让他回到延州，转达其希求和平的愿望。范仲淹
也希望通过谈判解决问题，但和平是有条件的，只有元昊
同意宋方提出的要求，和平才会到来。他写信给元昊说：

> 高延德至，传大王之言，以休兵息民之意请
> 于中国，甚善。……大王果然以爱民为意者，言
> 当时之事（指称帝建国），由众请莫遏，以此谢于
> 天子，必当复王爵，承先大王保国庇民之志，天
> 下孰不称大王之贤。……况宗庙有先大王誓书
> 在，诸路之兵，非无名而举，钟鼓之伐，以时以
> 年，大王之国，将如之何！他日虽请于朝廷，恐有
> 噬脐之悔，惟大王择焉。[4]

这封信的意思很清楚，即恢复和平的条件是取消皇帝称
号，依旧向宋称臣纳贡。否则，只有继续战斗下去，一旦宋

西夏壁画《回鹘五妃供养像》

[1] 苏辙：《栾城集》卷 39，《论兰州等地状》。

[2] 《宋史》卷 485，《夏国传上》。

[3] 《长编》卷 130，庆历元年正月戊寅。

[4] 《长编》卷 130，庆历元年正月戊寅。

胜夏败，那时再向宋朝提出取消帝号和称臣，以换取和平，那就成为不可能而后悔莫及了。因为条件苛刻，加上元昊又取得了好水川之战的胜利，态度强硬，只好暂时作罢。庞籍知延州后，宋政府处境艰难，曾密令庞籍寻求媾和途径，"会帝厌兵，因招怀之，遣籍报书"。[1]公元1042年九月爆发的定川砦之战，宋朝又遭失败，更加迫切需要和平，西夏因"久不通和市，国人愁怨"，[2]也感到战争难以继续下去，于是双方又恢复了和谈联系。公元1043年，元昊派六宅使伊州刺史贺从勖与文贵到汴京（今开封市）进行和谈，因西夏方面坚持元昊"称男邦泥定国兀卒上书父大宋皇帝，更名曩霄而不称臣"，[3]未能得到宋朝同意，接着宋仁宗派邵良左、张士元、张子奭、王正伦前往西夏首都兴庆府商议，"且许册为夏主"，[4]因元昊不肯让步，和谈未能取得进展，于是元昊再派如定聿舍、张延寿、杨守素到汴京继续谈判。这样，双方你来我往，经过一年的讨价还价，最后求同存异，和约终于成立。

宋夏和约议定后，元昊于公元1044年（庆历四年）五月，向宋进"誓表"（接受议和的保证书），而宋仁宗也给元昊颁降了"誓诏"。同年十二月，宋朝派尚书祠部员外郎张子奭充册礼使，东头供奉官阁门祗侯张士元为副使，前往西夏册封元昊为夏国主，赐"夏国主印"，至此，完成了宋夏和约的全过程。

宋夏和约的主要内容，根据《长编》、《宋史·夏国传》等有关史书的记载，大体上可以归纳为以下六条：

（一）夏主对宋称臣，奉正朔（按指循奉宋朝所颁历法）。

（二）宋帝册封元昊为夏国主，并承认西夏现有领土。

（三）宋岁赐夏银七万二千两，绵帛十五万三千匹，茶三万斤。总数为二十五万五千两、匹、斤（包括净赐二十万，回赐五万五千）。

（四）置榷场于保安军（今陕西志丹县）及高平砦（宋属镇戎军，在今宁夏固原），但不通青盐（即西夏青盐不得远销宋境）。

（五）双方以前所俘军民各不归还，今后如有边人逃亡，不得越界追逐。

西夏供养天女塑像

[1]《宋史》卷311，《庞籍传》。
[2]《宋史》卷311，《庞籍传》。
[3]《宋史》卷485，《夏国传上》。
[4]《宋史》卷485，《夏国传上》。

（六）两国边境划中为界，界内听筑城堡。

六条主要内容，除了第四条对双方有利，西夏获得了最大的好处，尤其是第三条宋朝付出了较大的代价。这个代价换取了什么呢？西夏对宋称臣，奉正朔，而这点没有任何实际上的意义和价值，因为西夏名义上虽然对宋称臣，但他们在实际上照样称帝，国号大夏，设置州郡，"自置官属"，[1]一切同宋朝几乎没有差别。正如宋臣韩琦、范仲淹所指出："〔元昊〕所获者大利，所屈者虚称"。[2]"元昊帝其国中自若也"。[3]

庆历和议，西夏固然可获大利，但宋朝至少可以减少陕西驻军，正如韩琦在奏疏中所指出：

> 四路所驻军，十分中宜六分在边，二分令东还，二分徙近里州军，其鄜延路徙屯汉中府，环庆泾原路徙屯邠州，永兴军秦凤路徙屯凤翔府。[4]

也就是说，至少可以减少驻军十分之四。由于驻军的减少，也就因此而减轻老百姓的各种负担。这是不言而喻的。

敦煌莫高窟第 310 窟
西壁北侧《药师佛》

第五节　辽夏战争

一、战争的起因

西夏同辽的战争是辽夏矛盾长期发展恶化的必然结果。元昊时期辽夏矛盾发展和激化，大体上由下列四种因素所造成。

第一，元昊同兴平公主不睦，引起辽的不满。早在元昊被立为太子之时，其父李德明为了加快称帝的步伐，孤立宋朝，获得辽的支持，继续同辽结盟，主动为元昊向辽圣宗提出求婚，辽圣宗欣然许诺。但不久，辽圣宗去世，联姻之事暂时被搁置起来。公元 1031 年（辽景福元年，宋天圣九年）十二月，辽兴宗耶律宗真即位，"以兴平公主下嫁李元昊"。[5]元昊也因此被封为驸马都尉，晋爵为夏国公、西夏王。

但元昊与兴平公主婚后很不和睦。公主生病，元昊不

[1]《宋史》卷 485，《夏国传上》。

[2]《长编》卷 149，庆历四年五月壬寅。

[3]《宋史》卷 485，《夏国传上》。

[4]《长编》卷 154，庆历五年正月丙子。

[5]《辽史》卷 115，《西夏外纪》。

去看望,也不向兴宗报告。兴平公主因忧伤过度,闷闷不乐而死。当辽兴宗得知姐姐因元昊冷落忧愤而死后,十分恼怒,立即派北院承旨耶律庶成带了诏书责问元昊,"诘其故",[1] 对元昊极为不满。

第二,在夏宋战争中,元昊因惧怕辽兴宗因兴平公主之事,背夏联宋,"南北合兵"夹击西夏,尽量讨好辽国。如将截获宋押送冬装俘虏与冬装献给辽国,以便继续维持辽夏结盟的关系。同时,元昊根据盟约互相支持的精神,主动请求兴宗发兵攻宋,以便配合他的军事行动。但此时的辽兴宗已与元昊貌合神离。他表面上答应出兵,实际上只集兵幽州,不再前进,元昊对此极为不满。

第三,在同西夏毗邻的辽境内居住着许多党项部落。这些部落,随着西夏国力的强盛,有的举族附夏,从而使辽夏边界的民族问题日益复杂起来,成为辽夏关系中不稳定的因素。公元1043年(夏天授礼法延祚六年,辽重熙十二年)八月,辽境内夹山一带的党项部落岱尔族起兵反抗,辽屡次派兵镇压,不能平定,于是请求元昊出兵协同会剿,结果镇压了这次反抗。但辽兴宗"不分虏获",[2] 独吞了全部掳获之物,从而加深了元昊对他的怨恨,并伺机报复。此后,元昊不断出兵深入辽境,劫掠财物,同时引诱辽境内夹山南部地区的党项部落叛附夏国。当辽兴宗得知辽党项及山西部族节度使"屈烈以五部叛入西夏"[3] 的消息后,立即派遣使者要求元昊归还,被元昊拒绝,从而使辽夏关系进一步恶化。

第四,元昊对辽违背盟约,单独与宋和好,接受宋朝每年所增绢、银极为不满。正如曾经多次出使辽朝商办此事的富弼所指出:

> 契丹始与元昊相约,以困中国(宋朝),前年(指公元1042年,庆历二年九月),契丹背约,与中国复和,元昊怒契丹坐受中国所益之币(指宋每年以绢二十万匹,银十万两与辽),因此有隙,屡出怨辞。[4]

经济利益决定政治态度,元昊因辽违背盟约,独自得到宋朝的好处而迁怒于辽,则是很自然的事。

第五,在辽夏关系出现裂痕并日益恶化的情况下,辽

敦煌莫高窟第16窟窟顶藻井

[1]《辽史》卷18,《兴宗纪一》。
[2]《西夏书事》卷17。
[3]《辽史》卷19,《兴宗纪二》。
[4]《长编》卷151,庆历四年八月甲午。

为了在经济上制裁元昊，下令禁止夏使在辽境"私市金铁"，[1]甚至禁止夏人到吐谷浑和党项人居住之地购买马匹。为了使其经济制裁行之有效，辽兴宗又下诏"禁约诸蕃，令沿边筑障砦防遏之"。[2]

公元 1044 年（夏天授礼法延祚七年，辽重熙十三年）五月，辽境内的党项族再一次起兵叛乱。兴宗派辽南面招讨罗汉奴领军镇压，元昊出兵救援，杀死了辽招讨使萧普达等，兴宗大怒，下令调集诸道兵马讨伐夏国。双方剑拔弩张，一场你死我活的大决战成为不可避免的了。

从上述辽夏主要矛盾的发展看，辽夏之战的实质，在于争夺对西北诸党项部落的统治权。正如宋臣欧阳修所指出："〔辽兴宗〕与元昊争夹山小族，遂至交兵。"[3]

二、战争的经过

公元 1044 年十月，辽兴宗在做好讨伐夏国的一切准备之后，亲率骑兵 10 万，出金肃城（今内蒙古准格尔旗西北），以皇太弟、天齐王重元为马步军大元帅，率领骑兵 7000 出南路，北院枢密使韩国王萧惠领骑兵 6 万出北路，东京留守赵王萧孝友率师为后应。辽三路大军渡过黄河，长驱直入西夏境 400 里，未遇夏军拦击。此时辽兴宗将其主力驻扎在得胜寺南壁，而元昊率领的左厢夏军则屯聚于贺兰山北。兴宗命殿前副检点萧迭里同先锋护卫经宿直古迭纵兵掩击。元昊率军迎战，辽军锋不可挡，夏军抵挡不住，大溃。

元昊率军退守贺兰山中，因考虑到辽兵势盛，只可智取，不可力敌，决定暂行缓兵之计，派遣使者到辽军中向兴宗奉表谢罪请降，兴宗对此犹豫不决。韩国王萧惠从容进言道：

> 元昊忘奕世恩，萌奸计，车驾亲临，不尽归所掠，天诱其衷，使彼来迎，天与不图，后悔何及？[4]

辽兴宗同意萧惠的意见，命萧惠主动对元昊发起进攻，元昊率军迎敌，辽军不断增援，士气正盛。为了避其锋芒，元昊命令夏军向后撤退 100 里，每退 30 里便烧掉了那里的房屋和粮草，并一连退了 3 次。辽军所到之处，人无粮，马

安西榆林窟第 29 窟
《药师经变》（局部）

[1]《辽史》卷 115，《西夏外纪》。
[2]《西夏书事》卷 16。
[3]《长编》卷 155，庆历五年闰五月癸丑。
[4]《辽史》卷 93，《萧惠传》。

安西榆林窟壁画《普贤变》

无草,无法再战。辽兴宗在此焦土政策的压力下被迫答应许和。但元昊却乘辽军人疲马饥之时,纵兵突击萧惠大营。萧惠率军应战,元昊败退,辽军乘胜追击。正当夏军处于危急之时,突然狂风大作,飞尘蔽日,天昏地暗,辽军大乱,元昊率军乘机掩袭,萧惠军败,自相践踏而死者不可胜计。元昊乘胜向驻扎在德胜寺南壁的辽军主力发起进攻,辽军大败,俘掳辽国大臣数十人,驸马萧胡觌被活捉,兴宗"单骑突出,几不得脱",[1]其出征夏国随身携带的器服车骑成了元昊的战利品。

元昊在反败为胜的情况下,遣使同辽讲和。为了表示讲和的诚意,对俘获的辽国驸马萧胡觌破例免其"劓鼻"[2]之刑。不久,在辽兴宗的请求下,"以胡觌来归",[3]将他放回辽国。至于辽军战俘,元昊将一部分用于交换被扣留的夏国使臣,另一部分献给宋朝,显示西夏对辽的胜利。但宋仁宗只接受元昊上表,拒绝接受所献辽俘。

由于这次战争双方的决战地点在河曲(今内蒙古伊克昭盟境内),史称河曲之战。

三、夏胜辽败的原因及其对辽的影响

河曲之战最终以夏胜辽败而结束,这是什么原因呢?

第一,由于双方指挥上的差异所造成。

元昊在敌强我弱,辽兵锋不可挡的形势下,先求和以示弱,接着以退为进,实行清野焦土之策以挫其锋,然后乘其人困马乏、军心涣散之机,全力出击,一战而胜。这种胸有成竹,随机应变,调动有方的指挥艺术,与辽兴宗的胸无成竹,优柔寡断,调度无方,一味只知硬打硬拼的打法,成了鲜明的对照。正如清人吴广成所指出:

> 曩霄此举,直以待宋者待契丹矣。是时辽主以十万众直逼贺兰,志吞平夏,而曩霄乞降以骄其师,退兵以示之弱,直待契丹士困马疲,成功一战,而乘其全胜之势,即作请和之举,使契丹不得不从。与前之款宋者若出一辙,岂非玩二国于股掌之上乎?然宋之许和,尚有契丹为先容,若契丹之和,直自与和耳。其不竞更出宋下矣。噫![4]

[1]《辽史》卷 109,《罗衣轻传》。

[2]《西夏书事》卷 17。

[3]《辽史》卷 115,《西夏外纪》。

[4]《西夏书事》卷 17。

这虽未对比出两者指挥上的差异,但指出元昊因势利导,指挥灵活的艺术却是很正确的。

第二,与夏军训练有素,实践经验较丰,辽军缺乏临战经验有关。北宋大臣欧阳修指出:

> 臣谓北敌昨所以败于元昊者,亦其久不用兵,骤战而逢劲敌尔。[1]

元昊所统帅的夏军,因经过对宋战争的锻炼和洗礼,不仅士气旺盛,而且具有丰富的作战经验,这对于久未参加战争锻炼缺乏临战经验的辽兵来说,当然是"劲敌"。加上辽方指挥不当,其被"劲敌"战败,是很自然的事。

这场战争对辽国来说,带来了比较严重的影响。正如欧阳修所指出:

> 〔辽〕累战累败,亡失人马,国内疮痍,诛敛山前,汉人怨怒。往时北人杀汉人者罚,汉人杀北人者死。近闻反此二法,欲悦汉人,汉人未能收其心,而北人亦以怒矣。又闻今春女真、渤海之类,所在离叛攻劫,近才稍定。[2]

这说明,其一,由于对夏战争,需要大量的人力和物力,必然要加重人民的负担。老百姓因诛敛无度对辽统治者极端不满,引起了汉人和北人的怨怒;其二,激化了民族矛盾。由于在辽夏战争中诛敛无度,不仅引起汉人的怨怒,而且还使在辽统治下的女真、渤海人,离心离德,"所在离叛攻劫"。[3]

安西榆林窟壁画《文殊变》

第六节　党项最高统治集团
内部的矛盾斗争

一、统治集团内部矛盾激化的原因

在元昊建立西夏国家之前,统治集团内部矛盾即已存在。元昊称帝建国后,这一矛盾日益发展激化起来。究其发展激化的原因,大体上有以下几点:

第一,元昊遇事独断专行,破坏党项部落贵族的军事民主主义制度,是统治集团内部矛盾激化的根本原因。

在元昊建立西夏国家前后,其社会生产关系虽然占

[1]《长编》卷156,庆历五年闰五月癸丑。
[2]《长编》卷156,庆历五年闰五月癸丑。
[3]《长编》卷156,庆历五年闰五月癸丑。

安西榆林窟第 2 窟南壁
中间《说法图》

主导地位的是封建制，但在某种程度上仍然保留着奴隶制，甚至原始社会的残余，史载：

〔元昊〕每举兵，必率部长与猎，有获，则下马环坐饮，割鲜而食，各问所见，择取其长。[1]

这说明元昊在称帝建国之前，遇事尚能与部落首领们商量，充分听取并采纳他们的意见，仍然保存了原始社会末期的军事民主主义的制度。

随着西夏国家的建立，封建经济的确立和中央集权政治的发展，元昊开始独断专行，在许多重大问题上听不进臣下和诸酋的意见。如公元 1038 年（夏天授礼法延祚元年，宋宝元元年）七月，元昊与诸族豪酋歃血盟誓，相约分三道侵宋。在侵宋问题上，不允许诸酋给他提不同的意见，"诸酋有谏者辄杀之"。[2]

第二，与元昊"多猜忌"、"峻诛杀"，杀戮太滥有关。史称：

性凶鸷、猜忍。[3]

曩霄用兵多诡计，其左右任事之臣，有疑辄诛杀之……而国中数有叛者。[4]

元昊数诛诸部大人且尽……元昊所部有叛者，为元昊所诛。[5]

显然这种因"猜忌""有疑"而任意诛杀，必然导致滥杀，对于统治阶级内部矛盾的激化，起了加速的作用。

第三，元昊后期的生活腐化，沉湎酒色，不问政治，大权旁落，为统治集团内部矛盾的激化创造了条件。

二、统治集团内部的四次重大斗争

1. 同卫慕氏的斗争

卫慕族是银州、夏州一带党项大族。早在元昊为太子时，其生母卫慕氏被德明册封为皇后。元昊称帝建国后，也就很自然地被尊称为皇太后。卫慕族首领山喜，野心勃勃，为了争夺最高统治权，以皇太后为靠山，于公元 1034 年（开运元年），密"谋杀元昊，事觉，元昊酖其母杀之，沉山喜之族于河"，[6]即连他的母亲也用药酒毒死。当元昊打算弑其母时，他的妃子卫慕氏（元昊表姐）责以大义，元昊不听。为了斩尽杀绝，又杀死了他的妃子卫慕氏及其所生

[1]《宋史》卷 485，《夏国传上》。

[2]《西夏书事》卷 12。

[3]《长编》卷 111，明道元年十一月壬辰。

[4] 王称：《东都事略》卷 129，《西夏》。

[5] 司马光：《涑水纪闻》卷 12。

[6]《长编》卷 115，景祐元年十月。

之子。说明元昊为了巩固手中的权力,六亲不认。

2. 同山遇惟亮的斗争

山遇名惟亮,弟惟永,从弟惟序,均为元昊心腹股肱之臣。惟亮、惟永分掌左右厢兵,位高权重。公元1037年(大庆二年)七月,当元昊召集党项诸豪酋于贺兰山会盟,准备侵宋之时,惟亮从容进谏道:

> 中国(指宋朝)地大兵多,关中富饶,环庆、鄜延据诸边险要,若此数路城池尽修攻宋之备,我弓马之技无所施,牛羊之货无所售,一、二年间必且坐困,不如安守藩臣,岁享赐遗之厚,国之福也。[1]

甘肃武威出土的西夏黑釉
剔花牡丹纹瓷片

元昊听罢,心中恼怒,顿时产生了除掉他的念头。为了孤立山遇惟亮,用高官厚禄威胁山遇惟序道:

> 汝首山遇(惟亮)反,吾以山遇官爵与汝,不然俱灭族矣![2]

惟序不忍伤害手足,将元昊对他说的那番话全部给惟亮说了。惟亮走投无路,决心投奔宋朝。惟亮派心腹持密信同宋金明巡检李士彬取得联系,然后动员母亲一起奔宋。其母80多岁,不愿同行,拖累惟亮,希望临行时纵火烧死她。惟亮无法,只得遵从母命,然后挥泪带着妻子野利罗罗、儿子阿遇及亲属22人,及随身携带珍宝、名马,急匆匆向宋金明寨而去。

当惟亮等人行至宋保安军(今陕西志丹县)地界时,保安知军朱吉,立即将此消息禀告延州知州郭劝,郭劝疑惟亮降宋有诈,当惟亮到达延州之后,不容惟亮分辩降宋原委,将他逮捕,由监押韩周率兵押送惟亮等人回夏国。韩周与元昊取得联系,相约在宥州城外的锯移坡交还惟亮。

元昊命令将惟亮父子绑在山坡上,然后用乱箭射死。惟亮被害后,在对宋问题上,无人再敢提反对意见,元昊也就更加为所欲为,很快称帝建国了。

3. 同野利兄弟的斗争

野利旺荣、野利遇乞是元昊野利后的兄长,是元昊又一心腹股肱重臣。二人分统明堂左厢与天都右厢之军。旺荣号称野利王,遇乞号称天都王。二人有谋略,善用兵,所

[1]《西夏书事》卷12。
[2]《长编》卷122,宝元元年九月。

西夏黑釉瓷扁壶

统"山界"(指横山地区,因宋夏以横山为界,故称山界)军队,战斗力很强,素以善战著称。元昊发动的三川口、好水川之战所采用的诱敌深入,设伏以待的战略战术,就是出自野利兄弟。宋朝边帅对二将恨之入骨,屡欲图谋去之而后快。他们为了达到此目的曾经采用过如下对策:

第一,行刺。如陕西经略判官田况,希望朝廷不惜美官重贿"阴募死士,陷胸碎首",[1]以便去贼之手足。但此法因二将防卫森严,一时难以得手。

第二,招降。如鄜延经略使庞籍曾经两次派人招降野利旺荣,传递书信。史载:

> 〔庞籍〕令知保安军刘拯为书,赂蕃部破丑
> 使达旺荣,言旺荣方总灵、夏兵,倘阴图内附,即
> 当以西平茅土分册之。而泾原路王沿、葛怀敏亦
> 遣僧法淳持书及金宝以遗遇乞。[2]

但旺荣不但不接受招降,反而将计就计,命令浪埋、赏乞、媚娘等三人到青涧城种世衡处诈降。当然,精明的种世衡不会轻易上当,同样识破其诈降阴谋。

第三,用间。即采用挑拨离间元昊同二将的关系。青涧种世衡物色了一位行间人物。此人姓王,名嵩,字光信,因出家为僧,人称王和尚。王嵩奉世衡之命,只身来到野利旺荣住所,呈上世衡书信,从容对旺荣道:

> 浪埋等已至,朝廷知王有向汉心,命为夏州
> 节度使,俸月钱万缗,旌节至已,趣其归服。[3]

同时呈上枣子和龟,即喻以"早归"之意。旺荣得此书信,十分恐惧,不敢隐瞒,立即报告元昊。元昊命将王嵩囚于地牢,并开始"疑刚浪凌(即旺荣)贰己"。[4]他暗中派遣心腹将领假为野利旺荣所遣,去见种世衡。世衡没有立即召见使者,让被俘的夏国奸细辨认,证实他们为元昊心腹将领。世衡将计就计,立即召见使者。故意在使者面前痛骂元昊,盛赞野利旺荣降服朝廷,弃暗投明的义举。同时,厚赠使者,对使者道:"为吾语若主,速决毋迟留也。"[5]使者将上述情况如实禀告元昊,元昊不辨真伪,下令夺野利旺荣兵权,不久将他杀害,又将旺荣全家斩尽杀绝。

种世衡用反间计,借元昊之手杀了野利旺荣之后,接着又精心策划,进一步除掉野利遇乞。

[1]《长编》卷 132,庆历元年五月甲戌。
[2]《长编》卷 138,庆历二年十二月。
[3]《长编》卷 138,庆历二年十二月。
[4]《长编》卷 138,庆历二年十二月。
[5]胡汝砺:《嘉靖宁夏新志》卷 6,《遗事杂志》。

野利遇乞驻天都山，与元昊乳母白姥不和。白姥怀恨遇乞，经常在元昊面前蓄意中伤。她诬告遇乞巡边深入宋境不归，意在叛变投敌，元昊因此将信将疑。种世衡探知该消息后，立即布下疑阵，在遇乞宝刀上做文章。由于遇乞是元昊的心腹大将，屡立战功，元昊曾赐给宝刀一口。种世衡以美官重赏收买党项人苏吃曩想方设法盗回宝刀。接着，世衡令人散布谣言道：天都王野利遇乞被白姥诬陷死。他将要亲写祭文在边境上祭吊。祭文"多述野利与天都相结有意，本朝惮其垂成"。[1]世衡将祭文写在木板上。正当世衡派人在边境上焚烧纸钱，进行祭吊之时，被夏国巡逻兵发现，并迅速赶到祭吊地方。宋人故意丢下祭文、祭具、银器、宝刀等物，然后逃之夭夭。夏巡逻兵将这些遗物献给元昊，元昊大怒，下令夺遇乞兵权，并赐自尽。

黑水城出土汉文《注清凉心要》版画

4. 同没藏讹庞等人的斗争

没藏讹庞是野利遇乞之妻没藏氏的哥哥。野利遇乞被杀后，其妻逃到三香家尼姑庵中为尼，元昊将她接回宫中与之私通，被宠妃野利氏发现，元昊命没藏氏搬到兴庆府的戒坛寺中，仍出家为尼，继续与元昊私通幽会。元昊经常带她出猎。公元1047年(夏天授礼法延祚十年)二月六日，没藏氏于出猎途中生下一子。因其驻地营帐安扎在两岔河边，故取名为宁令两岔。"国语(党项语)谓'欢喜'为'宁令'"，[2]谅祚为两岔之谐音。毅宗谅祚之名盖源于此。谅祚出生后，寄养于没藏讹庞家中，没藏讹庞也因其妹没藏氏得宠被元昊提拔为国相。

在谅祚出生之前，元昊已立宁令哥为皇太子。宁令哥为元昊宠妃野利氏所生，其相貌酷似元昊，元昊对他十分宠爱，立为太子后更是有恃无恐，娇惯放纵。

宁令哥逐渐长大成人，元昊本打算为他娶党项大族没啰皆山之女为妻。但元昊见她貌美，自纳为妃，称为"新皇后"。[3]宁令哥之母野利氏，因失宠口出怨言，被元昊所废，打入冷宫，不准相见。这时的元昊只知尽情享乐。他在天都山(宁夏固原县西北)修造雄伟壮丽的行宫，带着没啰氏在那里吃喝玩乐。又在兴庆府作避暑宫，面积长达数里，又在贺兰山东侧造离宫，里面亭台楼阁高十余丈，"日

[1]《嘉靖宁夏新志》卷6，《遗事杂志》。

[2]《宋史》卷485，《夏国传上》。

[3]元昊正式配偶，《宋史·夏国传上》谓五娶：一、大辽兴平公主，二宣德惠文皇后没藏氏，三宪成皇后野利氏，四妃没啰氏，五索氏。《东都事略》卷127，《长编》卷162，均为七娶：一卫慕氏(即母米氏、默穆氏)，二索氏，三都罗氏(即多拉氏)，四咩迷氏(即密克默特氏)，五野利氏(即叶勒氏)，六耶律氏(即兴平公主)，七没啰氏(即摩移克氏)。但谅祚生母不在七娶之内。

黑水城出土的西夏文图解本《观音经》扉页《水月观音》

与诸妃宴游其中"。[1]他不愿过问军国大事,让国相讹庞去管理。

没藏讹庞见元昊迷恋酒色,怠于政事,荒于游宴,于是与其妹密谋策划,除掉宁令哥,立谅祚为太子。他深知太子宁令哥有废母夺妻之恨,从中挑唆宁令哥去刺杀元昊。他的如意算盘是,如果宁令哥刺杀元昊未遂,元昊必然要杀宁令哥,如果刺杀得手,更可以弑君之罪捕杀宁令。不管哪种结果,宁令都可除掉。然后再议立谅祚为太子,则便成为既合理又合法的事了。

太子宁令哥经没藏讹庞的挑唆,决心刺杀元昊。他暗中联络野利族人浪烈等,等候行刺时机的到来。

公元1048年(夏天授礼法延祚十一年)正月十五日,正值元宵佳节,元昊与诸妃整天饮酒作乐。深夜,当元昊酩酊大醉,被侍从扶入宫中就寝之时,但见宁令哥手执利剑,怒气冲冲闯入宫来,对着元昊面部便刺,元昊躲闪不及,被削去鼻子。宁令哥在慌乱中逃出,躲进没藏讹庞家中。果然,没藏讹庞以弑君之罪,捕杀宁令哥及其母野利氏。[2]

元昊鼻子被削,又气又恼,因流血过多,到第二天便与世长辞,时年46岁。谥曰武烈皇帝,庙号景宗,墓号泰陵。

三、统治集团内部斗争的实质和影响

通过对上述四次重大斗争的考察,使我们比较清楚地认识到以下几点。

第一,事出有因。如元昊同卫慕氏的斗争,是因为山喜图谋不轨,同山遇的斗争,是因为山遇反对元昊入寇宋朝方略,同讹庞等人的斗争是为了争夺皇位的继承人。至于元昊同野利兄弟的斗争,也并非全是由于元昊多疑而中了庞籍、种世衡等人的离间诡计,因为在种世衡等人施离间计之前,元昊同野利氏之间就存在着矛盾。当元昊宠爱新皇后没哆氏,冷落野利氏时,便引起了旺荣、遇乞兄弟的不满。"元昊出其妻,旺荣兄弟怨望。"[3]尤其是野利遇乞,更是牢骚满腹,散布不满。他对部下道:

　　吾女嫁二十年,止故居,而得没移女,乃为修内(指营建天都山离宫)。[1]

[1]《西夏书事》卷18。

[2]《东都事略》卷127,《西夏》。

[3]《长编》卷167,皇祐元年十一月丙申。

元昊闻此怨言，当然要产生恶感，恶化同野利兄弟的关系。宋人在此矛盾的基础之上，施离间计，激怒元昊处决野利兄弟，则起了火上加油的作用。

第二，矛盾斗争形式呈现多样性与复杂性。如元昊同山喜的斗争，体现了皇权同外戚篡权的矛盾，元昊同山遇的斗争，体现了在对宋问题上的反宋派与拥宋派之间的矛盾。至于元昊同宁令哥、没藏讹庞的斗争，从表象上去看，似乎是元昊父子之间的斗争，但在实际上却体现了皇权同相权的矛盾。其斗争形式之所以呈现多样性与复杂性，是由立国前后复杂的政治经济状况所决定的。

第三，斗争的实质是权力之争。山喜密谋杀害元昊，没藏讹庞挑唆宁令哥刺杀元昊，固然是为了夺取最高统治权力，就是元昊同山遇惟亮和野利兄弟的斗争，从实质看，归根到底也是权力之争。元昊同山遇惟亮的斗争，是为了巩固皇权，消灭异己，是进取与保守之间的较量。至于杀野利兄弟，则是与元昊为了集中军权的需要相适应的。

第四，应恰当估计统治集团内部斗争的影响。元昊所进行的四次统治阶级内部斗争，其中以杀野利兄弟的影响最大。宋人沈括在评论这次斗争的影响时指出：

> 野利有大功，死不以罪，自此君臣猜贰，至不能军。[2]

由于沈括未能举出"君臣猜贰，至不能军"的事实，因此，他对这次斗争的影响，显然夸大其词，有失偏颇。

事实上，元昊杀野利兄弟，虽然在当时震动较大，在一定程度上削弱了对夏国军队的领导。但西夏军队并未因为失去野利兄弟而"不能军"；相反，夏国军队照样行使它的对外、对内职能。如众所知，公元1043年（夏天授礼法延祚六年）九月，野利兄弟遇害，但就在此时，元昊派夏兵侵扰辽属党项部族，并诱其叛辽。可见沈括所云"至不能军"，是缺乏事实依据的。[3]

四、对元昊的评价

18 世纪法国思想家爱尔维修指出："每一个社会时代

黑水城出土汉文《金刚般若波罗密经》版画

[1] 张鉴：《西夏纪事本末》卷17，《宁令弑逆》。
[2] 沈括：《梦溪笔谈》卷 13，《权智》。
[3] 参阅拙作：《关于元昊若干问题的探讨》，载《宁夏大学学报》1996 年第 1 期。

黑水城出土的西夏文《佛说
大威德炽盛光佛诸星宿调伏
消灾吉祥陀罗尼经》版画

都需要有自己的伟大人物,如果没有这样的人物,它就要创造出这样的人物来"。毋庸置疑,元昊是西夏历史上的伟大人物。对于这样一位伟人,我们应该对他进行怎样的评价呢?

综元昊一生的所作所为,我们应该肯定他顺应历史发展的趋势,局部统一河西地区,为以后元朝全国的大统一所做的奠基工作;肯定他确定各种典章制度,奠定立国规模,进而建立西夏国家,使党项族自立于民族之林的历史功绩;肯定他主持整理、推广西夏文字,组织人力翻译佛教和儒家经典,对西夏文化所做的贡献。

对元昊发动的对宋战争,因其性质是掠夺性的不义战争,应当否定。至于对辽战争,因属自卫性质,应当肯定。

对于元昊所进行的统治阶级内部斗争,从其实质看,反映了皇权的集中与部落酋领分权的矛盾,进取与保守之间的矛盾,是权力之争。由于该斗争对于维护和巩固西夏国家的统一,有一定的进步意义,因此,应当基本肯定。

对于元昊大开杀戒,"有疑必诛","峻诛杀"的举动,不能认为他生性好杀,简单地孤立地加以否定,应当将它放在当时的历史背景下,联系当时政治、经济的实际,从理论上加以具体的阐释和说明。

至于他滥用民力,大兴土木,沉湎于酒色,并因此丧生,应当否定。

总之,元昊的一生有功有过,功大于过,无论在西夏历史上和在中国古代的历史上,都是一位值得充分肯定的历史人物。

4 号陵（全景）

第四章

西夏国家的巩固

第一节　没藏氏擅权与辽夏战争的再起

一、没藏氏专政

公元 1048 年正月，元昊逝世。临死前遗嘱由从弟委哥宁令继承帝位，以诺移尝都为首的诸大臣主张按照遗命办事，但没藏讹庞坚决反对。他道：

> 委哥宁令非子，且无功，安得有国？

诺（一作惧）移尝都挖苦讹庞说：

> 国今无主，然则何所立？不然，尔欲之乎？尔能保有夏土，则亦众所愿也。

讹庞分辩道：

> 予何敢哉？夏国自祖考以来，父死子继，国人乃服。[1]

众人迫于讹庞的权势，只好同意。于是立未满周岁（一说 2 岁或 3 岁）的谅祚为皇帝，尊没藏氏为宣穆惠文皇太后，讹庞自为国相，以诺移尝都等"三大将分治其国"，[2] 自己则总揽全国军政大权，"至是，权益重，出入仪卫拟于王者"。[3]

公元 1056 年（夏福圣承道四年）十月，太后没藏氏荒淫无度，被宠臣李宗贵刺死，讹庞失去靠山，为了继续控制谅祚，"因以其女妻焉"。[4] 讹庞以国相兼皇帝岳丈，手中权力更大，"自是诛杀由己，臣民咸畏之"。[5]

[1]《长编》卷 162，庆历八年正月辛未。

[2]《宋史》卷 288，《程琳传》。

[3]《西夏书事》卷 18。

[4]《长编》卷 184，嘉祐元年十二月甲子。

[5]《西夏书事》卷 19。

4号陵(后视)

公元1059年(夏奲都三年,奲she同"奢"),谅祚12岁,开始参与国事。六宅使高怀正、毛惟昌二人之妻,曾为谅祚幼年时期的乳母,二人因此受到谅祚的宠爱。他们参与朝政,并将大臣的一些议论及时转告谅祚,没藏讹庞对此极为不满,借口"怀正贷银夏人,惟昌窃衣曩霄所与龙盘服",[1]图谋不轨,将二人逮捕杀害。谅祚试图劝阻,但讹庞不听。表明此时西夏的权力完全控制在讹庞手中。

二、辽夏交兵

辽国君臣自从河曲之战失败后,时刻不忘兴师复仇,"思雪前耻"。尤其是辽兴宗耿耿于怀,"欲起倾国之兵讨之"。[2]为了使大举伐夏能够稳操胜券,兴宗一方面下令"通报丁口,精募甲兵,日夜教练",[3]及时做些准备工作;一面派遣北院枢密副使萧惟信"以伐夏告宋",[4]目的在于争取宋朝政治上的声援。

公元1048年(夏天授礼法延祚十一年)一月,元昊英年去世,其子谅祚以冲龄即位,实权掌握在国相没藏讹庞手中。"谅祚既立而幼弱",[5]强臣用事,辽兴宗见报仇雪恨的大好时机已到,于是再一次兴师侵犯夏境。

公元1049年(夏延嗣宁国元年,契丹重熙十八年)七月,辽兴宗亲帅大军讨伐夏国,以天齐王重元、北院大王耶律仁先为先锋,韩国王萧惠为河南道行军都统,汉王贴不为副都统,率兵渡过黄河,向今河套地区推进,并迅速占领西夏的唐隆镇(今陕西神木县)。九月,萧惠将兵沿黄河南进,声势浩大,"战舰粮船绵亘数百里"。[6]由于萧惠轻敌"不备",夏军乘机猛攻,大败而逃,"追者射惠,几不免,军士死伤尤众"。[7]十月,辽北道行军都统耶律敌鲁古,率兵进入西夏右厢贺兰山地区,与夏军激战,大获全胜,"获元昊妻及其官属",[8]即俘获元昊妃没哆氏和夏臣家属数十人。

这次战争之后,双方还发生过一些规模不大、互有胜负的战争。具体战况如下:

公元1050年(夏天祐垂圣元年,契丹重熙十九年)二月,没藏讹庞命大将洼普、猥货、乙灵纪率军攻辽的金肃城(今内蒙古自治区准格尔旗北),被辽将耶律高家奴、耶

[1]《长编》卷162,庆历八年正月辛未。

[2]《西夏书事》卷18。

[3]《西夏书事》卷18。

[4]《辽史》卷20,《兴宗本纪》。

[5]《东都事略》卷128,《西夏》。

[6]《辽史》卷93,《萧惠传》。

[7]《辽史》卷93,《萧惠传》。

[8]《辽史》卷115,《西夏外纪》。

律仆里笃所击败。三月，没藏氏命观察使讹都哆率兵屯河南三角川(今内蒙古自治区达拉特旗南)，与辽殿前都点检萧迭里得率领的轻骑兵激战，讹都哆兵败被俘。五月，辽兴宗命西南面招讨使萧蒲奴、北院大王耶律宣新等率军乘胜进攻西夏首都兴庆府。没藏氏闭城坚守，不敢出战。六月，辽兵攻占贺兰山西北的摊粮城(今内蒙古自治区巴音浩特北)，"尽发廪积而还"。[1]

这些战争实际上是第一次规模较大战争的延续。

上述 1048 年 7 月至 1049 年 6 月间发生的辽夏战争，虽因互有胜负，难以分出谁是胜利者和谁是失败者。但如果我们从整体上和力量的消耗上去估量这场战争，那么，辽属小胜大败(因第一次战争萧惠等所率领的主力被消灭，损失惨重)，应为失败者，西夏相反，实为小败大胜，应属胜利者。正如《辽史》作者所指出：

　　〔兴宗〕狃于一胜，移师西夏，而智勇俱废，
　　败亦随之。岂非得不偿所亡，利安在哉?[2]

说明辽败夏胜的结论，早为史家所公认。

这次战争之所以夏胜辽败，原因有二：其一，由于辽军将领的骄傲轻敌所造成。史载：

　　明年，帝复征夏国。〔萧〕惠自河南进，……
　　既入敌境，侦候不远，铠甲载于车，军士不得乘
　　马。诸将咸请备不虞，惠曰："谅祚必自迎车驾，
　　何假及我?无故设备，徒自敝耳。"数日，我军未
　　营。候者报夏师至，惠方诘妄言罪，谅祚军从阪
　　而下。惠与麾下不及甲而走。[3]

这说明辽军将领萧惠等的骄傲轻敌，给夏军指挥者"出其不意，攻其不备"以可乘之机。

其二，与西夏军事指挥者比较能够正确指导战争，以及实战地形对西夏有利不无关系。

　　西夏弹丸之地，南败宋，东抗辽，虽西北士
　　马雄劲，元昊、谅祚智勇过人，能使党项、阻卜掣
　　肘大国，盖亦襟带山河，有以助其势尔![4]

这虽然说的是元昊、谅祚时期从整体上去看败宋败辽的原因，但也适用于这次辽夏战争。

对于这次战争的性质，清人吴广成评判道：

甘肃武威出土的西夏
荷叶口酱釉瓷尊

[1]《西夏书事》卷 19。
[2]《辽史》卷 93，《论赞》。
[3]《辽史》卷 93，《萧惠传》。
[4]《辽史》卷 36，《兵卫志下》。

是时两国交兵，殊无义战。[1]

这种观点显然是不正确的。其所以不正确，因为辽为了报南壁之仇而主动挑起战争，西夏完全出于自卫。谁是谁非，谁正义，谁非正义，昭然若揭。

此外，在这次战争中，由于辽军的烧杀抢掠，使西夏人民饱尝战争灾难。如西夏东北的军事重镇（被喻为夏州藩屏）——唐隆镇，"自经契丹残破，族帐逃亡"，[2]人民惨遭浩劫。这从一个侧面反映了辽兴宗发动对夏战争的非正义性。

第二节　毅宗谅祚巩固封建统治的措施

公元1061年（夏奲都五年）四月，谅祚与讹庞儿媳梁氏私通，被其子发现，讹庞十分恼怒，阴谋杀害谅祚，梁氏向谅祚告密。谅祚用计擒获讹庞及其子，并杀之。随后，又杀皇后没藏氏，另立梁氏为皇后。[3]至此，没藏氏专政结束，谅祚开始亲政。

毅宗谅祚亲政后，为了巩固西夏国家的统治，主要采取了以下几项措施。

一、改蕃礼为汉礼，提倡汉文化

公元1061年十月，谅祚令在国内停止使用蕃礼，改用汉礼。并派遣使者到宋朝去请求"欲以汉仪迎待朝廷使人，许之"。[4]

为了推行汉礼仪，谅祚还向宋朝求购衣服，宋同意其购"买幞头帽子及红鞓腰带及红鞓衬等物件"。[5]又乞赐工匠、伶官（即乐官）、译经僧等，"皆托词以拒之"。[6]

公元1062年，谅祚上表，贡马五十匹，"求《九经》、《唐史》、《册府元龟》及朝正至朝贺仪。诏赐《九经》，还其马。谅祚又求尚主，以昔赏赐姓，不许"。[7]

公元1063年（夏拱化元年），谅祚改用汉姓，仍用唐朝赐姓——李氏。

谅祚之所以采取这些措施，完全是为了适应其封建经济日益发展的需要和统治阶级日益汉化的需要。它对

西夏黑釉剔刻牡丹纹瓷瓮

[1]《西夏书事》卷19。

[2]《西夏书事》卷19。

[3]《东都事略》卷128，《西夏》。

[4]《长编》卷195，嘉祐六年十一月己巳。

[5]《宋大诏令集》卷234，《赐夏国主乞买物诏》。

[6]司马光：《涑水记闻》卷9。

[7]《长编》卷196，嘉祐七年四月己丑。

加速西夏社会的封建化,无疑起了一定的促进作用。

二、增官职,用汉人

谅祚时期,西夏中央官制基本上承袭了元昊立国初期的制度,但在该基础之上做过如下一些增益。史载:

> 汉设各部尚书、侍郎、南北宣徽使及中书、学士等官。蕃增昂聂、昂星、漠筒、阿尼、芭良、鼎利、春约、映吴、祝能、广乐、丁弩诸号。[1]

从而使西夏中央官制比元昊时期更加完备。

在调整官职的同时,谅祚还十分重视使用汉族知识分子,尤其重用宋朝投奔过来的失意的知识分子。公元1065年(夏拱化三年),谅祚在攻掠宋秦凤路时,俘掳汉人苏立,授以汉官。陕西延安文人景询犯罪叛逃夏国,谅祚爱其才,以他为学士,参与国事。谅祚对他们非常亲近和优厚,史载:

> 〔谅祚〕收纳中国人(指宋人),与之出入,起居亲厚,多致中国物以娱其意,此非庸人所及。[2]

谅祚重用汉人知识分子的举动,是他倾慕汉文化思想在行动上的反映,与他改蕃礼为汉礼的行动是相一致的。

西夏壁画《飞天拉奚琴图》

三、调整监军司

公元1062年(夏奲都六年)五月,谅祚对元昊时期设立的监军司进行部分调整,主要更换一些监军司的名称,同时设一个总的管理各监军司的机构。其所调整更换名称的监军司有:

> 谅祚以威州监军司为静塞军,绥州监军司为祥祐军,左厢监军司为神猛军,更于西平府设监军司为翔庆军总领之。[3]

谅祚依照宋朝制度改监军司为军,也是一种倾慕汉化的表现,在一定程度上体现了他的革新精神。为此,受到了因循守旧的宋朝统治者的诘问。"谅祚举措,近岁多不循旧规,恐更僭拟朝廷名号,渐不可长。乞择一才臣下诏诘问,以杜奸萌。从之。"[4]

谅祚对监军司的部分调整,可以使地方军政分开,文

[1]《西夏书事》卷20。
[2]《长编》卷235,熙宁五年七月壬午。
[3]《西夏书事》卷20。
[4]《长编》卷196,嘉祐七年六月癸未。

武官员互相牵制,对于加强西夏中央集权、巩固西夏边防起了一定的作用。

四、划地界,复和市

西夏与宋麟州交界地带,有 70 里之地没有设置堡垒屏障。其地位于屈野河西。由于土地肥沃,"田腴利厚"。[1] 没藏讹庞为西夏国相时,曾令民侵耕这一带土地,"以所收入其家"、"宴然以为己田"。[2] 公元 1055 年(夏福圣承道三年,宋仁宗至和二年),所侵耕地距屈野河只有 20 里。公元 1059 年(夏奲都三年,宋嘉祐四年),讹庞进占屈野河。次年,讹庞迫于宋朝停止陕西、河东和市的经济压力,表示愿意把屈野河西田 20 里退还给宋朝,但宋朝不许。总之,由于讹庞侵耕屈野河宋地,使西夏与宋麟州交界一带老百姓很不安宁。为了解决这一问题,谅祚亲政后,于公元 1061 年(夏奲都六年,宋嘉祐六年)派吕宁(番号官称)拽浪撩礼与宋朝议定,恢复旧界,在边界设立寨堡,"自今西界人户,毋得过筑堠东耕种……麟府州界户,更不耕屈野河西。其麟府不耕之地,许两界人户就近樵牧"。[3] 即双方人民不得越界耕作,但可以在麟府不耕之地打柴放牧。地界划定后,公元 1069 年(夏拱化五年,宋治平四年),又进一步恢复和市,[4] 通互市。

第三节　南侵吐蕃诸部,东掠宋朝边境

一、南侵吐蕃诸部

所谓吐蕃诸部,系指唃厮啰统治下的河湟及甘南一带的吐蕃各部落。西夏对吐蕃的攻略,早在景宗元昊之时,即已开始。为什么西夏要攻略吐蕃呢?这得从河湟地区在战略上的重要性说起。由于河湟一带地形险要,水草丰美,宜农宜牧,自汉武帝以来即为一些少数民族诸如先零羌、北凉、西秦、吐谷浑、吐蕃等首领"互相争逐"[5] 之地。因此,自李德明攻占厮铎督统治的凉州后,唃厮啰统治的河湟地区也就成为宋夏必争之战略要地。宋朝为了推行"联蕃制夏"之策,曾多次派出使者,如刘涣等人,不惜用

西夏壁画《舞蹈图》

[1]《宋史》卷 485,《夏国传上》。
[2]《西夏书事》卷 19。
[3]《长编》卷 193,嘉祐六年六月。
[4]《宋史》卷 41,《神宗一》。
[5] 顾祖禹:《读史方舆纪要》卷 64,《西宁镇》。

丰厚的爵禄与赏赐(如宝元元年十二月,宋任命唃厮罗为保顺军节度使,每年支出大彩1000匹,角茶1000斤,散茶1500斤),去笼络唃厮罗,使之与宋结盟,"出兵助讨西贼"。[1]景宗元昊为了解除这一后顾之忧,千方百计地企图用武力消灭唃厮罗。公元1034年(宋景祐元年),元昊命苏奴儿率兵25000去攻打唃厮罗,结果,夏军"败死略尽,苏奴儿被执"。[2]同年,元昊亲自率领大军深入河湟地区,唃厮罗鉴于众寡悬殊,难以抵敌,一面坚守鄯州不出,一面派人打听元昊虚实。唃厮罗打听到元昊渡河时,在水浅之处插上标帜,于是偷偷派人将标帜移植深水之中,等到双方决战结束,元昊大败而归,士兵仓皇从有标帜之处渡河撤退,"溺死十八九,所掳获甚众"。[3]此后,唃厮罗还多次用奇计打败了元昊,元昊再也不敢深入其境,同他交锋了。

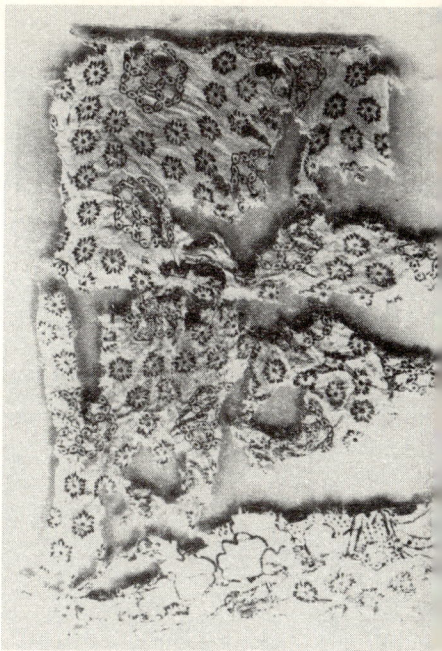

西夏驼黄地绘菊花纹绢

　　谅祚统治期间,由于西夏收纳了唃厮罗的叛降之人,加上夏辽关系恶化,辽与吐蕃结为姻亲(唃厮罗之子董毡娶契丹公主为妻),因此,西夏同吐蕃的战争比较频繁,但主要战争只有三次。

　　公元1058年(夏奲都二年)四月,唃厮罗属下吐蕃部落首领揲罗部阿作率众来投,没藏讹庞给他授官,使居边境要地。六月,讹庞以揲罗部阿作为向导,率兵围青唐城,被唃厮罗战败,酋豪6人被俘,丧失马匹和骆驼很多,"因降陇逋、公立、马颊三大族"。[4]

　　公元1062年(夏奲都六年)八月,唃厮罗第三子董毡杀契丹使者,与辽绝交。谅祚见有机可乘,派兵攻青唐城,又被唃厮罗战败。

　　公元1063年(夏拱化元年)五月,夏州党项贵族邈奔见吐蕃势盛,夏国屡败,以陇、珠、阿诺等三城叛降唃厮罗,因得不到唃厮罗的礼遇和重用,九月又逃回夏国,请谅祚出兵收复三城。谅祚发兵万人出战,"不能克,但取邈川归丁五百余帐而还"。[5]

二、东掠宋朝边境

　　谅祚同唃厮罗较量,损兵折将,于是转而联结吐蕃以抗宋,企图通过入寇宋朝边境,掳掠财物获得好处。

[1]《长编》卷128,康定元年八月癸卯。
[2]《宋史》卷485,《夏国传上》。
[3]《宋史》卷492,《吐蕃传》。
[4]《宋史》卷492,《吐蕃传》。
[5]《宋史》卷492,《吐蕃传》。

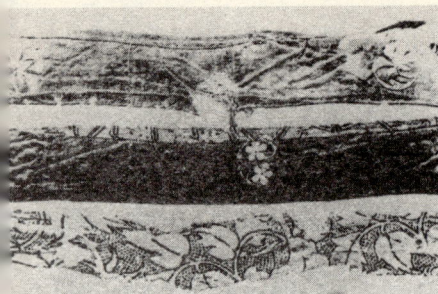

西夏绣花饰带

公元 1063 年(夏拱化元年,宋嘉祐八年)二月,宋河州刺史王韶攻占熙河,降服洮河以西吐蕃各部落,西使城(今甘肃定西县西南)首领禹藏花麻不愿归服,但又无力抵抗秦州钤辖向宝的武力攻掠,于是以西使城及兰州(今皋兰县)一带的土地献给西夏。谅祚大喜,立即派兵支援禹藏花麻,协力抗宋,同时将宗室女嫁给他,封为驸马。[1]

公元 1064 年(夏拱化二年,宋治平元年)七月,谅祚借口宋朝官僚有意侮辱夏国使节,打算点集军队攻入宋境。宋泾原副总管刘几探知该情况后,报告暂代秦凤经略使陈道古,请派兵加强防守,不听。于是谅祚乘机派兵 10 万,分别攻入秦凤路、泾原路,驱胁归宋的党项熟户 80 余族归夏,杀宋弓箭手数千,掠人畜以万计。

公元 1065 年(夏拱化三年,宋治平二年)正月,谅祚派兵万余人深入庆州(今甘肃西峰市),进攻王官城,被宋鄜延路经略使孙长卿击退。三月,命右枢密党移赏粮出兵攻宋保安军顺宁砦(今陕西志丹县北),围攻半月,无功而还。十一月,谅祚派兵攻宋德顺军(今甘肃静宁县)同家堡(原为党项生户居地),"杀属户数千,掠牛、羊数万"。[2]

公元 1066 年(夏拱化四年,宋治平三年)九月,谅祚亲自率兵数万,攻入庆州之大顺城(今甘肃西峰市北),大顺城被围 3 日,未能攻下,谅祚"乘骆马,张黄屋,自出督战",[3]宋用强弩射夏军,谅祚中箭受伤,夏军无心恋战,纷纷败退。

公元 1067 年(夏拱化五年,宋治平四年)三月,谅祚派遣使者向宋神宗"献方物谢罪",[4]保证今后谨守封疆,不再侵扰宋境。神宗答应同夏讲和,赐西夏绢 500 匹,银 500 两。五月,夏绥州监军司嵬名山,被部下李文喜(汉族)等胁迫,以绥州(今陕西绥德县)降宋。谅祚派兵争绥州,战于大理河,失败。绥州失守后,谅祚加强银州驻兵以备宋。十二月,谅祚卒,年二十一,在位二十年。谥曰昭英皇帝,庙号毅宗,墓号安陵。

三、对毅宗谅祚的评价

谅祚在西夏国家面临没藏氏专权,和辽兴宗入侵的

[1]《西夏书事》卷 20。
[2]《西夏书事》卷 21。
[3]《梦溪笔谈》卷 25,《杂志二》。
[4]《宋史》卷 485,《夏国传上》。

严峻考验的情况下，诛讹庞，败辽兵。同时为了适应夏国
政治、经济发展的需要，采取废蕃礼，用汉礼，增官职，用
汉人，调整监军司，划地界，复榷场等一系列的巩固封建
统治的措施，从而使夏转危为安，步入正常发展的轨道。
这些措施表明谅祚保持了其父元昊革新进取的精神，对
于西夏社会的发展和西夏国家的巩固起了不可忽视的作
用，是值得肯定的。至于谅祚代表党项贵族的利益，为扩
充疆土，掠夺邻国财富而发动的对外掠夺战争，以及凶忍
好淫，"过酋豪大家，辄乱其妇女"，[1] 则应当否定。正如清
人吴广成所指出：

> 　　谅祚生未周龄，突遭大故：三将分治，势比
> 连鸡；母族专权，形同卧虎；守贵难生肘腋，契丹
> 兵入贺兰；家声贻墙茨之羞，国事等棼丝之乱。
> 斯时李氏簒袭，岌岌乎殆哉！而数载之后，即能亲
> 揽大政，坐收兵权。见契丹之强则事之，侦讹庞
> 之叛则诛之，遵大汉礼仪以更蕃俗，求中朝典册
> 用仰华风，皆元昊数十年草创经营所未能及者。
> 惜其杀没藏，立梁氏，好色灭伦，不特君道有乖，
> 即贻谋亦未善也。[2]

评价历史人物除了要从总体上全面地、一分为二地进行
评价外，还要看他是否在前人的基础之上有所创新，有所
前进。正如列宁所指出：

> 　　判断历史的功绩，不是根据历史活动家没
> 有提供现代所要求的东西，而是根据他们比他
> 们的前辈提供了新东西。[3]

由于吴氏在评价谅祚时，不仅能比较全面地和一分为二
地肯定其政绩，指出其缺点，而且在评判其政绩时，着重指
出谅祚继承了元昊的诸多建树，却在不少地方超过了他。
如改蕃礼为汉礼，求赠儒家经典，大力提倡汉文化……，等
等，"皆元昊数十年草创经营所未能及者"。因此，他对谅
祚的评议，不失为中肯之论。
　　总之，从谅祚一生的所作所为看，仍然是一位值得肯
定的历史人物。

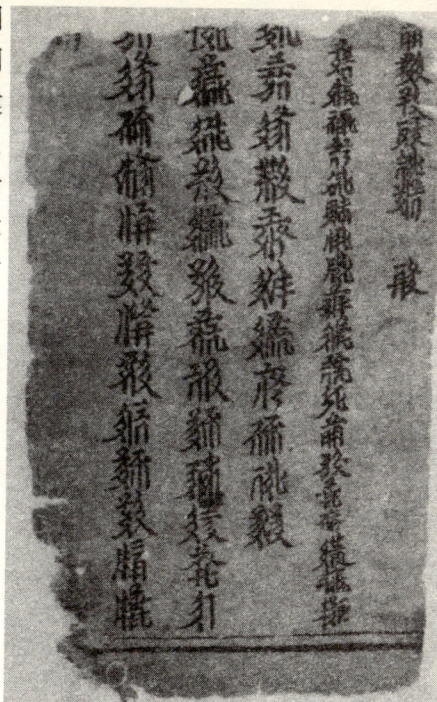
西夏木活字版西夏文佛经

[1] 《东都事略》卷 128，《西夏传》。
[2] 《西夏书事》卷 21。
[3] 列宁：《评经济浪漫主义》，《列宁全集》第 2 卷第 149—151 页。

西夏四季黑釉开光牡丹瓷瓮

1 关于梁太后的身世及其与梁乙埋、罔萌讹的关系，司马光有很简略的记载："秉常幼，母梁氏当国，梁氏本拽利氏之妇也。梁乞埋（即梁乙埋）、梁逋移，梁氏叔兄也。盲讹（即罔萌讹）勇健，国人附之，夏人急于赐予，故使盲讹入见，秉常及母送至宥州"。李裕民：《司马光日记校注》第42—43页，中国社会科学出版社1994年版。
2 《梦溪笔谈》卷25，《杂志二》。
3 《长编》卷231，熙宁五年三月。
4 《梦溪笔谈》卷25，《杂志》。
5 《梦溪笔谈》卷25，《杂志二》。
6 《西夏书事》卷22。
7 苏辙：《栾城集》卷39，《论西夏事状》。

第四节　母党梁氏专政及其倒行逆施

一、梁氏母党集团的形成及其倒行逆施

谅祚去世后，其子秉常即位，年方7岁，由其母梁太后[1]垂帘听政，以其弟梁乙埋为国相。同时，重用党项贵族都罗尾集团和罔萌讹。"萌讹略知书，私侍梁氏，移逋、萌讹皆以昵倖进。"[2] "今彼所用谋国者，非梁氏叔伯即兄弟。"[3]这样，便组成了以梁太后为首的母党集团，他们把持着夏国最高军政大权，排斥异己，为所欲为。

梁氏集团掌握军政大权后，采取了一系列倒行逆施的措施，使西夏国家面临着严峻的考验。

公元1069年（夏乾道二年、宋熙宁二年）八月，梁氏向宋上表，请求废汉仪，改用蕃礼，神宗许之。她的这一做法，引起一些党项贵族和汉官的不满。元昊弟嵬名浪遇，精通兵法，"最老于军事"，[4]谅祚时曾任国相，时为都统军，"以不附诸梁，迁下治（无关紧要之地）而死"。[5]梁氏对浪遇的排斥、打击，反映了皇族与后族统治阶级内部矛盾的激烈斗争。梁氏在排斥异己的同时，还大力提拔乙埋的子弟为官，使其"并居近要，于是诸梁权日甚"，[6]从而使梁氏母党集团的力量进一步得到了加强。

二、发动对宋战争

梁氏母党集团，在"孤童幼弱，部族携贰（离心）"[7]和社会矛盾、统治阶级内部矛盾日益激化的情况下，为了转移国内人民的视线，大举入寇宋朝边境，穷兵黩武。

公元1069年三月，梁氏向宋朝上表，请以塞门、安远二寨换回绥州，宋神宗不许。四月，梁氏以此为理由，派兵进攻宋秦州，破刘沟堡，宋将范愿战死，损失士卒数千人。九月，又借口宋神宗禁止宋边民与夏民私市，致使夏国货用缺乏，发兵攻打庆州，大掠人户而还。闰十二月，梁乙埋亲自率兵攻顺安、绥平、黑水等寨（均在今陕西绥德县境），围绥德城（宋收复绥州，筑城后改名绥德），由于绥州守将郭逵防守得法，未能攻下，夏兵只好撤退。

公元 1070 年(夏天赐礼盛国庆元年,宋熙宁三年)五月,西夏再一次攻打庆州,大败宋兵。八月,梁氏点集国中全部兵力,倾巢出动,深入宋环庆路,攻大顺城、柔远砦、准安镇等地,庆州守将郭庆等领兵出战,大败阵亡[1]。吐蕃董毡乘夏国空虚,率兵进入夏国西境,梁乙埋被迫退兵。

公元 1071 年(夏天赐礼盛国庆二年,宋熙宁四年)元月,宋以知青涧城种谔为鄜延钤辖,命诸将皆受种谔节制。种谔为了夺取宜农宜牧的夏人赖以为生的横山地区,率领宋军深入横山要冲啰兀,并在啰兀之北大败夏兵,同时派兵 2 万筑啰兀城(位于无定河边,托定故县北之滴水崖)。种谔在啰兀筑城,派兵把守,等于在西夏的战略要地,打进了一个楔子,使以梁氏为首的西夏统治集团感到恐慌,"自是夏人日聚兵为报复计"。[2]

种谔筑啰兀城的同时,又派兵进筑永乐川、尝逋岭二寨,分遣都监赵璞、燕达等"筑抚宁故城,及分荒堆三泉、吐浑川、开光岭、葭芦川四寨"。[3]种谔一连串的筑城寨之举,使梁氏集团十分恼怒。二月,梁乙埋调集十二监军司的全部兵力发起反攻,攻顺宁寨,围抚宁,连败宋军,"于是新筑诸堡悉陷,将士千余人皆没",[4]夏军乘胜夺回了啰兀城。

由于连年对宋战争,引起夏国人民严重不满和阶级矛盾的激化,在此情况下,梁氏被迫于五月遣使与宋议和。九月,派阿泥(蕃号官称)嵬名科荣、吕宁(蕃号官称)焦文贵由延州入宋,索取绥州,宋朝不许。第二年七月,夏宋议定,以绥德城外 20 里为界,各立烽堠。

第五节　梁氏幽禁秉常与宋朝五路伐夏

一、梁氏幽禁秉常

公元 1076 年(夏大安二年),秉常已满 16 岁,应该亲自过问朝政,但因"夏主愚闇",[5] 实权仍为梁太后所掌握。

公元 1080 年(夏大安六年)一月,秉常在皇族的支持

西夏白釉天鹅纹高颈瓷瓮

[1]《宋史》卷 486,《夏国传下》。

[2]《宋史》卷 15,《神宗本纪》。

[3]《宋史》卷 286,《夏国传下》。

[4]《宋史》卷 286,《夏国传下》。

[5]《梦溪笔谈》卷 25,《杂志二》。

蝴蝶装西夏文《妙法莲华经》

下，下令取消蕃礼，恢复汉礼，但因梁氏集团的反对，只好作罢。

公元1081年三月，夏将李清劝秉常"以河南归朝廷"，[1]以便借宋朝的力量削弱梁氏集团的势力。秉常表示赞同，并准备派李清到宋朝联系。不料机密泄露，太后与萌讹密谋，先捕杀李清，接着"幽秉常于兴州之木砦"。[2]梁氏母党发动政变的消息传开后，秉常旧时亲党和用事诸酋豪"各拥兵自固"，与梁氏对抗，"国内大乱"。[3]宋君臣得知该消息后，认为是"兴师问罪"[4]的大好时机。同时，宋神宗"久欲收灵武"。[5]于是一场大规模的宋夏战争就不可避免了。

二、宋朝五路伐夏

1.战争的起因及简要经过

公元1081年（夏大安七年，宋元丰四年）六月，宋神宗藉口梁氏幽禁秉常，"忽奸臣之擅命，致弱主之被囚"，及梁氏背信弃义，侵宋边疆，"暴驱兵众，直犯塞防"，为此，他决定"兴问罪之师"，与夏国军民，"共诛国仇"，[6]下令兴师，分五路大举伐夏。宋神宗以熙河经制李宪为统帅，对五路将领及兵力作了如下部署：由宦官李宪总领熙秦七军及吐蕃首领董毡领兵3万出熙河；宦官王中正率领河东兵6万出麟州（今陕西神木县北）；种谔将鄜延及畿内兵93000出绥德；外戚高遵裕率领步骑87000出环庆。

这次宋神宗出兵的意图很明确，决心也很大，即要求将士齐心协力，领兵将领"不惜爵赏，鼓励三军士气"，[7]一举荡平西夏。按照宋军原来的作战计划，总的作战方略是分进合击，"五路之师皆会灵州（今宁夏灵武县西南）"。[8]具体战术由泾原、环庆两路会师先取灵州，然后攻打兴州，河东、鄜延两路到夏州会合，先攻取环州，然后直捣兴州。至于董毡所率的吐蕃军队，"赴兴、灵道路阻远，即领全军过河（黄河），攻取凉州"。[9]意在从侧面牵制夏国右厢军队，配合五路主力攻取兴州。

刘昌祚率领5万人马，首先开入夏境，到达堪哥平磨哆（chi佟）隘口，与夏统军国母弟梁大王接战，大败夏军，"斩获大首领没罗卧沙、监军使梁格嵬等十五级，小首领二百一十九级，生擒首领统军姪纻多埋等二十三人，斩二

[1]《长编》卷280，熙宁十二年二月，《西夏纪》卷15。

[2]《西夏书事》卷25。

[3]《西夏书事》卷25。

[4]《宋史》卷333，《俞充传》。

[5]《宋史》卷312，《王珪传》。

[6]《宋大诏令集》卷235，《招谕夏敕榜》。

[7]《长编》卷315，元丰四年八月庚辰。

[8]《宋史》卷486，《夏国传下》。

[9]《宋会要辑稿·兵》8之24—25。

千四百六十级"。[1] 接着,乘胜进军,抵达灵州城下。由于刘昌祚受高遵裕节制,遵裕唯恐昌祚独立大功,命令他暂时不要攻城,但等遵裕的军队到达之后,夏兵已做好了防御的准备。夏人决黄河七级渠水淹灌宋军,同时派兵断绝宋军粮道,宋军饥寒交迫,加上水淹,死伤惨重,溃不成军,高遵裕的87000人,撤退时只剩下13000人。种谔率领的93000人马,从陕西绥德城出发,沿无定河西进,连续攻占了银州、石州、夏州等地,由于军粮接济不上,加上大雪纷飞,士兵饥寒相逼,撤退时仅剩3万人马。王中正所部6万人马,从麟州出发,沿无定河北进,进入沙漠地区,前进十分艰难,到宥州奈王井时,也因军粮缺乏,士卒损失约2万人,被迫撤军。种谔、王中王两路大军,因饥寒交迫,先后惨死于无定河的状况,正如唐时陈陶在其《陇西行》一诗中所描绘的那样:"可怜无定河边骨,犹是春闺梦里人。"至于统帅李宪所率领的熙、秦7军和吐蕃兵3万,于九月间在攻占古兰州之后,接着向东攻占龛谷(今甘肃省榆中县境内),获得大量窖藏粮食及武器,"分兵发窖取谷及防城弓箭之类"。[2] 十月,率军至天都山下,"焚夏之南牟内殿并其馆库",[3] 打败西夏统军仁多唛丁,擒获士兵100人。鉴于前线宋军接连失利,于十一月间班师回原驻地。

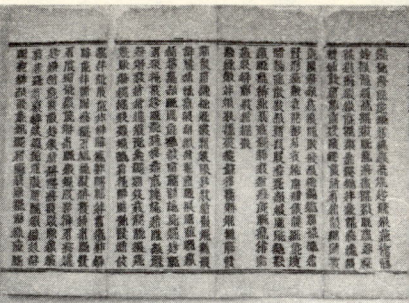

西夏木活字版西夏文
《大方广佛华严经》

2. 夏胜宋败的原因

公元1082年(夏大安八年,宋元丰五年)正月,宋神宗下令追究这次战争失败的责任。高遵裕责授郢州团练副使,本州安置,种谔、王中正、刘昌祚并降官。五路伐夏,以宋方失败而告终。究其原因有以下几点:

第一,神宗命将非人,使这次战争缺乏卓越的富有军事才能的统帅来正确指挥。当神宗打算用宦官李宪、王中正为统帅时,宋臣孙固反对道:

> 伐国大事,而使宦者为之,士大夫孰肯为
> 用。……今举兵五路并进,而无大帅,就使成功,
> 兵必为乱。[4]

同知枢密院吕公著也反对任用宦者为帅,但神宗未能采纳这种意见。直至五路伐夏失败之后,神宗才认识到自己命将非人的错误,他对孙固说:

[1] 《宋会要辑稿·兵》8之25。
[2] 《宋会要辑稿·兵》14之18。
[3] 《宋史》卷486,《夏国传下》。
[4] 《长编》卷313,元丰四年六月甲申。

若用卿言,必不至于此。[1]

在答文彦博的手诏说:

> 朕涉道日浅,昧于知人,不能图任将帅,以
> 天赐可乘之机,上为祖宗殄灭一方世仇,深为厚
> 颜。……[2]

此时的神宗虽然已经幡然悔悟,但大错已经铸成,只有望
洋兴叹了。

第二,战略部署有失允当。这次战争,神宗采用五路
并进,分进合击的战略方针。但该方针一出笼,就有人提
出异议,并指出了它的危险性。如宋臣赵咸指出:

> 诸路之帅,皆欲直趋兴州,覆其巢穴,臣等
> 以为进兵深入,西贼引避,迁其居民,空其室庐,
> 实有深计。盖使我军进无所得,退无所恃,食乏
> 兵疲,然后邀我归路,自当坐致困弊。[3]

战争的实践证明了赵咸议论的正确性。当宋军进入夏境,
五路并进之时,由于宋军行动迟缓,各路互不统属,显得
力量散慢,给西夏以可乘之机。西夏统治者最初针对宋军
五路并进的态势,采用分路全面防御之策。史载:

> 梁氏闻汉兵四出,分遣诸监司兵,委大帅梁
> 永能总领拒之。永能折作三溜,一以当路,一以
> 旁伏,一以俟汉兵营垒未定,伺隙突击,又于通
> 道堑绝山谷设为阻险,守备甚谨。[4]

处处设防的结果,由于兵单力弱,招致了诸如米脂砦、高
川石峡、磨哆隘、龛谷等一连串阻击战的失败,但西夏统
治者并未气馁,他们及时接受教训,召开军事会议,重新
讨论作战方针。史载:

> 梁氏问计于廷,诸将少者尽请战,一老将独
> 曰:"不须拒之,但坚壁清野,纵其深入,聚劲兵
> 灵、夏而遣轻骑抄绝其馈运,大兵无食,可不战
> 而困也。"梁后从之。[5]

由于及时采取了坚壁清野,诱敌深入,断敌粮道,集中优
势兵力同敌作战的正确方针,终于化劣势为优势,变被动
为主动,转失败为成功。

第三,宋军缺乏统一指挥,领兵将领未能协同作战,
也是失败的重要原因。

西夏雕版印刷西夏文
《四言杂字》

[1]《长编》卷321,元丰四年
十二月乙丑。
[2]《长编》卷323,元丰五年
二月丁丑。
[3]《长编》卷319,元丰四年
十一月己丑。
[4]《西夏书事》卷25。
[5]《宋史》卷486,《夏国传
下》。

按照宋神宗的要求，宋军将领应当服从李宪的统一指挥，各路大军应当齐心协力，互相配合，但进军的实际情况却是各自为战。五路人马除刘昌祚与高遵裕两军先后攻抵灵州城下外，其余各路均不能按期出兵和到达目的地。如种谔所率之军，按照原定计划，本应从鄜延西进，会师灵武，但"谔迁枉不进"，[1] 竟率师至银州、石州和夏州，迁延时日，无功而还。同时，将领之间互相猜忌。如泾原路副总管刘昌祚，受外戚高遵裕节制，昌祚攻占鸣沙川，逼近灵州城下，城门未及关闭，先锋几乎夺门而入，但高遵裕嫉妒刘昌祚独立大功，"驰遣使止之……命按甲勿攻"。[2] 由于嫉贤妒能，坐失战机，遵裕围灵州城十八日，不但未能攻下，反被夏人挖开七级渠水所灌，军溃南遁，狼狈不堪。

5号陵（全景）

3. 战争的性质及其对宋夏的影响

这场战争的性质，对宋来说是一场掠夺性的不义战争，而西夏则是防御性的正义战争。其所以如此，这从以下两个方面可以看出。首先，从宋夏军民对这场战争的态度看，其性质很清楚。由于赵宋统治者发动这场战争的根本目的，是为了夺取"陷没百年"[3] 的银、夏、绥、宥诸州，一举荡平西夏，在进行战争的过程中，执行了一条错误的民族歧视和民族屠杀的"杀人夺地"[4] 的政策。因此，西夏人必然要奋起反抗宋朝的入侵。至于北宋军民对这场不义战争，也采取不支持和不合作的态度。如负责这场战争转运粮草的李稷，驱迫民伕运粮，"民伕苦摺运，多散走，稷不能禁"。[5] 即以逃亡拒运的方式表示他们对这场战争的抗议。同时，那些亲身参加这场战争并从灵州前线溃退下来的士兵，不仅怒不可遏地活埋了平时在他们头上作威作福的军官，"士卒乃敢攘夺公私之物，至剥夺军官衣服，生埋掩之"；而且"自去巾帻辫发诈为蕃兵，追夺财物，军器什物，弃毁满野"。[6] 即用实际行动表示强烈反对这场不义的战争。

其次，一些看问题比较客观的赵宋臣僚并不否认这场战争的非正义性。如北宋的史学家司马光认为："灵夏之役，本由我起，新开数寨，皆是彼田。"[7] 苏辙也认为神宗熙宁以来的对夏战争（包括这次战争），"曲在朝廷"，[8] 等

[1]《宋史》卷 335，《种谔传》。
[2]《宋史》卷 349，《刘昌祚传》。
[3]《长编》卷 328，元丰五年七月。
[4]《长编》卷 405，元祐二年八月丙子。
[5]《长编》卷 319，元丰四年十一月甲申。
[6]《长编》卷 321，元丰四年十二月癸亥。
[7]《温国文正司马公文集》卷 53，《论西人请地乞不拒绝札子》。
[8]《栾城集》卷 38，《论兰州等地状》。

5号陵鹊台及周围瓦砾

[1] 张舜民《画墁集》,有标题《西征回途中二绝》。龚鼎臣《东原录》"城下"作"城外","青铜峡"作"青冈峡"。《仇池笔记》"斫"作"砍","休上"作"也上"。

[2] 《宋史》卷347,《张舜民传》。

[3] 《西夏书事》卷26。

[4] 《东都事略》卷127,附录五《西夏传》。

[5] 《宋文鉴》卷55,苏轼《因擒鬼章论西羌夏人事宜》。

[6] 参阅拙作:《宋神宗五路伐夏述论》,载宋德金等主编:《辽金西夏史研究》,天津古籍出版社1997年8月版。

等。这场战争甚至连亲身参加战争洗礼的环庆帅高遵裕的机要秘书、主掌机宜文字的张舜民也持不赞成的态度。他作《灵武诗》云:

> 灵州城下千株柳,总被官军斫作薪。
> 他日玉关归去路,将何攀折赠行人。
> 青铜峡西韦州路,十去从军九不回。
> 白骨似沙沙似雪,将军休上望乡台。[1]

由于张舜民用诗的语言抨击了这场战争的非正义性,因此使他受到了谪迁降职等处分。"坐谪监邕州盐米仓,又追赴鄜延诏狱,改监彬州酒税"[2]。

这次战争给宋夏双方都带来了较大的损失和影响。

对宋来说,损兵折将,劳民伤财,不但未能打垮夏国,反而使边患更多。正如大臣富弼所说:

> 灵州之役,中国竭公私之力以事诛讨,未能大创西人,而使其得吾士马,取吾器械,收吾金帛粮食以贻北敌,借兵求援,其为边患,岂非反增强悍乎?[3]

一语道破了宋朝以损人开始,以害己告终。

对西夏来说,同样付出了很大代价。为了阻止宋军实现一举灭亡西夏的战略目标,"悉其精锐,渡河保兴、灵"。[4]造成前线空虚,使宋军顺利占领了兰州重镇及银、石、夏、宥诸州,并控制了横山北侧的废城和旧砦,从而使横山境内200里地区的老百姓不敢耕种。同时由于战争,宋朝罢岁赐,绝和市,造成物价飞涨,人民流离失所。"虏中匹帛五十余千,其余老弱转涉,牛羊堕坏,所失盖不可胜数。"[5]说明这场战争同样给西夏带来了很大的危害。[6]

第六节　宋夏永乐之战与秉常复位

一、永乐之战

灵武之战失败后,总统五路的败军之将李宪不甘心失败,向宋神宗"上再举之策"。他鉴于灵武之战分兵的教训,建议这次会合各道军队,然后攻其必救之地。具体做法应该集中主力于泾原一路,然后边进军边筑堡障。"自西宁寨进置堡障,直抵鸣沙城(今宁夏中卫县境),以为驻兵讨贼之地。如此,则灵州不攻自拔,河外贼巢必可扑灭。"[1]另外一些大臣如种谔、沈括等则极力主张经营横山,巩固和扩大占领范围,并最终夺取横山地区。种谔经营横山的建议是从银州筑城开始,其次迁移宥州于乌延,然后再修筑夏州、盐州、会州和兰州。认为只有这样,才能使"横山强兵、战马、山泽之利,尽归'中国',其势居高,俯视兴、灵,可以直覆巢穴"。[2]沈括经营横山的建议,更为简单明确,那就是在夏州西八十里筑古乌延城。神宗表示赞同,派给事中徐禧、内侍押班李舜举往相其事。由李稷负责兵饷粮运,又令沈括率兵同往经办。徐禧至鄜延与沈括商议,改变主意,上疏请先城永乐。永乐接宥州,附横山,距故银州城 25 里,北倚山,南临无定河,三面皆绝崖而无水泉,种谔对此提出异议,认为筑永乐城非计,但徐禧不听。公元 1082 年(夏大安八年,宋元丰五年)八月,徐禧发蕃汉军民用了 14 天的时间筑完永乐城,赐名"银川寨"。同时命曲珍率领 800 士兵戍守。徐禧、沈括、李舜举等皆还米脂。因为永乐地处险要,西夏发兵以死争之。"夏兵二十万屯泾原北,闻城永乐即来争。"[3]徐禧闻报,留沈括守米脂,自己同李舜举、李稷赴援。及到永乐,夏兵倾国而来,徐禧以兵万人,列阵于永乐城下,部将高永能请乘夏兵尚未列好阵势之时出击,徐禧不听。夏人以铁骑(即著名的"铁鹞子"骑兵)渡无定河,有人建议乘其"半济击之",[4]徐禧又不听。夏军渡无定河,大败宋将曲珍,将永乐城重重包围。夏兵切断水源,宋军绞马粪汁为饮料,渴死大半。沈括、李宪闻讯赶来救援,因受夏兵的阻击,无法到达。时天下大雨,夏人环城猛攻,永乐城被攻陷。

这次战争,宋方损失惨重。"是役也,死者将校数百人,士卒、役夫二十余万",连统兵主帅徐禧也不能幸免。"〔徐〕禧、〔李〕舜举、运使李稷皆死于乱兵。"[5]

这次战争之所以惨败,究其原因,主要是由于徐禧的妄谋轻敌和坐失战机所造成,而永乐城的缺水,则起了加速的作用。

甘肃武威出土的
西夏文殊菩萨

[1]《宋会要辑稿·兵》28 之 26。
[2]《长编》卷 328,元丰五年七月。
[3]《宋史》卷 334,《徐禧传》。
[4]《宋史》卷 486,《夏国传下》。
[5]《宋史》卷 486,《夏国传下》。

西夏佛教经变画中的
《舞蹈图》

二、秉常复位

秉常囚禁以来,梁太后为了缓和统治阶级内部矛盾,转移国内人民视线,连年发动对宋战争,结果"岁赐"与"和市"两绝,物价飞涨,老百姓因负担无休止的兵役和徭役,不能进行正常生产(横山边民更是不敢耕种),生活饥寒交迫,对梁氏集团的倒行逆施极为不满。在这种情况下,梁太后与弟梁乙埋商议,决定让秉常于1083年(夏大安九年)闰六月,正式复位。

但秉常复位后并未掌握实际权力,实权仍掌握在梁太后和梁乞逋[1]手中。梁太后一面遣使与宋通好,称臣纳贡。宋朝也因此恢复西夏岁赐;另方面,为了继续掌握军权,稳住自己的权势和地位,梁乙埋仍然不断对宋用兵,骚扰和掠夺宋朝边境地区的百姓。

公元1085年(夏大安十一年)二月,梁乙埋死,其子梁乞逋自立为国相,继续与梁太后结成死党,把持着西夏最高军政大权。这样,梁氏集团与保皇势力之间的斗争更加尖锐激烈了。

公元1086年(夏天安礼定元年)七月,秉常卒,年26岁,庙号惠宗,墓号献陵。

[1] 梁乞逋,绝大多数史籍作梁乙逋。据西夏陵区正献王墓出土的西夏文残碑𗼨𗟲𗣼,应该译作梁乞逋。"后之舅梁乞逋等罪行累累,罄竹难书。"转引自李范文《西夏研究论文集》。

6号陵(远景)

第五章

西夏国家的昌盛

第一节　母党梁氏擅权和对宋战争的继续

一、梁氏擅权

秉常因梁太后与乞逋内外用事,忧愤而卒。其长子乾顺继立,年方3岁,尊母梁氏为昭简文穆皇太后。夏国军政大权分别掌握在后族梁氏（梁太后及其弟梁乙埋之子梁乞逋）、皇族嵬名阿吴和皇族仁多保忠等三大家族手中。由梁太后、梁乞逋总揽全国大权,嵬名阿吴和仁多保忠分掌兵权。三大家族"势力相敌,疑阻日深"。[1]他们互相倾轧,钩心斗角,但左右政局的仍为梁氏家族。在梁氏家族中,尤其是梁乞逋专横跋扈,目空一切,不可一世。他以乾顺母舅的身份,仗着"一门二后"的国戚关系,"独专国政,日与中国(宋朝)抗衡,缘边悉被荼毒"。他残酷迫害秉常的亲信大臣,甚至"潜谋篡夺,刑赏自专"。[2]他的这些倒行逆施行为,引起了本族一些酋豪的不满,与他同床异梦,离心离德。"梁氏擅权,族党酋渠多反侧顾望。"[3]

二、对宋沿边诸州的攻掠

梁乞逋鉴于统治集团内皇族与外戚之间的矛盾斗争日益激化,为了转移矛盾,对宋沿边诸州发动了一系列的掠夺性的战争。

公元1087年(夏天仪治平二年,宋元祐二年)七月,

[1]《长编》卷404,元祐二年八月。

[2]《西夏书事》卷29。

[3]《宋史》卷328,《安焘传》。

6号陵东南角台

梁乞逋矫乾顺之命，派卓罗监军司都统仁多保忠率兵攻泾原，遇宋泾原总管刘昌祚领军阻击，不战而还。八月，梁乞逋命十二监军司军队会合于天都山，同时相约吐蕃族首领阿里骨配合攻宋熙州（今甘肃临洮）、河州（今甘肃临夏西南）。阿里骨率兵15万，围攻河州，失败。梁乞逋派军数万增援，与宋军激战，败还。九月，又派仁多保忠率兵10万，围攻泾原，泾原总管刘昌祚卧病不起，知军张之谏不敢出战，仁多保忠命士兵焚庐舍，毁冢墓。庆州知州范纯粹遣副总管曲珍往救，"珍持虚驰三百里，破之曲律山，俘斩千八百人"。[1]俘虏老弱妇女数百人，仁多保忠闻讯后，急忙解围而去。

公元1088年（夏天仪治平三年，宋元祐三年）正月，梁乞逋率兵侵府州，被守将钳宗翌击败。三月，又率兵袭击德静砦，被守将张诚击退。四月，派兵攻塞门砦（今陕西安塞县北），因闻宋兵攻石堡砦（今陕西志丹县北），破洪川砦（今陕西靖边县西南）而被迫撤兵。七月，梁乞逋入侵兰州，"攻龛谷寨，砦兵及东关堡巡检等战不利，死者几百人"。[2]

公元1089年（夏天仪治平四年，宋元祐四年）二月，梁乞逋因国内饥荒，民不聊生，无法点集军队，于是派遣嵬名善哩贡马请和。十一月，宋夏经过一番讨价还价，最后议定夏归还永乐之役的宋朝俘虏149人，宋将葭芦、米脂、浮图、安疆四砦给夏国。[3]

公元1090年（夏天祐民安元年，宋元祐五年）六月，梁乞逋攻占质孤、胜如二堡，并将二堡毁废。八月，夏派使者请求宋朝归还横山、兰州以南的砦堡，宋哲宗答应了夏国的请求。

公元1091年（夏天祐民安二年，宋元祐六年）四月，梁乞逋发兵10万，攻熙河通远军，围定西城，毁沿边所筑护耕七堡，杀掠居民以千计。八月，梁乞逋攻打宋土门堡（今陕西安塞县北），杀鄜延都监李仪。接着，又派兵攻打泾原、怀远砦（今宁夏固原县南），围城5日而去。九月，梁乞逋发兵15万，扬言要攻环庆、鄜延等路，实际上攻打河东路的麟州、府州一带，杀掠蕃汉居民，驱掳牲畜，焚烧庐舍。诸砦守将皆不敢与战，惟横阳堡守将孙贵，多次以奇

[1]《宋史》卷350，《曲珍传》。
[2]《宋史》卷486，《夏国传下》。
[3]《东都事略》卷128，《西夏传》。

兵袭击获胜,迫使夏军撤退。

在梁乞逋入侵宋朝边界的同时,河西塔坦利用西夏空虚,率部袭击贺兰山以北的罗博监军司(指白马强镇监军司,驻地娄博贝),劫杀人户千余,掠牛羊孳畜万计。梁乞逋闻讯急忙回师救援。十一月,宋环庆经略使章楶(jie音节)命都监张存率兵入韦州(在内蒙古河套东部),攻安州川、霄柏川诸处,"蕃部被杀者千余人"。[1]

公元 1092 年(夏天祐民安三年,宋元祐七年)正月,梁乞逋在辽大将萧海里驻兵宋北部边境、对宋起牵制作用的情况下,派兵攻绥德城,以重兵压泾原境,大肆掳掠 50 余日而还。

三月,梁乞逋于韦州静塞军司点集军队,打算进攻环州、庆州。环庆四路经略使章楶侦知夏国边砦每砦不过 800 余人,而且人马羸瘦,不堪一击,命大将折可适率泾原骑兵 8900 人,进攻韦州,夏兵大败,"斩首七十级,生擒四人,获马、牛、羊、骆驼等凡二千一百三十余口"。[2]

七月,梁太后为了挽回败局,企图大举攻宋,为了得到辽的声援,派遣使者请求出兵协助攻宋,辽道宗不许。

十月,梁太后亲帅 10 万大军,进攻环州和永和诸塞,围城 7 日,不克而退兵。知庆州章楶在梁太后将攻环州之时,命骁将折可适率领 1 万精兵潜伏于洪德砦,切断夏军退路,伏发冲击,夏军大败,梁太后尽弃帷帐首饰,易服而逃,其士兵"众相蹈藉,赴厓涧死者如积"。[3]

公元 1094 年(夏天祐民安五年,宋元祐九年)四月,梁乞逋一面遣使谢罪请和,一面乘宋沿边无备,纵兵分道进犯延、鄜二州,大掠党项熟户而去。

三、梁氏的败亡

梁氏统治集团凭借着手中的权力,不断发动对宋战争,使宋夏两国边界人民饱受战争灾难,"悉被荼毒"。梁乞逋每得宋朝岁次金帛,就在众大臣面前夸耀道:"嵬名家有如此功否?中国曾如此畏否?"同时为了美化对外战争,给自己脸上贴金,混淆视听,自我夸耀道:"吾之连年点集,欲使南朝惧吾,为国人求罢兵耳!"群臣因害怕他的

6 号陵东鹊台

[1]《西夏书事》卷 29。

[2]《长编》卷 470,元祐七年二月。

[3]《宋史》卷 253,《折可适传》。

6号陵西鹊台

权势,敢怒而不敢言,只好听之任之。梁乞逋自恃功高,"潜谋篡夺",[1] 连梁太后都不放在眼里,这就必然要加深统治集团内部矛盾的激化。环庆之战,梁乞逋请求将兵出战,梁太后不许,从而引起了梁乞逋心怀不满,矛盾逐步发展到白热化。

公元 1094 年(夏天祐民安五年,宋绍圣元年)十月,梁乞逋的"叛状益露"后,大首领嵬名阿吴、仁多保忠、撒辰等率兵出其不意地将其逮捕处死,并杀了他的全家。

梁太后处死了梁乞逋后,独揽夏国军政大权,继续入侵宋朝边境。

公元 1096 年(天祐民安七年,宋绍圣三年)二月,梁太后鉴于宋朝罢诸边划界,派兵攻绥德城东面的义合堡,大掠而还。三月,派兵数万围塞门砦,相持数日,因闻鄜延经略使派兵增援,只好撤兵。八月,派兵入侵宋德靖、宁顺二砦,因中泾原宋将张蕴的埋伏而大败,损失士兵数百人。

十月,梁太后以夏宋连年划界未定,夏国"于境内立数堡以护耕,而鄜延出兵悉行荡平,又数入界杀掠,国人共愤"[2] 为藉口,亲率 50 万人马,分三路入寇。东自黑水、安定堡(今陕西子长县西北)、西自顺宁、招安砦(今陕西安塞县西北),中自塞门、龙安砦(今陕西安塞县西北),大举入侵鄜延路。梁太后意欲首先以重兵攻下延州,然后南掠鄜州。见延州防备固若金汤,于是转攻金明砦。梁太后与其子乾顺亲自指挥督战,宋军大败,金明砦被攻占。宋兵 2800 人,除 5 人逃脱外,其余全部战死或被俘,"城中粮五万石、草千万束皆尽",[3] 即被夏兵抢运走。

公元 1097 年(夏天祐民安八年,宋绍圣四年)四月,宋知渭州章楶会合熙河、秦凤、环庆、鄜延四路军队,出葫芦河川(在石门峡江口好水河的北岸),修筑两座城砦,以便控扼有利地形,阻止夏国南侵。梁太后闻讯,急忙派兵前往袭击,被章楶率兵击败。修筑完毕,赐名"平夏城"(今宁夏固原县黄铎堡乡)和"灵平砦"(故址在今宁夏固原县杨郎乡王浩堡村),[4] 由宋将郭成率兵防守。宋修筑平夏城后,接着又于沿边要害之地继续修筑了一些堡塞。如熙河守将王文郁等筑汝遮为安西城,知太原孙觉筑葭芦城,等

[1]《西夏书事》卷 29。
[2]《西夏纪事本末》卷 27《评夏初城》。
[3]《宋史》卷 486,《夏国传下》。
[4]《宋史》卷 328,《章楶传》。

等。由于这些相继进筑的城堡多为沿边膏腴之地,因此,引起夏国党项贵族酋豪和汉族地主的议论纷纷。他们制造反宋舆论道:

> 唱歌、作乐田地,都被汉家占却,后何以堪。[1]
>
> 〔宋人〕夺我饭碗。[2]

梁太后见有机可乘,于是点集全国军队,准备夺取这些地区。

公元 1098 年(夏永安元年,宋元符元年)十月,梁太后为夺取宋进筑的沿边堡塞,与乾顺计议道:"平夏视诸垒最大,郭成最知兵。"[3] 兵法攻其坚则瑕自破,于是选择平夏城作为攻坚目标。梁太后亲自将兵 40 万,自没烟峡迅速赶赴平夏城,声势浩大,连营百里。梁太后用夏国建造名曰"对垒"的战车攻城。每次使用百辆,载数百人,填沟壕而进,飞石激火,昼夜不息。围城 13 昼夜,死伤 1 万余人。由于宋将郭成守城有方,未能攻破。一夕,忽起西北风,吹折战车,夏兵不战自溃。梁太后率领残兵,"惭哭裂面而还"。[4]

公元 1099 年(夏永安二年,宋元符二年)乾顺年满 16 岁,按理应该让他亲政,但"梁氏专恣,不许主国事"。[5] 辽道宗对梁太后一向十分厌恶。梁氏曾多次派使者向辽请求援助,都未允诺,加上夏所上表章往往出言不逊,流露了对辽国的不满。道宗忍无可忍,于是派遣使臣至夏国,用毒药酒将她杀死,从而结束了 13 年之久的梁氏专政的局面。

四、都城更名

兴庆府何时更名为中兴府,吴广成《西夏书事》卷 39 记载为 1205 年(天庆十二年)。由于没有注明史料出处,从而引起学者质疑。有的学者认为可能在 1082 年之后,[6]有的认为可能在 1099 年或 1086—1139 年期间。[7]我认为 1099 年(夏永安二年)的可能性较大。据西夏陵区 108 号墓碑铭记载:"崇宗践位,虽总揽乾坤……上即命公(梁国正献王)城中兴"。乾顺朝政独断,"总揽乾坤"的时间始于1099 年。因这一年梁氏专政结束,乾顺实际掌权,其更名

西夏光定二年汉文新法条文

[1]《长编》卷 485,绍圣四年四月壬辰。

[2]《西夏纪》卷 21。

[3]《宋史》卷 350,《郭成传》。

[4]《长编》卷 503,元符元年十月己亥。

[5]《西夏书事》卷 31。

[6] 陈炳应:《西夏文物研究》,第 183—184 页。

[7]〔美〕邓如萍:《兴庆和中兴府及有关问题的考证》,载《中国民族史研究》第 2 辑,中央民族学院出版社 1989 年版,第 161 页。

中兴,当在情理之中。

第二节　乾顺立国方针的转变及其
巩固封建统治的措施

一、立国方针的转变

梁太后死,乾顺在辽的支持下,开始处理政务。乾顺亲政后, 根据西夏国情的变化, 将景宗元昊以来推行的"尚武重法"的立国方针,转变为"尚文重法"的方针。"国中建学养贤,不复尚武。"[1]尽管一些大臣如御史大夫谋宁克任等,上疏对该方针提出异议,认为应当"既隆文治,尤修武备",但"乾顺善之,不能用"。[2]

那么,乾顺为什么要推行"尚文重法"的立国方针呢?这是由当时的经济、政治、军事等方面发展变化的新形势所决定的。

从经济上去看,西夏自元昊建国之时,即已确立了封建制经济,至乾顺时,这种封建制经济得到了进一步的发展。与此同时,作为封建经济的主要组成部分——封建土地所有制也得到了明显的发展与巩固,封建农、牧主占有大量土地,残酷地剥削着广大的农、牧民。而一些有钱有势的大官僚、大农牧主,往往凭借着手中的权力,对贫苦农牧民进行暴力掠夺。如乾顺时晋王察哥"广起第宅,横征多诛求",[3]"有园宅数处,皆攘之民间者"。[4]

从政治上看,代表着传统保守势力的专擅朝政的母党外戚集团,与代表着统一的封建中央集权的帝党之间长期深刻的矛盾和斗争,至此已告一段落。乾顺在位期间,除结束外戚梁乞逋集团把持朝政的局面外,对于国内手握重兵的心怀叵测的悍将,及一般强横难制的部落酋豪,也取得了实际的控制权。前者如废夺卓罗右厢监军仁多保忠的兵权。后者如当时有一个号青面夜叉的酋豪,久为夏国患,乾顺命李显忠率领3000军队"昼夜疾驰,奄至其帐,擒之以归"。[5]这些措施,对于加强中央集权,巩固西夏国家的统一,起了不可忽视的作用。

从军事上看,乾顺即位后,宋夏军事斗争形势发生了

西夏人庆二年汉文
历书残页

[1]《西夏书事》卷32。
[2]《西夏书事》卷32。
[3]《西夏纪》卷34。
[4]《西夏书事》卷36。
[5]《宋史》卷367,《李显忠传》。

根本的变化。宋朝自灵武之战失败后，对西夏推行李宪的"进筑之策"。何谓"进筑之策"？就是选将练兵，训练出多支战斗力较强的军队，然后伺机深入西夏，每夺一地就在那里修筑堡塞，同时推行"降者纳质厚赏，各令安土，拒者并兵急击"[1]的剿抚兼施、降其众之策，以此来瓦解夏国军民的斗志，争取战争的主动权。李宪"进筑之策"的推行，取得了明显的效果。大体上自公元1096年（哲宗绍圣三年）秋，至公元1099年（元符二年）冬，宋在陕西、河东一带建州一，军二，关三，城九，寨二十八，堡十。[2]尤其是与宋接壤的西夏南部地区，丧师失地更为严重。

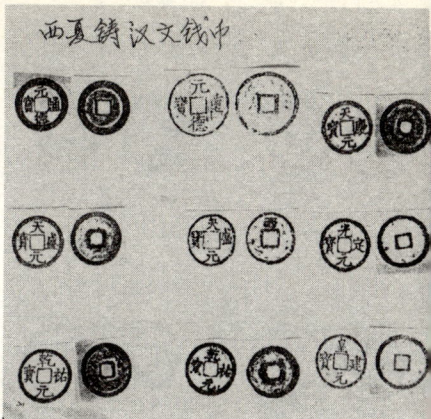

西夏铸汉文钱币

乾顺在"中国建城砦，数遭掩击，部族离散，归汉者益众"[3]的极端不利的军事斗争形势下，也依照宋朝，于东北沿边"多筑堡栅"。[4]

同时，在军事上注意吸收宋朝的长处，克服自己的短处。究竟宋朝有何长处？而夏国又有何短处呢？对此，晋王察哥进行了十分精辟的论述：

> 自古行师，步骑并利。国家用"铁鹞子"以驰骋平原，用"步跋子"以逐险山谷，然一遇"陌刀法"，铁骑难施；若值神臂弓，步奚自溃。盖可以守常，不可以御变也。夫兵在审机，法贵善变，羌部弓弱矢短，技射不精，今宜选蕃汉壮勇，教以强弩，兼以标牌，平居则带弓而锄，临戎则分番而进。以我之短，易中国（宋朝）之长，如此，则无敌于天下矣。乾顺是其策。[5]

这说明乾顺的"尚文重法"的立国方针，体现在军事上，并非只讲文治，不要武备，而是根据新的军事斗争形势，及时吸收宋朝在军事方面的一些长处，克服自己的短处，以便迅速改变夏国在军事上的不利处境。

乾顺推行"尚文重法"的立国方针，一方面给西夏社会带来了一个相对的和平环境，对夏国的政治、经济、军事和文化的发展起过积极的作用；另一方面也给西夏国家带来了比较严重的后果。

其后果之一，是推行"尚文重法"的立国方针，必然要提倡"以儒治国"，实行以仁孝治天下，而对于那些野心勃勃的大臣，有可能讲"仁"，讲"君臣之谊"，一再忍辱退让，

[1]《长编》卷149，庆历四年五月壬戌。
[2]《宋史》卷85，《地理志》。
[3]《西夏书事》卷31。
[4]《宋史》卷354，《何常传》。
[5]《西夏书事》卷31。

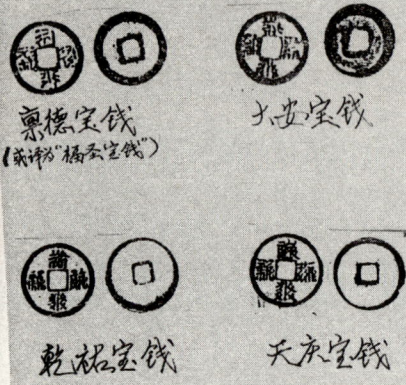

西夏铸西夏文钱币

从而导致内乱的发生。乾顺之子仁孝统治期间，其岳丈任得敬篡权窃国事件之所以发生，正是由于仁孝一再忍辱退让的结果。

其后果之二，是使夏国"军政日弛"。[1] 使一贯尚武，民风强悍的党项民族，随着汉化的加深逐渐变为一个文弱的民族，抵御外侮的能力减弱，最后经不住蒙古人的强大军事进攻而寿终正寝了。

二、巩固封建统治的措施

乾顺在"尚文重法"立国方针的指引下，采取了一系列巩固封建统治的措施。主要措施有以下几个方面：

1. 依附辽朝，与宋和解

乾顺之所以能够结束母党梁氏擅权和亲主国政，主要是依靠辽的力量，获得辽道宗支持的结果。因此，乾顺掌握夏国权力后，进一步依附辽朝，也就成为很自然的事了。

公元 1099 年（夏永安二年，辽寿昌五年）二月，乾顺应辽的请求派兵帮助辽国平息了拨思母、达里底等部起义。接着，派南路都统军嵬名律令到熙河向宋请和，哲宗不许。乾顺派使者请辽出面调和。三月，辽派签书枢密院事萧德崇、礼部尚书李俨去宋朝，为宋夏和解，宋哲宗以夏国"狡诈反复"，[2] 仍不允诺。但乾顺并未因此放弃与宋议和的希望。九月，乾顺派使者向宋上谢罪表，谢表承认夏国侵扰宋朝边境，是由母党梁太后和梁乞逋所挑起。"始则凶舅擅其命，顿生衅频；继复奸臣固其权，妄行兵战"，现在母党梁氏擅权已经结束，"母氏薨殂，奸人诛窜"，[3] 希望能够得到宋朝的谅解，恢复和平友好的关系，"追列祖之前猷，特赐曲全之大德，仍通常贡，获绍先盟"。[4] 宋哲宗同意议和修好。十一月，乾顺派遣令能（官名）嵬名济等向宋朝上誓表，誓表再次谴责母党梁氏侵宋罪责难逃。"两经母党之擅权，累为奸臣之窃命，频生边患，增怒上心，衅端既深，理诉难达。"保证今后严戒缘边首领官吏，不再滋扰宋朝边境。"谨当饬疆吏而永绝争端，戒国人而常遵圣化。"[5] 宋赐夏银器 500 两、衣着 500 匹，"岁赐"照旧。

公元 1100 年（夏永安三年，辽寿昌六年）十一月，乾

[1]《宋史》卷 486，《夏国传下》。

[2]《西夏纪事本末》卷 29，《辽人救援》。

[3]《长编》卷 515，元祐二年九月。

[4]《西夏纪事本末》卷 29，《辽人救援》。

[5]《宋史》卷 486，《夏国传下》。

顺派汉官殿前太尉李至忠,秘书监梁世显去辽朝入贡,并再一次请婚。辽帝问乾顺为人如何?至忠回答说:"秉性英明,处事谨慎,守成令主也。"[1]辽帝点头称善。

公元 1103 年(夏贞观三年,辽乾统三年)辽天祚帝许婚,并于 1105 年封宗室女南仙为成安公主,"嫁乾顺"。[2]此后,辽夏关系更加密切。

2. 实行分封,巩固皇权

乾顺亲政后,及时总结了外戚擅权的历史教训,为了巩固皇权,相应采取了两项措施,那就是解除一些领兵贵族的兵权和采用汉人的分封制度。

梁太后擅权期间,大将嵬保没、陵结讹遇曾为梁太后入侵宋边境出谋划策。公元 1099 年四月,乾顺藉口梁太后之死是由他俩所造成,下令处死二将。同年闰九月,卓罗右厢监军仁多保忠等领兵 10 万,援助吐蕃围攻湟州,败还。1103 年,宋熙河帅王厚奉宰相蔡京之命,遣其弟招诱仁多保忠,"还为夏之逻者所获,〔乾顺〕遂追保忠赴牙帐",[3]解除了他的职权。仁多氏与嵬名氏、梁氏同为当时的三大家族。梁氏败亡,仁多保忠又被解除军职,皇族嵬名氏的权力大大加强,乾顺的皇权也就因此而得到了进一步的巩固。

在解除领兵党项贵族兵权的同时,还对嵬名皇族宗室大加分封。西夏封王见诸文献记载,最早始于何时?一些西夏史专家认为始于乾顺,其实,应为景宗元昊之时。据宋人笔记记载:

> 其(唃厮罗)子瞎毡、摩毡角背叛其父自立,
> 摩毡素依首领成俞龙为谋主。俞龙复纳女于元
> 昊子宁令,伪号梁王者。[4]

说明早在景宗元昊之时,已经采用了汉人的分封制度。至崇宗乾顺时,为了适应巩固皇权的需要,对嵬名皇族成员又进行较大范围的分封。

公元 1103 年(夏贞观三年)九月,乾顺封其庶弟察哥为晋王。由于察哥"性雄毅,多权略",[5]精通兵法,智勇双全,是西夏皇室中难得的具有谋略的大将,因此,乾顺让他掌握兵权。

公元 1120 年(夏元德二年)十一月,乾顺封宗室景思

甘肃武威西夏墓出土的木板画《武士》

[1]《西夏书事》卷 31。

[2]《宋史》卷 486,《夏国传下》。《辽史》卷 27,《天祚帝纪》。

[3]《宋史》卷 486,《夏国传下》。

[4] 田况:《儒林公议》卷上。

[5]《西夏书事》卷 31。

甘肃武威西夏墓出土的
木板画《武士》

子仁忠为濮王，次子仁礼为舒王。景思是惠宗秉常的功臣，当秉常被囚时，曾成功地防止了罔萌讹等对秉常的暗害，因此，他是与母党梁氏对立的皇室贵族。其子仁忠、仁礼通蕃、汉文字，擅长文学。乾顺根据其父的功勋及二人的才能，量才录用，授仁忠为礼部郎中，仁礼为河南转运使。

此外，据 1957 年发掘的西夏皇陵 108 号墓，墓主嵬名惠安，早在乾顺亲政之前，就被封为"梁国正献王"。[1]

乾顺时的分封制度，由于它仅限于皇室成员，因此，对于加强皇权，维护夏国的统一，起了一定的作用。但随着分封范围的扩大（由同姓扩大到异姓，尤其是扩大到外戚），及被封割据势力的强大，也就对皇权逐渐产生了离心力，出现了诸如乾祐年间分裂夏国的西平王之乱。

3. 建立国学，用人以资格进

西夏自元昊建国以来，便开始注意重用汉人知识分子，吸收汉文化。谅祚即位后进一步改蕃礼为汉礼，大力推广汉文化，但总的倾向仍然是重蕃学、轻汉学，尤其是梁氏擅权期间，由于废汉礼而使汉学也随之衰落。乾顺亲政后，为了适应封建经济发展的需要，以及巩固皇权培养大批封建御用人才，扩大统治基础，必须建立国学。公元 1101 年（夏贞观元年）八月，御史中丞薛元礼有鉴于此，上疏建议乾顺"以儒治国"，兴办国学（汉学）。乾顺及时采纳了他的建议，下令于蕃学外，"始建国学，设弟子员三百，立养贤务以廪食之"。[2] 即挑选皇室贵族子弟 300 人，由官府供给廪食，设置教授进行培养，量才录用。

乾顺建置国学，提倡汉文化，是他推行"尚文重法"立国方针不可或阙的关键性措施。尽管该措施导致夏国"兵政日弛"，引起大臣谋宁克任等的反对，他们主张"既隆文治，尤修武备"，[3] 但乾顺未与采纳。乾顺的这一做法是对的，因为谋宁克任的主张，反映了要求保存西夏旧俗，继续凭借武力进行对外掳掠的党项酋豪的利益，是与当时西夏封建生产关系和社会经济发展的历史趋势背道而驰的。

同时，国学的建立，加速了党项民族的汉化（封建化），促进了西夏文化的繁荣。这一积极的作用，也是应当

[1] 李范文：《西夏陵墓出土残碑考释》，载《西夏研究论集》，第 142—143 页。
[2] 《宋史》卷 486，《夏国传下》。
[3] 《西夏书事》卷 32。

充分予以肯定的。

乾顺在注意人才培养的同时，还十分注意官吏的任用。公元1112年(夏贞观十二年)正式公布按照资格任用官吏的办法。除"宗族世家议功、议亲，俱加蕃汉一等"外，对于擅长文学的人则特别优先予以任用，"工文学者尤以不次擢"。[1]这一措施在一定程度上体现了乾顺在用人方面的革新精神。

第三节　以法治军，颁行《贞观玉镜统》

俄罗斯亚洲民族研究所列宁格勒分所收藏的Л·К·科兹洛夫从我国黑城(今内蒙古自治区阿拉善盟额济纳旗)盗走的西夏珍贵文献——《贞观玉镜统》[2]是一本属于军事方面的法典。[3]该法典是崇宗乾顺贞观年间(1101—1113年)用西夏文雕板印刷出版的。该书采用"蝴蝶装"，刻印文字工整秀丽。目前，保存下来的有三个以上的版本，总共73面，残缺不全。尽管该书残缺颇多，很不完整，但我们仍然能够从中看到乾顺时期以法治军的简要概况。

一、乾顺时期颁行《贞观玉镜统》的原因

《贞观玉镜统》之所以颁行于乾顺亲政之后的贞观年间，并非偶然，究其原因有以下几点：

第一，推行"尚文重法"立国方针的要求。乾顺在"尚文重法"立国方针的指引下，虽然将夏国建设的重点，开始向振兴文教和发展社会经济方面倾斜，但"尚文重法"并非不要武备，而是在武备问题上更加精益求精。即不是一味去讲求军队的数量，而是需要提高军队的质量(包括军队的素质和战斗力)，而要达到此目的，必须制定或者在旧有的军事法规的基础之上，重新修订一部行之有效的军事法典，作为以法治军的依据，于是该书便应运而生。

第二，与当时严峻的军事斗争形势有关。所谓严峻的军事斗争形势，是指乾顺即位初期，宋夏在军事上较量的

[1]《西夏书事》卷32。
[2]该书的名称，过去译作《贞观玉镜统》或《贞观玉镜鉴》，近来有的学者为它正名，认为应当译作《贞观玉镜将》，其实，译作"统"也是可以的。因为：第一，书名西夏文第5个字可译为"将"或"统"；第二，"统"的含义有统理、统论、统制、统领、统军……等等；第三，西夏文将军二字也可以译为"统军"。因此，将书名译为"贞观圣明的将兵法"与译为"贞观圣明的统兵法"，似乎没有太大的差别。
[3]关于该书的性质，过去一些中外学者都认为是军事法典，但近来有的学者却认为它是兵书，不能叫做军事法典。其实，称它为军事法典也是可以的。因为第一，何谓法典？《辞海》云："搜集同一性质之法规所成之制定法，谓之法典。"也就说，只要将同属军事方面的一些成文规定汇集在一起，就可叫法典；第二，该书的内容既有军政方面的规定，也有赏罚方面的规定，而且大部分内容是后者，主要内容决定性质，因此，认为它是一本军事法典，似乎也是无可非议的。

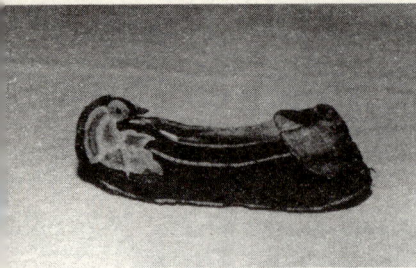

甘肃武威西夏墓出土的
绣花鸳鸯鞋

结果,夏军接连失利,尤其在夏国的西南地区丧师失地严重(详前)。在此情况下,为了重振军威,收复失地,也需要颁行军事法典,以法治军,提高军队的素质和战斗力。

第三,旧有军事法规必须更新。如众所知,景宗元昊在其立国之前,曾以"兵法勒诸部",并对过去以氏族血缘关系为纽带的部落兵制,进行过一些改革,但他所确定的兵制和实行的兵法,到乾顺时期,已经80余年,时过境迁,显然已经不再适应新的国情、民情和军情,必须根据新的情况,改弦易辙,重新做出新的规定,在旧的军事法典的基础之上制定一部比较完善的新的军事法规。

二、《贞观玉镜统》的主要内容

西夏文残本《贞观玉镜统》全文除序言外,尚有一至四篇。其序言,因残缺太多,难以窥其全豹。从其残页谈到过去的军律(如"赏罚律")虽"轻重分明",难以适应西夏已经变化了的国情和军情,"如今,□性忠奸不同,行军不易,功难明□……"[1] 来看,显然是在解释编纂《贞观玉镜统》的原因和目的。第一篇《军政篇》是有关军政制度的规定。第二篇《功篇》是关于各种军功奖赏的规定。第三篇《罪篇》是关于各级军官和士兵触犯各种律条处罚的规定。第四篇《进胜篇》是关于各级军官和士兵立大功奇功奖赏的规定。

从第一篇至第四篇现存的目录和正文看,该书的内容,大体上可以分为军政制度和军律两个部分,下面就这两个部分的主要内容分述于后。

1. 关于军政制度

该书第一篇集中谈了军政制度,其他几篇也有谈军政制度的。其内容大体上有如下几项:

(一)关于如何选将任职。第一篇目录云:

"共命将职,有诏旨,行文书"。(第1条)

"统印信,主律令者"。(第2条)

也就是说,选任诸如正副将军、正副行将、正副佐将等一类的军职,必须由上一级几个方面的统兵官共同研究决定,然后上报中央,经皇帝批准,颁布诏旨、印章、符牌,下达正式文书,才算完成选任将职的全过程。

[1] 陈炳应译:《贞观玉镜将·序言》,载《贞观玉镜将研究》。

（二）关于军队人员的构成和军官职级

在元昊定兵制之时，见诸汉文史籍的军队人员的构成比较单纯，只有正军和负担两种。正军是冲锋陷阵的战斗员，负担是随军杂役，其任务是负责筹备粮食和供战马食用的饲料，并负责将这些粮料运到军中。随着社会的发展，国情、民情和军情的变化，到乾顺时，军队人员的构成，逐渐复杂起来。据该书第二篇记载：

"将处役〔人〕、辅军、私人杀〔敌〕人"。（第 28 条目录）

"虞人〔获〕官赏赐"。（第 64 条目录）

"刑徒、苦役减刺〔字〕"。（第 75 条目录）

说明西夏军队最迟到乾顺之时，其人员的构成，除正军、负担外，还有"私人"（指军职人员的亲友子弟及民间有材勇者）、"役人"（指仆役）、"虞人"（向导）、"刑徒"、"苦役"，等等。这些人员以"私人"地位较高，"役人"次之，"刑徒"、"苦役"又次之。这些人员的出现，并非偶然，而是西夏封建社会尊卑贵贱等级关系在军队中的反映。

按照规定，上述成员中的"私人"、"役人"必须紧紧跟随将军参加战斗，如果在战斗中立有奇功（指俘获敌人的人、马、甲、胄、旗、鼓、金在 1500 件以上者），不仅可以得到大量的赏赐，而且可以晋升为军卒，至于"刑徒"和"苦役"，也可以立功减轻刑期（第二篇第 75—77 条）。这些规定显然有利于调动上述人员的积极性，从而从整体上提高军队的战斗力。

关于军官职级，该书第三篇第 3 条规定：

将军等在敌地域里，没有分头行进，而是去自己想去之处；要会战，聚处地名、时日已著明令，各自约齐〔届〕〔时〕都去，其中一将军准时到达；另一将军懈怠迟〔到〕，至会〔合〕地点时日，没有去时，先时到达的将军与敌军遭遇、战斗，〔有〕胜〔或〕败时，功罪在于将，由将承担。损失兵马时，损失大小多少……，一律乃迟到将军之罪，〔其〕官、职、军皆具失去，列入不主事官之列。若先到将军未遇战事，则迟到将军的官减去一半，司位、职等具丢失。

这段规定告诉我们：第一，至迟在乾顺时，西夏军队中的

甘肃武威出土的西夏木酒壶

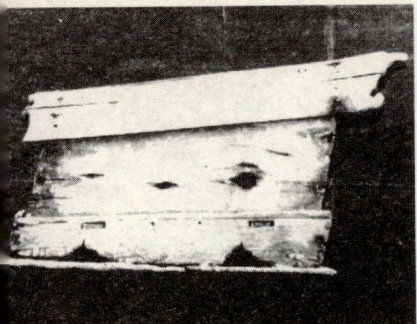
甘肃武威出土的西夏小木棺

军官职级,有官、职、军和司位。这里的"军"似乎应指军籍或军中职衔,"司位"可能相当于宋朝的差遣。这四种职衔,在宋朝军队中早已存在,说明西夏的军官职衔深受宋朝的影响;第二,存在主事官与不主事官两种不同类型的官。所谓"不主事官",应指大小统兵等主事官以外的杂官和幕僚等,这在宋朝军队中早就存在;第三,文中的官,应指官资。因为西夏文官字,其义为官,音为资,两者通用。在宋朝资作为考察官员,以备升迁的依据,差遣官任满一期便可以加一资。一个官阶分为若干级,每一级就是一资。宋军军功赏官分为"转官"和"转阶级"两种,因军功而升官的称为"转官",因军功而升军职的称为"转阶级",西夏将两者合而为一,均为"加官",也就是转官,即转资。西夏军官们的升降,往往以官为主,如步骑佐将立奇功,可加官 10 级,正首领立奇功,可加官 12 级,军卒立奇功,可加官 15 级。反之,因罪过受罚则要降官。如将军"因未往相助,具减 10 官"(第三篇第 4 条)。正副将军虚报俘获数量自 1 件至 500 件减三官,500 件至 1000 件减五官,虚报数量越大减官越多,当虚报至 2000 件以上至 2500 件时,"则官具减半",2500 件至 3000 件时,官、军、职皆免掉,贬为"底(层)官"。(第四篇第 9 条)

西夏官阶级数究竟有多少?史无明文记载,但西夏为小国寡民,人力、物力、财力有限,其官阶级数,肯定比宋、金要少。宋的武官官阶最多时高达 50 以上。如徽宗政和年间,"自太尉至下班祗应,凡五十二阶",[1] 金朝官阶据《金史·百官志》记载,文官为 42 阶,武官为 36 阶。

除了对上述两个方面的大问题做了相当详细的规定之外,还对作为军队指挥信号的旗、鼓、金以及行使统兵权的将军与最高统治者派来进行监督的察军(即监军)作了种种规定。由于该书有关这两个问题,仅存目录,正文荡然无存,详细内容无从知晓,只好暂付阙如了。

2. 关于军律

西夏军律可分为赏赐律与罚罪律两大门类。现将其主要内容分述于后。

赏赐律。该书关于赏赐的规定,主要集中于第二篇和第四篇。从这两篇的存目和正文看,其内容既有原则性的

[1]《宋史》卷 169,《职官志》。

规定，也有具体的规定。其原则性的规定主要有如下三点：

（一）关于立大功奇功的标准。其律令规定凡能"挫敌军锋"，大败敌军，俘获人、马、甲、胄、旗、鼓、金1500件以上者，才算立了大功奇功，得到一份相当丰厚的赏赐。反之，凡是俘获数量在1500件以下者，只能算立了一般军功，按照其"〔俘获〕〔的〕物品、数量领取官赏"（第四篇第1条）。

（二）对军官如何论功行赏。有两种情况：其一，在战斗中，人、马、甲、胄、旗、鼓、金各有得失时，原则上可以互相抵消。"将军等行进到敌地域中去，……〔与敌〕战斗时不能相挫败，兵马各自撤退时，得失人、马、甲、胄、旗、鼓、金等者，功罪可相抵"（第二篇第5条）；若得超过失，可以得赏，但必须超过"一百种以上"方能领取。反之，"〔若〕功超〔过〕〔罪〕一百种以下到一百种的，勿得功"（第二篇第2条），即不能论功行赏。当失多于得时，一般来说，要受到应有的处罚。但有一种情况例外，即将军经过殊死战斗，或能深入敌境，尽管得不偿失，仍可以按其俘获之物的种类及数量计功给赏。其二，当正副将军并肩战斗，若能既挫敌军锋，又能俘获敌之人、马、甲、胄、旗、鼓、金，两功相等时，"当取最高那种"，即按赏赐最多的那项领赏，不能两赏俱得。但如果将军亲手杀死敌人，"则获前功外，上述杀敌功亦可得"（第二篇第7条），即两赏可同时领取。

（三）对立了军功的刑徒、苦役如何行赏。律令规定：
"刑徒、苦役减刺〔字〕〔之〕功"。（第二篇75条目录）
"刑徒等功作半减〔刑〕期"。（第二篇76条目录）
也就是说，凡刑徒、苦役立了军功，其功应按常人一半计算，减刺字或减刑期。

赏赐律的具体规定主要有以下五个方面。凡符合这五个方面条件之一者均可论功行赏。

（一）克敌制胜者。包括挫敌军锋，大败敌人者。"将军、行将（私人）等……挫敌军锋，私人〔可〕〔成〕〔为〕军卒，挫敌军锋□□当得官、军赏赐"（第四篇第8条）；攻城战斗中首先登上敌人城头陷城者。"登〔敌〕城上〔者〕，初

西夏黑釉刻西夏文瓷瓶

西夏黑釉刻西夏文瓷壶

为杂官,若无官等,顺次加官"(第二篇第 63 条);在战斗中杀死敌军一人以上者。"杀一人以上,一律加一官,当得二十两银碗,衣服一袭七带,五两银腰带一条,茶、绢五十〔份〕,等等"(第二篇第 3 条);将军在战斗中将敌将打下马,让别人将其杀死者。"将、行将亲手〔击〕倒〔敌〕人,又令杀之"(第二篇第 17 条目录)也可论功行赏。

（二）打败仗时能立军功者。包括英勇断后,使全军撤退者;在战斗中将领败阵,但护卫、队人能挫敌军锋者,前者从将军到私人都可得到奖赏,后者仅限于护卫和队人。

（三）俘获各类战利品者。第二篇第 12 条规定:

> 与敌战斗中,获铠甲、马、旗、鼓、金,俘虏首
> 级、小孩、妇女等者,计将军、行将、佐将等之一
> 应功数中。

表明战利品有两类,一类为军用物资——铠甲、马、旗、鼓、金等;另一类为人,包括首级(死口)、妇女和儿童(活口)。

（四）揭露弄虚作假者。第三篇第 29 条规定:

> 正副将被诸人所告属实时……告者可加二
> 官,前所纳首〔级〕的赏赐与首〔级〕价等数若干,
> 告者具得。

即用加官和给予赏赐的手段,鼓励人们去揭发虚报俘获物、杀敌数量、以及买卖首级等腐败现象,从而达到澄清军队吏治的目的。

（五）虞人有功者。凡虞人带路有功,可"〔获〕官赏赐"(第二篇第 64 条目录)。

其奖赏之物,大体上有如下几类:一为提升官资。其具体升官办法是按功劳的大小和原有官职官资情况,升1—15 级。凡立有同样的军功,原来没有官资或官资少者升的资级就多,反之,就少。如立同样的军功,将军只加 7级,士兵则可加 15 级;二为物质奖。包括银锭和生活用品——银碗、衣服、茶叶、丝绸等物。前者如佐将以上立大功奇功者赏银一锭,后者如立一般军功者可得茶 8 斤—400 斤,丝绸 7 匹—400 匹,银碗 7 两—100 两,等等。凡立大功的军官,其职务较高者,可得金碗、金腰带、银鞍辔和

高级纺织品,等等;三为特殊奖。即对立大功奇功者赏给军直。所谓军直,即军中服杂役之人。而且官级越高赏赐的数量越多,相同的军功,将军可赏赐70名,而一般军卒只能赏赐30名;四为精神奖。即给予某种荣誉称号。如第四篇第10条规定,对立有军功,未能加官的"正副行将、游监、佐〔将〕、正首领、应监、小首领、帐主、押队、军卒等,当获勇捷〔称〕〔号〕等"。

罚罪律。该律也同赏赐律一样,既有原则性的规定,也有具体的规定。其原则性的规定,主要有以下四个方面。

(一)如何处罚败军之将。有两种情况:其一,正副将军一同参加战斗,因虞人引导失误,造成人、马、甲、胄、旗、鼓、金等损失,应根据最后落实的功罪情况,"一应计算,按正副高下承担"(第三篇第7条),即分别处罚,正重副轻;其二,将军虽然杀了敌人,但军马战败,其功罪又不能相抵,应根据"所犯何罪,按律承担"(第二篇第8条)。

(二)如何处罚阵亡将领的随行人员。如第三篇第21条规定:

> 正副将军阵亡时,护卫、首领、押队、亲随等四人具杀,满门充牧、农人。队人一律杖二十,面上刺字,终身监〔禁〕。

也就是说将军阵亡,其随行人员要分担全部责任,受到严厉的处罚。但这指的是一般情况,如遇特殊情况,诸如"因树倒、石迸、中飞箭、路坏等而坠死时,所部护卫不计罪"(第三篇第15条),即免于处罚。

(三)将军阵亡,其子弟能否继承其职衔和赏赐。一般来说,将军、行将、佐将在战斗中阵亡,其子弟应继承其"官、军之职"和所得战功赏赐,但如果是由于"不敢战而逃,因而被杀的",其子弟在本军,则不准继承其官、军之职和所得战功赏赐。如果其子弟"在别军,刚健可用,挫敌军锋,大败敌军,又先越过城头陷城者,则具得官、军"(第三篇第16条),即可继承其官、军之职。

(四)严惩弄虚作假者。所谓弄虚作假,即指虚报斩获敌军首级,或买卖首级。第三篇第29条规定:正副将军"若〔虚〕〔报〕一个首级以上的,则一律减二官,罚三匹马。

甘肃武威出土的木板画
《男侍图》

卖与首级者有官者减一官,罚一匹马。军卒杖十三"。

罚罪律的具体规定,其主要内容,可概括为如下五个方面,现分述之。

(一)在战争中不战而逃者,包括正副将军及其跟随者——役人、辅军、私人等都要受到严厉的惩处。如第三篇第2条、第22条规定,对于不战而逃的副将军,首先让正将军代行其职。然后捉拿归案,并及时将其罪行报告"世界"(朝廷),听候处置。至于其跟随者役人、辅军、私人等"丢下将军,逃避战斗败北时,具杀",即要处斩。

(二)将军懈怠迟到,延误战机者。有两种情况:其一,将军不能按规定时间到达事先确定的会合地点,如果先到的将军,已经与敌遭遇战斗,那么,迟到者"〔其〕官、职、军具失",如果未发生战斗,则迟到者"官减去一半,司位、职等具失"(第三篇第3条);其二,两将军相约,于同一天分头行动,"但其中一将军懈怠,到其日不行动,则降三官,罚五匹马"(第三篇第8条)。

(三)各级统兵官在战争中丧失人、马、甲、胄、旗、鼓、金者,只要亡失一分以上,就要受到降官罚马的处分,亡失越多,处罚越重。"亡失五分以上,则正将军一律处以极刑,副将军的〔官〕、〔军〕、〔职〕〔具〕失,贬入低层官"(第三篇第6条)。

(四)虚报战功、徇私舞弊者。包括虚报俘获数量者。如正副将军虚报俘获人、马、甲、胄、旗、鼓、金等一种以上,便要受到惩处,而且数量越大,所受处罚越重,虚报2500种至3000种的,"官、军、职皆免掉,贬为底〔层〕官",虚报3000种以上的,"一律处以极刑"(第三篇第9条);察军、司吏徇私舞弊及检查不严者,按规定,在战斗中所斩获的敌军首级,要经过察军、司吏等"共同看验加封",如果察军、司吏等不验实便对虚报的首级加封,"一首以上,一律〔处〕〔置〕。察军、司吏等有官而无军卒的,处以极刑"(第三篇第27条),即判处死刑。

(五)察军擅自离开将军者。按规定察军在行军战斗时应当紧紧跟随将军,形影不离。如果在战斗中擅自离开将军,又对战事不了解者,"则处以极刑,满门充军"(第三篇第28条)。

甘肃武威出土的本板画
《男侍图》

其处罚手段,由轻到重大体有以下七种:

(一)罚马。将军、行将、佐将等在战争中触犯多种刑律时,一般都要罚马,最少要罚 2 匹,最多时要罚 10 匹。

(二)减免官、职、军、司位。将军、行将、佐将在战斗中因为犯有诸如会合迟到、亡失兵马等罪行,则要根据情节轻重、官职高低,部分或全部减免其官、职、军、司位等职衔。

(三)逮捕、夺军权。如正副将军不战而逃,便要收其兵权,逮捕监禁,听候发落。

(四)杖刑和刺字。察军、护卫、主旗鼓者、司吏、军卒等因触犯刑律,在判处其他刑罚的同时,往往要判笞杖和刺字(面上、前额、后额)之刑。

(五)罚作苦役。根据所犯罪行情节的轻重,决定罚作苦役的时间,情况轻的罚作苦役的时间较短,反之,则较长。其刑期 1—6 年不等,6 年以上者极少。

(六)终身监禁。如正副将主旗、鼓、金者阵亡,旗鼓各亡失一件,其护卫便要判处杖 20,面上刺字和终身监禁。

(七)死刑。凡属情节严重者一般都要判处死刑。如主旗、鼓、金者,在战斗中丢失旗、鼓、金,自己跑回来的,便要处死。[1]

6 号陵陵台

三、《贞观玉镜统》的特点和实用价值

《贞观玉镜统》不是一般适用于军队平时驻防训练用的兵书,而是在宋夏军事斗争形势对西夏不利的严峻情况下,由西夏国君乾顺下令组织官员修订、颁行,供西夏军队作战时使用的军事法典。修订该法典的意图,旨在以法治军。即一方面对那些奋勇杀敌,立有军功的官兵予以种种奖励,另方面对那些虚报战功、徇私舞弊、不战而逃、玩忽职守的不逞之徒,给予应得的惩处,以正压邪,从而整顿西夏军队的军纪、军风,使西夏军队的素质和战斗力大大提高一步。为达到此目的,必须编一本简明扼要、重点突出,便于记忆、运用,赏罚适中,具有一定灵活性等特点的军事法典。而《贞观玉镜统》正好是具备这些特点的军事文献。

下面就该书的特点问题略作考察。

[1] 参阅陈炳应:《贞观玉镜将研究·贞观玉镜将的汉译和注释》,第 66—102 页。

6号陵区出土的文臣头像

第一，简明扼要，重点突出。如众所知，见于宋曾公亮等撰的《武经总要》一书的宋朝军律，范围颇大。其具体律令可谓全面琐细。举凡平时驻扎训练、后勤供应、下营列队、烽火信号、调兵手续、擒获敌军奸细、泄露军事秘密、使用间谍……等等；战时排阵、下寨、军容整肃、临阵失马、换马，追逐敌军远近、守城、围城不固，贪争财物而不杀敌，入敌境烧杀抢掠，乱杀俘掳，争夺俘掳……等等，几乎无所不包。与宋朝军律相反，西夏军律仅就战时集结、行军、打仗等方面，一些最重要的、带有普遍性的问题，作了明确而具体的规定，因此，其范围要小得多。它要求军官和士兵只需记住：英勇杀敌，挫敌军锋，攻城陷城，注意俘获敌人的人、马、甲、胄、旗、鼓、金和妇女、儿童，尤其是敌团练总管、佐官等重要人物，保护好自己的人、马、甲、胄、旗、鼓、金和妇女、儿童，保护好各级将领，听从主将号令，先报告而后行，各自忠于职守，尽职尽责，不可贪功冒功等等内容就行。西夏流行《四言杂字》，如果我们将上述内容的基本精神编为四个字一句的顺口溜，那就可以进一步压缩简化为如下几句：

人人奋勇，战斗为务。挫敌军锋，攻城破城。
保存自己，俘获敌人。保护首领，服从命令。不贪冒功，忠实为先。[1]

事实证明，军律规定得越繁琐，越难以执行，因为繁琐的哲学总是要灭亡的。西夏军律删繁就简，重点突出，注重实用性的革新务实精神，与元昊等统治者所倡导的革新、务实精神是完全一致的。

第二，赏罚比较适中。即无过重过轻的赏罚。兹以罚罪律为例。《贞观玉镜统》中的罚罪律总数为32条，但处死刑的只有七个方面，而《武经总要》中的罚罪律共有72条，几乎条条都是'斩'，似乎只有斩才能解决一切问题。如果我们用夏宋相同的罪行加以比较，其处罚也比宋轻。如对于会战或者召开军事会议无故迟到者，宋律规定为'斩'，西夏只免去其官、职、军，或官减半，免去司位、职，罚马10匹。对无故不救援者，宋律规定"全队部皆斩"，[2]西夏只处理其正副将军，减官或罚马，而不罚其他人。相形之下，孰轻孰重，哪个合理适中，昭然若揭。

[1]《西夏书事》卷12载元昊对野利仁荣道："蕃俗以忠实为先，战斗为务。"
[2]曾公亮等：《武经总要·前集》卷14，《制度·罚条》。

第三，具有一定的灵活性和相对的合理性。

其灵活性，如将军违反命令未能按时进军，本应处罚，但如果是由于半路上与敌人发生遭遇战，或下大雨雪雾，或向导迷路，或避敌哨探等客观原因所造成，则"勿量将军罪"（第三篇第8条、10条）。

其合理性突出表现在对官、兵赏罚的物品之上。对立有军功者往往赏以自宋朝得来的奇缺物品——丝绸、茶叶、金银，对犯有罪过的军人，往往罚以本国出产丰富的马，而且只对拥有大量马匹的军官才罚马，至于仅有少量马或者根本没有马的军卒及其他成员，则不罚马。表明西夏军律能从本国的国情、民情的实际出发，不强人之所难，因而具有较大的合理性，而这点也正是宋朝军律所缺乏的。[1]

由于《贞观玉镜统》具有上述特点和优点，因此，该书是一部具有较高实用价值的军事法典。[2]

6号陵区出土的人身石像

第四节　抗宋附金与疆域的扩大

一、抵御宋朝的侵扰

公元1100年（夏贞观元年，宋建中靖国元年），宋哲宗赵煦死，其弟端王赵佶（ji 音吉）继位，是谓宋徽宗。宋徽宗在位期间，政治上极端黑暗和腐朽。他以蔡京为宰相，同时重用朱勔、童贯、李邦彦、梁师成、王黼等，让他们共同辅佐朝政，作威作福，时人号称"六贼"。他们倡导"丰亨豫大"（即丰盛、亨通、安乐、阔气）之说。对内大兴土木，广建宫室。在苏杭设"应奉局"，搜集奇花异石，大搞"花石纲"之扰。又置"城西括田所"，肆无忌惮地掠夺老百姓的土地。对外，则好大喜功，加紧对西夏的侵扰。

公元1104年（夏贞观四年，宋崇宁三年）五月，陕西转运副使、知延安府陶节夫派兵攻占夏石堡砦并筑城以戍守。"石堡以天涧为隍，可趋者唯一路，夏人窖粟其间，以千数。"乾顺得知石堡已为宋朝所夺，惊愕道："汉家取我金窟垠！"[3]迅速派骑兵争夺，被陶节夫战败，斩获统军以下数十百人。六月，知河中府钟传派遣折可适率领锐骑出

[1] 参阅陈炳应：《贞观玉镜将研究》，第53—54页。
[2] 参阅拙作：《略论贞观玉镜统》，载《宁夏社会科学》1997年第5期。
[3]《宋史》卷348，《陶节夫传》。

6号陵区出土的雕龙栏柱

萧关,进抵灵州川(今宁夏灵武县南山水河)。由于夏兵仓猝无备,战败,俘获蕃民甚多。十月,乾顺向宋请和,希望节夫转达宋廷,遭拒绝。宋军又杀近边西夏牧民,乾顺大怒,会集四监司的军队,突入宋泾原路,包围平夏城,杀钤辖杨忠,又攻入镇戎军,"杀掳数万口"。[1]

公元 1105 年(夏贞观五年,宋崇宁四年)正月,乾顺遣枢密直学士高端礼向宋朝贡,并请宋撤回入侵西夏的军队,宋徽宗不许。二月,宋派兵攻打银州,夏监军驸马兀移率兵赴援,至嵩平岭(今陕西米脂县境),遇宋将韩世忠与战,世忠"跃马斩之,敌众大溃",[2] 银州城被宋军占领。

五月,经制环庆、泾原、河东边事的宋将陶节夫,鉴于宋"既得石堡,又城银州,西夏洪、宥皆在吾顾盼中。横山之地,十有七八,兴州巢穴浅露,直可以计取",[3] 于是向徽宗上疏,陈述进一步夺取兴、灵之策,徽宗和宰相蔡京均表赞同,命于西部边境储粮备战,准备大举伐夏。乾顺闻之,急忙调兵遣将。首先,主动发兵攻宋顺宁砦,被鄜延路第二副将刘延庆击败;接着,攻打湟州以北的蕃市城,又被辛叔宪等所击退。十二月,乾顺再一次派李造复、田若水至辽求援,辽派枢密副使入宋,请宋罢兵,并归还所侵夏国的领土,宋朝不许。公元 1106 年(夏贞观六年,宋崇宁五年)二月,辽派知北院枢密使萧得里底、南院枢密使牛温舒出使宋朝,再一次替西夏请求归还失地,几经交涉,宋同意归还崇宁以来所侵西夏地。六月,宋夏议和罢兵。宋"废银州为银川城",[4] 罢五路经制使,乾顺遣使分别至辽、宋表示谢意。

但历代统治者在战争与和平问题上,从来是根据需要,两手交替使用,往往"以和议佐攻战",[5] 以宋徽宗为首的北宋腐朽统治集团,当然也不会例外。由于徽宗、蔡京等开疆扩土,好大喜功,对西夏用兵的既定方针未变,因此,宋朝同意议和,是以退为进,为下一步更大规模的对夏战争做好准备。果然,7 年之后,徽宗以童贯总统永兴、鄜延、环庆、秦凤、泾原、熙河六路军队,发动了一系列的旨在最后全部夺取夏横山地区的战争。重要战役如下:

古骨龙之战:公元 1115 年(夏雍宁二年,宋政和五年)正月,童贯命熙河经略使"西州名将"[6]刘法将步兵和

---

[1]《宋史》卷 348,《陶节夫传》。

[2]《宋史》卷 364,《韩世忠传》。

[3]《宋史》卷 348,《陶节夫传》。

[4]《宋史》卷 20,《徽宗纪》。

[5] 宇文懋昭:《大金国志》卷 7,《太宗文烈皇帝五》。

[6]《宋史》卷 468,《童贯传》。

骑兵15万出湟州，秦凤经略使刘仲武率兵5万出会州（今茂汶羌族自治县境），童贯率中军主力驻扎在兰州，为两路声援。刘仲武率兵至清水河（今甘肃永登县境）筑城留兵戍守，自己撤回秦凤驻地。刘法率兵抵达古骨龙（今青海乐都县北），与夏右厢军展开激战，夏军大败，"斩首三千级"。[1]战后，刘法在此修筑震武城，派兵戍守。

6号陵区出土的石螭首

臧底河之战：公元1115年九月，王厚、刘仲武再一次会合泾原、鄜延、环庆、秦凤四路宋军，进攻臧底河（今陕西定边县西北）惨败，"死者十四五，秦凤路三将全军皆殁"。[2]王厚害怕宋廷追究战败之责，贿赂童贯不向徽宗奏报。同年冬天，乾顺派兵大掠萧关而去。公元1116年（夏雍宁三年，宋政和六年）二月，都统制种师道率领陕西、河东等七路10万大军，再一次进攻臧底河城，原拟十日攻克，围攻至第八日，因夏兵守备十分坚固，未能攻破，宋军开始懈怠，种师道下令，凡是攻战不卖力气，无论军官和士兵立即处斩。"列校有据胡床自休者，立斩之，死于军门。"[3]于是宋军皆奋力攻城，安边巡检杨震率领壮士带头首先登上城墙，接着，宋兵跟着攀垣而上，夏兵惊慌溃逃，城被攻克。

仁多泉之战：公元1116年二月，童贯命大将刘法、刘仲武会合熙、秦军队约10万人马，进攻夏仁多泉城（今青海门源县东南），围攻三日，未能攻下。守城夏兵坚守待援，终因援兵未至而请降。"法受其降而屠之，获首三千级"。[4]

靖夏城之战：公元1116年十一月，乾顺为了报复仁多泉战之仇，发兵大举进攻宋将种师道所修筑的靖夏城（今宁夏同心县南）。当时天气晴朗，好久没有下雪，夏兵先以数万骑绕城而走，使尘土飞扬，士兵对面看不见，然后暗中由城壕挖地道而入，"城遂陷，复屠之而去"。[5]

震武城之战：公元1118年（夏雍宁五年，宋重和元年）二月，乾顺乘宋熙河、环庆、泾原等地发生地震，人心慌乱之机，派兵从善治堡入围震武军。震武即童贯所筑的古骨龙城。该城知军孟明出兵应战，身受重伤，正在危急之时，熙河帅刘法率兵增援，夏兵被迫解围而去。

[1]《宋史》卷486，《夏国传下》。

[2]《宋史》卷486，《夏国传下》。

[3]《宋史》卷335，《种师道传》。

[4]《宋史》卷486，《夏国传下》。

[5]《宋史》卷486，《夏国传下》。

6号陵区出土的竹雕

统安城之战：公元 1118 年六月，乾顺见宋朝推行李宪的进筑之策，不断修筑堡寨，蚕食西夏领土，也仿效宋朝于凡六岭（今甘肃冷龙岭）宋夏交界处，筑割牛城（今甘肃永登县西）屯重兵防守，作为夏国东南防卫的屏障。童贯命廓州防御使何灌由肷公城（今青海西宁市西南）乘夜出兵偷袭，城破，改名统安。

公元 1119 年（夏元德元年，宋宣和元年）三月，童贯命熙河经略使刘法率兵攻取西夏兴州、灵州等地。刘法鉴于深入夏国心脏地区的时机尚未到来，不愿冒险进兵，童贯强迫道：“君在京师时，亲受命于王所，自言必成功，今难之，何也？”[1] 刘法不得已，只好率兵二万至统安城，与乾顺弟晋王察哥所帅步、骑兵发生遭遇战。察哥将他的军队列为三阵，以阻挡刘法的前军，同时，另派一支精锐骑兵登山绕到刘法军后面进行夹击。双方激战 7 小时，前军杨惟忠、后军焦安节、左军朱定国等皆战败。士兵饥寒交迫，战马多渴死。刘法利用夜色朦胧逃走，大约走了 70 里，至盍朱峗，被夏兵发现，随后尾追，坠崖折足被杀。宋损失人马 10 万，“贯隐其败，以捷闻”。[2] 察哥见刘法首级，对其部下说：

　　刘将军前败我于古骨龙、仁多泉，吾常避其
锋，谓天生神将，岂料今为一小卒枭首哉！其失在
恃胜轻出，不可不戒。[3]

“恃胜轻出”，一语道破了这次战争夏胜宋败的原因，察哥乘胜围震武城，童贯命刘仲武、何灌率兵救援。当宋援军未到、震武城危在旦夕之时，察哥本来可以一举攻下该城，但他却对部将道：“勿破此城，留作南朝病块。”[4] 并主动撤兵解围而去。

四月，童贯命种师道、刘仲武、刘延庆率领鄜延、环庆的军队出萧关（今宁夏同心县城南），“取永和寨（今宁夏同心县城南），割踏城（今宁夏同心县北），鸣沙会，大败夏人而还”。[5] 至此，夏国境内的横山地区全部被宋所夺取。

六月，乾顺在宋夏连年战争，消耗了大量人力物力，双方都感到十分困敝的情况下，主动向宋请和，徽宗表示赞同，下令六路罢兵。

[1] 《宋史》卷 468，《童贯传》。
[2] 《宋史》卷 468，《童贯传》。
[3] 《宋史》卷 486，《夏国传下》。
[4] 《宋史》卷 486，《夏国传下》。
[5] 王称：《东都事略》卷 128，附录 6《西夏》。

二、援辽抗金

11世纪中叶,当北宋王安石进行变法时,世居于我国长白山、黑龙江、松花江一带的女真族,勃然兴起。到12世纪初期,生女真完颜部的杰出首领完颜阿骨打,为了反抗辽对女真各部落的剥削和压迫,摆脱辽的统治,于公元1114年(辽天庆四年,夏雍宁元年,宋政和四年)九月,树起了反辽旗帜,发动了一系列的抗辽战争,并接连获得胜利。公元1115年(辽天庆五年,金收国元年),阿骨打称帝建国,国号大金。至此,出现了宋、辽、西夏、金四国割据鼎立形势。在辽金对抗的情况下,宋朝政府为了收复燕云十六州,采取了"联金灭辽"的方针,西夏由于与辽早已结为姻亲,自然要采取援辽抗金的政策。

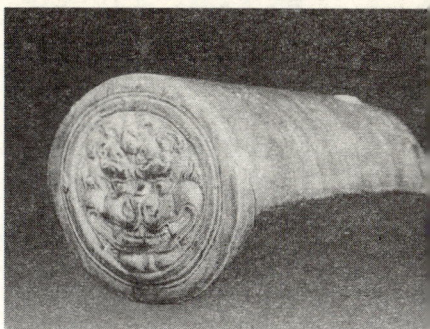
6号陵区出土的琉璃筒瓦

公元1122年(金天辅六年,辽大保二年,夏元德四年)三月,金将斜也、斡离不等攻辽西京(今山西大同),乾顺派5000兵马增援,刚出夏境,听说金将宗雄(原名谋良虎)已攻破西京,遂还师。五月,辽天祚帝耶律延禧因对金战争失利,走保阴山,乾顺命大将李良辅率兵3万前往救援,至天德军境,金都统娄室先命突撚补撖率骑兵200迎战,被李良辅击败。接着,命阿土罕再一次率领同样数量的骑兵迎战,因中埋伏又败。阿土罕仅以身免。娄室见两次小战失利,于是亲自率兵与李良辅战。娄室军出陵野岭,登高瞭望,见"夏人恃众而不整,方济水为阵",[1] 于是娄室抓住战机,急忙派人通知斡鲁率军前来增援。同时,将他的军队分为二队轮番出战,双方战于宜水(今内蒙呼和浩特市东南)河畔。在娄室、斡鲁两军的夹击下,夏军战败。金兵乘胜追击,"追至野谷,杀数千人;夏人渡涧水,水暴至,漂溺者不可胜计"。[2]

公元1123年(夏元德五年,辽大保三年,金天辅七年)正月,乾顺派兵屯于可敦馆为辽声援。金将宗翰遣娄室戍朔州(今属山西),"筑城于霸德山西南二十里",[3] 用以阻止西夏军队援辽。三月,辽天祚帝耶律延禧在金兵的沉重打击下,西逃至云内州(今内蒙古土默特左旗)。五月,乾顺知天祚帝驻跸之地离夏国很近,"遣使请临其国"。天祚帝为了感谢乾顺,也廉价地给了他一个封号。六

[1]《金史》卷72,《娄室传》。
[2]《金史》卷71,《斡鲁传》。
[3]《金史》卷72,《娄室传》。

6号陵区出土的琉璃
石榴纹方砖

月,"遣使册李乾顺为夏国皇帝"。[1]当乾顺准备迎接天祚帝到夏国避难之时,金国元帅宗望已"至阴山,以便宜与夏国议和"。[2]他奉太祖阿骨打之命,派遣使者带上他的亲笔信向乾顺提出,如果天祚帝到夏国,能够擒获送金,并能向金称臣纳贡,那么,金国就将辽的西北一带割让给夏。乾顺见辽国大势已去,眼看就要灭亡,为了同金王朝建立新的宗主关系,也就同意了金国提出的条件。

三、依附金朝,扩大疆域

公元1124年(夏元德六年,金天会二年)正月,乾顺派遣使者向金上誓表,并明确要求实行割地诺言。其表云:

> 始奉誓表,以事辽之礼称藩,请受割赐之地。宗翰承制,割下寨以北,阴山以南、乙室耶刮部吐禄泺之西,以赐之。[3]

具体地说,即将天德军、云内州、金肃州、河清军(今内蒙古东胜县北)及武州(今山西五寨县)等地割让给西夏。当金兵攻取辽武州后,却将它交给宋朝,从而引起了夏宋之间的武力冲突。七月,乾顺出兵夺取武、朔等州。宋宣抚使谭镇命李嗣本率兵迎战,双方各不相让。十月,乾顺遣使至金,"论宋所侵地",金太宗的答复是:"已命西南、北两路都统府从宜定夺"。"所谓西北、西南两路都统者,宗翰也。"[4]也就是说已将此公案交给宗翰去妥善处理。

公元1125年(夏元德七年,金天会三年)一月,天祚帝逃至应州(今山西应县)新城,被金将完颜娄室所俘获,辽亡。金灭辽后,稍事休整,旋即以宋收纳辽降将张觉(毂)为藉口,发动了侵宋战争。十一月,金兵分东西两路,长驱南下,东路由斡离不(宗望)率领,自平州(今河北卢龙)攻燕京(今北京)。西路由粘罕(宗翰)率领,自云中(今山西大同)攻太原。西路虽然由于遭到太原军民的顽强抵抗,屯兵于坚城之下,但东路因燕京守将郭药师的投降并充当向导,很快渡过黄河,直逼汴京(今河南开封市),汴京危在旦夕。但腐朽的北宋王朝并未因此而加强防御,相反,却给西夏争城夺地,扩大疆域以可乘之机。

公元1126年(夏元德八年,金天会四年)西夏按照割

[1]《辽史》卷29,《天祚皇帝本纪》。
[2]《金史》卷134,《西夏传》。
[3]《金史》卷134,《西夏传》。
[4]《金史》卷134,《西夏传》。

地的许诺,派兵攻取天德等州及河东八馆[1]地带。四月,夏出兵攻占宋震威城(今陕西榆林县境,距府州300里),杀宋知州朱昭。同月,"袭取天德诸城"。九月,攻取兰州东北的宋西安州(今宁夏海原县)。十月,出兵攻宋麟州建宁砦,杀宋守将杨震。十一月,发兵攻宋怀德军(平夏城)。"怀德,与西安、镇戎相犄角,应接萧关",[2]因其在军事上比较重要,乾顺曾派兵3000攻取,但被泾原第十将吴玠所败。这次鉴于西安州已被攻占,怀德孤立无援,故再发兵攻取,"知军事刘铨、通判杜翊世死之"。[3]乾顺进一步派兵围攻天都、兰州诸堡寨,掳杀人畜而还。至此,宋朝推行李宪进筑之策在夏国边境进筑的城堡,又重新回到了西夏的手中。

但夏国按约所攻占的天德、云内等州,旋即被金国元帅兀术以出猎为名所偷袭占领。乾顺派兵至金质问,金朝理屈词穷,于公元1127年(夏正德元年,金天会五年)三月,被迫将陕西北部地区割让给夏国,用以抵偿天德、云内。同时规定以河为界。金夏两国在陕西划定的具体疆界是:

> 自麟府路洛阳沟东距黄河西岸、西历暖泉堡,鄜延路米脂谷至累胜寨,环庆路威边寨过九星原至委布谷口,泾原路威川寨略古萧关至北谷川,秦凤路通怀堡至古会州,自此直距黄河,依见今流行分熙河路尽西边以限封域。[4]

概括地说,即东自黄河西岸,南以米脂、萧关、会州一线为界。

乾顺通过外交途径,获得陕西北部大片地区之后,接着,又用武力夺取宋朝城寨,不断扩大其疆域。

公元1128年(夏正德二年,金天会六年,宋建炎二年)九月,乾顺派兵攻占定边军(今陕西吴旗县西),"悉取其诸堡砦"。[5]

公元1129年(夏正德三年,宋建炎三年)七月,乾顺发兵攻取德靖砦(今陕西榆林县南),守将耿友谅"仅以身免"。[6]

公元1136年(夏大德二年,宋绍兴六年)七月,又取西宁州(青海西宁市),"守将弃城遁"。[7]

6号陵区出土的灰陶兽面瓦当

[1] 八馆之名为兜答、厮剌、曷董、野鹊、神崖、榆林、保大、裕民。"八馆者,膏腴产稻,夏国得之殊喜。"参阅宇文懋昭《大金国志》卷3,《太宗文烈皇帝一》注,及熊克《中兴小纪》卷4,建炎二年十二月。

[2] 《西夏书事》卷34。

[3] 《宋史》卷23,《饮宗纪》。

[4] 《金史》卷134,《西夏传》。

[5] 《宋史》卷486,《夏国传下》。《西夏书事》卷34。

[6] 《宋史》卷367,《郭浩传》。

[7] 《西夏书事》卷34。

6 号陵区出土的琉璃
花卉滴水

公元 1137 年（夏大德三年,宋绍兴七年）九月,乾顺派遣使者"以厚币如金,表乞河外诸州"。[1] 金将乐州（青海乐都县）、积石州（青海贵德县境）、廓州（青海化隆回族自治县西南黄河北岸）割给夏国。[2]

公元 1139 年（夏大德五年,宋绍兴九年）三月,乾顺得知府州知州折可求被金将撒离喝用毒酒害死,派兵一举攻"陷府州"。[3] 乾顺经过不断扩展领土,至此已将西夏疆域扩大到建国以来从未有过的规模。

四、对乾顺的评价

乾顺亲政后,依靠辽朝外援,结束梁氏母党专政的局面;顺应历史发展的趋势,根据夏国已经变化了的国情,及时转变立国方针,内兴改革,采取了一系列的巩固封建统治的措施;外抗强敌,抵御宋朝侵扰;利用辽金和宋金之间的矛盾斗争,从中渔利,扩展领土,"不特义合、葭芦侵疆尽复,而西宁、湟、鄯亦入版图"。[4] 这些措施对于巩固加强西夏中央集权,发展社会经济,无疑起了积极的作用,是应当充分肯定的。

总之,乾顺在西夏历史上是一个有为之君,是一位值得充分肯定的历史人物。

第五节　仁孝时期的番部起义与封建生产关系的发展

一、哆讹领导的番部起义

公元 1139 年六月,乾顺卒,享年 57 岁,谥曰圣文皇帝,庙号崇宗,墓号显陵。其长子仁孝即位,时年 16。仁孝即位之初,便发生了西夏历史上著名的番部起义。

这次起义之所以发生,究其原因大体上有以下两个方面:首先,是由于党项贵族日趋腐化,加强对各族人民压迫剥削所造成。

党项农牧主封建贵族,随着封建生产关系的发展,汉化的加深,日益腐化堕落,加紧对老百姓的搜刮与压榨。如乾顺的庶弟晋王察哥掌握着夏国的军政大权,"贿货公

[1]《西夏书事》卷 35。
[2]《金史》卷 78,《刘筈传》。
[3]《宋史》卷 29,《高宗纪》。
[4]《西夏书事》卷 35。

行,威福自用",[1]"广起第宅,横征多诛求",[2]"有园宅数处,皆攘之民间者"。[3]虽已年逾古稀,仍是姬妾成群,尽情享乐。至于一般党项贵族也上行下效,"悉以奢侈相高"。[4]统治阶级过着骄奢淫逸的生活,必然要加深对老百姓的剥削和压迫,使人民处于水深火热之中,因而激起反抗。

其次,饥荒、地震加深了被压迫者的贫困和灾难。

仁孝即位不久,由于农产品的歉收,夏国境内发生了严重的饥荒,"民间升米百钱"。[5]公元 1143 年(夏大庆四年)三月,首都兴庆府发生强烈地震,震期较长,"逾月不止"。人畜房舍损失严重,"坏官私庐舍城壁人畜,死者万数"。同时,夏州发生"地裂,泉涌出黑沙",堆积如山丘,"林木皆没,陷居民数千"。[6]七月,又出现了严重饥荒,人民在死亡线上挣扎,唯一的出路只有铤而走险了。

公元 1143 年七月,威州(今宁夏中卫县东)大斌族,静州(今灵武县北)埋庆族和定州(宁夏平罗县)篯(音chī)浪、富儿等族先后起义,多者万人,少者五六千。他们"肆行劫掠,直犯州城"。[7]各州县抵挡不住起义军的进攻,"连章告急"。朝中臣僚几乎一致主张迅速调集大军进行镇压,惟枢密承旨苏执礼提出异议。他说:

> 皆本良民,因饥生事,非盗贼比也。今宜救其冻馁,计其身家,则死者可生,聚者自散。所谓救荒之术,即靖乱之方。若徒恃兵威,诛杀无辜,岂可以培养国脉乎?[8]

即主张招抚。因为起义者本来是良民,并非盗贼,如果用武力镇压,那就是良莠不分,有伤国家元气。仁孝采纳了统治者惯用的两手:即一面发榜招抚,开仓赈济,命诸州按视灾荒轻重,广"立井里以分赈之";[9]一面命西平都统军任得敬统领大军进行镇压。由于阶级力量对比众寡悬殊,各支起义军相继失败。但定州篯浪、富儿两族恃险拒守,顽强抵抗,任得敬于夜间发兵偷袭,"擒其首领哆讹诛之"。[10]至此,起义全部失败。

这次起义虽然失败了,但它沉重地打击了西夏统治阶级,迫使西夏统治者采取了一些诸如免去灾区人民租税等负担,缓和阶级矛盾,调整生产关系的措施,从而使

安西榆林窟第 2 窟
《水月观音》

[1]《西夏书事》卷 36。
[2]《西夏书事》卷 34。
[3]《西夏书事》卷 36。
[4]《西夏书事》卷 34。
[5]《西夏书事》卷 35。
[6]《宋史》卷 486,《夏国传下》。《西夏书事》卷 35。
[7]《西夏书事》卷 35。
[8]《西夏书事》卷 35。
[9]《宋史》卷 486,《夏国传下》。
[10]《西夏书事》卷 35。

安西榆林窟第 29 窟
《真义国师》

西夏经济得以迅速发展,到天盛年间,出现了前所未有的繁荣昌盛。

二、封建生产关系的发展

西夏封建生产关系萌芽于继迁时代,成长于德明时期,至元昊称帝建国时占了主导地位,至仁孝时,又获得了明显的发展。这主要表现在以下两个方面:

(一)明显存在着五种土地所有制。第一种土地所有制是所谓"国有"。即以西夏皇帝为代表的封建国家所有。这种国有土地,早在李继迁时即已存在。如继迁围灵州,见其四旁膏腴之地,即命士兵"垦辟耕耘"。这种军屯,即为国有。元昊立国后,其"农田司"所管的耕地,及"群牧司"所管的官牧地,均为国有。惠宗秉常时于新占领地区,如兰州龛谷川等地所设"御庄"、"御仓",及其所掌握遍布"山谷"的大量闲田、旷土,显然也是属于国有性质。

西夏皇帝是最高统治者,也是全国最大的土地所有者。大约在仁宗仁孝时制定的西夏文《新法》规定:

> 从来就已利用的渠道、土地、水等,永远属于国君和个人所有。[1]

说明西夏的土地所有制,从其性质看,大体上可以分为两类,即不是国君所有,就是个人所有,而国君又是最大的所有者。

第二种土地所有制是贵族地主所有。所谓贵族地主,包括党项贵族(其中又包括诸王、外戚、党项官吏)、汉族士人、吐蕃族首领、回鹘上层,但以党项贵族为主。其土地来源有二:第一,为国君的赏赐。如仁宗仁孝时制定的《新法》规定夏国所有居民、诸王、官员和庶民"可以使用国君赏赐的土地"。[2]说明夏国的土地原则上都应属于国君所有。即"普天之下,莫非王土",因此,国君有权将它赏赐给大小贵族使用。由于长期占用,他们也就成为事实上的所有者了;第二,依仗权势霸占。毅宗谅祚统治时期的没藏讹庞,惠宗秉常时期的梁乞埋,他们都曾驱使夏民在军队的保护下,侵耕宋朝边地,将收入据为己有。如没藏讹庞侵耕宋屈野西土地,"所收皆入其酋没藏讹庞"。[3]

[1] 转引自蔡美彪等著:《中国通史》第六册,第 184 页。
[2] 转引自蔡美彪等著:《中国通史》第六册,第 184 页。
[3] 《长编》卷 185,嘉祐二年二月。

第三种是僧侣地主所有。西夏佛教发达，广建寺院，加上统治者崇奉佛教，因此，寺院经常受到皇帝和统治阶级的大量布施。布施的内容，除财物外，还有土地和劳动力。如《元史·世祖本纪》记载：

> 浚西夏中兴汉延、唐徕等渠，凡良田为僧所据者，听蒙古人分垦。

> 诏谕西夏提刑按察司管民官，禁僧徒冒占民田。

这里的中兴即兴庆府。说明西夏王朝的首都兴庆府，由于是佛教的中心，寺院经常得到赏赐，因此，产生了僧侣地主阶级。由于僧侣地主在经济上形成了一股兼并势力，发展到元初，出现了僧侣地主将汉延、唐徕渠一带的良田据为己有，甚至冒占民田之事，也就不足为奇了。

西夏僧侣在占有劳动力方面，如公元 1095 年建立的《重修护国寺感应塔碑铭》，记载崇宗乾顺布施凉州护国寺的大批财物中，有所谓"官作四户"。说明寺院劳动力的一个重要来源是皇帝的赏赐。

此外，僧侣们还设有质坊、放高利贷、经营农业和畜牧业，残酷地剥削压迫着西夏广大贫苦农、牧民。

第四种为一般地主（农、牧主）所有。其土地来源主要通过买卖而来。"财产无数，更卖田地。"[1] 说明土地买卖之风盛行。《天盛改旧新定律令》明确规定土地自由买卖的合法性。其买卖的具体情况，从《天盛年间卖地契》可知其梗概。该地契写有立约时间、立约人姓名、所卖牧地面积、地段四至及地面附属物，卖者需要换取之物（骆驼）。最后，当事人，见证人均要画押，等等，表明所立契约相当完整。[2]

第五种为个体农、牧民所有制。如《天盛改旧新定律令》规定：生荒地归开垦者所有，并有权出卖。一些个体农民通过垦荒成为一小块土地所有者则是很自然的事。此外，晋王察哥"有园宅数处，皆攘之民间者"，[3] 察哥既能攘民园宅，说明存在着拥有园宅的个体农牧民。在土地买卖风行的情况下，这种拥有小块土地的农、牧民随时都有可能破产。如"环庆属羌田多为边人所市，致单弱不能自存"。[4]"蕃部岁饥，以田质于弓箭手，过期辄没"。[5] 这里的"属羌"蕃部虽然其居地在宋边地，但因其与夏境邻近，其民族与

安西榆林窟第 3 窟西壁南侧《普贤变》

---

[1] 骨勒茂才：《番汉合时掌中珠·人事下》。

[2] 陈炳应：《西夏文物研究》，第 275 页。

[3] 《西夏纪》卷 24。

[4] 《宋史》卷 258，《曹玮传》。

[5] 《宋史》卷 328，《蔡挺传》。

安西榆林窟第 3 窟南壁中间《观无量寿经变》

社会发展阶段大体相同,因此,可以推知西夏沿边个体农牧民的破产情况。[1]

（二）存在着封建的剥削形态。封建社会通常见到的两种剥削形态西夏都存在。其剥削形态之一为实物地租。当时,私人地主收取地租,如《天盛改旧新定律令》规定每亩收取地租的数额及采用分成制等。至于劳役地租,谅祚时没藏讹庞曾强迫驱使西夏农、牧奴自带耕牛、农具,"计欲尽耕屈野河西之田",[2] 让他们无偿为之代耕代牧,将收获物据为己有。这在实质上是一种变相的劳役地租。在这里封建贵族地主凭借着权势霸占着大量的肥沃土地,用"公田"、"公地"的形式与农牧奴耕种,与数量很少的"私田"、"私地"相区别。

同时,西夏官府也同宋朝一样征收赋税。如《天盛改旧新定律令》规定:"诸人买〔地〕时,自买日始一年之内,当告转运司,于地册上注册,依法为租佣草。"[3] 这里的租草就是田赋,佣是力役。也就是说,除了要交粮食和草外,还要承担力役。同时规定根据土地肥瘠不同,分为五等交纳。"一亩之地优劣依次应为五等,租之高低何等,当为其一种。"[4] 鉴于土地买卖频繁,规定每三年"通检推排",以均田税。对新开垦的生地及抛荒三年之内免税。遇有灾荒,则酌情减免。如公元 1143 年（夏大庆四年）,西夏发生强烈地震,仁孝立"赈济法",下令受灾地区减免租税。

仁孝时期封建生产关系之所以得到了进一步的发展,主要由以下原因所造成。

第一,哆讹领导番部起义的推动。经过这次起义,使夏国统治者从中吸取教训,从而对上层建筑作了一系列的调整与改革,从而使生产关系与生产力的性质基本相适应。

第二,封建制同奴隶制残余以及原始社会残余长期斗争的结果。

第三,金国全力南下侵宋,加上此时西夏已依附于金,从而使西夏有一个相对的和平环境,统治者得以全力发展封建经济,调整不合理的生产关系。

[1] 参阅拙作:《略论西夏的小农土地所有制》,载《中国经济史研究》2000 年第 2 期。
[2]《长编》卷 185,嘉祐二年五月庚辰。
[3]《天盛改旧新定律令》卷15,《取闲地门》,天津出版社 1999 年版,第 492 页。
[4]《天盛改旧新定律令》卷15,《租地门》,第 496 页。

第六节　进一步加强封建统治的措施

随着西夏生产的发展,经济基础的变化,必然要引起上层建筑某些相应的变化。仁宗仁孝顺应这一历史发展的趋势,接受哆讹等起义的教训,采取了一系列的诸如振兴文教,厘定法律等等旨在加强封建统治的措施。

黑水城出土的汉文图解本《观音经》第二十五

一、大力发展教育事业,培养封建御用人才

仁孝为了大力发展西夏教育,培养大批御用人才,扩大统治基础,采取了一系列的措施,主要措施如下:

1. 大兴汉学

仁孝时,汉学从中央到地方均获得了很大的发展。公元 1143 年六月,下令于各州县设立学校,"国中增弟子员至三千人"。[1]这同崇宗乾顺的国学人数相比,增加了 10 倍。同时在宫中设立贵族小学,"立小学于禁中,亲为训导"。[2]"凡宗室子孙七岁至十五岁皆得入学",[3]并选拔教授给学生上课。公元 1144 年(夏人庆元年),立大汉太学(相当于今天的大学)。仁孝"亲释奠,弟子员赐予有差"。[4]此外,还建立内学,仁孝亲"选名儒主之"。[5]

2. 发展科举制度

公元 1146 年(夏人庆三年)八月,"策举人,立唱名法,复设童子科,于是取士日盛"。[6]立唱名法,说明仁孝时期,也像宋朝一样,设有进士科进行考试。凡是经过皇帝殿试被录取的进士,按规定要宣布名次,名曰唱名,又叫传胪。至于童子科究竟何时设立?从人庆三年复设童子科,似乎是从仁孝开始,但从西夏蕃汉教授斡道冲"五岁以尚书中童子举"[7]推算,说明西夏童子科,早在崇宗乾顺之时即已设立。

3. 树立儒学偶像

公元 1146 年三月,"尊孔子为文宣帝",[8]"令州郡悉立庙祀,殿庭宏敞,并如帝制"。[9]唐时曾封孔子为文宣王,仁孝进一步封孔子为帝,说明西夏尊儒、崇儒之风同中原王朝相比,实有过之而无不及。

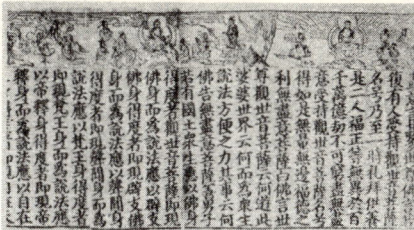

[1]《西夏书事》卷 35。
[2]《宋史》卷 486,《夏国传下》。
[3]《西夏书事》卷 35。
[4]《宋史》卷 486,《夏国传下》。
[5]《宋史》卷 486,《夏国传下》。
[6]《宋史》卷 486,《夏国传下》。《西夏书事》卷 36。
[7]《西夏书事》卷 36。
[8]《宋史》卷 486,《夏国传下》。
[9]《西夏书事》卷 36。

黑水城出土的西夏文
《孝经传》

4. 继续购买儒家典籍

随着西夏学校数量的增多,开科取士的频繁,广大知识分子需要阅读大量儒家典籍。为了满足这一需要,仁孝派遣使者到金朝"请市儒、释书",[1]金主许之。西夏统治者之所以不到宋朝购买儒释书籍,因为南宋偏安江南,与西夏关系隔绝,只好向金求购。

5. 阐释儒家经典

仁孝时,不仅组织人力翻译出版了大量儒家经典著作,而且对其中的一些著作的义理进行阐释。如精通五经的蕃汉教授斡道冲就曾"译《论语注》,别作《解义》二十卷,曰《论语小义》,又作《周易卜筮断》,以其国字书之,行于国中",[2]对于结合西夏国情,比较准确地宣传儒家学说和思想起了重要的作用。

此外,仁孝还设立翰林学士院,于翰林学士院内,设有翰林学士、翰林待制和翰林直学士。"以焦景颜、王金等为学士"。[3]此后,出任翰林学士的知识分子越来越多。

由于仁孝采取了上述行之有效的措施,从而为西夏国家培养了大批有用人才,并因此得到了金朝使者的称赞:"夏国多才,较昔为盛。"[4]

二、完善中央和地方机构

公元 1162 年(夏天盛十四年)十月,仁孝将中书、枢密院移到宫廷内门之外,[5]以备顾问。仁孝的这种作法,被史家称之为励精图治之善政。清人吴广成指出:

> 仁孝励精图治,恐见闻未及,将中书、枢密
> 院移置内门外,以便顾问,则上无勿知之隐,下
> 无不达之情,夏政之善可知矣。[6]

这种评价不失为中肯之论。

地方机构仍然采用州(府、军)、县(城、堡、砦)两级制,地方官职设有州主、通判、正听、都案[7]等官。

同时,仁孝为了进一步完善中央和地方的统治机构,还进一步将政府机构分为五等司,其具体分类情况如下:

上次中下末五等司大小高低,依条下所列实行。

上等司:中书、枢密。

次等司:殿前司、御史、中兴府、三司、僧人功德司、出

[1]《金史》卷 60,《交聘表上》。

[2]虞集:《元文类》卷 18,《西夏相斡公画像赞》。

[3]《宋史》卷 486,《夏国传下》。

[4]《西夏书事》卷 36。

[5]《宋史》卷 486,《夏国传下》。

[6]《西夏书事》卷 36。

[7]《蕃汉合时掌中珠·人事下》。

家功德司、大都督府、皇城司、宣徽、内宿司、道
士功德司、阁门司、御庖厨司、瓯匦司、西凉府、
府夷州、中府州。

中等司：大恒历司、都转运司、陈告司、都磨勘司、审
刑司、群牧司、农田司、受纳司、边中监军司、前
宫侍司、磨勘军案殿前司上管、鸣沙军、卜算院、
养贤务、资善务、回夷务、医人院、华阳县、治源
县、五原县、京师工院、虎控军、威地军、大通军、
宣威军、圣容提举。

下等司：行宫司、择人司、南院行宫三司、马院司、西
院经治司、沙州经治司、定远县、怀远县、临河
县、保静县、灵武郡、甘州城司、永昌城、开边城。

三种工院：北院、南院、肃州。

边中转运司：沙州、黑水、官黑山、卓啰、南院、西院、
肃州、瓜州、大都督府、寺庙山。

地边城司：□□、真武县、西宁、孤山、魅拒、末监、胜全、
边净、信同、应建、争止、龙州、远摄、银州、合乐、年
晋城、定功城、卫边城、富清县、河西县、安持寨。

末等司：刻字司、作房司、制药司、织绢院、番汉乐人
院、作首饰院、铁工院、木工院、纸工院、砖瓦院、
出车院、绥远寨、四明寨、常威寨、镇国寨、定国
寨、凉州、宣德堡、安远堡、讹泥寨、夏州、绥州。[1]

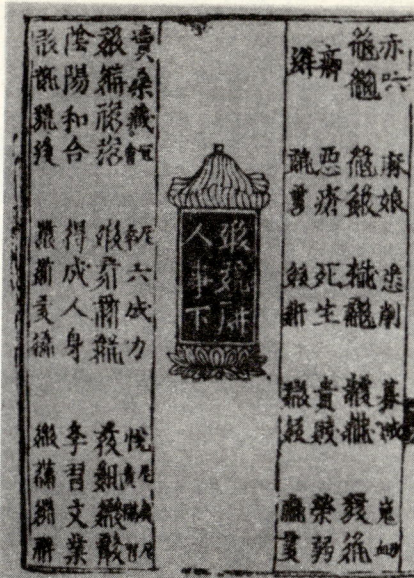

《番汉合时掌中珠》塔幢
式篇目

这说明西夏的中央、地方统治机构，自元昊定官制以来，
经过多次调整和补充，至此已臻完善和定型，进入了它的
成熟阶段。

此外，大约撰成于仁孝时期的西夏文刊印"官阶封号
表"，其中央纵横栏书皇帝称号和帝位继承人；次书封号
名称，分上品、次品、中品、下品、末品、第六品、第七品；还
书有皇后、公主及嫔妃封号；诸王封号（南、北、东、西院
王），国师封号，大臣（枢密、中书等）封号，以及统军等封
号。这反映西夏随着封建生产关系的进一步发展，在政治
上的封建等级也日益严密了。

三、重新修订法律，完成《天盛律令》

仁孝在"尚文重法"的立国方针指引下，对于厘定西

[1] 《天盛改旧新定律令》卷
10，《司序行文门》，第
362—364页。

拜寺沟方塔出土西夏仁宗乾
祐十一年汉文版刻发愿文

夏法律的工作十分重视。他组织专门官员参加修订,最后完成了一部比较系统和完备的法典,名曰《天盛改旧新定律令》。因该法典每页版口上方都有"律令"二字,故可简称为《天盛律令》。"改旧新定",顾名思义是对旧有律令的重新修订。其所以要重新修订,该书前面的颁律表讲得很清楚,因为旧律有"不明疑碍"处,为了使律令在新的历史条件下,更有针对性,条文更加明晰,便于贯彻执行,故需要重新加以修订。

参加修订该法典的官员,据颁律表可知总共有19人。其主持者为北王兼中书令嵬名地暴,参加者有中书、枢密院宰辅要员及中兴府、殿前司、阁门司等重要官员,可谓实力雄厚,阵营强大,表明西夏统治者对改旧新定律令工作的高度关注。

《天盛律令》是我国第一部用少数民族文字印行的法典。现存律令全文约20余万言,共20卷,1264面,其中基本完整的有9卷,残失一部分的有10卷,第16卷全部散失。其内容包括刑法、诉讼法、行政法、民法、经济法、军事法。该法典不仅参考了唐、宋中原王朝的法典,吸收了其中的一些基本内容,如"十恶"、"八议"、"五刑",等等;而且结合本国的国情、民情和军情,在诸如行政法、经济法、军事法等很多方面,注入了新的内容,从而使该法典在原有的基础之上,更加丰富、更加充实、更加切合实际,使之在某些方面(如畜牧业、军制、民俗,等等)更具有本民族的特点。[1]

与此同时,审理案件的诉讼程序和审讯办法也日益完备。仁孝时期的党项学者骨勒茂才所著的《番汉合时掌中珠·人事下》云:

> 莫违条法,案检判凭,依法行遣,不敢不听,恤治民庶。人有高下,君子有礼,小人失道,失其道故。朝夕趋利,与人斗争。不敬尊长,恶言伤人,恃强凌弱,伤害他人。诸司告状,大人嗔怒,指挥扃(jiōng 窘)分,接状只关,都案判凭,司吏行遣,医人看验,踪迹见有。知证分白,追干连人,不说实话,事务参差,枷在狱里,出与头子。令追知证,立便到来,子细取问,与告者同。不肯

[1] 参阅史金波等译:《天盛改旧新定律令·译注说明》,载《中国珍稀法律典籍集成》甲编第5册。

招承,凌持打拷,大人指挥:愚蒙小人,听我之言,《孝经》中说:"父母发身,不敢毁伤也。"如此拷打,心不思惟,可谓孝乎?彼人分析,我乃愚人,不晓世事,心下思惟。我闻此言,罪在我身,谋智情人,此后不为。伏罪入状,立便断止。

7号陵(全景)

这段长篇累牍的说教表明:(一) 西夏确有比较完整的诉讼和审讯办法。我们从这里看到了自案件发生,被害人告状,都案派人检验现场,拘捕犯人和传知情人作证,直到审问明白,犯者伏罪,然后根据情节轻重判罪等整个审理案件的过程。这个过程与宋朝相比,也大体雷同;(二)西夏刑法惩治镇压的对象,也同宋朝一样,是那些"与人斗争","不敬尊长",所谓犯上作乱的失道"小人"。至于那些所谓秉礼"君子",刑法对他们来说,似乎并不适用。连"王子犯法与庶民同罪" 这样的官样文章, 也不见于字里行间;(三)西夏统治者一面大力宣传儒家的说教,向老百姓灌输忠孝等封建思想, 要老百姓安分守己; 一面严刑峻法,使两者紧密结合,从而充分发挥了封建统治者所惯用的两手——牧师与刽子手的职能。即用法律镇压老百姓的反抗,用儒家说教安慰被压迫者的灵魂。[1]

四、提倡直言纳谏,禁奢侈,反腐倡廉

公元 1155 年(夏天盛七年)九月,仁孝到贺兰山狩猎,路上他骑坐的骏马失足受伤,仁孝大怒,下令要杀死修路之人。其尚食官阿华从容进言道:

田猎非人主所宜,今为马多杀,贵畜贱人,岂可闻于四境乎?[2]

仁孝听了觉得很有道理,事后将这番话告诉皇后罔氏,罔后为了提倡直言,赐阿华以银币,以示奖励。

在提倡直言的同时, 对那些刚直不阿的大臣尤为重用。公元 1171 年(夏乾祐二年)五月,仁孝用直言敢谏的斡道冲为中书令,以后又让他担任国相。此外,仁孝还以"性严毅, 守正不阿"[3] 的翰林学士焦景颜兼任枢密都承旨,"骨鲠有风裁"的热辣公济为御史中丞。

随着封建生产关系的发展, 党项贵族的汉化日益加深,其生活日益腐化奢侈。尤其是夏国的世禄之家,"悉以

[1] 参阅拙作:《番汉合时掌中珠初探》, 载 《西北史地》 1982 年第 3 期。
[2]《西夏书事》卷 36。
[3]《西夏书事》卷 37。

7号陵南门门阙

奢侈相高",[1] 这对夏国经济的发展是很不利的。公元1163年(夏天盛十五年)五月,仁孝下令"大禁奢侈"。[2] 对于那些受贿的官吏,有的亲自写信批评教育。如舒王仁礼"监军韦州,私受民钱,遣书责之,勉以官箴,仁礼辄还所受"。[3] 有的一经发现,立即罢官。如殿前太尉任得聪、兴庆府尹任得恭,"贿赂辏其门,秘书监王举劾之,罢官去"。[4] 同时,对受贿者的法律惩处也很重视。如《天盛律令》,专门立有《贪状罪法门》。该门共计六条,将受贿分为枉法与不枉法两类。两类都要按照受贿数量及情节轻重量型,但不枉法受贿要比枉法受贿轻。如同样受贿100钱至1缗,枉法受贿者受笞刑13杖,而不枉法受贿者只受笞刑8杖(少5杖)。枉法受贿者40缗以上一律绞杀,而不枉法受贿者40缗以上至50缗徒5年,而且没有死刑;对行贿者也要量刑,但比受贿者轻,即按受贿从犯量刑;对赃款(物)的处理,也有详细的规定:包括退还赏告者、交公,等等。[5]

仁孝的上述措施,收到了较好的效果。公元1183年(夏乾祐十四年)八月,斡道冲卒。道冲为国相十余年,但"家无私蓄,卒之日,书数床而已"。[6] 此外,中书令濮王仁忠,其弟舒王仁礼,生活上都堪称节俭。仁礼卒,"家无担石储,仁忠悉以廪奉给之,己与家人日食粗粝而已"。[7]

这说明仁孝推行求直言,禁奢侈和官吏受贿等措施,对于澄清夏国的吏治,使政治比较清明起了积极的作用。

第七节　任得敬分裂夏国

一、任得敬窃取夏国军政大权

任得敬原是宋朝西安州(今宁夏海原县西)通判。夏兵攻西安州,他率领军民投降,被任命为权知州事。公元1137年(夏大德三年)四月,任得敬为了在政治上向上爬,将年方17岁的女儿乔装打扮,献给乾顺为妃,被提升为静州防御使。接着,为了让其女晋升为皇后,不惜贿赂芭里祖仁,让他在乾顺面前盛赞任妃的贤德,不久,其女果然被立为后,得敬则被提升为静州都统军。公元1140年(夏大庆元年)十二月,任得敬因镇压哆讹等领导的番部

[1] 《西夏书事》卷37。
[2] 《宋史》卷486,《夏国传下》。
[3] 《西夏书事》卷36。
[4] 《西夏书事》卷36。
[5] 《天盛改旧新定律令》卷2,第147—149页。
[6] 《西夏书事》卷38。
[7] 《西夏书事》卷36。

起义有功,被授为翔庆军都统军,封西平公。

公元 1147 年(夏人庆四年)五月,任得敬上表请求入朝,妄图掌管中枢权力。御史大夫热辣公济进谏道:"从古外戚擅权,国无不乱,得敬虽属懿亲,非我族类,能保其心不异乎?"[1]中书令濮王仁忠也认为不可。因此,仁孝没有表示同意其入朝。但任得敬并未因此罢休,他用金银珠宝贿赂晋王察哥,察哥果然向仁孝进言,让他入朝。公元 1149 年(夏天盛元年)七月,得敬被任命为尚书令,不久升为中书令。

公元 1156 年(夏天盛八年)察哥死,任得敬晋升为国相,从此大权独揽,无所顾忌。他千方百计地发展私人势力,"广植私党"。[2]第二年六月,以弟得知为南院宣徽使,得聪为殿前太尉,得荣为兴庆府尹,侄纯忠为枢密副都承旨,族弟任得仁为南院宣徽使。这样,以任得敬为首的任家党已经形成。他们窃据夏国军政要职,滥用职权,贿赂公行,为所欲为,引起群臣的愤懑。

公元 1160 年(夏天盛十二年)三月,任得敬进一步逼仁孝封他为楚王,出入仪仗如同皇帝。公元 1165 年(天盛十七年)五月,任得敬准备进一步篡权,提出"欲以仁孝处瓜、沙,己据灵、夏"。于是,"役民夫十万,大筑灵州城,以翔庆军司所为宫殿"。[3]任得敬的所作所为引起了众大臣的不满。御史中丞热辣公济上疏弹劾任得敬"专恣日甚","擅权宠作威福",请及早罢斥,"得敬怒甚,欲因事诛之"。[4]

二、任得敬分裂夏国及其失败

公元 1170 年(夏乾祐元年)五月,任得敬进一步胁迫仁孝分割夏国,仁孝被迫将西南路及灵州罗庞岭划分给任得敬。并派左枢密使浪讹进忠、翰林学士焦景颜去奏报金国,代得敬请求封册。金世宗征求群臣意见,尚书令李石等认为"事系彼国,我何予焉,不如因而许之"。但世宗以为不可。他说:"有国之主,岂可无故分国与人,此必权臣逼夺,非夏王本意。"[5]于是拒绝册封,退还贡物。八月,任得敬因遭金国反对,便秘密派人与南宋四川宣抚使虞允文取得联络,相约夹攻金人。虞允文"以蜡书遗得敬,约

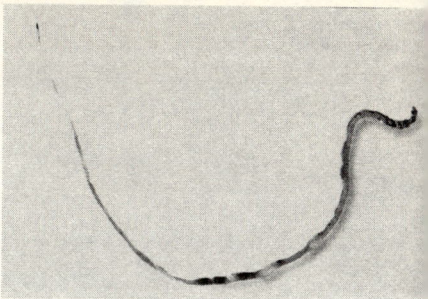

甘肃武威出土的西夏金镯

[1]《西夏书事》卷 36。
[2]《西夏书事》卷 37。
[3]《西夏书事》卷 37。
[4]《西夏书事》卷 37。
[5]《金史》卷 134,《西夏传》。

以夹攻"。[1]但所派的密使被夏兵捕获。仁孝发觉任得敬图谋不轨，"疑其有异"，于是在金朝支援下，命弟仁友等立即逮捕任得聪、任得仁等。同时，又用计将任得敬及其党羽捉拿归案，"得敬以谋篡伏诛"。[2]

任得敬分裂夏国的阴谋失败后，仁孝任命斡道冲为中书令，不久又升为国相，夏国也因此转危为安。

三、任得敬分裂夏国的原因及其与没藏氏、梁氏专权的异同

任得敬分裂夏国是西夏历史上的大事件。它的出现并非偶然，是崇宗乾顺以来推行"尚文重法"以儒治国路线方针所招致的后果。"尚文重法"固然可以促使西夏社会经济的发展，提高党项族的文化水平，但随着西夏封建生产关系的发展，党项人汉化的加深，党项贵族也就日益"以奢侈相高"，贪图安逸享受，逐渐失去昔日"俗习功利，尚忠勇"，[3]能骑善射的武风，变成一个文弱的统治者，从而使夏国统治力量削弱，给任得敬这样的汉人军阀拥兵分国以可乘之机。

从性质上看，任得敬分裂夏国，与没藏氏专权、梁氏专权，虽然同属外戚干政，都是统治阶级内部的矛盾斗争，但如果将两者进行比较分析，则有以下三点不同之处：其一，谅祚统治时期的没藏氏专政，与秉常统治时期的梁氏专权，是属于党项族内皇室集团与后族集团之间的矛盾斗争，而这次以仁孝为代表的统治者，同"非我族类"[4]的以任得敬为代表的任家党之间的斗争，多少体现了党项贵族同汉族官僚之间的矛盾和斗争，在一定程度上体现了番汉联合统治内部番汉之间的矛盾；其二，无论没藏氏还是梁氏，均是利用"孤童幼弱"去窃取军政大权的。而任得敬分裂夏国是利用仁孝的忍辱退让，软弱可欺；其三，无论没藏氏和梁氏擅权，均有母后做靠山。而任得敬专权分国，太后任氏不但未予支持庇护，相反，曾多次进行劝止。"得敬恃权，多行不法，太后屡戒不听，且以盛满为忧。"[5]并因为忧伤过度而卒。

总之，通过对任得敬分裂夏国事件的分析，不难看出仁孝时期虽然西夏社会经济文化十分昌盛繁荣，但此时

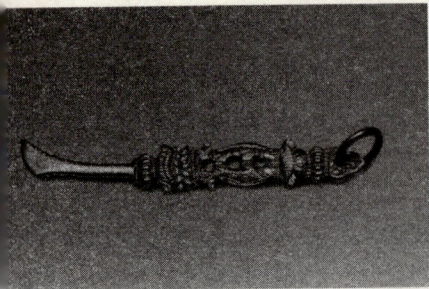
高油房出土的金指剔

[1] 李心传：《建炎以来朝野杂记》乙集卷19，《西夏扣关》。
[2] 《宋史》卷486，《夏国传下》。
[3] 《西夏书事》卷37。
[4] 《西夏书事》卷36。
[5] 《西夏书事》卷36。

的统治阶级已经从进取走向保守,军事力量开始变弱,党项贵族日益走向腐化堕落,在其繁荣昌盛的背后,隐藏着种种危机。

7号陵陵台

四、对仁孝的评价

仁孝即位初期,虽然由于自然灾害和西夏农、牧主对人民封建剥削的加重,激起了哆讹等领导的番部起义,但仁孝却能及时接受起义教训,采取了诸如放粮赈饥、减免租税等安抚措施,从而使社会矛盾得到缓解,有利于西夏社会经济的发展。在采取安抚措施的同时,仁孝继续推行"尚文重法"的立国方针,内兴改革,外和宋金,振兴文教,崇儒学,完善中央、地方行政机构,重新修订法律,提倡直言纳谏,禁奢侈,反腐倡廉,使夏国"典章文物,灿然成一代宏规。盖几轶辽、金而上下之矣"![1] 这些,我们应当充分肯定。

至于任得敬分割夏国,仁孝不能辞其咎,因为这与仁孝的一再忍辱退让有着直接的因果关系。

总之,仁孝是西夏历史上一位值得充分肯定的历史人物。

[1]《西夏书事》卷 38。

8 号陵陵台

第六章

西夏国家的衰亡与西夏遗民

公元 1193 年(夏乾祐二十四年)九月,仁孝卒,年 70。谥曰圣祖皇帝,庙号仁宗,墓号寿陵。长子纯祐立,时年 17 岁,是为桓宗。

桓宗纯祐是西夏历史上"能循旧章"的"善守"之君。在他统治期间,竭力奉行对内安国养民,对外附金和宋的方针,并且收到了"四郊鲜兵革之患,国无水旱之虞"[1] 的较好效果。但此时的西夏已经由盛转衰。"夏叶中衰,于是乎始。"[2] 这时的漠北蒙古异军突起,正在打破西夏、金、宋的割据均势,因此,蒙古的强大,严重威胁着夏国的安全。加之,自襄宗以后,皇位更替频繁,以及统治者由附金和宋转为附蒙侵金,削弱了夏国的力量。因此,自桓宗开始,夏国逐渐走向衰亡的历史趋势已经初见端倪,每况愈下。

第一节　纯祐被废与蒙古入侵

一、纯祐被废与安全自立

公元 1196 年(夏天庆三年)十二月,仁孝弟越王仁友卒。仁友在挫败任得敬分裂夏国的斗争中立有军功,因此,其子安全上表请表彰其父之功,并自请承袭王爵。纯祐不许,并将他降封为镇夷郡王,[3] 安全因此怀恨在心,伺

[1]《西夏书事》卷 39。
[2]《西夏书事》卷 42。
[3]《西夏书事》卷 39。

机篡位。

公元 1206 年（夏天庆十三年）正月，"天资暴狠，心术险鸷"的安全在纯祐母罗太后的支持下，"废纯祐自立"，改元应天。三月，纯祐"死于废所"，[1] 年 30，谥曰昭简皇帝，庙号桓宗，墓号庄陵。七月，罗太后遣使至金，上表道："纯祐不能嗣守，与大臣定议立安全为王。"[2] 请求金朝予以册封。金朝遣使询问废立原因，罗氏再一次上表请封，这样，金主才答应册封安全为夏国王。安全继续依靠金国，抵御蒙古的入侵。

二、蒙古的兴起及其对西夏的入侵

公元 11—12 世纪，在蒙古高原的辽阔土地上，居住着塔塔儿部、克列亦惕部、翁吉剌惕部、汪古部、乃蛮部、斡亦剌惕部、蔑儿乞部、林木中的百姓、蒙古部等 9 个部落。史书上将这 9 个部落统称之曰"蒙古诸部"。

这些部落长期以来，互相侵犯和混战，严重阻碍了蒙古社会生产力的发展，从而出现了结束这种混战的历史要求。公元 12 世纪末至 13 世纪初，蒙古部的杰出首领铁木真，在被蒙古贵族推选为汗之后，随即着手于蒙古高原的统一。他利用各部落之间的矛盾，首先消灭了蔑儿乞，接着消灭了塔塔儿，然后又打垮了克烈部、乃蛮部，剩下的部落望风归降，从而完成了蒙古高原的统一。

铁木真统一蒙古诸部之后，于 1206 年（夏天庆十三年，蒙古成吉思汗元年）在斡难河即汗位，建立蒙古国家。全蒙古贵族给他上尊号为成吉思汗，[3] 建都和林（今蒙古人民共和国乌兰巴托）。成吉思汗建立蒙古国家不久，便发动了西征和南侵。而南侵的矛头首先对准作为金国的屏障——夏国。

蒙古的侵夏战争，早在桓宗纯祐统治其间即已开始。公元 1205 年（夏天庆十二年），铁木真在消灭乃蛮部后，为了追击逃亡的亦剌哈桑昆，率领骑兵向西夏进军。三月，蒙古军攻破西夏的吉里寨，[4] 并纵兵掠瓜、沙诸州。"纯祐不敢拒。"[5] 蒙古兵退后，纯祐修复被战火摧毁的城堡，大赦境内。十一月，纯祐遣兵入蒙古境，不战而还。

公元 1207 年（夏应天二年，蒙古成吉思汗二年）九

8 号陵区出土的人像石碑座

[1]《金史》卷 134，《西夏传》。
[2]《金史》卷 134，《西夏传》。
[3] 成——强固有力，吉思——多数，汗——皇帝。意为大多数人强有力的皇帝。
[4] 有的书认为在河套之北，也有的认为不是，待考。
[5]《西夏书事》卷 39。

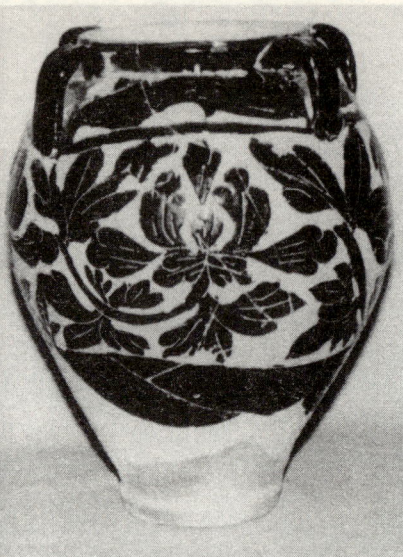

西夏黑釉刻牡丹纹瓷瓮

月,成吉思汗借口西夏不纳贡,再次发兵攻占西夏的兀剌海城(一作斡罗孩城,位于阴山西,狼山北),夏右厢诸路兵奋勇抵抗。蒙古兵攻掠 5 个月后,因军粮匮乏,于次年二月退兵。

公元 1209 年(夏应天四年,蒙古成吉思汗四年),成吉思汗亲率大军自黑水城(哈剌和托)北兀剌海关口突入夏境。夏襄宗以其子承祯为元帅,领兵 5 万奋力抵抗,蒙古兵发起猛烈的攻势,夏兵大败,副帅大都督府令公高逸被俘,不屈而死。四月,蒙古军再攻兀剌海城,俘获夏太傅西壁讹答。七月,蒙古军乘胜进抵中兴府的外围要隘——克夷门。该处地形险要,"两山对峙,中通一径,悬绝不可登"。[1] 夏襄宗派嵬名令公为统帅,领兵 5 万迎敌。夏军初战获胜,双方相持两月,蒙古兵乘夏兵懈弛之机,设伏以待,遣游兵诱战,夏兵战败,嵬名令公被俘,克夷门险隘被攻占,蒙古兵进抵中兴府城下。

中兴府陷入重围,夏襄宗亲自登城激励将士守御。蒙古兵见中兴府一时无法攻破,于是引黄河水灌城,城中居民淹死极多。襄宗遣使向金求援,金文武臣僚主张立即发兵夹击蒙古,金主卫王允济却说:"敌人相攻,吾国之福,何患焉?"[2] 拒绝出兵。中兴城垣被水淹浸,即将倒塌;适逢外堤溃决,水势四溃。蒙古兵眼看也遭水淹,于是主动撤兵。撤退时,释放西壁讹答入城招降,"夏主纳女请和",[3]蒙古兵解围而去,并放回嵬名令公。

第二节　夏金战争

一、夏金关系的破裂

自公元 1124 年(夏元德六年,金天会二年)夏金议和,西夏依附金朝,到公元 1210 年(夏皇建元年,金大安二年)夏金关系破裂,双方维持了 86 年的宗主关系。在这期间,两国虽然偶尔也兵戎相见,如公元 1190 年(夏乾祐二十一年,金明昌元年)十二月,仁孝因夏金贸易问题发生矛盾,发兵侵金岚州(今山西岚县北)和石州(今山西离石)等地,"大掠人畜而还",[4] 但从总体上去看两国基本上

[1]《西夏书事》卷 40。
[2]《西夏书事》卷 40。
[3]《元史》卷 1,《太祖本纪》。又屠寄:《蒙兀儿史记》卷 19,《后妃传》:"其曰察合可敦(妻曰可敦)者,嵬名氏。唐兀惕主李安全之女,所谓夏公主也。先是岁庚午,成吉思汗伐西夏,围其都中兴府,安全献察合乞和亲,并许为蒙古右手军,遂班师"。
[4]《大金国志》卷 19,《西夏书事》卷 38。

维持了互通有无,互相支持的友好关系。

公元 1210 年八月,夏襄宗发兵万余骑,攻打金葭州(今陕西佳县境),从而意味着两国关系的破裂。其破裂的原因主要有二:第一,蒙古围攻中兴府,夏襄宗向金求援,金拒不出兵相救。这是夏金关系破裂的直接原因;第二,西夏统治阶级已从贪图安逸保守发展到腐化堕落。在国内生产停滞,社会矛盾激化,以及蒙古连年入侵的情况下,为了摆脱困境必须对金实行经济掠夺,来满足党项贵族的贪欲,于是附蒙侵金。这是夏金关系破裂和战争的根本原因。

此外,与夏金在边界领土、榷场贸易、下属叛降诸问题上积怨较深,有着一定的关系。

二、遵顼即位与夏金战争

公元 1211 年(夏光定元年)七月,齐王遵顼(xū 音须)废襄宗安全,自立为帝,改元光定,是为神宗。八月,安全死,年 42,谥曰敬穆皇帝,庙号襄宗,墓号康陵。遵顼父彦宗因反对任得敬擅权而被贬斥于凉州。任得敬分裂夏国失败后,彦宗复入朝为马步军太尉,不久病死,谥齐忠武王。遵顼"少力学,长博通群书,工隶篆",[1] 纯祐时,"以状元及第"。[2] 遵顼因廷试高中,袭封齐王,后又升为大都督府主,统领军队,自立为帝,时年 49 岁。

1. 遵顼附蒙侵金

神宗遵顼即位不久,便派兵万骑围攻金东胜城(今内蒙古自治区托克托),金派西南路马军万户纥烈古鹤寿救援,围乃解。十一月,遵顼利用蒙古兵攻金中都之机,发兵入侵金泾州(今甘肃泾川北)和邠州(今陕西邠县),进围平凉府(今甘肃平凉市),金派韩王引兵救援,夏兵解围而去。

公元 1212 年(夏光定二年,金崇庆元年)三月,金主册封遵顼为夏国王,但遵顼仍然推行附蒙侵金政策,发兵攻金葭州(今陕西佳县),被金延安路兵马总管完颜奴婢所击退。[3]

公元 1213 年(夏光定三年,金至宁元年)六月,夏发兵攻破金保安州(今陕西志丹县),进围庆阳府(今甘肃西

西夏白地黑彩折纸花卉纹四耳瓷瓮

[1]《西夏书事》卷 39。

[2]《金史》卷 134,《西夏传》。

[3]《金史》卷 13,《卫绍王本纪》。

9号陵陵台

峰市),被知庆阳府蒲察、郑留所击退。八月,攻破金邠州。十一月,遵顼乘金朝内乱,发兵攻会州(今甘肃省靖远县东北),为金都统徒丹丑儿所败。十二月,发兵万余,攻破巩州(今甘肃陇西县)。

公元 1214 年(夏光定四年,金贞祐二年)七月,夏左枢密使石庆义勇派遣使者持书到四川,约宋制置使董居谊发兵夹击金朝,董居谊恐其有诈,未向南宋朝廷报告。八月,攻庆、原、延安诸州。

公元 1215 年(夏光定五年,金贞祐三年)一月,攻金环州,不克。十月,夏发兵 8 万攻破金临洮府(今甘肃临潭县西南)。复攻金绥德境内的克戎、绥平等地,以失败而告终。

公元 1216 年(夏光定六年,金贞祐四年)九月,夏蒙联军攻金延安、代州等地。进围潼关,金西安军节度使尼庞古、蒲鲁虎战死,潼关失守。十一月,遵顼发兵 4 万乘胜攻金定西城,被金元帅右都监完颜赛不所败,夏兵死 2000 人,被俘数十人,马 800 余匹,器械无数。[1] 十二月,金朝发起反攻,兵分二路,一路由右监军陀满胡土门和延安总管古里甲石伦率军进攻西夏盐州、宥州和夏州。另一路由庆阳总管庆山奴、知平凉府移剌塔不也率军攻威(今宁夏回族自治区同心县境)、灵、安、会(今甘肃靖远县东北)等州。[2] 遵顼分兵抵御,金兵未能达到预期目的。

公元 1217 年(夏光定七年,金兴定元年)一月,遵顼发兵 3 万配合蒙古兵攻金平阳府 (今山西临汾市西南),大败。夏兵退至宁州(甘肃宁县),又被金将庆山奴的伏兵所击败。时成吉思汗准备西侵中亚大国花剌子漠,要求西夏派兵出征,被遵顼拒绝。十二月,成吉思汗再次出兵围攻中兴府,遵顼因蒙古的突然进攻惊慌失措,让太子德任"居守而〔自己〕出走西凉",[3] 直到蒙古兵退,才又回到中兴府。

遵顼附蒙侵金,不仅没有从中捞到好处,相反,由于蒙古不断向西夏征兵和入侵,使西夏蒙受了巨大的损失。遵顼有鉴于此,为了缓和同金的紧张关系,主动写信要求同金议和,恢复边地互市,但遭到金朝拒绝。公元 1219 年(夏光定九年,金兴定三年)二月,遵顼因联金不成,派遣

[1]《金史》卷 123,《杨沃衍传》,《金史》卷 113,《赤盏合喜传》。
[2]《金史》卷 134,《西夏传》。
[3]《金史》卷 15,《宣宗纪》。

枢密都招讨使甯子宁至四川与宋守将商议联宋侵金。宋
利州路安抚使丁焴(yù 音育)复信表示同意,但宋兵并未
按约出师。公元 1220 年(夏光定十年,金兴定四年)一月,
甯子宁再一次写信询问。五月,宋四川安抚使安丙复信,
议定宋夏同时出兵侵金,"以夏兵野战,宋兵攻城"[1]。

　　同年八月,夏发兵万人攻占金会州,守将乌古伦世显
投降。金宣宗命陕西行省遣使向夏议和,遵顼不许。九月,
夏发兵 20 万,由枢密院甯子宁率领围攻金巩州,宋安丙
派张威、王仕信率兵攻下定边城,与夏军会于巩州城下。
金行元帅府事赤盏合喜率兵迎战,夏兵大败,副将刘打、
甲玉被俘,被迫退军。[2] 十月,宋安丙再邀夏人共攻秦州,
夏人不从。

　　夏联宋侵金得不偿失,蒙古又向夏国征兵。公元 1221
年(夏光定十一年,金兴定五年)三月,蒙古木华黎率军由
东胜州渡过黄河,途经夏国攻金,要求夏国出兵配合,遵
顼派塔哥甘普率军 5 万归木华黎指挥。十月,木华黎命石
天应率军进攻葭州,金守将王公佐战败逃遁。木华黎乘胜
攻绥德,要求西夏增兵,遵顼又派大将迷仆领兵来会。十
二月,金会合诸番族兵准备讨伐夏国,遵顼得此情报,发
兵数十万分三路攻金龛谷砦及定西、积石川等,金边境所
受战争破坏严重。公元 1222 年(夏光定十二年,金元光元
年)十二月,蒙古约夏兵自葭州(今陕西佳县)攻金陕西,
夏兵与金兰州提控唐括昉所率的军队战于质孤堡,大败。

　　公元 1223 年(夏光定十三年,金元光二年)一月,蒙
古木华黎率兵围攻凤翔府(今陕西凤翔县),夏派步骑 10
万从木华黎攻城,夏兵见围攻失利,不经蒙古同意,擅自
撤兵。

　　四月,遵顼派太子德任率兵侵金。德任进谏道:"彼兵
势尚强,不若与之约和。"遵顼反驳道:"是非尔所知也。彼
失兰州竟不能复,何强之有?"[3] 德任见遵顼根本听不进意
见,拒绝率兵出征,连太子也不愿当,一心想出家当和尚。
遵顼大怒,将德任幽禁于灵州,另派将率军侵金。七月,遵
顼出兵万人攻占金积石州(今青海省贵德县境),大掠而
还。十月,成吉思汗为惩戒凤翔之役夏兵未经许可而偷偷
撤兵,派兵攻积石州,围困半月,闻金朝出兵抄其后路,才

板瓦形兽头饰

[1]《宋史》卷 402,《安丙传》。

[2]《金史》卷 113,《赤盏合喜传》。

[3]《金史》卷 134,《西夏传》。

琉璃龙首鱼

自行撤退。时夏国境内兴、灵等州春旱,"饥民相食",[1]在死亡线上挣扎。但遵顼不顾夏国人民的死活,仍然一意孤行,集十二监兵司的兵力,围攻金巩州(今甘肃陇西)。御史中丞梁德懿上疏劝阻道:

> 天人之道,理自相通。国家用兵十余年,田野荒芜,民生涂炭,虽妇人、女子,咸知国势濒危。而在廷诸臣,清歌夜宴,舌结口拑。太子以父子之亲,忧宗社之重,毅然陈大计、献忠言,非得已也。一旦位遭废斥,身辱幽囚,宜乎?天垂变异,岁告灾祲。臣望主上抚恤黎庶,修睦邻邦,召还青官,复其储位,庶几臣民悦服,危者得安。[2]

由于梁德懿完全站在太子德任的立场说话,对于忠言逆耳的遵顼来说,当然听不进去,梁德懿并因此而罢官。

神宗的附蒙侵金政策,使夏国遭受蒙古的沉重压榨和威胁,引起了夏国人民和大臣的强烈不满。同时,成吉思汗对遵顼的亲蒙表现也很不满,多次派人命令他退位。在这种形势下,遵顼于公元 1223 年(夏光定十三年)十二月,被迫宣布退位,传位于次子德旺,"自号上皇",[3]即自己当太上皇,从而使夏金战争告一段落。

2.夏金战争的严重后果

夏金战争首尾 13 年,大小战役计 25 次,平均一年就有二次,其战争次数的频繁,在夏国历史上实为罕见。两国虽然交战频繁,但双方照样派遣使者。"〔西夏〕侵掠边境,而通使如故。"[4]

这次战争的性质,金方是正义的,夏方是非正义的。

这次战争给双方都带来了严重的后果。其后果之一,是"精锐皆尽,两国俱敝"。[5]也就是说,夏金两国的军事力量因这场战争而大大削弱,加上两国均已精疲力尽,从而为蒙古的灭夏、灭金创造了条件。

后果之二,是使夏金两国人民饱受战争灾难。如公元1223 年六月,西夏发兵侵金陇安军,到处烧杀抢掠,"掠民五千余口,牛羊杂畜数万而去"。[6]至于西夏,"自兵兴之后,败卒旁流,饥民四散",[7]说明西夏人民因战争而流离失所。

后果之三,是使西夏经济上蒙受巨大损失。在夏金战

---

[1]《西夏书事》卷 41。
[2]《西夏书事》卷 41。
[3]《宋史》卷 486,《夏国传下》。
[4]《金史》卷 134,《西夏传》。
[5]《金史》卷 134,《西夏传》。
[6]《金史》卷 134,《西夏传》。
[7]《西夏书事》卷 42。

争之前,夏金于两国边境诸如兰州、环州、保安、绥德等地置榷场进行互市贸易。此外, 西夏还通过派往金朝的使者,在金的首都指定地点(会同馆)进行贸易,从中获得好处。自夏金关系破裂后,金朝关闭榷场,停止夏使在京都的贸易。如公元1212年正月,遵顼派使者到金,按照惯例,应"互市于会同馆"。正当夏使准备进行贸易之时,金主卫绍王却下达逐客令。"金主禁之,令夏使速回。"[1]金朝停止同夏国的商业贸易,加重了西夏在经济上的困境。

后果之四,是使周边邻境的少数民族乘虚入侵。公元1211年(夏光定元年,金大安三年)黑塔坦王白厮波(其祖先与女真同类,分黑白二种)因"渐并诸族地"而日益强盛,利用夏金战争之机,起兵攻略河西州郡,襄宗安全率兵与战,大败,"掠西夏之伪公主而去"[2],安全遣使答应称臣纳贡,黑塔坦才退兵。

第三节　蒙古的进攻与西夏的灭亡

一、献宗联金抗蒙

公元1124年(夏乾定二年,蒙古太祖十九年)二月,德旺听说成吉思汗征西域未还,派遣使者"阴结漠北",即与漠北诸部落联络,组成抗击蒙古的联盟,用以牵制抵御蒙古的入侵。五月,成吉思汗自西域还,闻夏国联合漠北诸部图谋不轨,"契丹人和唐兀人乘他不在的时机变得倔强,动摇于降叛之间",[3]于是亲自率兵进攻沙州(今甘肃敦煌县东),攻了一个多月,未能攻下。九月,命蒙古大将木华黎之子孛鲁等,从金国战场率兵攻打银州(今陕西横山县东),守将塔海出战,大败被俘,夏兵死伤数万,俘"获生口、马、驼、牛、羊数十万"。[4]在德旺遣使请降、并许以质子的情况下,孛鲁才停止对西夏的进攻。

德旺经过蒙古的这次沉重打击后,决心改变附蒙侵金的国策。十月,采用右丞相高良惠联金抗蒙之策,遣使者南院宣徽使罗世昌等与金议和。第二年八月,夏金达成和议:夏"以兄事金,各用本国年号遣使来聘,奉国书称弟",[5]双方互相支援。但此时的夏金两国,经过战争,均已

西夏文占卜辞

[1]《西夏书事》卷40。
[2]《建炎以来朝野杂记》乙集卷19,《鞑靼款塞》;《大金国志》卷22。
[3]志费尼:《世界征服者史》上册,第164页,内蒙古人民出版社1986年版。
[4]《元史》卷119,《孛鲁传》。
[5]《金史》卷17,《哀宗本纪》。

兵虚财尽,即使联合抗御,也无法阻止蒙古大军的进攻,夏、金的灭亡只是时间的问题。

二、蒙古的进攻与西夏的灭亡

公元 1225 年(夏乾定三年,蒙古太祖二十年),成吉思汗自西域回到漠北,屯兵秃剌河(即土拉河)和黑林旧营(后名和林,即今乌兰巴托),闻德旺纳其仇人赤腊喝翔昆和不派遣质子,决定大举伐夏。公元 1226 年(夏乾定四年,蒙古太祖二十一年)二月,成吉思汗亲率大军 10 万自北路侵入夏境。二月,攻入西夏的军事重镇黑水城(今内蒙古阿拉善右旗西南)、兀剌海城(今内蒙古额济纳旗境内黑城子)。蒙古大将阿答赤率军与畏兀儿亦都护配合,进攻沙州(今甘肃敦煌县境),夏守将籍辣思义伪降,设伏以待,阿答赤几乎被擒。蒙军吃了败仗以后,全力强攻,籍辣思义率兵顽强抵抗,蒙古军于夜间挖地穴攻城,夏兵在地穴中纵火,蒙军死伤惨重。经过一个多月的攻坚战,沙州城被攻下。

五月,进军肃州(今甘肃省酒泉市),成吉思汗派人招降肃州守将昔里都水(昔里钤部兄),遭拒绝,城破,其军民除昔里钤部亲族家人 106 户免死外,其余惨遭屠杀。[1]同月,太上皇遵顼卒,年 64,在位 13 年,谥曰英文皇帝,庙号神宗。六月,蒙古军乘胜进攻甘州(今甘肃省张掖市北),甘州守将曲也怯律为察罕之父。"察罕射书招之",[2]准备投降,被副将阿绰等 36 人合谋杀死。阿绰率军民奋力抵抗,城破,阿绰等战死。七月,蒙军攻破西凉府(今甘肃省武威市),守将斡扎箦(音则 zé)战败投降。至此,西夏的河西地区,几乎全部为成吉思汗所攻占。

是月,德旺见蒙古军连陷城邑,锋不可挡,忧悸不知所措,不久病死,年 46 岁,在位 4 年,庙号献宗。由其弟清平郡王之子南平王睍(音现 xiàn)继位。此时的夏国已经是日薄西山,气息奄奄,朝不保夕了。

八月,成吉思汗率军越过沙漠,至黄河九渡,攻占应理(今宁夏中卫县)等县。十一月,进攻灵州。睍命大将嵬名令公率军 10 万前往救援,蒙古军渡过黄河,发起攻击,嵬名令公率军迎战,夏军大败,灵州陷落。德任被执,不屈

西夏文占卜辞

[1]《元史》卷 122,《昔里钤部传》。
[2]《元史》卷 120,《察罕传》。

而死。这次战争,夏军主力被歼,死伤惨重。"〔唐兀惕〕人被杀死者为〔蒙古人〕死亡数的十倍。"[1]

蒙古军攻下灵州后,乘胜自盐州川向中兴府推进,试图一举攻占首都,灭亡夏国。

公元 1227 年(夏宝义二年,蒙古太祖二十二年)一月,成吉思汗留一部分军队攻城,自己亲率大军南下,渡过黄河,攻下积石州(今青海省贵德县境),进入金国境内。二月,攻占临洮府。三月,破洮、河、西宁等州。

西夏石狗

中兴府被蒙古军围困,外援断绝,右丞相高良惠"内镇百官,外励将士",日夜拒守,积劳成疾。臣僚们劝他自爱,他感叹道:

　　　　我世受国恩,不能芟除祸乱,使寇深若此,

　　何用生为?[2]

高良惠带病抗蒙,于四月间病死。闰五月,成吉思汗回师隆德,避暑于六盘山,派遣使者察罕去中兴府劝降,被睍拒绝。

中兴府被围困半年,粮尽援绝,军民多患病,加上六月里发生强烈地震,房屋倒塌,瘟疫流行,再也无力抵抗下去。夏帝睍遣使乞降。"以备贡物,迁民户"为理由,请给一个月的宽限时间,方能"自来朝谒"。[3]成吉思汗表示同意。这时成吉思汗在清水县(甘肃清水)行宫身患重病,遗嘱死后秘不发丧,如果夏帝睍献城投降,可将他连同城内军民全部杀掉。六月,夏主睍率文官李仲谔、武将嵬名令公等奉图籍出降。七月,帝睍族人随同蒙古军行至萨里川,成吉思汗卒,蒙古领兵诸将为了防止夏帝生变,遵照其遗嘱,将睍及其族人"尽杀之",[4]夏亡。西夏自元昊建国,至睍亡,传 10 帝,190 年。

三、夏蒙战争的特点与西夏灭亡的原因

夏蒙战争发生在成吉思汗统治时期,纵观这次战争的历史进程,大体上有如下明显特点:

第一,持续时间较长。这次战争首尾 23 年(1205—1227 年)。蒙古灭金首尾 23 年,灭宋 46 年。也就是说持续的时间虽然比不上宋,但与金持续的时间却完全一样。其持续的时间之所以较长,首先与西夏经过 100 多

[1] 拉施特主编:《史集》第 1 卷,第 2 分册,第 318 页。

[2] 《西夏书事》卷 42。

[3] 洪钧:《元史译文证补》卷 1。

[4] 《元史译文证补》卷 1。

西夏铜牛(小型)

年的发展,具有比较雄厚的经济实力(同蒙古比较)及一定的军事力量分不开的;其次,与其险要地形有密切的关系;再次,学校的振兴与科举的发展,为西夏培养了足够的有用人才,也有一定的关系。总之,"战争是力量的竞赛",其持续时间的长短,是由双方的政治、经济、军事以及指导战争的主观能动性的发挥等各方面的因素决定的。

第二,战争存在着明显的阶段性。整个战争分三个阶段进行。

第一阶段,自公元1205至1209年,首尾4年,为成吉思汗对西夏进行试探性进攻阶段。在这个阶段里,蒙古军先后攻西夏吉里寨、兀剌海城,破克夷门,进围中兴府。结果以襄宗安全纳女求和而结束。通过围攻上述地区,一方面纵兵四掠,掠夺西夏大量牲畜、人口和财富,以补蒙古军需之不足;另方面,显示了其军事力量的强大,从而迫使西夏统治者同其联合,共同侵金。

第二个阶段,自公元1210年至1223年,首尾13年。这是成吉思汗利用盟邦关系胁迫西夏共同侵金的阶段。在这个阶段里,夏金关系破裂,互相攻伐,兵戎相见,蒙古也把金朝作为主要打击目标。在这个阶段里蒙夏之间没有发生战争。因此,也可以称之为蒙夏战争的间歇阶段。

第三个阶段,自1224年至1227年,首尾4年。这是蒙古全力灭亡西夏的阶段。在这个阶段里,夏金虽然恢复了联盟关系,但经过长期战争,元气大伤,均已处于灭亡的前夕,即使联合抗蒙,也无力阻止蒙古的军事进攻而逃脱灭亡的命运。成吉思汗利用这一有利的战机发动了一系列的旨在灭亡西夏的战斗。首先,他亲率大军,夺取河西走廊,切断西夏右臂,然后攻占河套地区,扫清外围,为攻占西夏首都做好准备。接着,一面出兵包围首都兴庆府,一面亲率大军夺取河湟地区,切断西夏退路。最后,集中优势兵力猛攻兴庆,迫使帝睍走投无路,宣布投降。

蒙夏战争持续23年,表明西夏并非不堪一击,但战争的结果是蒙古兼并了夏国,这是什么原因呢?

第一,从历史发展的趋势看,蒙古统一兼并西夏有它历史的必然性。如众所知,自唐末五代以来形成的方镇割据局面,随着社会经济的发展,各地经济联系的加强,以及政治上的大动荡、大分化,总的趋势是分裂割据局面日益缩小,统一的局面日益扩大。这种统一的趋势发展到辽、宋、金、夏时期,随着边疆地区的开发和民族融合的加强,以及民族政权力量的消长,已经成为不可抗拒的历史洪流。当时在众多的分裂割据足以互相抗衡的民族政权中,辽早已被宋金联合所消灭,剩下的夏、金和宋,其统治阶级均已腐朽,政治腐败,生产发展停滞不前。只有兴起于漠北的蒙古, 由于其统治阶级富有朝气和拥有一支战无不胜、攻无不克的骑兵,因此打破割据均势,次第消灭割据势力的历史任务,落到了"灭国四十"[1] 的成吉思汗及其继承者的肩上,则是很自然的事。

第二,西夏统治阶级内部矛盾的激化,为蒙古的灭夏打开了爆破的缺口。夏国统治阶级内部矛盾激化的突出表现是皇位更替的频繁。西夏从蒙夏战争爆发至亡国,首尾 23 年。23 年之中,更换了 4 个皇帝,差不多每隔 5 年就要更换一个,表明统治阶级内部的钩心斗角、争权夺利达到了何种程度。此外,西夏统治阶级在民族矛盾上升为主要矛盾的情况下,究竟应联合打击谁的问题上,发生意见分歧和斗争,也为蒙古的灭夏创造了条件。

第三,西夏统治者在战略决策上的失误,是西夏灭亡的极其重要的原因。由于西夏在蒙古的胁迫下,采取了附蒙侵金的错误决策,不仅使自己失去了友军,陷入孤立的境地,而且消耗了国力、军力,使自己由强变弱,无力抵御蒙古强大的军事攻势而灭亡。这种情况,正如学者丁谦所指出:"余读西夏亡国之史,不能不深憾于遵顼之愚昧也。当贞祐初,蒙古骤强,业已统一漠北,南向以窥中国之境,金兵当之即败,为西夏计,苟能稍知大局,自当联结金宋,合力设防,或可相毗以安,乃乘金人受侵,竟为狗偷鼠窃之谋,希图小利,卒之十年连战,胜少败多。金人残挫之余,尚足与敌,其兵力之不竞,可以概见。遵顼死,不及一载,国即先金而亡。然则西夏之亡,谓亡于遵顼可也。"[2] 可谓抓住了问题的要害,不失为中肯之论。

第四,蒙古成吉思汗灭夏战略战术运用得成功,是西

西夏佛教经变壁画

[1]《元史》卷 1,《太祖本纪》。又《金史》卷 18,《哀宗纪下》:"太祖灭国四十, 以及西夏,夏亡及于我,我亡必及于宋。"这段话,虽然讲的是唇亡齿寒的道理,但同时也揭示了蒙古统治者打破割据均势次第消灭割据势力是不可阻挡的历史发展趋势。

[2] 丁谦:《金史外国传地理考证》,浙江图书馆丛书第 1集。

夏灭亡的又一重要原因。成吉思汗根据西夏首都在东部，兵力部署内重外轻、东强西弱的情况，在军事上采取由远及近，由表及里，先弱后强，先扫清外围，切断其退路，然后集中优势兵力，猛攻腹地的战略方针，以及在争城夺地之时，采取攻坚与诱降并用，但以攻坚为主，诱降为辅的战略战术的成功运用，使蒙古的凌厉军事攻势，像一把尖刀插进了西夏的心脏，从而表现了一代天骄成吉思汗指导灭夏战争主观能动性的充分发挥和高超的军事指挥才能和艺术。与此相反，西夏在军事指挥方面，始终缺乏正确的对蒙作战的战略战术。在蒙古的强大军事进攻面前，表现为头痛医头、脚痛医脚，处处被动挨打。[1]

第四节　西夏遗民的分布

西夏灭亡后，其立国的主体民族——党项究竟到哪里去了？这是一个令人关注的问题，也是一个值得调查研究的问题。根据有关史书、族谱记载，考古资料和调查访问的材料看，其具体情况如下：

一、留居西夏故地

发现于甘肃酒泉刻于公元 1361 年（元至正廿一年）的《大元肃州路也可达鲁花赤世袭之碑》，给我们提供了西夏灭亡后河西地区党项人活动的重要资料。该碑记载了唐兀氏家庭历经六代共 13 人的官职世袭及其活动。该家族除一小部分上层人物到内地做官，及一部分应征入伍、戍守京师等地之外，大部分仍是当地居民。其中有不少就任河西地区官吏，如举立沙为"肃州阀阅之家"，[2] 其下传五世世袭元朝肃州达鲁花赤（意为"长官"、"镇守官"），举立沙子阿沙于世祖忽必烈时迁甘州等处宣慰使。阿沙长子剌麻朵儿只任甘州路（今张掖）治中。阿沙五世孙立碑人善居，于顺帝时迁永昌路（今武威）达鲁花赤。另据《甘肃新通志》载，元顺帝至正年间属永昌路之庄浪（今古浪县）同知安帖木儿也为唐兀人。[3] 这些，足以说明西夏灭亡后，党项人留居河西走廊及其上层人士之

安西榆林窟第 3 窟南壁西侧《五方佛曼荼罗》

[1] 参阅拙作：《略论蒙夏战争的特点与西夏灭亡的原因》，载《固原师专学报》2000 年第 4 期。

[2] 白滨、史金波：《〈大元肃州路也可达鲁花赤世袭之碑〉考释》，载《民族研究》1979 年第 1 期。

[3] 《甘肃新通志》卷 58，《职官志》。

从政概况。

从文化方面看,公元 1032 年(元成宗大德六年),管主八奉旨于江南浙西道杭州路大万寿寺,雕刊河西字(西夏字)大藏经 3620 余卷,印造 30 余藏及华严大经各 100 余部,"施于宁夏、永昌等寺院",[1] 同时管主八还将上述大藏经 30 余藏之一,"施于沙州文殊舍利塔寺,永远流通供养"。[2] 这表明仅从成宗施于宁夏(银川)、永昌(武威)、沙州(敦煌)一带的西夏文佛经数量,也可以看出河西西夏故地党项遗民人数之众。

从经济方面看,史载:

> 〔元世祖〕始开唐来、汉延、秦家等渠,垦中兴、西凉、甘、肃、瓜、沙等州之土为水田若干,于是民之归者户四、五万,悉授田种,颁农具,更造舟置黄河中,受诸部落及溃叛之来降者。[3]

这说明,忽必烈即位伊始,就在中兴、西凉、甘肃、瓜沙等西夏故地进行屯田。其屯田上的直接生产者,虽然其民族有汉、回鹘、蒙、藏等等,但主要仍是河西党项居民。

此外,在鄂尔多斯台地的边缘、内蒙古鄂托克前旗的布拉格苏木、鄂托克旗的巴音陶亥乡和查布苏木等处,集居着部分被称为"唐古特、斡索黑"(蒙古语氏族之意)的党项族后裔,约 800 多人。他们将唐古特民族改为唐姓,并已融合于蒙古族中,其风俗习惯和语言,与蒙古族没有区别。[4]

二、迁徙

1. 迁至居庸关与河北保定

公元 1345 年(至正五年)建造于居庸关洞壁的六种文字石刻, 参与该工程的纳麟及主持西夏文译写的智妙咩布和那征师均为党项人,说明西夏灭亡后,一部分党项人迁居于此。

1962 年 9 月,原河北省文化局文物工作队在保定城北韩庄发掘的西夏文"胜相幢",建于明弘治十五年(1502 年),幢之所记西夏人,包括建幢者,寺院主持,西夏文书写者, 死僧名姓,"更重要的是记出助缘随喜的八十多个西夏人。这八十多人中,包括男女、僧俗、姓名、法号、复姓

安西榆林窟第 3 窟北壁中间《净土变》

[1] 王国维:《观堂集林》卷 21,《元刊本西夏文华严经残卷跋》。

[2] 《观堂集林》卷 21,《元刊本西夏文华严经残卷跋》。

[3] 《元文类》卷 49,《翰林学士承旨董公行状》。

[4] 李范文主编:《西夏通史》,人民出版社、宁夏人民出版社 2005 年版,第 352—353 页。

安西榆林窟第3窟东壁南侧
《五十一面千手观音变》

和单名。他们都属于蕃姓之列。所谓蕃姓,即西夏以党项羌为主的非汉人姓氏"。[1]这说明西夏灭亡后,有一大批西夏人迁到河北保定并定居于此。

2. 迁至河南地区

河南地区的西夏遗民主要有二支:(一)为唐(今泌阳)、邓(今南阳)、申(今信阳)、裕(今方城)等地的西夏遗民,由王立之负责管理。史载:

> 先是夏使精方匦匣使王立之来聘,未复命,国已亡,诏于京兆安置,充宣差弹压,主管西夏降户。正大八年五月,立之妻三十余口至环州,诏以归立之,赐以币帛,立之上言,先世本申州人,乞不仕,居申州。诏如所请,以本官居申州,主管唐、邓、申、裕等处夏国降户,听唐、邓总帅府节制,给上田千亩,牛具农作云。[2]

这里的所谓西夏降户,除汉民外,显然还包括一部分党项人。从给田耕种看,这些党项人早已汉化,熟悉农耕技术,属于以农为业之民。

(二)为河南北部濮阳地区的西夏遗民。这支遗民的后裔约有3500余人,集中居住于濮阳城东约50里的柳屯镇,有碑文及家谱可稽。其祖籍为凉州(今武威),先人唐兀台"世居宁夏路贺兰山"。唐兀台于公元1235年扈从大元皇嗣南征,"收金破宋"。[3]子闾马参加元军攻取南宋襄阳、樊城战役,约于1279年前后,来到河南定居。但这支遗民已经汉化。他们改唐兀赐姓为杨,与汉族通婚,崇尚儒学,连生活习俗也同汉民没有差别。[4]

3. 迁至安徽地区

安徽西夏遗民,其分布较广,影响较大者当为余阙家族。余阙字廷心,一字天心,世居河西武威,其父沙剌臧卜,官于庐州(今安徽合肥市)。余阙幼年丧父,随母居合肥青阳山。元统元年(1333年)进士,受同知泗州事,入翰林院,后任淮西宣慰副使,兼都元帅守安庆。公元1358年(至元十八年),农民起义军攻破安庆,余阙自刎堕莲花塘而死。其子名余渊,明洪武时举人。其后裔住在合肥的不少于5000人,住在桐城的约1000余人。其语言、生活习俗,已与汉族无异,表明他们已经完全被汉族同化。[5]

[1] 郑绍宗、王静如:《保定出土明代西夏文石幢》,载《考古学报》1977年第1期。
[2] 《金史》卷134,《西夏传》。
[3] 《大元赠敦武校尉军民万户府百夫长唐兀公碑铭并序》,载焦进文、杨富学:《述善集校注》,第137页,甘肃人民出版社2001年版。
[4] 任崇岳、穆朝庆:《略谈河南省的西夏遗民》,载《宁夏社会科学》1986年第2期。
[5] 史金波、吴峰云:《西夏后裔在安徽》,载《安徽大学学报》1983年第1期。

此外,还有昂吉儿家族和那木翰家族。因昂吉儿原籍张掖,姓野蒲氏,"世为西夏将家",[1]其父子(昂阿秃)二人长期担任庐州蒙古汉军府达鲁花赤,镇守合肥;而那木翰"其家世河西,元初领兵镇庐州,因以为家,坟墓三世,皆在庐州",[2]故他们均属安徽西夏遗民。

4. 迁至四川木雅地区

这是一支从事畜牧生产的西夏人(以党项为主)。他们于西夏亡国后,南渡洮河,横越松潘草原,出阿细、班佐,沿金川河谷南下,经过丹巴、乾宁等地约数千里长途跋涉,到达今四川甘孜藏族自治州木雅地区,并在此过着定居的生活。这部分西夏人曾建立过地方政权。当地藏民将该政权的首领叫做"西吴王",即"西夏王"。因西吴即西夏的对音。"夏"与"下"为同音字,"下"字古音读"虎",因此,西夏被念为西吴。该地方政权与元朝并存了很长时间。明初,当朱元璋攻打盘踞于四川重庆一带的明玉珍时,曾出兵助讨,立有战功。至成祖永乐六年(1408年)被封为长河西鱼通宁远军民宣慰司使,即明正土司。"至清康熙三十九年(1700年)嗣斩而绝。"[3]该政权首尾470余年。

5. 迁至浙江地区

元朝初期和中期,统治者曾在江南浙江道杭州路大万寿寺,先后五次刊印西夏文大藏经,共印687800卷。据公元1312年(仁宗皇庆元年)西夏文《过去庄严劫千佛名经》发愿文记载,仅成宗至仁宗前后,就三次印西夏文大藏经110藏。为了完成这一浩大工程,统治者调集了一批精通西夏文官员、僧人和工匠。"开始参予、主持刻印西夏文大藏经的有党项人西壁小狗铁、西壁土情等人,负责此次印经的有党项人皇使都勾管作者僧人那征大德李,御史杨那尔征(即辅佐武宗、仁宗夺取皇位的杨朵尔只),枢密院知院都罗乌日吃铁木尔。"[4]既然参加刊印西夏文大藏经者从管理官员到工匠均为党项人,说明浙江地区确有一批西夏遗民。

6. 迁至云南地区

所谓云南地区的西夏遗民,指的是朵儿赤家族及其后裔。

安西榆林窟第29窟东壁南侧《不动金刚》

[1] 《元史》卷132,《昂吉儿传》。

[2] 吴海:《闻过斋集》卷3,《故王将军夫人孙氏墓志铭》。

[3] 邓少琴:《西康木雅乡西吴王考》,原载民国三十四年十二月中国学典馆出版单行本。

[4] 史金波:《西夏佛教史略》,第206页。

安西榆林窟第 3 窟窟顶藻井

朵儿赤是西夏著名的国相兼学者斡道冲的曾孙,世为"西夏灵州人"。其父斡扎箦,世掌西夏国史,"初守西凉，率父老以城降太祖，有旨副撒都忽，为中兴路管民官"。[1]

朵儿赤，字道明，世祖忽必烈授其为中兴路新民总管，主管营田，因成绩显著，"就转营田使"。成宗大德年间，改授云南廉访副使，后因功升云南廉访使。从此，定居云南，子孙繁衍。

据发现于云南的乾隆五十七年撰修的《朵氏宗谱》记载：以朵儿赤为始祖的朵氏家族，相传已有 24 代，分布于云南昆明、丽江、禄劝、玉溪、个旧、东川、昭通等地，约有数千人。

7. 迁至西藏地区

法国藏学家石泰安在其《西藏的文明》一书中说："西夏王朝的奠基者，木雅的掌权家族在王朝覆灭和被成吉思汗征服该地（1227 年）之时，曾迁移到了藏地以北和昂木仁一带。该家族还把其国名（"北"）和与此有关的宗教民间故事也带到那里"。藏族学者桑珠所撰《西夏王族迁入西藏时间献疑》一文指出：石泰安书所说"木雅掌权家族"，即是指在后藏拉堆绛地方落户的木雅司乌王族。拉堆绛在今西藏自治区日喀则地区昂仁县境内。拉堆在阿里和后藏交界处，以雅鲁藏布江为界，分成南北两部分。拉堆绛意为拉堆之北部。这支西夏人以昂木仁寺为中心，在后藏形成了一个掌握着政治和宗教的地方割据集团，是元代皇帝诏封的乌思藏十三万户之一。他还根据五世达赖所著《西藏王臣记》的记载，证明早在西夏灭亡前，这支西夏人就已迁入拉堆地区，并与萨斯迦派建立了联系。[2]

上述研究表明，西夏灭亡前后，确有一支西夏王室的后裔，迁到了西藏日喀则地区昂仁县境内的拉堆绛一带，并于此定居，子孙繁衍，其上层掌握着政治、宗教大权。

此外，在中尼边境和中亚地区也有西夏遗民，因篇幅有限，恕不一一详述。

[1]《元史》卷 134,《朵儿赤传》。
[2] 白滨:《寻找被遗忘的王朝》，第 204—205 页。

拜寺口北寺塔群塔体外表
残存的彩绘壁画

第五节　蒙元时期党项人士遨游宦海足迹

活跃于蒙元时期的党项人，从蒙古国时期(1206—1259年)到元朝(1271—1368年)灭亡，每个不同时期均有他们的足迹。他们大多是官场上的精英，出类拔萃。如蒙古国时期的察罕，"武勇过人"。[1]李祯曾为军事顾问，"凡军中事，须访祯以行"；[2]李恒"自幼颖异"，[3]灭宋战功卓著，位在张宏范之上；算智威尔"才勇绝人"。[4]元朝初期，立智理威"兴利除弊，知无不为"，[5]"使者交荐其能"；[6]高睿"务持大体，有儒将之风"。[7]元朝中朝，星吉"为人公廉明决"，以"精敏著称"；[8]观音奴"廉明刚断，发摘如神"；[9]亦怜真班"性刚正，动有礼法"；[10]卜颜铁木儿"性明锐倜傥"、"持身廉介，人不敢干以私"。[11]元朝末朝，余阙"兼资文武"、"有古良将风烈"；[12]迈里古思为官绍兴，境内晏然，"殊有古贤令之风"。[13]

他们之中有的世代为官，自西夏至明初，均能找到他们遨游宦海的足迹。如高氏，世仕夏国。高逸仕夏为右丞相，子高智妖，元初为翰林学士、中兴路提刑按察使，子高睿，为江南行台御史中丞。子高纳麟元中期为太尉、江南行台御史、广东廉访司佥事，明朝建立后，为永平府通判。有的一门父子多人为官，如元中后期，亦怜真班为江西行省左丞相，有子九人，除长子答里麻未做官外，其余八人担任了从中央到地方的官吏，其中普达失理为翰林学士丞旨、知制诰兼修国史，桑哥八剌为同知称海宣慰司事，哈蓝朵儿只为宣政院使，桑哥答思为岭北行省平章，沙嘉室理为岭北行省参政，易纳室理为大宗正，也可扎鲁火赤，马的室理为金书枢密院事，马剌室理为内八府宰相。[14]有的"一门之间，三为丞相"，[15]如乞台普济子也儿吉尼遥授中书左丞相，次子里日，遥授中书右丞相。其权力之显赫，为元代色目人所仅见。

他们之中有的政绩显著，如元初塔出领淮西行中书省事，"禁侵掠，抚疮痍，练士卒，备奸宄，境内帖然"。[16]昂吉儿屯田芍陂、洪泽，"岁得米数十万"。[17]元中期，阿荣负

[1]《元史》卷120,《察罕传》。
[2]《元史》卷124,《李祯传》。
[3]《元史》卷129,《李恒传》。
[4]《新元史》卷199,《算智威尔传》。
[5]《道园类稿》卷42,《立智理威忠惠公神道碑》。
[6]《元史》卷120,《立智理威传》。
[7]《元史》卷125,《高睿传》。
[8]《元史》卷144,《星吉传》。
[9]《元史》卷192,《观音奴传》。
[10]《元史》卷145,《亦怜真班传》。
[11]《元史》卷44,《卜颜铁木儿传》。
[12]《元史》卷143,《余阙传》。
[13]陶宗仪:《南村辍耕录》卷□,《□民考》。
[14]《元史》卷145,《亦怜真班传》。
[15]姚燧:《牧庵集》卷26,《史公先德碑》。
[16]《元史》卷135,《塔出传》。
[17]《元史》卷132,《昂吉儿传》。

拜寺沟方塔第 4 级残存的
彩绘壁画

责海运,先后运米 210 万石至京师。元末,迈里古思治理
绍兴,政绩卓著,"民爱之如父母",死后设位致祭,私谥曰
"越民考"。[1]

他们的从政业绩,往往与当时各种重大事件紧密相
联,体现了时代脉搏的跳动。如蒙古国时期,发生了西征
和南侵,察罕从成吉思汗西征,攻金攻夏,又从皇子阔阔
攻宋。元初,发生了诸王叛乱及对外侵略扩张,算智威尔
从世祖平定阿里不哥,爱鲁、李恒等从镇南王征交趾(今
越南)。元中期,发生了"武仁授受"、"南坡之变"等争夺皇
位的斗争,乞台普济父子兄弟及杨教化兄弟等均已卷入
斗争的漩涡而不能自拔。元末发生江淮红巾军起义,余
阙、明安达等均参与镇压。

一、党项人士从政的主要事迹

蒙元时期党项上层人物从政事迹,大体上可以分为
军事、政治、经济、文化等四个方面。

军事方面,计有西征、灭夏、灭金、灭宋,对外侵略,平
叛及镇压少数民族和红巾军起义。

西征、灭夏、灭金战争,发生在蒙古国时期,即成吉思
汗时期,党项人参加者有察罕、昔里钤部、塔出、李恒、来
阿八赤、昂吉儿、李世安、虎益,等等。如蒙古国时期的李
祯,于太宗七年(1238 年)从皇子阔阔出攻宋,又从察罕攻
宋及宪宗蒙哥攻四川。元初,参加灭宋战争的人更多,其
著名的如李恒败宋将吕文焕,攻襄阳、樊城,取鄂州、汉
阳,从都元帅边嘟台攻江西,追文天祥至空坑,获其妻女,
与董文炳等追宋益王,败其兵于梅岭,与张宏范合兵败宋
将张世杰水师于崖山。

在灭宋战争中,有的充当军师或参谋的角色,如太宗
七年李祯从皇子阔阔出伐宋,窝阔台叮嘱阔阔,凡军中大
事,要多征求李祯意见。有的及时献计献策,如塔出向世
祖建议明赏罚,以励三军用命,"方事之殷,宜明赏罚,俾
将士有所惩劝,帝纳其言,颁赏有差"。[2]

对外侵略扩张发生在世祖忽必烈时期,其参加者有
爱鲁、李恒、来阿八赤等。如至元二十四年(1287 年),爱鲁从
镇南王征交趾,"大小八十一战,多所杀获。……追袭交趾

[1]《新元史》卷 219,《迈里古
思传》。
[2]《元史》卷 135,《塔出传》。

世子兴道,转战二十余阵,功常冠军"。[1] 但在对外侵略扩张问题上,并非都是顺从统治者的意志行事,如世祖征日本,昂吉儿上疏反对,虽未被采纳,但说明并非唯统治者之命是听。

平定诸王叛乱及其他类型叛乱,自蒙古国时期至元中期时有发生,但主要在元初,参加者有火夺都、算智威尔、暗伯、昂阿秃、虎益、厘日、杨不花等。如中统元年(1260 年)算智威尔从世祖平定叛王阿里不哥,厘日从武宗征叛王海都,虎益平李璮之乱,杨不花平陕西诸军之乱。

镇压少数民族起义主要发生在元世祖忽必烈时期,参加者有李世安、爱鲁、塔出等。如世祖时李世安、爱鲁镇压僚民起义,"诛首恶六人,余尽贷之"。[2]

红巾军起义发生于元末顺帝时期。这一时期为官的党项人,几乎全都镇压过起义,主要有星吉、亦怜真班、卜颜铁木儿、纳麟、余阙、明安达尔、丑闾、福寿等。如至正十三年(1353 年)卜颜铁木儿率军与红巾军激战,攻下望江、彭泽、江州等地,会合各路元军攻占天完都城蕲水(今湖北浠水),获徐寿辉将相 400 余人。至正十七年(1357 年),余阙为淮南行省左丞,陈友谅与赵普胜合攻安庆,余阙身先士卒,与义军血战,身被十余创,城陷,阙自刎。

政治方面,有如下内容。

(一)建议置御史台,设崇教所,以完善统治机构。

元初,高智燿鉴于"庶政草创,纲纪未张",建议忽必烈"仿前代置御史台以纠肃官常",[3] 被嘉纳。纳麟为了加强对僧人的管理,建议于宣政院设崇教所,"置行省理问,治僧讼狱,从之"。[4]

(二)劝统治者选贤用能,任人唯贤。

元初,忽必烈召见西夏儒士子弟于香阁,欲重用之,"世祖道:'朕闻儒者多嘉言。' 朵儿赤对曰:'陛下圣明仁智,奄有四海,唯当亲君子,远小人尔。自古帝王,未有不以小人而亡者,惟陛下察焉。'世祖道:'朕于廷臣有戆直忠言,未尝不悦而受之,违忤者亦未尝加罪。盖欲养忠直而退谀佞也,汝言正合我意。'"[5] 表明他们在用人问题上的共识。

(三)直言进谏,惩贪拒贿,平反冤案。

有元一代,直言进谏的官吏颇多。元初,世祖命阿塔

安西榆林第 3 窟窟顶
西披边饰

[1]《雪楼集》卷 25,《魏国公先世述》。
[2]《新元史》卷 180,《李世安传》。
[3]《元史》卷 125,《高智燿传》。
[4]《元史》卷 42,《纳麟传》。
[5]《元史》卷 134,《朵儿赤传》。

海等率兵十万征日本,将相大臣"不敢阻其事",独昂吉儿抗疏争之,"请罢兵息民",[1]不从,果无功而还。有的因此而调离职守,如亦怜真班性刚正,论事不阿,元统至元间,伯颜为丞相,忌其论事不阿,将其调离中央,出为江南行台御史。有的因此而丧生,元中叶,右丞相铁木迭儿"恃势贪虐,中外切齿,然莫敢发其奸",[2]杨朵儿只纠劾其罪,仁宗罢其相。仁宗死,铁木迭儿复相,伺机报复,以违太后旨处死杨朵儿只。

元代党项人为官者大多不畏权势,揭露贪赃枉法之事,屡见不鲜。元初,丞相阿合马之子忽辛为江浙行省平章事,"恃势贪秽,亦力撒合发其奸,得赃钞 81 万锭,奏而诛之"。[3]至元二年(1265 年),星吉为太府卿,太府所管之事,大多与权贵宦官相牵连。他们互相勾结,为非作歹,中饱私囊。"阉竖攘窃,敛散无籍,吏缘为私",星吉不畏权贵,"较摘隐蔽,立薄计数,奸弊以革"。[4]此外,将作院累岁侵绮绣之属 15000 端,星吉悉责偿之。

在揭露惩治权贵贪赃枉法的同时,还能严于律己,拒贿廉明。元初,刘容奉使江西,抚慰新附之民,有人劝他接受贿赂和贿赂权贵,刘容回答说:"剥民以自利,吾心何安。"[5]惟载书数车,献之皇太子。

元末,余阙为湖广行省左右司郎中,湖南章宣慰以婆律香馈阙,阙疑其重不受,箧内果置黄金。章叹道:"余愧达官无辞者,洁如水壶,独余公一人耳!"余阙严于律己的拒贿之举,使一些贪吏闻风丧胆。史载,阙为浙东廉访司事,"贪吏闻阙至,多解印绶自免"。[6]

此外,他们还注意平反冤案,如立智理威为刑部尚书,有小吏诬告漕臣刘献盗仓库粟,"宰相桑哥方事聚敛,众阿其意,锻炼枉服",[7]立智理威"以实闻",使冤案及时平反。昆山知州管某,上书诬告平江路总管道童,"诡报岁灾",星吉奉命调查,真相大白。"道童以廉正御下属官严,总管怨而诬之"。[8]事闻,严惩诬告者。

(四)提倡法治,严惩违法者。

蒙元时期的党项官吏,大多主张法治,如宪宗时期,昔里钤部出监大名,"到官,无钜细,一执以法"。[9]杨朵儿只"纠举不避亲贵","有犯法者虽贵幸无所容贷"。[10]当时

黑水城出土的唐卡《阿弥陀佛来迎图》

[1]《新元史》卷 161,《昂吉儿传》。
[2]《新元史》卷 183,《杨朵儿只传》。
[3]《元史》卷 120,《亦力撒合传》。
[4]屠寄:《蒙兀儿史记》卷131,《星吉传》。
[5]《新元史》卷 134,《刘容传》。
[6]《新元史》卷 218,《余阙传》。
[7]《元史》卷 120,《立智理威传》。
[8]《蒙兀儿史记》卷 131,《星吉传》。
[9]《元史》卷129,《昔里钤部传》。
[10]《蒙兀儿史记》卷 124,《杨朵儿只传》。

受到法律惩处的除贪官污吏外,还有豪绅、僧侣、军队,等等。

对豪绅的惩治。高睿任浙西道肃政廉访使,境内有乡民"十老"乱党,"吏莫敢闻",[1]睿及时绳之以法,深得人民赞扬。星吉为江南行台御史,有秦桧裔孙夺民田,讼久不决,星吉得知其情,怒曰:"桧之罪百世有余戮,其遗凶敢为民害。"尽返其田。[2]

对僧人的惩治。至正二年(1342年),纳麟为宣政院使,上天竺僧弥戒、经山僧惠州"恣纵犯法,纳麟皆坐以重罪"。[3]星吉为江南行台御史,有胡僧号称小住持者,恃宠骄横,为非作歹,星吉命逮捕下狱,籍没其家,"由是豪强敛手,贫弱称快"。[4]

对军队的惩治。迈里古思为绍兴路录事司达鲁花赤,苗军主将苗完者在杭州"纵其军抄惊,莫敢谁何,民甚苦之"。更有甚者,他们到绍兴城中强夺人马,迈里古思擒斩数人。"苗军恐惧,不复骚扰其境。"[5]

(五)裁汰冗官,选拔廉能官吏。

元初及元中期,均有裁汰冗官的举措。元初,江南初平,官制草创,权臣阿合马纳贿鬻爵,江南冗滥官僚甚众,郡守而下,佩金符者多至三四人,由行省举荐超迁宣慰使之人甚多,民不堪命,昂吉儿将此情况告知世祖,忽必烈命他与平章哈伯等裁汰之,"选漕以清"。[6]

武宗至大元年(1308年)十一月,乞台普济进中书右丞相,位在塔思不花之上。"时徼倖成风,官司冗滥,二人同心多所裁抑"。[7]

在裁汰冗滥官吏的同时,选用廉能官吏,专举纠察,如亦怜真班"尽选中外廉能官吏,置诸风宪,一时号称得人"。[8]星吉为江南行台御史,"选刚明御史,行十道,纠摘贪邪不少贷"。[9]

(六)革除弊政。

此举早在蒙古国时期即已初见端倪。如昔里钤部为官,"举贤能,诘奸慝,政有不利于民更始"。[10]"凡政之不便,民所欲而未得者,率立行而更张之"。[11]有元一代参予革除弊政者颇多,如李世安任参知政事,鉴于以往官差民户典仓库,往往亏折,填偿破产,改以府吏充役,减轻百姓

黑水城出土的唐卡《阿弥陀佛来迎图》

[1]《元史》卷125,《高睿传》。
[2]《蒙兀儿史记》卷131,《星吉传》。
[3]《元史》卷42,《纳麟传》。
[4]《蒙兀儿史记》卷131,《星吉传》。
[5]《元史》卷188,《迈里古思传》。
[6]《元史》卷132,《昂吉儿传》。
[7]《蒙兀儿史记》卷121,《乞台普济传》。
[8]《元史》卷145,《亦怜真班传》。
[9]《蒙兀儿史记》卷131,《星吉传》。
[10]《蒙兀儿史记》卷47,《昔里钤部传》。
[11] 王恽:《秋涧先生大全文集》卷51,《大元故大名路宣差李公神道碑》。

黑水城出土的唐卡《阿弥陀佛净土》

负担,"择府吏代充其役,著为令,民德之"。[1]

成宗大德三年(1299年),立智理威以参知政事为荆湖宣慰使。荆湖多弊政,而公田为甚,部内实无田,随民输租取之,户无大小皆出公田租,虽水旱不免。立智理威以"向所不便,凡数十事上于朝,而言公田尤切。朝廷遣使理之。会有诏:凡官无田者始随俸给之,民力少苏"。[2]

仁宗延祐元年(1314年),黄头为海道都漕运万户府副万户,前后9次渡海,运米210万至京师,"海运利弊,靡不周知"。任内兴利除弊,改革海运弊端。运船窃米之人甚多,黄头"使漕兵柁工、水手之属,得相收倚连坐,其弊遂除";自温台至福建,皆顾民船载米,到浙西再还浙东入海,黄头移米庆元,从烈港入海,"无迁道之费";运船空回,枢密差官搜阅,因为奸利,"或罄其囊筐",黄头请禁止。"凡所张弛之法,后人皆遵用之,以为定例焉。"[3]

经济方面,主要有屯田、禄田、赈饥、运粮、修堤等。

(一)屯田。兴办屯田,主要在元初,但元中期及元末也曾出现。元初计有中庆屯田、中兴路屯田及勺陂、洪泽屯田。至元十二年(1215年),爱鲁清理中庆版籍,得隐户万余,以4000户屯田。[4]朵儿赤为中兴路新民总管,至官,录其子弟之壮者屯田,塞黄河九口,开其三流,"凡三载,赋额倍增"。[5]昂吉儿于勺陂、洪泽一带以兵20000屯田,"岁得米数十万斛"。[6]有的负责屯田管理,如李世安"提调诸卫屯田"。[7]

元代中期,武宗出镇北边,命乞台普济主持军事,"整饰屯田(指称海五条河屯田),以佐军实"。[8]朵罗台为昭阳信校尉、芍陂屯田千户所达鲁花赤,管理芍陂一带屯田。

元末有安徽潜山县屯田。余阙为淮西宣慰副使,为了解决军粮缺乏,与有司官吏及诸将商议屯田。鉴于境内潜山县八社土壤肥沃,决定环境筑堡寨,耕稼其中,选精甲护卫,收到了较好的效果。"秋稼登,得粮三万斛。"[9]

(二)置禄田。

元初,朵儿赤为潼川府尹,时公府无禄田,朵儿赤以旷地给民,"视秩分亩,而薄其税"。[10]从此,到潼川为官者开始有禄。这对官吏养廉无疑起了一定的作用。

[1]《新元史》卷180,《李世安传》。
[2]《元史》卷120,《立智理威传》。
[3]《新元史》卷182,《黄头传》。
[4]《元史》卷122,《爱鲁传》。
[5]《元史》卷134,《朵儿赤传》。
[6]《元史》卷132,《昂吉儿传》。
[7]《新元史》卷180,《李世安传》。
[8]《蒙兀儿史记》卷121,《乞台普济传》。
[9]《元史》卷134,《余阙传》。
[10]《元史》卷134,《朵儿赤传》。

（三）赈饥。

赈饥贯穿于元朝始末，但主要在元中期。在中央和地方为官的党项人对赈济饥民均十分重视。

元初，至元十七年（1280 年），李恒为中书左丞，行省荆湖，"常德、澧、辰、沅、靖五郡之饥者赈之"。[1]"所活为口亡虑十万计。"[2]

中期，成宗大德八年（1304 年），立智理威为四川行省左丞，"蜀人饥，亲劝分以赈之，所活甚众，有瓦无草者，则以己钱买地使葬，且修宪政以抚民，部内以治"。[3]仁宗时，杨不花出为河东廉访司事，以己资赈河南饥民。"河东民饥，先捐己资以赈。请未得命，即发公廪继之，民遂赖以不死。"[4]武宗时，阿荣为湖南道宣慰副使，"会列郡岁饥，阿荣分其廪禄为粥以食饿者，仍发廪赈之，所活甚众"。[5]文宗天历二年（1329 年），纳麟为江西道廉访使，时岁饥，议发粟赈民，行省难之。纳麟曰："朝廷如不允，我以家资尝之"。议始决，"全活无数"。[6]

元末，至正十三年（1352 年），两淮春夏大饥，人相食，余阙捐俸禄 200 石为粥，"以食饥者"，[7]同时请于中书，"得钞三万锭以赈民"。[8]

（四）馈饥运粮饷。

此举见于史书记载，为蒙古国时期，及元初中期，但主要在中期。蒙古国时期，斡扎篑从太祖西征，运饷不绝，无毫发私，时号"满朝清"。[9]宪宗九年（1259 年），忽必烈南征，昔里钤部带病供给军饷。元初，世祖征襄樊，来阿八赤负责运送粮饷。

中期，成宗元贞初，李世安为湖广行省左丞，供平章刘国杰西征，馈运道路险恶，率斗粟运费 10 余石，"世安与役夫均其劳苦，往往期月，军兴不乏"。[10]辽东诸王乃颜反，世祖亲征，"时诸军皆会，亦力撒合掌运粮储，军供无乏"。[11]延祐元年（1314 年），黄头为海道都漕万户府副万户，先后 9 次从海上运米 210 万石至大都，为元朝立下了汗马功劳。

此外，蒙古国时期，昔里钤部任大名路达鲁花赤，任内沿河堤岸栽树，"以固堤址"。[12]元初，来阿八赤督兵万人开运河，爱鲁随皇子忽哥赤出镇云南，定云南行省私赋。

黑水城出土的唐卡《观音图》

[1]《元史》卷 129，《李恒传》。
[2]《牧庵集》卷 3，《资善大夫中书左丞赠银青荣禄大夫平章政事谥愍武公李公家庙碑》。
[3]《元史》卷 120，《立智理威传》。
[4]《元史》卷 179，《杨不花传》。
[5]《元史》卷 134，《阿荣传》。
[6]《新元史》卷 56，《纳麟传》。
[7]《新元史》卷 218，《余阙传》。
[8]《元史》卷 143，《余阙传》。
[9]《元史》卷 134，《斡扎篑传》。
[10]《新元史》卷 180，《李世安传》。
[11]《元史》卷 120，《亦力撒合传》。
[12]《元史》卷 132，《昂吉儿传》。

昂吉儿善医马,“岁医马数万”。这些都属于经济方面的措施,对于元代社会经济的恢复与发展,无疑起过一定的作用。

文化方面,其主要事迹如下:

(一)劝统治者尊崇儒士,以儒治国。

早在蒙古国时期,太宗窝阔台十年(1238年),李祯从察罕攻下淮甸时,即奏请“寻访天下儒士,令所在优赡之”。[1]元世祖忽必烈时,“儒士皆隶役”,有的地方如淮水流域及四川一带被俘儒士,“皆没为奴”,“以儒士为驱”,[2]说明儒士地位极端低下,高智炋为提高儒士地位,“再三为儒户请命”,[3]反复强调“儒术有被治道”,以及“以儒治国”的必要和重要性,而欲“以儒治国”,必须重用儒士,提高儒士地位。经过高智炋的反复劝说,忽必烈不再以儒为驱,下令赎免淮蜀被俘为奴儒士300余人,“由是儒术始重,人才渐出”。[4]

(二)修建学宫,兴学育才。

早在蒙古国时期,昔里钤部即注意兴修学宫,释奠庙学。他见庙学祀殿黝圮,喟然叹道:“泽宫风教所系,今若此,何以兴民乎。”[5]即完治一新。元初,立智理威重视兴学育才,“在官务兴学,诸生有俊秀者,拔而用之”。[6]

在兴建学校、培养人才方面成绩显著者,尚有河南西夏遗民杨氏家族兴建乡学(私塾)。

杨氏家族的始祖“原居贺兰山”,元初,赐姓“唐兀”,讳台,曾从忽必烈攻南宋,卒于行营,其二世祖闾马,始定居于河南濮阳县东,“官与草地,偕民错居”。[7]至四世祖唐兀崇喜,于明朝建国改姓为杨。

自闾马移居濮阳后,为了适应农业经济的发展,及提高家庭汉文化的需要,不惜巨资多次兴建乡学。英宗至治三年(1323年)“于所居之西北,官人寨之乾隅,卜地一区,市居为塾,南北为楹者九,东西广亦如之”。[8]闾马去世后,其长子达海,孙崇喜相继扩建。达海于泰定年间(1324—1328年),按照其父所定规模,建东西九间房,与闾马所建“南北九楹齐”。杨崇喜除重新修葺原有的东西九楹,以其西三楹“居师儒”,“东三楹以寓四方学者”外,又增建“正堂三楹,堵头二楹,垣高弥丈,梁倍之”,[9]取名曰“亦乐堂”

黑水城出土的唐卡《大势至菩萨》

[1]《元史》卷124,《李祯传》。
[2]《元史》卷125,《高智炋传》。
[3]《蒙兀儿史记》卷81,《论赞》。
[4]《新元史》卷156,《高智炋传》。
[5]《蒙兀儿史记》卷47,《昔里钤部传》。
[6]《元史》卷120,《立智理威传》。
[7]焦进文、杨富学:《述善集校注》,第49页。
[8]《述善集校注》,第49页。
[9]《述善集校注》,第67页。

（即取孔子"有朋自远方来,不亦乐乎"之意）。"亦乐堂"建成后,进一步向元廷呈文申报（内容包括筹资建房、学堂面积、学田亩数等）,请求赐号命名, 至正十八年（1358年）,赐号崇文书院。

杨崇喜在兴建学宫的同时,即备厚礼,延请燕南著名进士、濮阳郡邑监尹、新除密州儒学正、"博学高识"的唐兀彦国,"以主师席"。一时远近学子 50 余人,负笈求学。他们聆听名师讲课解惑,"玩亦乐之旨,体圣贤之心","将以养德性,变气质","以需世用"。[1]

由于该乡学聘用名师,从严执教,加上管理有方,成效显著,影响很大,被誉为"一郡学校华"。[2]

（三）精通儒家经典,为五经作传注。

蒙古国时期, 被成吉思汗重用的昔里钤部,"独涉儒释,兼晓音律"。[3]元初,朵儿赤年十五,通古注《论语》、《孟子》、《尚书》。元末余阙,平生留意经术,"五经皆有传注"。在注释的同时,进行宣讲。史载余阙为官,"稍暇,即注周易,帅诸生谒郡学会讲,立军士门外以听,使知尊君亲上之义"。[4]

此外,斡玉伦徒曾参与撰修《宋史》[5],余阙攻诗,"诗体尚江左,五言犹工";善书法,"篆隶亦古雅可传",其门人辑其诗文成集,名曰"青阳先生文集"。[6]这些,说明从政的党项人具有较高的文化涵养。

上述蒙元时期党项人从政值得肯定的诸如直言进谏、惩贪拒贿,反腐倡廉,以及赈饥、屯田、尊孔读经,兴学育才等举措,可以认为是西夏时期善政,在新的历史条件下的延续。其中有些措施,如杨朵儿只弹劾权奸伯颜,以身殉职,杨不花、阿荣、余阙等以己资（俸禄）赈济饥民,同西夏比较,则实有过之而无不及。

二、党项人士从政的历史作用

蒙元时期,党项人士从政的历史作用,可简明概括如下。

（一）参加灭夏、灭金、灭宋及平云南的战争,促进了元朝的大统一。

如众所知, 中国自唐末五代以来形成的方镇割据局

黑水城出土的唐卡
《水月观音》

[1]《述善集校注》,第 67 页。
[2]《述善集校注》,第 67 页。
[3]《蒙兀儿史记》卷 47,《昔里钤部传》。
[4]《元史》卷 124,《李桢传》。
[5]《元文类》卷 18,《西夏斡公画像赞》。
[6]《元史》卷 143,《余阙传》。

黑水城出土的唐卡
《水月观音》

面,发展至辽宋夏金时期,分裂割据局面日益缩小,大一统的趋势成为不可抗拒的历史潮流,而蒙古国及元初时期的党项人积极参加灭夏、灭金、灭宋及平云南的战争,正好顺应了这一历史发展趋势,起了加速大一统历史进程的作用。

(二)平叛有利于社会经济的恢复、发展和人民安居乐业。

蒙古国及元初时期,国内刚刚统一,百废待兴,饱受战争灾难的人民,迫切需要安定的和平环境来恢复和发展社会经济。在这种形势下,元宗室诸王及某些地方军政势力,伺机叛乱,是一种逆历史潮流而动的行为,而党项人及时参加平叛,并取得胜利,正好是一种反对分裂,维护统一的行动。它为当时社会经济的恢复与发展及人民安居乐业,创造了相对的和平环境,其积极意义是不言而喻的。

(三)直言进谏,反腐倡廉,可以澄清吏治,革除弊政可苏民力。

蒙古统治者自从入主中原之后,随着生产方式的改变和汉化的加深,逐渐走向腐化堕落。他们结党营私,卖官鬻爵,贪污成性,腐败成风。宰相桑哥"专权擅政,虐焰薰天,贿赂公行,略无畏避"。[1]"自秦王伯颜专政,台宪官皆谐价而得,往往至数千缗,及其分巡,竟以事势相渔猎,而偿其直,如唐债帅之比。于是有司承风,上下贿赂,公行如市,荡然无复纪纲矣。肃政廉访司官,所至州县,各带库子检钞秤银,殆同市道矣。"[2]在此情况下,党项官员直言诤谏,惩贪拒贿,提倡法治,对不法官吏、豪绅、僧侣、军士,绳之以法,以正压邪,有的因此而遭报复,献出宝贵的生命。在反腐倡廉的同时,尽可能地革除弊政,并取得了一定的成效。这些,犹如污水中增添了净化剂,对于澄清元代腐败的吏治,以及改善人民生活的处境,多少会起一定的作用。

(四)宣扬"儒术有补治道",建议尊儒崇儒。

以儒治国,对元初儒士地位的提高,建立典章制度,以及兴学育才,起了重要的作用。

元初儒士,由于高智耀的建议被忽必烈采纳,其地位

[1] 陶宗仪:《南村辍耕录》卷2,《善谏》。
[2] 叶子奇:《草木子》卷4,《杂俎篇》。

显著提高。对此,柯邵忞评论道:

> 自太宗考选各路儒士后,所在不务存恤,仍与齐民无异,智妖前后上言,正户籍,蠲力役,由是儒术始重,人才渐出,学校中多立祠礼之。[1]

屠寄也有类似的评论:

> 高智妖自斡歌歹汗以来,奔走干戈戎马之中,再三为儒户请命,锲而不舍,始终维护读书种子,不遗余力,厥功茂哉!朵儿赤独抱遗经,开陈善道,居官则能兴水利,创禄田,争枉法,劾奸贪,岂非儒者之效耶。拓跋夏建国河西二百年,其故家子弟之贤,犹有益于新朝之治如此。国虽亡,文化不与之俱亡也。[2]

前者指出尊儒崇儒可以兴学育才,即培养大批封建御用人才;后者指出高智妖、朵儿赤等继承西夏文化,使之有效地为元朝统治服务,可谓一语破的。

至于河南杨氏家族,三世不遗余力,兴建乡学,创办崇文书院,成绩显著,功不可没,有的学者称它为"家族文化灿烂奇葩"、元代乡学典范,并非过誉。

(五)屯田养兵,可以节省国家开支,开仓赈饥,可以缓和阶级矛盾,维持农业生产的正常进行。其积极作用是显而易见的。

这里需要特别肯定的是一些党项官员以己资赈济饥民。凶岁开仓赈饥,乃司空见惯之事,但以己之俸禄赈济饥民,却并非寻常之举。这表明元代党项官员,大多具有"民为邦本"的思想,否则不可能有此急饥民之所急的行动。

以上是蒙元时期党项官员表现好的值得肯定的方面,但也存在一些不足和应当否定之处,如参与对外侵略扩张,镇压农民起义和少数民族起义。当然,这是时代和阶级的局限性使然,不可苛求于古人。

如众所知,世间任何事物总是具有两重性,蒙元时期的历史人物也不例外。不仅不同时期的党项群体人物从总体上是如此,即使是某一党项官员,也往往具有值得肯定和否定的两个方面,如元末余阙为官,一方面拒贿惩贪,"言峭直无忌"、屯田潜山,和捐己俸以赈饥民,但他同

黑水城出土的《关羽图》

[1]《新元史》卷 156,《高智妖传》。
[2]《蒙兀儿史记》卷 81,《论赞》。

时又镇压红巾军和少数民族起义，在他身上充分体现了历史的多样性与复杂性。

　　为什么同一历史人物会有这种两重性呢？这是因为封建社会值得肯定的人物，几乎都具有忠君爱国和"民为邦本"的思想。如迈里古思为枢密判官，分院治绍兴，"境内晏然，民爱之如父母"，[1] 但他在江南为行台镇抚时，曾率军镇压处州山民起义。当御史大夫拜住哥所管"台军"扰民时，他"擒斩数人"，绳之以法，以儆效尤。有人劝他提防拜住哥报复，他道："吾知上有君，下有民，遑问他。"[2] 因为他"上有君"，故能忠君爱国，尽心治理绍兴，政绩斐然，同时对危害君主和封建国家的起义，坚决镇压。因为他有"民为邦本"的思想，故对扰民之军坚决擒斩正法，即使遭到报复，也在所不顾。他身上存在的两面性，昭然若揭，十分典型。[3]

拜寺口塔出土的木雕
欢喜金刚像

[1]《元史》卷 188,《迈里古思传》。

[2]《新元史》卷 219,《迈里古思传》。

[3] 参阅拙作:《蒙元时期党项人物事迹述评》,载《固原师专学报》2004 年第 4 期。

西夏褐釉瓷骆驼

第七章

西夏的社会经济

　　要了解西夏的社会经济，必须将它放在中国古代中世纪辽宋西夏金时期的整体发展阶段去考察。因为它是这一时期社会经济的重要组成部分。这一时期是中原先进生产方式向周边少数民族扩展的时期。此时的宋朝社会经济获得了很大的发展，无论从其生产力发展的水平，还是财富积累的情况去看，均处于执牛耳的地位。在宋朝的影响下，辽、夏、金和西北的高昌、回鹘、龟兹（均在今新疆境内），和西南的吐蕃、大理，都先后进入了封建社会，其社会经济发展的水平，同中原地区的差距正在日益缩小，或者接近。西夏的社会经济以畜牧业、农业为主，手工业、商业所占比重不大。现分述于后。

第一节　西夏的畜牧业与狩猎业

一、畜牧业

　　畜牧业是党项人传统的生产部门，也是重要的经济部门。党项人长期从事畜牧业，积累了丰富的经验。其内徙前，"收养牦牛、羊、猪以供食，不知稼穑"，[1] 内徙后，虽然已有农耕，但仍以畜牧为主。建国后，随着放牧地区的扩大，畜牧业得到了进一步的发展。由于"〔西夏〕以马羊立国"，[2] 因此，西夏统治者对畜牧业的组织管理非常重

[1]《隋书》卷83，《党项传》。
[2]《东坡志林》卷3。

视。在中央机构的十六司中,设群牧司来统一管理全国的畜牧业。

西夏立国后,在"东据河,西至玉门,南临萧关,北控大漠"[1]的比较广阔的版图内,存在着许多天然的牧场。以走廊著称的包括今敦煌、酒泉、张掖、武威等地在内的河西陇右地区,自古即为著名的牧区。位于河西走廊东部的凉州,素有畜牧甲天下之称。皇祐三年(1051年)三月,辽兴宗三路伐夏,"北路兵至西凉府,获羊百万,骆驼二十万,牛五万"。[2]说明凉州畜牧业兴旺发达的盛况。仅次于凉州的"瓜沙诸州,素鲜耕稼,专以畜牧为生"。[3]至于山丹的马营滩,自古就是天然的牧场,西夏曾在这里设皇家马营,专门培养供皇室用的优良品种。中华人民共和国建立后,在这里设有山丹军马场,专门培养军用马匹,并培养出优良品种——山丹马。

西夏的另一牧区为河套地区。它包括河套南部的银、夏、盐等州及河套北部的鄂尔多斯高原和阿拉善额济纳旗一带。这一带盛产马、骆驼、牛、羊,如夏州"产羊、马、驼",盐州"以牧养牛马为业",[4]鄂尔多斯高原产骆驼、牛、羊,所产数量也很可观。如成吉思汗命孛鲁"攻银州,克之,斩首数万级,获生口、马、驼、羊、牛数十万"。[5]至于盐池、中卫所产骆驼,毛织软而暖,为纺织上品及出口佳品。

此外,贺兰、永宁、宁朔、平罗、惠农、同心等地区的人民,多以畜牧为生,其羊毛品质甚佳,为西夏出口的大宗传统商品。

20世纪70年代发掘的西夏皇陵和西夏省嵬城址,出土的石马和大量的羊、牛、骆驼及其他畜骨,说明畜牧业在西夏社会经济中所占的重要地位。

西夏牧畜品种主要有马、牛、羊、骆驼、牦牛、驴、骡、猪、犬等。

二、狩猎业

除畜牧业外,还有原始的狩猎业。主要分布于西夏山区、沙漠和半沙漠地区。西夏对宋辽的贡品中有兔鹘、沙狐皮、犬、马。西夏人的狩猎情况,据黑城出土的西夏文《月月乐诗》记载:二月,"人们在山上猎杀野牦牛"。三月,

甘肃庆阳出土砖雕《牵驼图》

[1]《读史方舆纪要》卷7。
[2]《长编》卷168,皇祐二年三月庚子。
[3]《西夏书事》卷32。
[4]《太平寰宇记》卷37,《关西道》。
[5]《元史》卷119,《孛鲁传》。

"人们在追捕鹿群"。八月，"拉着黑线和白线在捕鸟"。九月，"国内开始捕鸟"。十月，"国内到处在捕鸟雀"。即一年之中，有五个月在狩猎。其狩猎的对象有沙狐、野狐、黄羊、豺狼、鹿、猴、兔、刺猬、鹰、鹘、鸳、雁、鹌鹑，等等。其中沙狐皮还是对宋辽的贡品。如公元990年（宋淳化元年）三月，李继迁遣使至契丹贡"沙狐皮一千张，兔鹘五只，犬子十只"。[1] 一次进贡一千张沙狐皮，表明其猎获物数量之多。

安西榆林窟西夏壁画
《冶炼图》

西夏的狩猎业，不仅是传统的生产部门，而且还是西夏最高统治者与部落酋豪商议军事，练兵打仗的不可或缺的重要手段。如元昊"每举兵，必率部长与猎，有获，则下马环坐饮，割鲜而食，各问所见，择取其长"。[2] 这种狩猎业即使到了西夏的中后期，封建经济获得比较充分发展之时，也从未间断。如乾顺时，御史大夫谋宁克任云："吾朝立国西陲，以狩猎为务。"[3] 仁孝在位期间，经常到贺兰山狩猎。说明狩猎业始终是西夏封建经济的一种补充形式和统治者习武的重要措施。

第二节　西夏的农业

一、农业发展的段落划分及主要农产品

农业为西夏"赖以为生"的又一重要的经济部门。在西夏中央政府设立的十六司中，就有专门管理农业的"农田司"，表明统治者对农业部门的重视。西夏的农业发展大体上经历了三个阶段：第一阶段，自党项拓跋思恭建立夏州地方政权，到继迁攻占灵州之前。在这期间，夏州统治者虽然占有河套地区无定河两岸的银、夏、绥、宥诸州，但这些地区并非发展农业的理想之地，除宥州产粮较多外，"每岁资粮，足取洪宥"，其余地区"地不产五谷"。[4] 因此，农业在社会经济中不占重要地位。

第二阶段，自继迁占领灵州、兴州，到元昊攻占河西走廊之前。这是西夏农业获得明显发展的阶段。在这个阶段里，由于兴、灵二州，地处黄河冲积平原，水利发达，宜农宜牧，为历代屯垦，振兴农业的理想之地。如灵州"地方

[1] 叶隆礼：《契丹国志》卷21，《外国贡进礼物·西夏国贡进物件》。
[2] 《宋史》卷485《夏国传上》。
[3] 《西夏书事》卷32。
[4] 《宋史》卷325，《刘平传》。

安西榆林窟西夏壁画
《踏碓图》

千里,表里山河,水深土厚,草木茂盛,真牧放耕战之地"。[1]今天被誉为"塞上江南"的银川及银川南面的大部分地区,包括在兴、灵二州之内。由于兴、灵二州农业得到了发展,生产了较多的粮食,除供当地居民食用外,还可以用来救济灾民。如公元1110年(夏贞观十年,宋大观四年)秋,瓜、沙、肃三州大饥,"乾顺命发灵、夏诸州粟赈之"。[2]除兴、灵二州农业发展比较突出外,在宋夏交界的沿边地区,由于德明同宋保持了和平友好关系,从而使这一带的农业获得了长足的发展。所谓"塞垣之下,逾三十年,有耕无战,禾黍云合",[3]正是这种发展的客观写照。

第三个阶段,自元昊占领整个河西走廊,"尽有河西之地",[4]称帝建国,到仁孝统治时期。这是西夏农业发展兴盛的时期。这一时期西夏的主要农业区有三,一为兴、灵、洪、宥诸州;二为河西走廊的甘州、凉州和肃州。历代统治者曾在此兴置屯田,并收获了较多的粮食。如公元684年(唐中宗嗣圣元年),仅甘州一处就积谷40万石,获粮26万石。西夏统一后,甘州、凉州等地,不仅畜牧业发达,同时,还是粮食生产的重要基地,如凉州不仅水草丰美,为放牧理想之地,而且农业也颇发达。三是与宋(后期与金)毗连的边缘地区。即宋臣吕大忠所说的"东则横山,西则天都山、马衔山一带"。[5]这里所说的横山,当指横山的北部地区。因宋夏以横山为界,称为"山界"。大体上"横山以北,尽为西夏所有"[6],以南则为宋有。"横山延衮千里,多马宜稼"。[7]"金汤、白豹,据横山之麓,环以良田千顷"。[8]即不仅出产良马,还是西夏粮食重要产地之一。由于该地产粮较多,因此,入侵宋朝的军队,往往就粮于此。"缘边与贼山界相接,人民繁庶,每来入寇,则科率粮糗,多出其间。"[9]

第四个阶段,自桓宗纯祐至西夏灭亡,为西夏农业的衰落时期。这个阶段里,西夏外患频仍,"国经兵燹,民不聊生,耕织无时,财用并乏"。[10]夏国经济处于崩溃的边沿,当然谈不上振兴农业了。

农产品,据骨勒茂才《蕃汉合时掌中珠》记载,其农产品有麦、大麦、荞麦、糜、粟、稻、豌豆、黑豆、荜豆等。据《辽史》记载,"土产大麦、荜豆、青稞……",[11]说明西夏的主要

[1]《长编》卷44,咸平二年六月戊午。
[2]《西夏书事》卷32。
[3]《长编》卷130,庆历元年正月。
[4]《西夏书事》卷12。
[5]《长编》卷466,元祐六年九月壬辰。
[6] 马端临:《文献通考》卷322,《舆地考》。
[7]《宋史》卷355,《种谔传》。
[8]《长编》卷494,元符元年正月甲寅。
[9]《长编》卷132,庆历元年五月甲戌。
[10]《西夏书事》卷42。
[11]《辽史》卷115,《西夏外纪》。

农产品有小麦、大麦、稻子、青稞和荜（bì 必）豆,等等。从事农业操作的多数为汉人。从西夏的全境来看,农作物种植面积不大,收获量远远满足不了老百姓的食粮需要,一旦遇到战争,他们一般只能以大麦、荜豆、青麻子等物充饥,如遇到灾荒,老百姓只能靠采撷杂草或野菜充饥。正如宋臣曾巩所指出:

安西榆林窟西夏壁画
《梨耕图》

> 其民春食鼓子蔓、咸蓬子;夏食苁蓉苗、小芜荑（wūtí 无堤）;秋食席鸡子、地黄叶、登厢草;冬则畜沙葱、野韭、拒霜、厌条子、白蒿、碱（jian 减）松子,以为岁计。[1]

如果遇到严重的战争和灾荒,老百姓在"衣食并竭,老幼穷饿,不能自存"[2]的情况下,唯一的出路,就等着西夏统治者自产粮较多之地运粮赈济,或者移民就食。如果国内无粮可运,那就只有贷粮于宋了。

二、农业发展的概况

尽管西夏老百姓的食粮不丰,但由于西夏人民在近两个世纪中,经过艰苦卓绝的生产斗争,以及西夏统治者对农业的惨淡经营,还是取得了显著的成绩。现将其农业发展的简要概况,分述如下:

1. 采用汉族先进的生产工具与生产技术

其生产工具,据《文海》记载,计有犁、耙、锹、耧、镰刀等。据《蕃汉合时掌中珠》记载,则有犁、铧、耙、镰、锹、镬、杴（音谦）、子耧,等等。这些农具均为木柄铁器所构成,与宋朝境内的汉族农民所用的生产工具基本一致。说明其农业生产技术水平与宋朝差不多。正如宋臣庞籍所指出:"〔西夏〕岁时以耕稼为事,略与汉同。"[3]

2. 牛耕的普遍使用及牛品种的改良

如《蕃汉合时掌中珠》明确记载了牛耕;安西榆林窟西夏壁画有二牛抬杠,一人扶犁进行耕田的"牛耕图";贺兰山下的西夏皇陵已发掘的 101 号陪葬墓内有鎏金铜牛。这些,说明西夏人已普遍使用牛耕,其二牛抬杠,一人扶犁的耕作方法,与内地汉民完全相同。

在培养改良新的耕牛品种方面,如凉州居民到附近山上捕捉野牛,加以驯服,然后让该公牛"和一般的母牛

[1] 曾巩:《隆平集》卷 20,《西夏传》。

[2] 《西夏纪》卷 17。

[3] 《长编》卷 135,庆历二年二月辛巳。

安西榆林窟西夏壁画《舂米图》
和《杂技图》

交配"。这种经过杂交培养出来的新品种，"比任何其他品种的牛都更耐劳，……比普通的牛驮载较重的东西，工作效率提高二倍以上"。[1] 说明新品种牛的素质，同原来的牛相比提高了许多。

3. 发展水利灌溉，建立比较广泛的水利网

西夏统治者在发展水利方面，主要做了以下三个方面的工作。对过去保存下来的古渠进行了疏浚和修复。西夏古渠主要分布在兴州和灵州。其中最有名的古渠是兴州的汉源渠和唐徕渠。汉源渠长 320 里，唐徕渠 250 里，有几十条支渠与之相连，"皆支引黄河"，[2] "支渠大小共六十八，计田九万余顷"。[3] 在灵州则有秦家、汉伯、艾山、七级、特进等古渠，与兴州的汉源、唐徕相连，也有支渠数十，构成了兴、灵二州的水利灌溉网。在甘州、凉州一带，则利用祁连山雪水，疏浚河渠，引水灌田，"甘、凉之间则以诸河为溉"。[4] 所谓诸河指的是居延、鲜卑、沙河及黑水，等等。而在这些河流之中，又以甘州境内的黑水最为著名。西夏仁宗仁孝曾于此河之上建桥，并立有"黑水河桥敕碑"。[5] 该河灌溉着甘州一带的良田，使其旱涝保收。此外，在西夏所辖的横山境内，山岳绵亘，河流错综，其著名的河流有无定河、大理河、吐延水、白马川等，灌溉着沿河一些州县的农田。"绥银以大理、无定河为灌溉。"[6] 而在天都山的农田，则引山间泉水灌溉。天都"云雾不退，谷间泉水，山下耕灌也"。[7]

在修复古渠的同时，还开凿了新渠。相传在今宁夏青铜峡至平罗一带，曾经修筑了一条著名的新渠——"昊王渠"，也叫"李王渠"。

随着水利事业的发展，西夏还曾出现过专门修渠筑堤的技术熟练的"水工"。如元顺帝至正年间，欧阳玄作《至正河记》云：

> 两岸（东西）埽（有岸、水、龙尾、栏头、马头等埽）堤（有刺水、截河、护岸、缕水、石船等堤）
> 并行。作西埽者夏人水工，徵自灵武；作东埽者
> 汉人水工，征自京畿。[8]

这条材料虽然距离西夏修渠灌溉的时间较长，但它间接地反映了早在西夏统治期间，灵武一带确实存在着修筑

[1] 陈开俊等译：《马可波罗游记》第 57 章，《凉州王国》。
[2] 《宋史》卷 486，《夏国传下》。
[3] 《元文类》卷 50，《知太史院事郭公行状》。按：明弘治《宁夏新志》卷二，记载为"万余顷"，比较接近史实。
[4] 《宋史》卷 486，《夏国传下》。
[5] 参阅王尧：《西夏黑水桥碑考补》，《中央民族学院学报》1978 年第 1 期。
[6] 《西夏书事》卷 9。
[7] 克恰诺夫、李范文、罗矛昆著：《圣立义海研究》，宁夏人民出版社 1995 年版，第 60 页。
[8] 《元史》卷 66，《河渠志》引《至正河防记》。

渠堤的具有专门技术的"水工"。

西夏统治者为了有效地管理好水利灌溉事业，还专门制定了有关水利灌溉的规章制度。如仁宗仁孝年间的《天盛改旧新定律令》就具体规定了水渠的组织管理及水的使用办法。其管理水渠的基层组织管理者有渠头、渠主、渠水巡检、伕事小监，等等。他们的主要任务有二：其一，负责巡视监察和修理水渠。律令规定：

> 诸沿渠干察水渠头、渠主、渠水巡检、伕事小监等，于所属地界当沿线巡行，检视渠口等，当小心为之。渠口垫版、闸口等有不牢而需修治处，当依次由局分立即修治坚固。若粗心大意而不细察，有不牢而不告于局分，不为修治之事而渠破水断时，所损失官私家主房舍、地苗、粮食、寺庙、场路等及佣草、笨工等一并计价，罪依所定判断。[1]

可谓任务明确，责任重大，不可丝毫麻痹大意，玩忽职守，否则就要受到法律的惩处。

其二，负责管理放水灌田。其具体律令规定：

> 唐徕、汉延及诸大渠等上，渠水巡检、渠主诸人等不时于家主无理相□、决水，损坏垫版，有官私所属地苗、家主房舍等进水损坏者，诸人告举时，其决者之罪及得举赏、偿修属者畜物法等，与蓄意放火罪之举赏、偿畜物法相同。
>
> 宰相及他有位富贵人等若殴打渠头，令其畏势力而不依次放水，渠断破时，所损失畜物、财产、地苗、佣草之数，量其价，与渠头渎职不好好监察，致渠口破水断，依钱数承罪法相同。……〔诸人〕若行贿徇情，不告管事处，则当比无理放水者之罪减二等。又诸人予渠头贿赂，未轮至而索水，至渠断时，本罪由渠头承之，未轮至而索水者以从犯法判断。渠头或睡，或远行不在，然后诸人放水断破者，是日期内则主罪由放水者承之，渠头以从犯法判断。若逾日，则本罪当由渠头承之。[2]

这些规定表明，西夏政府要求管理放水者及放水之人，必

黑水城出土的唐卡
《炽盛光佛图》

[1] 《天盛改旧新定律令》卷15，《渠水门》。
[2] 《天盛改旧新定律令》卷15，《渠水门》。

须遵守下列原则：即不得无理决口放水；严格按照排定的放水次序进行；定时放水，不得逾期；水法面前人人平等。如规定放水依次进行，即使是当朝宰相也得遵守，如"不依次放水"，就要受到法律制裁；提倡尽职尽责、廉洁奉公，杜绝徇私舞弊，贿赂公行。我们从这里看到了西夏水法的严密、合理和要求比较全面。

4. 开垦荒地，扩大耕地面积

西夏统治者鼓励人民开垦荒地，见于西夏文记载的有《天盛改旧新定律令》。该律令规定：

> 诸人无力种租地而弃之，三年已过，无为租庸草者，及有不属官私之生地等，诸人有日愿持而种之者，当告转运司，并当问邻界相接地之家主等，仔细推察审视，于弃地主人处明之，是实言则当予耕种谕文，著之簿册而当种之。[1]

这里"无力种租地而弃之"及"不属官私之生地"，即汉文史籍中经常见到的所谓"抛荒地"和"无主荒地"。凡属这类荒地，只要履行一定的手续，如"告转运司"、"著之簿册"，等等，任何人都可以申请耕种，而且三年之内，免交租佣草，三年之后，再根据土地的优劣，苗情的好坏等情况，决定交纳"五等租"中的哪一等地租，"令依纳地租杂佃次第法纳租"。[2]

西夏统治者在鼓励开垦无主荒地的同时，还大力提倡耕种租地的农户，去开垦其租地邻近的闲田旷土。其具体律令规定：

> 诸人地册上之租地边上，有自属树草、池地、泽地、生地等而开垦为地者，则可开垦为地而种之。[3]

即要求"人尽其力，地尽其利"。对于这类闲散土地，其纳租情况，与"无主荒地"大体相同。即三年之内免征，三年以后，每亩"纳三升杂谷物，佣草依边等法为之"。[4]这些鼓励垦荒的规定，对于西夏农业的发展，无疑起了一定的促进作用。

西夏开垦荒地，见于汉文记载的多数在宋夏沿边之处。即用侵耕宋地的办法，达到扩大耕地面积的目的。"夏人既称臣，而并边种落数侵耕为患"。[5]这种侵耕之事，时

黑水城出土的唐卡《药师佛》

[1] 《天盛改旧新定律令》卷15,《取闲地门》。
[2] 《天盛改旧新定律令》卷15,《取闲地门》。
[3] 《天盛改旧新定律令》卷15,《租地门》。
[4] 《天盛改旧新定律令》卷15,《租地门》。
[5] 《宋史》卷291,《吴育传》。

有发生,其中以宋河东路麟州(今陕西神木县北)屈野河遭受侵耕最为严重,时间也较长。景宗元昊建国之后,鉴于宋麟州"〔屈野〕河西田腴利厚",[1]开始插木置小寨三十余所,发动老百姓耕垦寨旁大约十余里范围内之田。毅宗谅祚时,没藏讹庞在军队的保护下,进一步"放意侵耕","自鄜延以北,发民耕牛,计欲尽耕屈野河西之田"。[2]宋朝为了阻止夏人侵耕,不惜采用经济制裁措施。史载:

> 经略使庞籍言:"西人侵耕屈野河地,本没藏讹庞之谋,若非禁绝市易,窃恐内侵不已。请权停陕西缘边和市,使其国归罪讹庞,则年岁间可与定议。"诏禁陕西四路私与人贸易者。[3]

即采用禁绝"和市"的非常手段,迫使西夏停止侵耕。

除了侵耕屈野河地之外,惠宗秉常时,国相梁乙埋使民"侵耕绥德生地"。[4]崇宗乾顺时,还侵耕了大理河东一带的土地。"鄜延路经略司奏,西贼遇夜直至大理河耕种,昼则却归贼界。"[5]同侵耕屈野河地不同之处是前者明火执仗,依靠武力强行耕种,后者乘着夜间月色朦胧,越过边界偷偷耕种,使宋人无法禁止,只好听之任之。

西夏侵耕宋地事件的发生,虽然起了激化宋夏矛盾的作用,但也反映了西夏统治者对开垦荒地,扩大耕地面积的重视。

西夏开垦荒地固然取得了一定的成绩,但这方面的成就是很有限的。正如宋人范育所指出:

> 臣尝究知夏国之闲田,弥亘山谷,动数百里,未悉垦辟。[6]

表明西夏尚未被开垦荒地的数量还是较多的。

5. 公私粮窖储存了较多的粮食

由于水利的兴修,各地农田及时得到了灌溉,"岁无旱涝之虞"。[7]加上牛耕的普遍使用,开垦荒地,采用汉人先进生产技术,因此,西夏粮食产量有所增加,具体表现在公私粮窖储存了大批粮食。建粮窖储粮,并非西夏独有。如唃厮啰统治下的河州(今甘肃临夏市)地区的吐蕃族也置窖储粟。"河州羌率众三万于敦波,欲复旧地,守约度洮水击破之,取窖粟食军。"[8]不仅吐蕃人建窖储粮,而且金人统治下的沃州(今河北赵县)民间也有窖粟。"沃州

黑水城出土的唐卡
《降魔成道图》

[1]《西夏书事》卷35。

[2]《长编》卷185,嘉祐二年五月庚辰。

[3]《长编》卷185,嘉祐二年二月甲戌。

[4]《长编》卷274,熙宁九年四月。

[5]《长编》卷485,绍圣四年三月。

[6]《长编》卷460,元祐六年六月丙午。

[7]《宋史》卷486,《夏国传下》。

[8]《宋史》卷350,《张守约传》。

黑水城出土的唐卡《说法图》

刺史完颜僧家奴奏：'田琢军二千五百人，官廪不足，发民窖粟，犹不能赡。'"[1]西夏建窖储粮始于何时？从有关记载看，早在李继迁重建夏州政权之时即已出现。如公元1002年（真宗咸平五年）泾原部署陈兴与秦翰等率兵袭击继迁所部康奴族，"穷其巢穴，俘老幼，获器畜甚众，尽焚其窖藏"。[2]此后，随着农业生产的发展，这种储粮的公私窖藏越来越多。根据有关史料记载，西夏著名的粮仓粮窖，有夏州境内的德靖镇七里平和桃堆平。七里平有谷窖大小百余所，粮约8万石；桃堆平的"国官窖"，"密密相排，远近约可走马一直"；[3]灵州西南的鸣沙川（一作鸣沙州）的"御仓"，窖储米多至百万石。它是西夏黑山威福监军司军粮供应地；陕西葭（jiā 加）芦、米脂地区的"歇头仓"，"〔其〕里外良田不啻一二万顷。夏人名为珍珠山，七宝山，言其多出禾粟也"。[4]被夏人誉为"金窟垛"的石堡城，"夏人窖粟其间，以千数"。[5]位于今甘肃定西县南的西市城，谅祚曾在此"建造行衙，置仓积谷"。[6]至于贺兰山西北的"摊粮城"，是西夏后方著名的储粮地。哲宗元符二年（1099年）新筑的定边城，本是西夏的领地。该地"川原厚运，土地衍沃，西夏昔日于此贮粮"。[7]

公元1081年（宋元丰四年，夏大安七年），神宗五路伐夏，李宪率兵破龛谷，入兰州，梁太后闻之，"令民尽起诸路窖粟，悉众走高川石峡，掘险以待"。[8]既然诸路均有窖粟，表明西夏粮窖分布甚广，遍布全国。

除了上述公私粮窖储存了大批粮食外，西夏境内还有皇室建立的所谓"御庄"。该"御庄"坐落在兰州附近的龛谷城及质孤、胜如二堡。公元1081年九月，宋军统帅李宪向兰州进军，曾发掘西夏龛谷川的粮窖，取其积谷。史载：

> 大军过龛谷川，秉常僭号御庄之地，极有窖积，及贼垒一所，城甚坚固，无人戍守，惟有弓箭铁杆极多，已遣逐军副将，分兵发窖取谷及防城弓箭之类。[9]

从粮窖附近有堡垒一所，及大量弓箭铁杆等武器看，表明西夏统治者为了防止仓储被盗和监视生产者劳动，防止其逃跑，派有一定数量的士兵戍守。兰州附近的质孤、胜

[1]《金史》卷102，《田琢传》。
[2]《宋史》卷279，《陈兴传》。
[3]《长编》卷319，元丰四年十一月辛巳。
[4]《宋史》卷176，《食货志》。
[5]《宋史》卷348，《陶节夫传》。
[6]《西夏纪》卷13。
[7]《宋会要辑稿·方域》8至20。
[8]《西夏书事》卷25。
[9]《宋会要辑稿·兵》14之18。

如二堡也有"御庄"。"智固、胜如川,伪号御庄。"[1]其地"平沃,且有泉水可以灌溉,古称榆中"。[2]这些粮窖、御庄的建置,从一个侧面反映了西夏农业的发展概况。

西夏粮窖所储之粮,大体上来自以下三个方面:即西夏民按土地之优劣分五等交纳谷物地租(详前);营田屯田所得;[3]通过榷场和市购买(详后),"其邻近族帐专枭粮斛"。[4]或以青盐换粮食,党项诸部,"树艺殊少,用池盐与边民交易谷物"。[5]

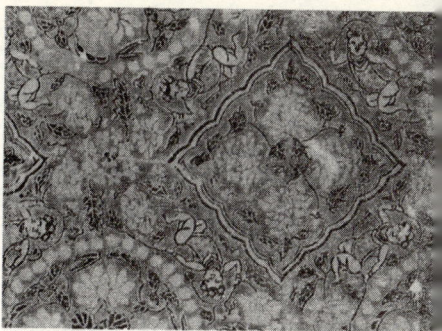

拜寺口双塔出土的印花绢

第三节　西夏的手工业

一、手工业发展概况

西夏手工业分官营民营两种,但主要由官府掌握,手工业中的重要部门和具有较高工艺技术水平的熟练工匠,大都由官府控制着。其产品主要不是用于商业交换,而是为封建统治阶级的奢侈生活服务。下面就西夏的一些主要手工业略作介绍。

1. 毛织业

由于畜牧业在西夏统治中占着重要的地位,牲畜皮毛原料相当丰富,因此,毛织业成了居民比较普遍的家庭副业。其纺织生产工具,从已发现的考古文物看,主要有木刮布刀和石纺轮,表明其工具相当原始。其主要产品有氆氇(音普鲁)毛褐、毡、毯等,同时还制造衣服、被单、巾帽、袜之类。在这些产品中尤其是西夏首都兴庆府出产的驼毛毡,"为世界最丽之毡"。[6]由于毡毯是当时的名贵上品,因此,成为西夏对外贸易的主要商品。在驼毛毡中又以白骆驼毛制作之毡最优良,"商人以之运售契丹及世界各地"。[7]

2. 兵器制造业

西夏矿产比较丰富。其种类有蓝靛、盐、碱、硝、煤、铁等。谚云:

塞上天府了不得,出产红(枸杞)、黄(甘草、黄芩)、蓝(蓝靛)、白(盐、硷、硝等)、黑(煤、铁等)。

[1]《长编》卷 444,元祐五年六月辛酉。
[2]《长编》卷 460,元祐六年六月丙午。
[3] 参阅拙作:《略论西夏统治时期的西北屯田》。载《固原师专学报》2000 年第 1 期。
[4]《长编》卷 74,大中祥符三年八月丁巳。
[5]《宋史》卷 77,《郑文宝传》。
[6] 冯承钧译:《马可波罗行纪》第 1 卷,第 72 章。
[7] 冯承钧译:《马可波罗行纪》第 1 卷,第 72 章。

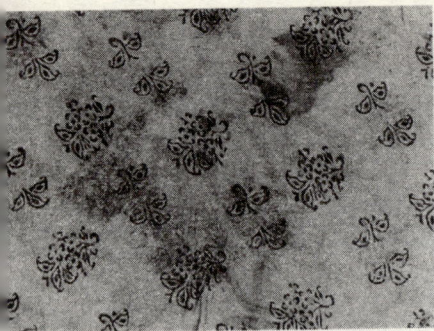

拜寺沟方塔出土的印花绢

其中铁用以制造兵器和农具。西夏统治者非常重视兵器的制造，并把它牢牢掌握在政府手中。该制造业的原料，一部分出自国内。如元昊曾在夏州东境设铁冶务，此为夏国出铁制造兵器之处，其铸造兵器的锻炼之声，曾为宋使所闻。史载：德明卒，宋吊祭使杨告在宴会厅上，闻其"东屋后若千百人锻声，告阴知其有异志，还朝秘不敢言，未几元昊果叛"。[1] 又如横山东部的茶山地区也产铁矿。"西贼所恃，茶山铁冶、竹箭财用之府"；[2] 另一部分来自宋辽，即由出使辽宋使者冒禁多方购买。如公元1033年（辽重熙二年），"乙酉，〔辽〕禁夏国使沿路私市金铁。[3] 但更多的是来自宋朝，西夏自宋输入大量钱币。1972年，对银川西夏陵区进行发掘清理，在8号陵中出土的大量钱币中，除一枚为西夏"光定元宝"外，其余均为宋淳化至宣和的铜钱，说明宋钱不断大量流入西夏。这些从宋朝运回之物大部分为各类铜钱，此外，西夏还于宋夏边境以盐易铁钱。"夏人茶山铁冶既入中国（宋），乏铁为器，闻以盐易铁钱于边。"[4] 说明西夏在宋攻占茶山之后，其铁的来源更加依赖于宋。

其冶炼技术比较先进。安西榆林窟壁画中的西夏锻铁图，采用竖式风箱，一人坐于竖式风箱旁边鼓风炼铁，两人手持铁锤，密切配合，轮番在铁砧上锻打铁制工具。

所造兵器种类，一般为箭、枪、剑、铠甲、斧、刀等。其著名兵器如下：

"战车"——名叫"对垒"，可"载数百人填壕而进"，[5] 是一种攻城的先进武器。

"旋风炮"——装置在骆驼鞍上，可以发射拳头大的石弹，是一种十分精良的武器。

"铠甲"——宋臣田况在《兵策》中赞美西夏"铠甲"的质量时指出："今贼（指西夏）甲皆冷锻而成，坚滑光莹，非劲弩可入。"[6]

"神臂弓"——被宋人誉为"最为利器"，[7] 约于神宋熙宁年间传入宋朝。向宋朝献神臂弓的人究竟是谁？沈括认为李定所献，而朱弁则认为是李宏所献。该弓的具体制作情形是"以厌（音掩）为身，檀为绍，铁为枪膛，铜为机，麻索系扎丝为弦"。因为其射程既远且深，可以射240步至

[1]《宋史》卷304，《杨告传》。《梦溪笔谈》卷25，《杂志二》。

[2]《长编》卷220，熙宁四年二月壬戌。

[3]《辽史》卷18，《兴宗本纪》。

[4]《宋史》卷185，《食货志》。

[5]《宋史》卷328，《章楶传》。

[6]《长编》卷132，庆历元年五月甲戌。

[7] 朱弁：《曲洧旧闻》卷9。

300步,"能洞重扎",[1]神宗下令依样制造。南宋高宗年间,抗金名将韩世忠所造的"克敌弓",[2]就是仿照西夏神臂弓制造的。

"夏人剑"——为一种随身佩戴的西夏宝剑。这种宝剑在宋朝享有很高声誉,被誉为"天下第一"。[3]宋朝最高统治者以及文人学士,往往以得到该剑为荣。宋钦宗曾"佩夏国宝剑",[4]后来将它赏赐给王伦。文学家苏轼见此剑,"极欣赏",并请晁补之为其作歌,内有"试人一缕立褫魄,戏客三招森动容"。[5]即见血封喉,见血不治之意。说明该剑不仅外表美观,而且犀利无比。

3. 采盐业

盐的主要产地在盐州和灵州。盐州计有乌池、白池、瓦窑池、细项池等四盐场。灵州则有温泉池、两井池、长尾池、五泉池、红桃池、回乐池、弘静池等七盐场。这些盐场主要产青盐和白盐。青盐品质纯净,以稍带青绿色而得名,其质量比白盐更佳。

此外,在西安州(今宁夏回族自治区海原县西)的碱隈川还出产红盐和白盐,但其产量和质量都比不上兴、灵二州的青白盐。

西夏统治者在中央机构三司中设盐铁使专管盐铁,说明对采盐业的重视。西夏统治者之所以重视采盐业,因为它是西夏政府重要财源之一。如元昊时"数州之地,财用所出,并仰给于青盐"。[6]

西夏青白盐除了供西夏人民食用外,主要用于同宋、辽、金进行官方贸易,其中运往宋关中地区最多,并以此换回大批粮食。由于西夏青白盐的质量优于宋朝的解盐,价格也比解盐便宜,深受宋朝沿边人民欢迎。"以青盐价贱而味甘,故食解盐者殊少"。宋政府鉴于"解盐之利日渐侵削",[7]为了保证解盐的畅销,往往"峻青白盐之禁……重为法以绝之",[8]即禁止盐商私自贩卖青、白盐至宋,与官府争利。

4. 印刷业与造纸业

西夏印刷业颇为发达。自元昊建国后,统治者为了学习吸收汉族的先进文化,发展自己的文化教育,除了大量搜购汉文典籍外,还用夏汉两种文字雕印书籍,成为风

西夏文信牌《敕燃马牌》

[1]《梦溪笔谈》卷16,《器用》。

[2]洪迈:《容斋三笔》卷16,《神臂弓》。

[3]宋太平老人撰《袖中锦》:"契丹鞍,夏国剑,高丽秘色,皆为天下第一,他处效之,终不及。"收《学海类编》集余4。

[4]《宋史》卷371,《王伦传》。

[5]晁补之:《鸡肋集》。

[6]包拯:《包孝肃奏议》卷9。

[7]《长编》卷146,庆历四年正月庚子。

[8]《长编》卷165,庆历八年十月丁亥。

黑水城出土的西夏文雕版

气。除雕版印刷之外,还有活字印刷。甘肃武威亥母洞发现的西夏文佛经,不仅有雕板,还有世界最早的泥活字版,表明西夏对印刷术的发展,有较大的贡献。为了发展印刷业,西夏政府还设置一种官府出版机构——"刻字司"。1957年,北京发现寿亲养老新书,牌子刻着"西夏揆文书院"重刻字样,反映西夏存在着揆文书院的出版机构。除官府出书外,私人和学校也可能刻印书籍。

西夏刻书种类繁多,计有佛经、诗文、小说、格言、谚语、文字、音韵、法律、医术、日历、卜筮、咒文,以及用西夏文大量翻译的汉文书籍,诸如儒家经典、诸子、史传、小说、兵书、医书、版画,等等。在这些刻书中以佛经数量最多。西夏统治者建国伊始,即大力提倡宗教,为了祈求所谓"福利"、"功德",往往大量刻印佛经。如公元1189年(夏乾祐二十年)仁宗仁孝借在大度民寺作大法会,念佛诵咒经之机,散发蕃(西夏)汉《观弥勒上升兜率天经》10万卷,汉《金刚普贤行诵经》、《观音经》等5万卷。其中《观弥勒上升兜率天经》施经发愿文中有"镂板斯经"之语,从一个侧面反映了西夏刻书业的发达。

随着印刷业的兴盛,西夏的造纸业也得到了发展。西夏设"造纸院"来专门管理纸的生产。其造纸原料主要为破布,其次为麻布和树皮。"此者白净麻布,树皮等造纸也。"[1] "都用亚麻布和棉布做纸浆",但"主要是用破布造纸"。[2] 纸的颜色多为灰色纸及深浅各异的褐灰色纸,其次为白色纸,还有用手工染成的黄红绿色纸。俄国学者依据纸的颜色、表面结构和帘纹,将西夏纸划分为7个等级[3],并对其分别进行了详细的描述。

5. 陶瓷业

西夏陶瓷业,除少量高级瓷器自宋朝输入外,大部分为自己烧造。从考古出土的陶瓷看,西夏烧制的瓷器产品计有白瓷碗、白瓷盘、酱色瓷碟、玉壶春瓶、瓷砚、瓷人头像、白瓷碟、白瓷高足碗、白釉瓶、酱黑釉瓷碗等的碎片和酱褐釉剔花瓶等。这些瓷器虽然不乏佳作,如1956年在伊克昭盟伊金霍洛旗敏盖村发现的酱褐釉剔花瓶两件,瓶身刻有牡丹花纹,造型凝重大方,是西夏陶瓷工艺中的佳品。[4] 但大多数瓷器,胎质欠细腻,器形单调,技术上比

[1] 史金波等著:《文海研究》,第93页。

[2] 〔俄〕捷连提耶夫·卡坦斯基著,王克孝、景永时译:《西夏书籍业》,宁夏人民出版社2000年版,第15—16页。

[3] 《西夏书籍业》,第24—25页。

[4] 《内蒙古文物古迹简述》,第59页。

不上宋瓷。

6. 砖瓦业

瓦为建筑的基本材料，西夏民间房屋，俱为木柴结构，不用砖瓦，但皇宫官署，贵族官僚邸宅，均用砖瓦建筑。随着砖瓦需求量的增多，西夏后期统治者对砖瓦生产十分重视，设"砖瓦院"机构来专门管理砖瓦生产。从1949年以后对银川市西夏帝陵区的发掘遗物看，建筑材料实物有砖、瓦、鸱吻、龙头、兽头，等等。砖有条砖、方砖两种。瓦分板瓦和筒瓦，其中筒瓦有青灰和琉璃二种，而琉璃瓦又有深蓝与深绿两种颜色。瓦当有兽面纹与花卉纹、虎头纹滴水，等等。鸱吻有绿琉璃和青灰二种。这些砖瓦等建筑材料，均为就地烧制，这从陵区东部边缘发现的数十座西夏砖瓦和石灰窑址可以看出。

甘肃武威西夏杂木寺
摩崖刻石

7. 玉器加工业

主要分布于河西走廊的沙州一带。如公元1004年（宋景德元年）四月，"曹宗寿遣使以良玉名马来贡"。公元1050年（宋皇祐二年）"沙州骨笃末似婆温等来贡玉"。[1]这些贡玉虽然没有新疆和阗玉那样有名，但它证明河西走廊沙州、肃州一带产玉并有玉器加工业。史载："大抵今世所宝，多出西北部落：西夏、五台山、于阗国，玉分五色，白如截肪，黄如蒸粟，黑如点漆，红如鸡冠或如胭脂，惟青碧色，高下最多。"[2]说明西夏玉器制作达到了相当水平。

8. 金银制造业

西夏统治者为了满足其奢侈生活的需要，在其中央的十六司机构中，设有"文思院"，专门管理金、银、犀、玉等高级用品的制造。从1958年以来出土的大批金银器看，表明西夏手工业匠人比较熟练地掌握了铸、锻、焊、抛光、切削、钻孔、鎏金等工艺技术。如1976年宁夏灵武发现的一批银器中，有曲腹钵、敞口碗、盒等，造型轻巧，外表光莹、厚薄均匀。有的器底有线雕卧牛图案，有的钵、碗内底有墨书西夏文，注明器物重量，[3]等等。

9. 酿酒业

党项人内徙前，即"求大麦于他界，酿以为酒"，[4]内徙后，随着党项人学会了农耕，酿酒业也日益兴盛起来。其酒的品种计有小曲酒、普康酒、马奶酒、黄酒，等等。他们

[1]《宋会要辑稿·蕃夷》5之3。
[2]张世南：《游宦纪闻》卷5。
[3]《宁夏石坝发现墨书西夏文银器》，载《文物》1978年第12期。
[4]《新唐书》卷221，《党项传》。

采用蒸馏法酿酒。榆林窟西夏壁画,上有两个妇人正在酿酒,形象而生动地反映了西夏酿酒的技术与方法。酒的生产,由政府严密控制,他们在中兴府、大都督府、鸣沙军、官黑山、黑水等地设"踏曲库",[1]从事各种酒的生产,并在境内各地设卖曲院进行专卖,严禁民间无证酿酒,并禁止酿小曲酒、醅酒、普康酒,违者按情节轻重进行处罚。

二、手工业生产者的身份

西夏手工业无论官营、民营,其生产者都不是奴隶。以凉州手工业者为例,如《重修护国寺感通塔碑》碑文最后,将刻碑、修塔工匠的名字诸如任遇子、刘狗儿,等等,与官员、僧侣并列刻于碑上,说明其匠人的身份属于一般的老百姓。至于民营手工业者的身份,《马可波罗游记》云:

〔凉州〕当地居民经营商业和手工业。[2]

既然从事手工业者为一般"当地居民",其非奴隶明矣。

第四节　西夏的商业

随着农业、手工业的发展,西夏的商业也获得了较大的发展。西夏商业分国内贸易与对外贸易两类,现分述之。

一、国内商业

西夏国内商业也像手工业一样,分为官营民营两种。有些国内量大利厚的商品则为官府所垄断。如曲酒的生产与销售,就由官府牢牢掌握。他们在全国各要害之地,设"踏曲库"进行生产,然后经过十几个"卖曲院"进行销售(详前)。他们根据生产经营规模,派出或多或少的专人负责管理。如在都督府"踏曲库"设"二提举,一小监、二出纳","掌锁匙,二堂斗、二监库"。诸卖曲院,设"二小监、二出纳、四栏头"[3]等等,在各地形成严密的商业网络,从中获取厚利。

西夏国内商业的有关史料,不仅缺乏而且零星。但仅从有限的材料中也能看出国内商业的概貌。

安西榆林窟西夏壁画
《酿酒图》

[1]《天盛改旧新定律令》卷18,《杂曲门》。
[2]陈升俊等译:《马可波罗游记》第51章,《凉州王国》。
[3]《天盛改旧新定律令》卷17,第534—535页。

1. 城市商业

西夏国内商业的发展突出表现在城市商业的繁荣。如《凉州修护国寺感通塔碑》云：

> 况武威当四冲地，车辙马迹，辐辏交会，日有千数。

> 众匠率职，百工效技。[1]

反映了远道而来的客商、工匠、官僚地主、香客云集武威的盛况。

同时，一些城市商人，为了获取厚利，往往不辞劳苦到外地经商。如西夏《瓜州审判案》残卷记载瓜州商人，"有铸银近万，乃持裂用，诸处为贩"。那些唯利是图的商人，为了使他们的每笔生意一本万利，避凶趋吉，往往借助占卜。如武威地区发现的西夏文卜辞中有"辰日买卖吉"，"午日求财顺"，"未日恶远行"，"戌日得倍利"，[2]等等。

在频繁的贸易活动中，往往因为发生侵夺伤害之事，而诉诸法律。《瓜州审判案》残卷，记载公元1071年（夏惠宗国庆二年），西夏瓜州地方官管理审判因商贾买卖牲畜，交换缯帛，以致发生了侵夺伤害的案件。残卷上记录有"今更向种异头裂伤"，"侵马者、夺马者"，"侵马驴已卖许四□缯量三十二……"，等等。反映了瓜州地方在频繁的交换中，个人的人身安全和私有财产，得不到保障，那些受害者，被迫到地方官那里去告状，以便借助法律去惩治为非作歹之人。

国内商业交易的商品比较广泛，大到土地买卖，小到日常生活用品，都可交换，其最常见的计有粮食、布、绢帛、牲畜、肉类，等等。如在宋夏战争期间，由于"岁赐"、"和市"断绝，物价飞涨，价格昂贵。"今贼中尺布可直钱数百"，[3]"一绢之值，为钱二千五百"，[4]"匹帛至直十余千"。[5]仁孝时，国内饥荒，"民间升米百钱"。[6]在黑城（今内蒙古额济纳旗）被科兹洛夫盗走的文物中有一幅"肉商图"，画一位卖肉者嘴里咬着屠刀，卷起衣袖，正在割切羊肉，而在另一家店里，一人正在宰鸭，旁边放了很多被杀死的鸭子。这是黑城屠宰商经营肉类的生动写照。

2. 高利贷与典当业

随着国内商业的发展，西夏境内的高利贷和典当业

宁夏灵武出土的西夏银盒

[1] 罗福颐：《西夏护国寺感应塔碑介绍》，载《文物》1981年第4—5期。

[2] 甘肃省博物馆：《甘肃武威发现的西夏文考释》，载《考古》1974年第3期。

[3] 《长编》卷134，庆历元年十月壬寅。

[4] 《长编》卷138，庆历二年十二月。

[5] 《长编》卷405，元祐二年九月丁巳。

[6] 《西夏书事》卷35。

也活跃起来。

西夏上自皇帝大臣、下至富商大贾和布衣百姓,都放高利贷。如毅宗谅祚统治期间,"牙头吏史屈子者狡猾,为众贷谅祚息钱,累岁不能偿"。[1] 其臣"〔高〕怀正贷银夏人"。[2] 他们往往因为放高利贷而成为暴发户。所谓"腰缠万贯、身着贵服,必靠放债",[3] 正是对这些暴发户的写照。

放债还本付息,一般以钱作为借还的支付手段。如甘肃武威下西沟岘发现的汉人欠款单:"李伴朝欠钱叁贯伍百文。刘的的欠钱贰吊贰佰伍拾文。"[4]

至于典当,其本利多为粮食大麦、小麦,抵押品则为衣袄、皮毯、马毯、白帐毡等物品。这从英人斯坦因得自黑城的西夏天庆十一年(1204年)典麦契残卷15件,即可证明。现根据陈国灿同志的复原,试录一契于下:

　　〔天庆十一年五月〕初三日,立文人兀女浪粟,今〔将〕〔自己〕□□袄子裘一领,于裴处〔典到大麦〕〔五〕斗加三利,小麦五斗加四利,共本利大麦〔一石〕〔三〕斗五升。其典不充,限至来八月〔一日不赎来时,一〕任出卖,不词。

　　　　立文人兀女〔浪粟〕(押)知见人讹静〔□□〕(押)[5]

这里所书的契指代写借约。契中〔　〕内的文字为陈国灿考订补充之内容。立文人即借债人,知见人即证人。裴为放债者姓。借债人的抵押品为"袄子裘一领",说明借债必须有实物作抵押。这类残契反映了西夏农村高利贷的猖獗和国内商业的畸形。

西夏统治者在高利贷猖獗的情况下,为了不让广大农、牧民因借债而迅速破产,从而引起阶级矛盾的激化,他们有针对性地颁布了一些法律条文,对放债与借债者作了种种规定与限制,企图将西夏的高利贷和典当业纳入法制的轨道。如仁宗仁孝时期的《天盛改旧新定律令》,就有关于高利贷和典当业的许多条文,其中关于高利贷的具体规定,大体上可以概括为如下几点:

(一)借债人必须按时还债。如果到期无故不还,将要受到法律的惩处。"因负债不还给,十缗以下,有官罚五缗

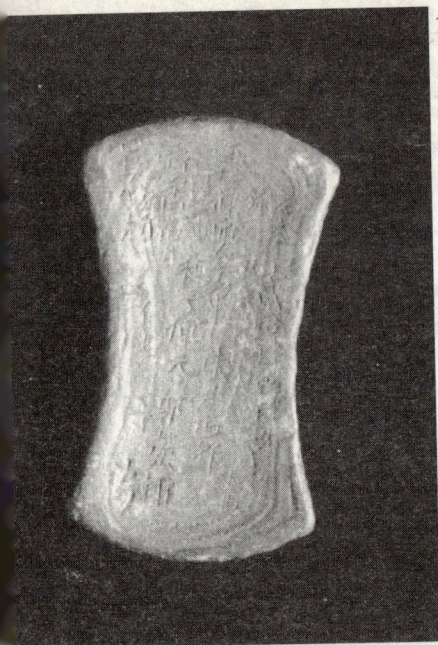

西夏境内使用过的银锭

[1] 彭百川:《太平治迹统类》卷15,《神宗经制西夏》。
[2]《长编》卷162,庆历八年正月辛未。
[3] 霍升平等译:《西夏谚言集锦》,载《民族艺林》1988年第1期。
[4] 甘肃省博物馆:《甘肃武威发现的一批西夏遗物》,载《文物》1978年第8期。
[5] 陈国灿:《西夏天庆年间典当残契的复原》,载《中国史研究》1980年第1期。

钱,庶人十杖,十缗以上有官罚马一,庶人十三杖。”

（二）放债人不得任意收取利息,应按政府法定的利率收取。即钱“一缗收五钱以下”,粮“一斛收利一斛以下”,也就是说最高利率为放一收一,本利相等,“本利相等后,不允取超额”,更不允许利上加利。“不允在应算利钱谷物中收取债偿。”

（三）借债人无力还债时, 第一, 应放宽还债限期。“〔借债人〕无所还债,则当依地程远近限量,给二三次限期,当使设法还债”;第二,可让其做工偿还。“可令出力典债”,“以工力当分担”;第三,不可强迫借债者用帐房、牲畜、土地等基本生活资料与生产资料偿还。“诸人欠他人债……不允以强力将他人畜物、帐舍、地畴取来相抵,违者徒一年。”更不允许将借债者的家属作抵押。“借债者不能还时,当催促同去借者,同去借者不能还,则不允以其二种人之妻子、媳、未嫁女等还债价。”[1]如果不执行该规定,将要受到法律的制裁。很明显,这些规定的基本用意,在于稳定广大农、牧民的个体经济,保证封建政府的税收来源,从而使西夏国家得以长治久安。

二、对外贸易

西夏对外贸易,在公元 1126 年（宋钦宗靖康元年,夏崇宗乾顺元德八年）以前,主要是与宋贸易,其次是与辽及其他少数民族政权进行贸易。公元 1127 年（宋高宗建炎元年,夏正德元年）以后,则以金为其主要贸易对象。由于金朝统治下的北部中国社会经济遭到严重的破坏,因此,夏、金贸易对于西夏社会经济的发展,其重要性显然比不上北宋时期的宋夏贸易。

1. 夏宋贸易

西夏同中原王朝的贸易, 早在唐末五代之时即已开始。当时的夏州地方政权,据有银、夏、绥、宥等州,其党项拓跋部主要从事畜牧业,因此,他们迫切需要同中原王朝进行贸易,“夏州虽产羊马,博易资货悉在中土”。[2]宋朝建立后,夏州统治者为了同宋朝建立良好的政治经济关系,主动向宋提供战马。“彝兴闻北汉兵常扰麟州,知中国需马,遣使以良马三百匹入献。”[3]此后,随着宋夏关系的发

黑水城出土的缂丝唐卡《绿度母》

[1]《天盛改旧新定律令》卷3,《催索债利门》。
[2]《长编》卷 68,大中祥符元年正月壬申。
[3]《宋史》卷 485,《夏国传上》。

黑水城出土的刺绣唐卡
《空行母》

展,两国间的经济交往更加频繁,方式更加多样,并对双方社会经济的发展,起了不可忽视的重要作用。

夏宋贸易明显经历了三个发展阶段。自公元960年(建隆元年)至公元1003年(咸平六年),首尾43年,是西夏贸易的初期阶段。这个阶段,由于李继迁发动对宋战争,因此,宋夏贸易时续时断。这阶段的主要方式是朝贡贸易(包括贡赐与贡使贸易)。战争之初,太宗下令禁止与夏州政权通商贸易,从而使继迁在经济上陷入困境。为此,继迁上表卑词祈请:"王者无外戎夷,莫非赤子,乞通互市以济资用。"[1]太宗允诺。于是继迁接连向宋贡马与骆驼。公元994年(淳化五年)七月,继迁"遣牙校贡马"。八月,又"遣从弟延信贡骆驼名马……太宗召见延信,面加抚慰,厚赉遣还"。[2]公元995年(至道元年)一月,继迁"遣左押衙张浦以良马骆驼来贡。[3]公元998年(咸平元年)四月,继迁遣弟宥州团练使继瑗来贡骆驼名马"。[4]

除朝贡贸易之外,继迁为了满足党项族对农产品的需求,还鼓动党项商人大搞青白盐走私活动,用青白盐换取宋朝谷物。当时宋夏处于战争状态,关系紧张,宋朝为了用经济手段制裁继迁,采用郑文宝的建议,下令禁止陕西人民不得私市青、白盐,违者定死罪。但这一政策不利于解决宋夏矛盾,相反,激起了党项族的反抗,"戎人乏食,相率寇边,屠小康堡,内属万余帐亦叛",[5]同时,由于便宜的青、白盐被禁止,而解盐价贵,引起关陇一带的老百姓不满,"境上骚扰",[6]文宝建议降低盐价,保证供应食盐,结果人民的愤懑虽然缓和了,但宋政府却在不到一年的时间亏损课税20万贯。最后,宋朝只好被迫取消盐禁。

此外,继迁还"于赤沙、骆驼路各置会贸易",[7]以补朝贡贸易之不足。同时,由于继迁发兵夺取宋朝西北军事重镇灵州,宋对西夏也就采取更加严厉的经济封锁,宋夏贸易也就再一次中断。

自公元1004年(景德元年)至1038年(夏天授礼法延祚元年,宋宝元元年),首尾35年,为宋夏贸易中期阶段。这是宋夏贸易的繁荣时期。在这个阶段里,由于李德明同宋朝保持了比较友好的关系,加上统治境内的农业

---

[1]《宋史》卷491,《党项传》。
[2]《西夏书事》卷5。
[3]《宋会要辑稿·蕃夷》7之13。
[4]《宋会要辑稿·蕃夷》7之13。
[5]《宋史》卷277,《郑文宝传》。
[6]《宋史》卷277,《郑文宝传》。
[7]《长编》卷51,咸平五年正月甲子。

获得了较大的发展，因此，对宋贸易十分活跃，其贸易方式显著增多。

朝贡贸易。同第一阶段"德明进奉频仍"[1]比较，这阶段的朝贡贸易大大增多。史称"贡奉之使，道路相属"。[2]现将这阶段的朝贡情况列表如下：

西夏金莲花盏托

入贡时间	贡使姓名	贡品种类及数量	回赐物	资料来源
景德二年（公元1005 年）九月八日	白文寿			《宋会要辑稿·蕃夷》7 之 16
景德三年（公元1006 年）五月一日	贺守之等			同上
景德三年六月七日	贺永列			同上
景德三年七月		马 50 匹	袭衣、金带、器币	《西夏书事》卷 8
景德三年十一月十三日		御马 25、散马100、骆驼 300 头		《宋会要辑稿·蕃夷》7 之 16，《长编》卷 64
景德四年（公元1007 年）六月二十一日		马 500 匹、骆驼200 匹，用于谢给俸禀	袭衣、金带、器币	《宋会要辑稿·蕃夷》7 之 16，《长编》卷 65
景德四年六月二十一日		马 500 匹（《长编》卷 65 作 150匹）助修庄穆皇后园陵		《宋会要辑稿·蕃夷》7 之 16，《宋史》卷 485《夏国传上》
大中祥符四年（公元 1911 年）四月九日		马	鞍马、器币、银帛、茶	《宋会要辑稿·蕃夷》7 之 16，《西夏书事卷 9
天圣五年（公元1027 年）二月	白文美	方物		《西夏书事》卷10
天圣七年（公元1029 年）十二月		马 70 匹	佛经一藏	《西夏书事》卷11

[1]《长编》卷 65，景德四年三月癸丑。

[2]《长编》卷 65，景德四年三月庚申。

西夏的金带饰

从上表可知德明时期的朝贡贸易总计 14 次,比继迁时期的二次增加了 5 倍,反映了德明时期朝贡贸易次数的频繁。

这种频繁的朝贡,至少有两大裨益:第一,向宋贡马、驼等物,可以换取宋朝按物估值的相应回赐。以贡马为例,公元 1010 年(大中祥符三年)十月,凉州厮铎督与潘失吉遣使贡马,"厮铎督马三匹,估直百七十贯,潘失吉马三匹,百一十贯",鉴于二人"与诸蕃不同,常宜优奖,所进马每匹赐银五十两,失吉马共赐百五十贯"。[1] 吐蕃贡马估值如此,西夏当然不会例外;第二,可以在指定的地点"市所须物",[2] 或卖掉带来之物。"岁遣人至京师贸易,出入民间如家",[3] "使者一至,赐予不赀,贩易而归,获利无算"。[4] 西夏贡使所卖之物主要是些什么呢?"赵德明进奉人使中,卖甘草,苁蓉甚多",[5] 表明所卖者多为土产药材。

榷场贸易。即在宋沿距离西夏很近的地方设立固定的贸易场所。宋政府设有勾当官和榷场指挥使等来专门管理,以便稽查出入货物,进行大宗贸易,同时,榷场有牙人评定货色等级,兜揽承交。另设有税务,征收商税。征税方式,"官中止量收汉人税钱,西夏自收蕃客税例"。[6] 宋政府为了获取榷场贸易的利润,不惜向榷场大量投资。如公元 1075 年(熙宁八年)"市易司请假奉宸库象犀珠直二十万缗于榷场贸易,至明年终偿其值,从之"。[7]

在德明的请求下,宋政府于景德四年首先于保安军置榷场。接着于天圣年间增置镇戎军榷场和并代路和市。《宋史》卷 186《食货志·互市舶法》云:

> 天圣中,陕西榷场二,并代路亦请置场和市
> (次一级榷场),许之。及元昊反,即诏陕西、河东
> 绝其互市,废保安军榷场……庆历六年,复为置
> 场于保安、镇戎二军。

一些有关西夏史的专著和文章,都认定德明时期宋朝仅设置了保安军榷场,至于镇戎军榷场,则认为到元昊称臣之后才正式建置。但根据该材料的后文:"天圣中,陕西榷场二",以及"复为置场于保安、镇戎二军"看,说明镇戎军榷场早在天圣年间就已设置,故其行文到元昊时,很自然

[1]《宋会要辑稿·方域》21 之 23。

[2]《长编》卷 65,景德四年三月癸丑。

[3]《苏子美集·赠太子太保韩公行状》。

[4]《长编》卷 404,元祐二年八月戊戌。

[5]《宋会要辑稿·食货》38 之 29。

[6]《文潞公文集·御批绥州边事》。

[7]《文献通考》卷 20,《市籴考》。

地要用"复为置"3字。

除经双方同意设立的榷场之外，德明还拟单方面设立榷场，但因宋朝反对和阻挠，未能成功。"〔德明〕筑堡于石州浊轮谷，将建榷场，诏缘边安抚司止之。"[1]

宋夏榷场贸易货物品种繁多。如保安军榷场进行的"官市"货物，属于西夏方面的有以下几类：（一）牲畜（马、羊、骆驼等），此为大宗商品；（二）毛织品（毡毯、毛褐等）；（三）药材（麝脐、羱羚角、大黄、枸杞、甘草、柴胡、苁蓉、红花等）；（四）其他（青盐、硇砂、玉石、蜜蜡、翎毛等）。属于宋朝方面的，主要有：（一）丝织品（缯布、罗绮等）；（二）日用品（瓷、漆器等）；（三）其他（香药、姜、桂等）。至于"官市"以外的商品种类不受此限。"其非官市者，听与民交易。"[2]

和市。即次一级的商场，宋人叫和市，其交易规模较小。如公元1026年（天圣四年）二月，由于德明的请求，仁宗同意"置西界和市场"。[3]此后，又相继于河东路、陕西路沿边的久良津、吴堡、银星、金汤、白豹、虾麻、折姜等地设有和市。

和市有固定的交易地点，大多设于宋夏沿边地区，由政府派官管理，除违禁品外，均可拿到市场交易。"自来番汉客旅博易往还之处，相度置立和市，须至两界首开置市场，差官监辖番汉客旅，除违禁物色外，令取便交相博易。"[4]

但上述和市，有些因为地处要害，宋夏必争，经常易手。如金汤、白豹，"本皆汉寨，陷为贼境，隔延、庆兵马之原，为番汉交易之市，奸商往来，货物丛聚"。[5]宋夏对其境内和市设"管勾和市"一职，负责管理勾稽和市事务。

窃市与走私。所谓窃市，即于宋夏边境偷偷贩卖违禁品。如公元1009年（大中祥符二年）"德明多遣人赍违禁物，窃市于边"。[6]当时宋政府规定的违禁品大体上有以下几类：

青盐。由于西夏青盐比宋朝解盐价廉物美，深受宋朝沿边人民欢迎，但宋朝早在太宗统治期间为了从经济上制裁李继迁，曾将青盐列为禁卖品。宋夏媾和时，真宗曾打算开禁，但因德明不愿归还灵州及纳质，因此，青盐仍

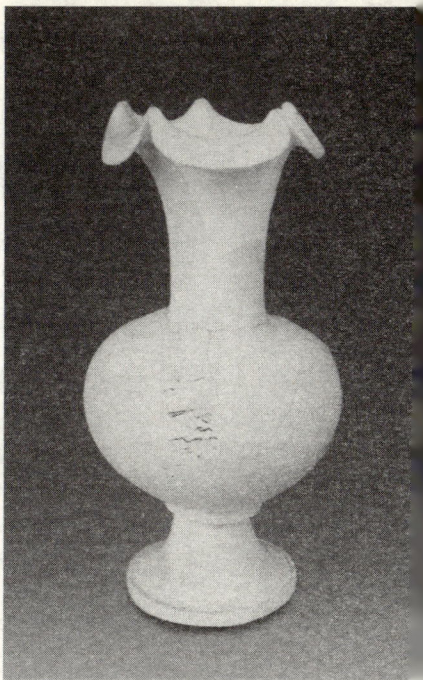

西夏花口瓶

[1]《宋史》卷485，《夏国传上》。
[2]《宋史》卷186，《食货志·互市舶法》。
[3]《宋史》卷9，《仁宗本纪》。
[4] 文彦博：《文潞公文集》卷19，《奏西夏誓诏事》。
[5]《范文正公集补编》卷1，《再议攻守疏》。
[6]《长编》卷71，大中祥符二年三月己卯。

被列为禁卖品。

铜铁。为传统禁品。早在宋太宗时,即规定铜铁"不得阑出番界及化外",[1] 德明时自然不能例外。

钱币。也为传统禁品。早在宋太祖时即严禁铜钱出塞外,"诏吏民阑出铜钱百已上论罪,至五贯以上送阙下"。[2]

粮食。公元 1008 年(大中祥符元年)六月,西夏绥、银、夏三州干旱,灾情严重,需要从宋购买粮食以济饥荒。"边臣以闻,真宗诏榷场勿禁西人市粮,以赈其乏"。[3] "勿禁西人市粮",只是暂时开禁,一旦灾情消失,粮食就会继续成为禁品。

书籍。并非所有书籍都禁止,所禁为九经书疏以外的书籍。"诏民以书籍赴沿边榷场易者,自非九经书疏悉禁之。"[4]

除了窃市违禁品外,宋沿边少数民族还往往利用到西夏探亲之机,大搞走私贸易。"延庆二州熟户,其亲族在西界,辄私致音问,潜相贸易,夏人因以为利,中国(宋朝)察其奸,不许。"[5]

尽管宋朝政府对于窃市与走私均严加禁止,但实行的效果很差。"官吏疏慢,法禁日弛,夏人与边民贸易,日夕公行。"[6]

总之,这一阶段宋夏贸易得到了长足的发展,出现了"略无猜情,门市不讥,商贩如织"[7] 的空前盛况。

自公元 1038 年(夏天授礼法延祚元年,宋宝元元年)至公元 1126 年(夏崇宗乾顺元德元年,宋靖康元年),首尾 88 年,这是宋夏贸易由盛转衰阶段。在这个阶段里,由于宋夏时战时和,因此,两国贸易时通时断,不能朝着正常贸易的方向发展。

公元 1038 年,元昊称帝建国,宋仁宗不予承认,元昊决心用武力迫使宋朝承认,宋在准备应战的同时,下令断绝同西夏的一切贸易往来。"诏陕西、河东绝其互市,废保安军榷场;后又禁陕西并边主兵官与属羌交易。"[8] 宋朝单方面停止贸易,对西夏人民和党项贵族经济生活产生了严重的影响,因此,元昊多次派遣使者请求恢复互市,但都被宋朝拒绝。公元 1044 年(夏天授礼法延祚七年,宋庆历四年)十月,宋朝在三战三败的情况下,同意与夏议和,

西夏高圈足碗

[1]《宋史》卷 185,《食货志·坑冶》。

[2]《宋史》卷 180,《食货志·钱币》。

[3]《西夏书事》卷 9。《长编》卷 68,大中祥符元年正月壬申。

[4]《宋会要辑稿·食货》38 之 28。

[5]《西夏书事》卷 10。

[6]《西夏书事》卷 19。

[7]《长编》卷 124,宝元二年九月。

[8]《宋史》卷 186,《食货下·互市舶法》。

经过讨价还价,终于达成和议。十一月,宋政府重新开放保安军与镇戎军安平寨榷场,"许蕃民咸赴贸易市"。[1]公元 1047 年(庆历七年),为了便于双方贸易,将保安军榷场迁至宋夏交界的顺宁寨。

在重新恢复榷场的同时, 次一级的和市也相继恢复或者建置。如公元 1074 年(熙宁七年)正月,河东经略都转运使"乞罢创置吴堡,其宁星(一作银星)和市,依旧开通,从之"[2]。此外,在陕西沿边一带的久良津、金汤、白豹、虾嘛、折姜等地均设有和市,听民贸易。和市的物品计有生绢、白布、杂色、罗绵、被褥、腸、茶、青盐、乳香、羊,等等。

西夏瓷豆

这一时期的朝贡贸易,根据公元 1044 年(宋庆历四年,夏天授礼法延祚七年)十月所达成的宋夏和议规定:"〔夏〕使至京,就驿贸卖",[3]而且必须"官主贸易"。[4]但宋朝统治者在执行该和议条款时, 往往根据各个时期宋夏关系的好坏及其贡使的表现而有所变通。如公元 1088 年(宋元祐三年,夏天仪治平二年)宋哲宗规定,夏使除了可以在宋首都开封指定的地点进行贸易外,还可以于沿途州军变卖其货物。"夏人入贡,将货于沿路州军估价出卖者,先以封桩钱借给,仍责原估贾人等同一季度变卖。"[5]公元 1110 年(宋大观四年,夏贞观九年),宋徽宗对西夏等国的入贡使者在首都开封贸易,又作了补充规定。即只能在指定的地点进行官方贸易,其随行人员,不得"私有交易",如果违反,"使臣不觉察者徒二年,引伴官与同罪"。[6]

至于西夏, 除了需要认真履行宋朝统治者有关贡使贸易的种种规定外,对他们来说,最重要的是如何使西夏国家在因战争而时断时续的有限的朝贡贸易中, 捞到最大的好处。为此,他们对其贡使及其随行人员,作出了许多严格的规定和限制。如规定正副贡使、内侍、阁门、官之卖者等人所属私物,"不许由官驼负之";官私货物应当分开出售,不可鱼龙混杂。"所卖官物及所载私物等,当分别卖之而勿混";严禁以私物调换官物,违者严惩不贷。"不许以官之好物调换私之劣物。倘若违律,调换者及相与调换者等,一律计其官私物等价而无高低,则徒二年。若价

[1]《宋会要辑稿·食货》38 之 28。

[2]《宋会要辑稿·食货》38 之 28。

[3]《长编》卷 153,庆历四年十二月乙未。

[4]《宋史》卷 315,《韩亿传》。

[5]《长编》卷 419,元祐三年闰十二月。

[6]《宋会要辑稿·蕃夷》7 之 43。

西夏瓷钵

格有高低而致官亏损,则量其因私获超利几何,以偷盗法判断";官私物在出卖之前,可根据当地市场价格及所卖物之优劣,商定一个出售的竞争价格,为了使己物出卖能获更高的利润而"随意加价出卖",那就要受到法律的惩处,"当量所加之数,依枉法贪赃罪法判断"。[1]

除了上述贸易渠道外,还有大量的"窃市"(私市)。所谓"窃市"即在非正式市场和其他不合法的情况下进行的贸易,也就是司马光所说的"私则边鄙小民窃相交易"。[2]尤其是在宋夏战争期间,这种"窃市"的盛行,从宋政府屡次下令禁止得到佐证。如公元 1069 年(夏乾道二年,宋熙宁二年)七月,"令陕西四路、河东路经略司应沿边有西界和市处,严切止绝,边民不得将货物私相交易"。[3]但这种规定只是一纸空文,严禁的结果,"私易殊无畏惮"。[4]

宋夏战争严重地影响了宋夏正常贸易的发展。尤其是朝贡贸易所受影响最大。公元 1066 年六月,毅宗谅祚举兵攻大顺城,宋"止其岁赐银帛"。公元 1092 年(夏天祐民安二年,宋元祐七年),西夏攻熙河、兰岷、鄜延诸路,及麟府二州,宋朝再一次停止岁赐,禁绝榷场、和市。当然,宋朝的这种经济制裁的措施,对宋夏贸易的影响是暂时的,而且不可能使宋夏贸易完全中断。如徽宗统治时期,宋夏争夺横山的战争十分频繁,但宋朝允许西夏朝贡仍达 8 次之多。

2. 夏辽贸易

夏辽贸易,同宋比较规模要小,其贸易的渠道有二:一为朝贡贸易,二为市场贸易。

朝贡贸易。西夏自继迁叛宋附辽开始向辽朝贡,至乾顺时辽天祚帝亡国,总计向辽朝贡 24 次,其中继迁 9 次、德明 3 次、元昊 4 次、谅祚 6 次、秉常 1 次、乾顺 1 次。[5]所贡物品主要有马、驼、牛、羊,其次有锦绮、苁蓉、碙石、井盐、沙狐皮、兔鹘、犬子,[6]此外,还有金佛及佛经等。如公元 1067 年(辽咸雍三年,夏拱化五年)毅宗谅祚"遣使进回鹘僧、金佛、梵觉经"。[7]辽回赐西夏之物有犀玉腰带、细衣、马、羊、弓箭器仗、细绵绮罗绫、衣着、酒、果子,[8]等等。辽为了接待西夏贡使,于上京、中京城内设有夏使招待所。史载:

[1]《天盛改旧新定律令》卷18,《与他国买卖门》。
[2]《长编》卷 365,元祐元年二月辛酉。
[3]《宋会要辑稿·食货》38 之28。
[4]《宋会要辑稿·食货》38 之33。
[5]《辽史》卷 115,《西夏外纪》。
[6]《契丹国志》卷 21,《西夏国进贡物件》。
[7]《辽史》卷 115,《西夏外纪》。
[8]《契丹国志》卷 21,《西夏国进贡物件》。

〔上京城〕西南同文驿,诸国信使居之。驿西南临潢驿,以待夏国使。[1]

〔中京皇城〕大同驿以待宋使,朝天馆待新罗使,来宾馆待夏使。[2]

西夏使者进入辽境后,一刻也没忘记同辽国的老百姓做生意,"〔于〕沿路私相市贸易"。所市物品包括西夏急需的铜铁。但自公元 1033 年(夏开运元年,辽重熙二年)以后,铜铁成为禁品,这年的十二月,"禁夏国使沿路私市金铁"。公元 1063 年(夏拱化元年,辽清宁九年)"禁民鬻铜于夏"。[3]

市场贸易。 辽在西京(道)西北的天德、云内、银瓮(wèng 翁)口和云中西北的过腰带、上(应为山字之误)石楞(léng 棱)坡等地设置交易场所,开展对西夏、鞑靼的对外贸易,但禁止铁器交易。"契丹时亦置市场,唯铁禁甚严。"[4]与此同时,夏辽边境也存着"窃市"。《辽史·耶律唐古传》云:

〔唐古〕严立科条,禁奸民鬻马于宋、夏界。因陈弭私贩,安边之要。太后嘉之,诏边郡遵行,著为令。[5]

由于辽宋、辽夏边界和市马匹之风盛行,因此,迫使辽朝统治者不能不靠"严立科条"加以取缔。

3. 夏金贸易

自宋金联合灭辽之后,金便成了西夏对外贸易的主要对象。两国贸易渠道主要有以下两种。

朝贡贸易。 自夏金通和建立友好关系之后,两国使节即往来频繁,金朝派遣使者至西夏以世宗、章宗两朝最盛,西夏派遣使者至金以仁孝、纯祐时期最多。如仁孝时,西夏派往金朝的使者高达 142 次,平均每年 3 至 4 次,最多的一年为 5 次。而金朝的回聘使者则以世宗最多,高达34 次。同宋及高丽比较,仅次于宋而多于高丽。[6]夏金通过聘使往来,各将自己的土特产及贵重的物资献给对方。西夏对金的贡品有"礼物十二床,马十二匹,海东青七,细狗五"。[7]除了上述贡品外,仁孝时,还向金献本国所造百头帐",[8]而金对西夏的回赐则有衣服、币帛、银、绢、貂裘(无则代以银、帛)、绫罗、帛布、金带、银束带、鞍辔、书匣、诏匣,[9]等等。夏使进入金境,立即抓紧时机进行贸

西夏印花碗

[1]《辽史》卷 37,《地理志》。

[2]《辽史》卷 39,《地理志》。

[3]《辽史》卷 115,《西夏外纪》。

[4]《大金国志》卷 13,《海陵炀王上》。

[5]《辽史》卷 91,《耶律唐古传》。

[6]《金史》卷 60、61、62,《交聘表》。

[7]《金史》卷 134,《西夏纪》。

[8]《北行日记》卷上。

[9]《金史》卷 38,《礼志·定夏使仪注》。

西夏梅花点纹碗

易,"使人入境与富商相易"。[1]到达首都后,又在指定的范围内做生意。如金规定:〔夏〕使副往来,听留都亭贸易"。[2]史载:

〔金章宗〕谕有司,夏国使可令馆内贸易一日。尚书省言,故事许贸易三日,从之。[3]

这里的都亭指金首都之都亭和会同馆。会同馆不仅是夏使贸易之地,甚至有的金朝外戚也到那里做生意。"〔兴定初〕,夏使贺正旦,互市于会同馆,外戚有身贸于其间者。"[4]

榷场贸易。金灭北宋后,西夏与南宋由于在地理上的隔绝,在经济上几乎没有什么往来,从而使在某种程度上存在着依赖性的西夏经济,不能不依赖于金,同金开展较大规模的榷场贸易。这是夏金榷场贸易兴盛的一个重要的原因。

公元1141年(夏大庆二年,金皇统元年),金熙宗应夏仁宗仁孝的请求,置榷场以通互市。率先开放的为云中西北的过腰带、山石楞坡、天德、云内、银瓮口等地榷场。这些榷场曾是辽与西夏的贸易点,金不过在辽榷场的基础之上予以恢复和拓大。同时,在陕西沿边的一些地方诸如东胜、净、环、庆、兰、绥德、保安等州及来远军[5]等地,恢复宋夏旧榷场,或建立新榷场。西夏对金输出的商品主要是大牲畜马,如金世宗大定三年(1163年),"市马于夏国之榷场",[6]尤其在战争期间对马的需要量很大。如金太宗时,曾要求西夏供马万匹。其次,为珠玉(珍珠、玛瑙、琥珀、犀角、软玻璃等)和药材(柴胡、苁蓉、红花、大黄等)。金对西夏输出的物品,计有铜器、铁器、瓷器、丝、帛、纸、书,等等。

西夏商人与金的贸易中,有些商品诸如硇砂、和田玉等,并非西夏所产,其产地在西域各国,因此,西夏不过是这些商品输入金朝的中转站,起了金与西域各国经济联系纽带的作用。金之榷场划归户部管理,一般规模较大,管理较严,获利颇丰。"榷场,与敌国互市之所也。皆设场官,严厉禁,广屋宇以通二国之货,岁之所获亦大有助于经用焉。"[7]

但上述榷场并非常设不变,史载:

[1]《金史》卷134,《西夏纪》。
[2]《金史》卷134,《西夏纪》。
[3]《金史》卷9,《章宗本纪》。
[4]《金史》卷115,《聂天骥传》。
[5]《金史》卷50,《食货志》。
[6]《金史》卷50,《食货志》。
[7]《金史》卷50,《食货志》。

宰臣以陕西邻西夏，边民私越境盗窃，缘有榷场，故奸人得往来，拟东胜可依旧设，陕西者并罢之。上曰："东胜与陕西道路隔绝，贸易不通，其令环州置场。"筑于绥德州复置一场。[1]

说明榷场的兴废，往往要受到两国关系的是否友好相处，边境是否安宁，以及是否有利可图[2]等诸多因素的制约。

4. 转手贸易与掠夺贡使商旅

西夏地处中西交通丝绸之路必经之地，在中原王朝与西域各国经济交往中起着纽带和中转站的作用。在西夏的商品中，如硇砂、和田玉等商品产自西域各国。西夏从回鹘地区购买良玉，转卖给宋朝，然后从宋境内购买铜钱、铁钱，销铸为器，转卖给吐蕃。如销熔 10 枚铜钱，得铜一两，制器转卖，"获利五倍"。[3]西夏统治者经常用宋朝的"赏赐"，尤其是茶叶，用以换取西南边境少数民族的羊只，然后再转卖给宋、辽、金等国，从中牟取暴利。

西夏统治者在充当中转站角色的同时，还不时掠夺贡使商旅。如五代唐明宗时，"河西回鹘朝贡中国，道其部落辄邀刼之，执其使者，卖之他族，以易牛马"。[4]李继迁时，"诸番每贡马京师，为继迁邀击"。[5]李德明时，甘州"夜落纥遣贡奉，多为夏州抄夺"。[6]元昊称帝建国后，尽管封建制已经确立，但仍然存在着家长奴隶制和原始制的残余，因此，其统治者对物质财富掠夺的欲望，有增无减。当时的回鹘商人到辽、宋进行贸易，"往来必由夏界，夏国率十而指一，必得其最上品"。[7]同时，天竺（今印度）国的进奉僧途经夏境也遭到西夏统治者的扣留和勒索。史载：

先是〔天竺〕僧善称等九人至宋京师，贡梵经、佛骨及铜牙菩萨象，留京三月，仁宗赐束帛遣还。抵夏州，元昊留于驿舍，求贝叶梵经，不得，羁之，由是西域贡僧遂绝。[8]

途经河西走廊的丝路被西夏统治者中断之后，西来的贡使和商旅只好另辟新路。这条新路就是经过流沙迷漫的柴达木盆地，到达鄯州（今青海西宁市），然后自鄯州沿着湟水而到达宋朝的秦州（今天水市）。这是中西交通的著名的丝路古道，被称之为"吐谷浑路"。这条路在公元四至五世纪时曾经繁盛一时，现在再一次得到恢复。由于喃厮

西夏钱币

[1]《金史》卷 50,《食货志》。

[2]《金史》卷 134,《西夏纪》："〔大定十二年〕上谓宰臣曰：'夏国以珠玉易我丝帛，是以无用易我有用也。'乃减罢保安、兰州榷场。"

[3]《宋史》卷 180,《食货志下》。

[4]《旧五代史》卷 138,《党项传》。

[5]《宋史》卷 278,《周仁美传》。

[6]《宋史》卷 490,《回鹘传》。

[7] 洪皓：《松漠纪闻》卷 1。

[8]《西夏书事》卷 12。

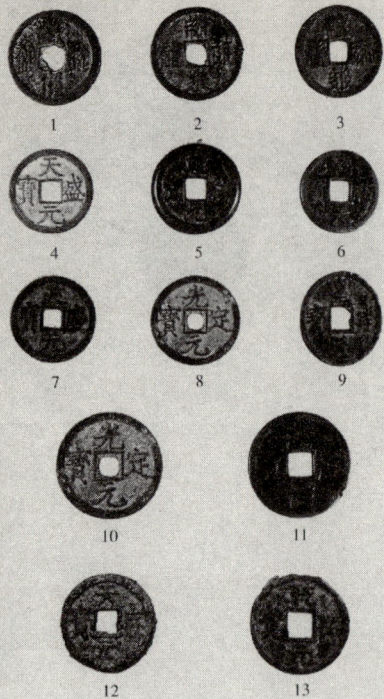

西夏钱币

罗对西来贡使和商旅采取了保护的措施，不少西来的商旅在鄯州大做买卖，从中得到了不少好处。"高昌诸国商人皆趋鄯州贸卖，以故富强。"[1]

至于大食的贡使和商人，由于宋朝的劝告，也不再经过西夏控制的河西走廊，而绕道海上至宋。总之，西夏统治者中断经由河西走廊的中西交通，固然给西来的贡使和商人带来了绕道跋涉的艰难，但同时也使自己蒙受了经济和文化交流的损失。这是西夏统治者始料所不及的。

但西夏统治者并非自始至终充当中西交通拦路虎的角色，大体上到崇宗乾顺元德年间，这种情况有所改变。如允许西州回鹘商人"过夏地"，[2] 到燕（今北京市）地贸易，及入贡宋朝使者，"往来皆经夏国"。[3] 为了保证中转贸易和对外贸易的正常进行，西夏统治者还对西州回鹘和大食商人实行优惠政策。"大食、西州国等买卖者，骑驼载时死亡，及所卖物甚多，驼不足说需守护用弓箭时，当告局分处，按前文所载法比较，当买多少，不归时此方所需粮食，当允许卖，起行则所需粮食多少当取，不允超额运走。"[4]

三、西夏的货币

随着西夏商业的发展，作为流通的重要手段货币大体上有两类：一类是本国铸造的西夏货币；另一类是从宋、金进口的货币。本国铸造的货币最早为景宗元昊时天授通宝（汉字书），最晚的为神宗遵顼时的光定元宝（汉字书），除献宗德旺和末主睍两代未铸钱外，其余各朝均铸有货币，其中又以仁宗仁孝时铸造得最多。仁孝时还设有"通济监"的机构进行铸造。据清人吴广成记载：

> 自茶山铁冶入于"中国"，国中乏铁，常以青白盐易陕西大铁钱为用。及金人据关右，置兰州等处榷场，若以"中国"钱贸易，价辄倍增，商人苦之。仁孝乃立通济监，命监察御史梁惟忠掌之，铸天盛永（应为元字之讹）宝钱，与金正隆元宝钱并用。金主禁之，仁孝再表请，乃许通行。[5]

据此可知，仁孝时期由于社会经济得到了长足的发展，因而需要设立专门机构铸造数量较多的货币，来满足日益发展的商业流通的需要。

[1]《宋史》卷 492，《吐蕃传》。

[2] 洪皓：《松漠纪闻》卷 1。

[3]《宋史》卷 490，《回鹘传》。

[4]《天盛改旧新定律令》卷 7，《敕禁门》。

[5]《西夏书事》卷 36。

　　西夏货币可分为两种,一种为西夏文钱,计有毅宗谅祚时的"福圣宝钱"(西夏字作"**钢匆燚飜**"),仁宗仁孝时的"乾祐宝钱"(西夏字作"**谿飍燚飜**"),惠宗秉常时的"大安宝钱"(西夏字作"**鼗飝燚飜**"),桓宗纯祐时的"天庆宝钱"(西夏字作"**鼗飝 燚飜**")以及尚存疑点的崇宗乾顺时贞观宝钱,等等;另一种为汉文钱,计有元昊时期的"天授通宝",秉常时期"元德通宝",崇宗乾顺时的"天盛元宝"和"乾祐元宝",纯祐时的"天庆元宝",襄宗安全时的"皇建元宝",神宗遵顼时的"光定元宝",等等。

　　由于西夏缺乏铜、铁,从而使其货币的铸造受到限制,其所铸的有限货币,是无从满足其市场的需要的,必须自宋金进口大量的货币。这从西夏遗址和墓葬发掘出大量的宋、金货币得到佐证。

　　西夏货币除大量铜钱外,还有少量的铁钱和银币。

　　总之,由于西夏社会经济是自给自足的自然经济占了绝对的支配统治地位,其商品经济的发展有限,因此,其货币的铸造与发行,自然要受到很大的制约,这是西夏货币经济不发达的根本原因。

西夏碑额上的线刻《舞蹈图》

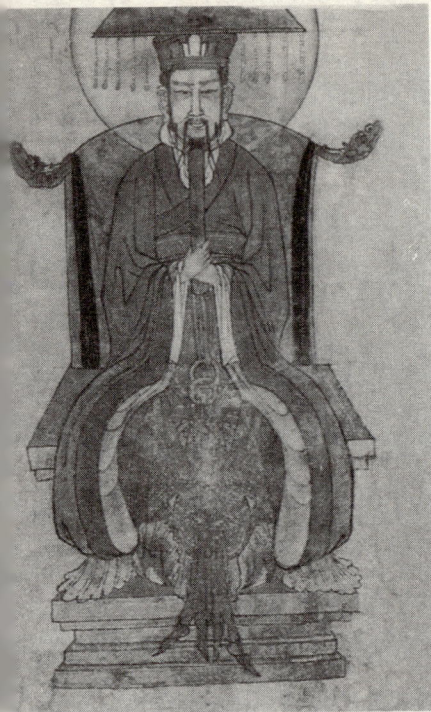

黑水城出土的《玉皇大帝图》

第八章

西夏的文化与社会生活

第一节　西夏文化与河陇文化

　　关于西夏文化的来源,在原苏联的学者中,存在着这样一种看法,即认为西夏文化是"源于中亚细亚各族人民的文化",是"独立发展起来的,自成一体的"。这种看法显然是错误的。其所以错误,因为第一,"一定文化是一定社会的政治和经济的反映"。[1]我们在研究任何国家文化的来源时,首先要考虑的是其本国文化的历史渊源和现状。其次,要考虑其周边邻国文化对它的影响,而不是远离本国的什么文化影响;第二,这种看法与实际历史情况也是不相符合的。如前所述,西夏文化深受汉文化及吐蕃、回鹘文化的影响,但以汉文化为主,正如北宋大臣富弼所指出:"得中国土地,役中国人力,称中国位号,仿中国官属,任中国贤才,读中国书籍,用中国车属,行中国法令。"[2]所谓汉文化,一般指中原王朝——唐宋文化,而实际上汉文化还包涵汉末以来的河陇文化。

　　何谓河陇文化? 概括地说,是指河西陇右地区所保存的中原学术文化。所谓河西,即泛指黄河以西地区。唐景云二年(711年)曾置河西节度使,为开元、天宝年间的十节度之一。其辖境相当于今甘肃河西走廊,包括武威、张掖、酒泉、敦煌等地。所谓陇右,即泛指陇山以西,新疆乌

[1] 毛泽东:《新民主主义论》,载《毛泽东选集》1卷本,第655页,人民出版社1964年版。
[2]《长编》卷150,庆历四年六月。

鲁木齐以东,以及青海东北部地带。这里的陇右概念"即晋秦州之地,介于雍凉间者"。[1]

河陇文化,早在东汉末年即已存在,发展至前凉张轨时,明显进入了它的兴盛时期。宋末元初著名的史学家马端临指出:

> 〔河西〕自东汉以来,民物富庶与中州不殊,窦融、张轨,乘时多难,保有其地。融值光武中兴,亟归版图,而轨遂割据累世,其后,又有吕光、秃发、沮渠之徒,迭据其土,小者称王,大者僭号。盖其地势险僻,可以自保于一隅,货贿殷富,可以无求于中土,故五凉相继,虽夷夏不同,而其所以为国者,经制文物,俱能仿效中华,与五胡角立,中州人士之避难流徙者多往依之,盖其风土可乐而此。[2]

这种兴盛的势头大体上持续到中唐以前。

河陇文化具有它独有的特点。其特点之一是在公立学校沦废的情况下,主要通过家世代代相传;特点之二是本地学术世家同外来儒学英才相结合;特点之三是具有显著的地域性。

黑水城出土的《月孛星图》

河陇文化在我国历史上起过不可忽视的作用。具体地说作用有二:第一,它是隋唐制度三大渊源之一。所谓三大渊源,即渊源于魏、齐、梁、陈和魏、周。三源之中,尤其是北魏、北齐与河西文化有着密不可分的关系。北魏统一河西,拓跋焘对河西儒士"皆礼而用",[3]其典章制度明显受了河西文化的影响。"西晋永嘉之乱,中原魏晋以降之文化转移保存于凉州一隅;至北魏取凉州,而河西文化遂输入于魏,其后北魏孝文、宣武两代所制定之典章制度,遂深受其影响,故此魏、齐之源,其中亦有河西之一支派";[4]第二,保存延续了中原文化。"秦凉诸州西北一隅之地,其文化上续汉、魏、西晋之学风,下开魏、齐、隋、唐之制度,承前启后,继续扶衰,五百年间延绵一脉。"[5]

河陇文化发展至安史之乱以后情况如何呢? 史学家马端临云:

> 唐自安史之乱, 西北土地皆不能如旧……

[1] 陈寅恪:《隋唐制度渊源略论稿·礼仪》。

[2]《文献通考》卷 322,《舆地考》。

[3] 司马光:《资治通鉴》卷123。

[4]《隋唐制度渊源略论稿·叙论》。

[5]《隋唐制度渊源略论稿·礼仪》。

独西陲沦于吐蕃,遂有夷夏之分,致使数百年中华衣冠之地,复变为左衽不能自拔。虽骁悍如元昊,所有土地过于五凉,然不过诸蕃部落杂处于旱海不毛之地,兵革之犀利,财货之殷富,俱不能如曩时。是以北事辽,南事宋,仅足以自存。然则凉州之地,自夷变为夏始于汉而殷富者数百年,自夏复变为夷始于唐而沦荒者复数百年,谓唐之土地而过于汉者,非要终之论也。[1]

黑水城出土的《木星图》

在马氏看来,自汉至初唐数百年间以凉州为中心的河西之地,由于"自夷变夏",民殷物阜,文化发达,为河陇文化的兴旺发达时期,但自中唐以后,河西地区由于吐蕃、西夏等少数民族政权相继割据,"自夏复变为夷"时这一带的经济和文化破坏很大,"沦荒者复数百年",河陇文化因此中断,应当否定。这种带有民族偏见的看法,显然与当时的历史实际不相符合。实际上河陇文化自唐安史之乱经五代至宋,并未因吐蕃、回鹘、西夏等少数民族相继建立地方割据政权而中断,相反,为他们所继承。北宋史学家欧阳修指出:

> 安禄山之乱,肃宗起灵武,悉召河西兵赴难,而吐蕃攻陷河西陇右,华人百万皆陷于虏。文宗时尝遣使者至西域,见甘、凉、瓜、沙等州城邑如故,而陷虏人见唐使者,夹道迎呼,涕泣曰:"皇帝尤念陷蕃人民否?"其人皆天宝时陷虏者子孙,其语言稍变而衣服犹不改。至五代时,吐蕃已微弱,回鹘、党项诸羌分侵其地,而不有其人民,值中国衰乱,不能抚有,惟甘、凉、瓜、沙州通于中国,其州为回鹘牙,而凉、瓜、沙之州犹称唐官,数来请命。[2]

1《文献通考》卷322,《舆地考》。

2《新五代史》卷74,《四夷附录》。

3参阅拙著:《略论西夏文化同河陇文化的关系》,载《西夏史研究》,宁夏人民出版社1989年出版。

这说明自安史之乱至五代之时,河西地区的文化并未"自夏变夷",虽然当地人民在语言方面有所变化,但在衣着和官制等方面同中原王朝仍然保持了一致性。

西夏统一河西等地之后,同样并未中断河陇文化,其统治者为了适应其封建化的需要,在此基础上进一步发展了儒学[3],弘扬了佛学,使儒学和佛学成为加强其统治的不可或阙的两种强大的思想武器和精神支柱。

第二节　西夏的儒学

一、儒学兴盛的原因

元人虞集在为西夏儒学大师斡道冲作画像赞时指出：

> 西夏之盛,礼事孔子,极其尊亲,以帝庙祀。
> 乃有儒臣,早究典谟,通经同文,教其国都,遂相
> 其君,作服施采。顾瞻学官,遗像斯在,国废时
> 远,人鲜克知。[1]

虞集的这段赞语,不仅讴歌了西夏儒学大师斡道冲弘扬
儒学的历史功绩,而且还简明扼要地指出了西夏人尊儒、
崇儒、把孔子当作偶像崇拜,以及学习研究儒家经典,领
会宣传其基本思想和精神,早已蔚然成风。

西夏儒学,早在李继迁、李德明建立夏州地方政权
之时,便得到了统治者的重视。如李继迁叛宋自立后,
注意招抚受过儒学教育的汉人知识分子为其所用。
"〔何〕宪灵州人,保吉(继迁)破州城时得之,爱其才,使
掌兵……"。[2] 李德明时,曾"潜设中官"和"曲延儒士",表
明他在继续推行继迁的崇儒用儒政策,并在此基础之上
又有所发展。

西夏建国后,其儒学经过景宗元昊、毅宗谅祚、惠宗
秉常、崇宗乾顺诸帝的提倡,到仁宗仁孝之时,便盛况空
前,建树突出。西夏儒学之所以日益兴盛,究其原因主要
有以下几点：

第一,适应西夏社会封建化的需要。如众所知,西夏
社会发展至景宗元昊之时,已经进入封建制阶段(尽管还
存在着奴隶制,甚至原始社会的残余)。在生产关系和上
层建筑均已封建化的情况下,西夏统治者为了维护封建
农牧主的既得利益,巩固已经确立的新的封建尊卑贵贱
等级制度,加强中央集权,使西夏统治长治久安,迫切需
要一种"有补治道"[3] 的学说,作为官方哲学,为其统治服
务,西夏儒学因此应运而生,并日益发展和繁荣昌盛。

第二,培养封建御用人才的需要。元昊建国伊始,为

黑水城出土的《土星图》

---

[1] 虞集:《道园学古录》卷 4,
《西夏斡公画像赞》。

[2] 《西夏书事》卷 8。

[3] 《元史》卷 125,《高智耀
传》。

敦煌莫高窟西夏壁画《飞天》

了解决急需的人才,曾大力兴办蕃学,把蕃学作为培养人才的主要途径。但实践证明,通过蕃学培养人才,不仅数量有限,而且质量不高。"士皆气矜,鲜廉耻,甘罗文网。"[1]因此,要想从根本上解决人才的供不应求和提高人才的素质,必须大力提倡尊孔读经,吸取儒学营养,将发展汉学,开科取士放在首位。只有这样,才能大批培养符合封建统治者需要的御用人才。

第三,加强思想统治的需要。西夏统治者所确立的蕃汉联合统治的政治体制,是建立在以党项贵族为主体,联合汉人地主、僧侣地主以及各族上层,残酷剥削和奴役广大贫苦农牧民的阶级对抗的基础之上的。各族贵族、地主与牧主,同广大农牧民的矛盾,是西夏社会的主要矛盾,或者称之为基本矛盾。这种基本矛盾随着封建经济的发展,到仁孝时,日益尖锐激化,具体表现在其统治境内发生了威州大斌、静州埋庆、庆州簏浪、富儿等族的起义。在这种情况下,西夏统治者为了维护、巩固其蕃汉联合统治,单纯依靠军事镇压是不能真正解决问题的,必须要有一种强有力的思想武器,去麻痹劳动人民,征服人心,而大力振兴儒学,宣传儒家思想,正好能起这样的作用。

第四,历史的经验必须吸取。历史的经验告诉西夏统治者,凡是统一过北方的少数民族王朝,如北魏、北齐、北周,等等,为了使其统治长治久安,无不尊儒、崇儒,推行以儒治国的方针。大力宣扬三纲五常、忠孝节义等思想。要求官吏、士人和老百姓,均能以此为其行动的准绳。正如仁孝时期御史中丞薛元礼所指出:

> 士人之行,莫大乎孝廉;经国之模,莫重于儒学。昔元魏开基,周、齐继统,无不尊行儒教,崇尚《诗》、《书》,盖西北之遗风,不可以立教化也。[2]

说明西夏统治者十分注重吸取历史上少数民族政权尊儒崇儒的经验教训。

第五,原有的儒学基础。所谓原有的儒学基础,指的是汉末以来的河西、陇右文化被西夏所继承。由于西夏继承了河陇文化,其原有儒学基础较好,因此,得以获得长足的发展,日益兴盛和繁荣。

---

[1]《西夏书事》卷31。
[2]《西夏书事》卷31。

二、西夏儒学发展的段落划分及其简要概况

西夏儒学的发展，从景宗元昊称帝建国，到末主睍灭亡，大体上经历了四个发展阶段。

第一阶段为景宗元昊时期。即自 1032 年元昊被立为太子，到 1048 年元昊去世，首尾 17 年。这是西夏儒学正式建立时期。在这个阶段里，元昊在建立官制的同时设立了蕃学和汉学，作为学习文化和培养人才的教育机关。从表面上看，似乎蕃学与汉学并立，但实际上元昊将蕃学放在首位，作为重点扶持。具体表现在元昊以博学多才在西夏享有很高声誉的野利仁荣主持蕃学，并于各州蕃学里设置教授，进行教学。为什么元昊要特别重视蕃学？有一种看法认为主要是以"胡礼蕃书"同宋对抗。但这种看法值得商榷。从表象上看，元昊创建蕃学，同下令秃发，改姓立号等措施联系起来似乎是以"胡礼蕃书"同宋抗衡。但通过现象看本质，其主要目的和真正用意则是"立蕃学以造人士，缘时正需才，故就其所长，以收其用"。[1]一言以蔽之，就是为了解决当时严重缺乏的人才问题。

元昊除了创建蕃学、汉学外，还组织人力翻译诸如《孝经》等儒学著作，重视吸收外地儒学英俊，使本地儒学英才（诸如杨守素、张陟、张绛、杨廓、徐敏宗、张文显、钟鼎臣等）与外来儒学英俊（如张元、吴昊等）相结合，他们彼此取长补短，共同出谋划策。

第二阶段，为毅宗谅祚、惠宗秉常统治时期。即自公元 1048 年到 1086 年，首尾 38 年。这是西夏儒学获得进一步传播的时期。

在这个阶段里，由于谅祚比较倾慕汉文化，因此，在尊儒、崇儒方面，采取了一系列的诸如改蕃礼为汉礼，增设官职，重用汉人，以及仿照宋朝制度改监军司为军等旨在加速汉化的措施。其中对宋朝投奔过来的失意知识分子，尤为重用。如宋朝延安人景询投奔西夏，"谅祚爱其才，授学士"。[2]

为了扩大加速儒学在西夏的传播，谅祚还以朝贡的方式，用马换取宋朝的儒家经典。史载：

> 谅祚进马五十匹，求九经、唐史、册府元龟

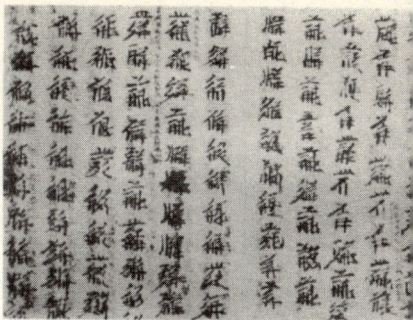

黑水城出土的西夏文《三才杂字》甲种本

[1]《西夏书事》卷31。
[2]《西夏书事》卷21。

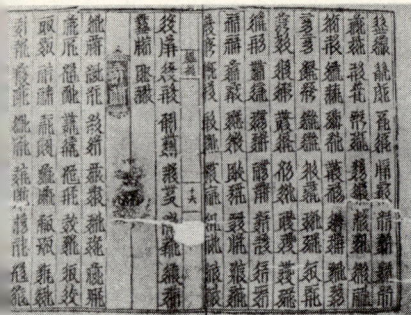

黑水城出土的西夏文
《三才杂字》乙种本

及宋正至朝贺仪,诏赐九经,还所献马。[1]

这些儒家经典著作的传入,对儒学在西夏的发展,起了一定的促进作用。

惠宗秉常在位期间,虽然其本人倾慕汉化,对于"中国制度,心窃好之",并曾"令国中悉去蕃礼,复行汉礼",[2]但由于大权旁落到梁太后及其弟梁乙埋及乙埋之子梁乙逋手中,实际上是个傀儡,加上梁太后反对汉化,因此,在他统治近20年里,儒学停滞不前,谈不上有什么建树。

第三阶段,为崇宗乾顺、仁宗仁孝、桓宗纯祐统治时期。即自1086年到1206年,首尾120年。这是西夏儒学大发展并进入了它的鼎盛时期。

在这个阶段里,由于崇宗乾顺、仁宗仁孝的大力提倡,西夏儒学获得了空前的发展。具体表现在从中央到地方大兴学校,学生人数不断增多,大力发展科举制度,封孔子为文宣帝,继续购求儒家典籍,并将它翻译成西夏文,对其中一些经典进行注释,以及设立翰林学士院,来安置那些博学多才的知识分子,等等。

桓宗纯祐在这段期间,大体上保持了仁孝时期儒学兴盛的势头。他曾多次开科取士,量才录用。如权鼎雄"凉州人,天庆中举进士,以文学名授翰林学士"。[3]被录取的进士中最有名的是宗室齐王彦忠之子遵顼。遵顼"少力学,长博通群书,工隶篆,纯祐廷试进士,唱名第一"。[4]即中了头名状元。在纯祐统治期间,通过兴办学校,发展科举所培养的人才,质量较高。如公元1203年(天庆十年)九月,西夏派往金朝贺天寿节的使臣、宣德郎高大亨,"与兄大节、大伦并奉使金国,金人号为三俊"。[5]

第四个阶段,自襄宗安全到末主睍。即自1206年到1227年,首尾22年。这是西夏儒学的衰落时期。这个阶段在科举方面,开科录取进士,虽然仍在坚持,如公元1225年(乾定三年)三月,"策士,赐高智耀等进士及第",[6]但学校兴办的很不景气,尤其在西夏即将灭亡之际,由于受到战争的影响,很多学校校址和学宫遭到破坏。以学宫为例,如蕃汉教授斡道冲死后,"仁孝图其像以祀学宫,俾郡

[1]《宋史》卷485,《夏国传上》。
[2]《西夏书事》卷24。
[3]《西夏书事》卷41。
[4]《西夏书事》卷39。
[5]《西夏书事》卷39。
[6]《西夏书事》卷42。

县遵行之"。[1]但各郡县所建学宫,因受蒙夏战争的破坏,所剩无几。后夏亡,庙学尽坏,"惟甘州仅有其迹,……凉州有殿及庑焉"。[2]西夏境内的学宫残破如此,其儒学因受战争的影响而日益衰落,概可想见。

三、儒学发展的特点及其历史作用

西夏儒学的特点之一,是汉学与蕃学并存,互为补充形式。自元昊建国伊始,就既办蕃学,又兴汉学,但以蕃学为主。这种重蕃学轻汉学的局面,持续到乾顺、仁孝之时。随着封建生产关系的发展,党项人汉化的加深,及中央集权的政治需要,统治者对汉学的重视程度,逐渐超过了蕃学。尽管历代西夏统治者在重视蕃学、汉学的程度上各不相同,但有一点是共同的,即都始终不渝地推行蕃学、汉学并存的方针,即使在儒学发展的全盛时期,汉学日重的情况下,蕃学也并未取消。其所以如此,因为第一,为了适应党项人与汉人彼此学习对方语言和文化的需要。西夏统治者要想较好地解决该问题,除了编撰出版诸如《蕃汉合时掌中珠》一类的字典外,还有一个重要的途径,就是既兴汉学,又兴蕃学,为党项人和汉人提供彼此学习对方语言和文化的场所;第二,蕃学与汉学的密不可分的关系如同西夏文与汉文的关系那样,"论末则殊,考本则同"。[3]

西夏文二字首领印

其特点之二,是儒学的发展充满着矛盾和斗争。西夏儒学的发展,并非一帆风顺,而是经历了一条坎坷不平的道路和复杂而曲折的历程。如崇宗乾顺亲政后,其大臣在是否要振兴儒学建立国学问题上,就展开过针锋相对的论争。御史中丞薛元礼认为:

> 士人之行,莫大乎孝廉;经国之模,莫重于儒学。……今承平日久而士不兴行,良由文教不明,汉学不重,则民乐贪顽之习,士无砥砺之心。董子所谓"不素养士,而欲求贤,譬犹不琢玉而求文采也"。可得乎?[4]

因此,他主张以儒治国,建议兴办学校。但御史大夫谋宁克任认为:

> 治法之要,不外兵刑;富国之方,无非食货。……且吾朝立国西陲,射猎为务。今国中养贤重

[1]《西夏书事》卷38。
[2]虞集:《元文类》卷18,《西夏相斡公画像赞》。
[3]《蕃汉合时掌中珠·序言》。
[4]《西夏书事》卷31。

学,兵政日弛。昔人云:"虚美熏心,秦乱之萌。"
又云:"浮名妨要,晋衰之兆。"臣愿主上,既隆文
治,尤修武备,毋徒慕好士之虚名,而忘御边之
实务也。[1]

即反对以儒治国和振兴儒学。虽然乾顺根据当时的国情,
权衡利弊得失,最后采纳了薛元礼兴办国学(即汉学)的
建议,但它反映了统治者在是否要振兴儒学问题上的意
见分歧和矛盾斗争。

同时,这种矛盾斗争,在西夏历史上并非仅此一次。
如仁宗仁孝大力振兴儒学,兴办学校,发展科举,但外戚
任得敬却上疏反对道:

经国在乎节俭,化俗贵在权衡。我国介在戎
夷,地瘠民贫,耕获甚少。今设多士以任其滥竽,
糜廪禄以恣其冗食,所费何资乎?盖此中国之法
难以行于我国者,望陛下一切罢之。[2]

这种倒行逆施的建议虽然未被仁孝采纳,但反映了西夏
统治者在是否要振兴儒学,推行以儒治国的方针问题上
矛盾斗争的长期性与复杂性。

西夏儒学的历史作用大体上有以下三点:

第一,促使西夏立国方针的转变,导致兵政日益废
弛。景宗元昊称帝建国时确定的立国方针为"尚武重法"。
但这一立国方针,到崇宗乾顺亲政后,随着西夏封建生产
关系的发展和儒学的振兴,转变为"重文尚法",以儒治国
的方针。这一方针的转变,使尚武强悍的党项民族,变为
一个文质彬彬的民族。史载乾顺世子仁爱,"幼聪颖,长多
才艺"。[3]濮王仁忠、舒王仁礼,"有才思,善歌咏"。[4]乾顺妃
曹氏,"性温柔贞静,动以礼法"。[5]仁孝后罔氏,"聪慧知
书,爱行汉礼"。[6]由于党项人愈来愈文弱,军队素质因此
下降,军事力量日益削弱,到末主睍时,终因军政废弛而
寿终正寝了。

第二,对于维护西夏的统一,防止夏国的分裂,起了
一定的作用。这种作用突出表现在仁宗仁孝之时,一些刚
直不阿的大臣,同外戚任得敬的斗争上。仁孝时外戚任得
敬擅权专作威福,欲与仁孝分治西夏国家。一些饱学儒学
经典,怀着满腔忠君爱国思想的大臣,不顾个人安危,挺

西夏文二字印(上)和四
字印(下)

[1]《西夏书事》卷32。
[2]《西夏书事》卷36。
[3]《西夏书事》卷33。
[4]《西夏书事》卷33。
[5]《西夏书事》卷33。
[6]《西夏书事》卷35。

身而出,揭露任得敬的专横跋扈图谋不轨的罪恶和阴谋。
史载:

> 〔热辣〕公济骨鲠有风裁,见得敬专恣日甚,抗疏言:"得敬为国懿亲,擅权宠,作威福,阴利国家有事以重己功,岂休戚与共之谊? 请赐罢斥。"得敬怒甚,欲因事诛之。仁孝恐为所害,令致仕归。得敬奸逸,举朝多为折挫,敢与相是非词气不挠者,惟公济与焦景颜、斡道冲而已。[1]

这说明通过西夏儒学的振兴,儒家的三纲五常和忠君爱国思想,已经深入人心,成为人们行动的准绳。在儒家学说和思想的熏陶下,产生了一批像热辣公济那样的直言敢谏的骨鲠之臣。他们对权臣任得敬所作的斗争,对于改善西夏吏治,避免夏国分裂,维护国家的统一,巩固中央集权,无疑起了重要的作用。

第三,培养了大批有用人才。西夏通过一百多年的兴办学校,发展科举,到仁宗仁孝时已从一个人才缺乏的国家,变为人才充足的国家。其人才之盛,得到了金朝使者的称赞。史载:

西夏壁画《回鹘五供养像》

> 金主遣宿直将军温敦斡喝来横赐,仁孝使枢密都丞旨梁元辅、中书舍人赵衍为馆伴。元辅有口才,议论风生,斡喝不能难。使回,称夏国多才,较昔为盛。[2]

从"元辅有口才,议论风生,斡喝不能难"看,说明西夏人才质量之高,同金比较,实有过之而无不及。

西夏通过振兴儒学,不仅为其自身培养了足够的人才,而且还为元朝统治者储备了大量人才。这些人才为元朝统治者所用,对蒙古人的汉化,以及蒙汉文化的融合,起了加速的作用。[3]

第三节　西夏的宗教

一、建国前党项人的宗教信仰

党项人在迁入西北地区前,他们的宗教信仰是对"天"的崇拜。史载:

[1]《西夏书事》卷 37。
[2]《西夏书事》卷 36。
[3] 参阅拙作:《略论西夏的儒学》,载《兰州大学学报》1992 年第 3 期。

三年一聚会,杀牛羊以祭天。[1]

其所以对"天"进行崇拜,这是由于党项人生产力水平低下所决定的。当时他们还处于原始社会早期阶段。因为生产十分落后,人们的思维能力很弱,他们对诸如风、雷、雨、电的产生,日、月、星、宿的变化,草木的生长荣衰等自然现象,感到难以理解,难以抗拒,认为这些现象是"天"支配的结果。"天"是一种有意志,有生命力,能够主宰世间一切,左右人们生产、生活的不可捉摸的东西。因此,必须崇拜它,定期祭祀它。这是一种原始的宗教信仰,其表现形态是自然崇拜。

党项人自迁入西北地区的庆州、银州、夏州一带以后,他们已由自然崇拜发展到对鬼神的信仰。据北宋沈括记载:

> 盖西戎(即西夏党项族)之俗,所居正寝,常留中一间,以奉鬼神,不敢居之,谓之"神明"。[2]

《宋史·夏国传》说夏人"笃信机鬼,尚诅祝"。在党项人的心目中,神鬼先知先觉,神通广大,主宰一切,但他们有着明确的分工,据西夏文字典《文海》的记载,神主善,叫做"守护"。神有天神、地神、富神、战神、大神、护羊神,等等。鬼主恶,叫做"损害"。鬼有饿鬼、虚鬼、孤鬼、厉害鬼、杀死鬼,等等。对于主善的庇护人类的神应当尊崇、供奉、祭祀、祷告,对于主恶损害人类的鬼,则应当用迷信的方法驱逐和诅咒。

党项族由早期的自然崇拜,发展为多神信仰,是与党项社会的发展阶段相适应的。随着党项社会生产力的发展,党项社会也由早期向晚期过渡,人们对自然的认识相应有所提高,从笼统崇拜天,到崇拜各种具体的自然现象,并将它加以人格化,使之变为具有生命的和意志的自然神,这在认识上是一种深化的表现。

西夏对多神的信仰,在其建国之后仍然存在。如公元1038年,元昊称帝后,曾"自诣西凉府祠神"。[3]公元1176年(夏乾祐七年),仁孝曾在甘州黑水河边立黑水桥碑,祭告诸神,祈求保护桥梁,平息水患。仁孝在祭告的碑文中,以九五之尊,凌驾于诸神之上。"敕镇夷郡境内黑水河上下,所有隐现一切水土之主,山神、水神、龙神、树神、土地

黑水城出土的唐卡
《玄武大帝图》

[1]《隋书》卷83,《党项传》。
[2] 沈括:《梦溪笔谈》卷18,《技艺》。
[3]《宋史》卷485,《夏国传上》。

诸神等,咸听朕命。"[1] 在仁孝看来,皇帝受命于天,应当主宰一切(包括诸神在内),其所以产生这种思想,是与当时封建生产关系进一步发展,封建中央集权的加强相适应的。

党项族在崇拜鬼神的同时,还崇尚巫术。在党项人的宗教活动中,巫占有重要的地位。党项人称巫为"厮",巫师被称为"厮乩"。巫是沟通人和鬼神间的桥梁,其手眼通天,因此,受到人们的普遍尊敬。巫术的职责之一是驱鬼、咒鬼。如何驱鬼、咒鬼?其法,挖一坑,将"鬼"送入坑中,同时在坑边咒骂,认为这样可以消灾去祸。另据《宋史》记载:

> 〔夏人〕不耻奔遁,败三日,辄复至其处,捉人马射之,号曰"杀鬼招魂"。[2]

说明"杀鬼招魂",是西夏人在战争中经常施行的一种巫术。

巫术的职责之二是占卜。占卜的目的是问吉凶,占疑难。占卜在党项人的日常活动中占有极其重要的地位。西夏统治者出兵作战,往往先占卜以问吉凶,然后决定进止。《宋史》记载:

> 每出兵则先卜。卜有四:一,以艾灼羊髀骨以求兆,名"炙勃焦";二,擗竹于地,若揲蓍以求数,谓之"擗算";三,夜以羊焚香祝之,又焚谷火布静处,晨屠羊,视其肠胃通则兵无阻,心有血则不利;四,以矢击弓弦,审其声,知敌至之期与兵交之胜负,及六畜之灾祥,五谷之凶稔。[3]

这说明党项人的占卜形式多种多样,它不仅用于军事,而且渗透到党项人日常生活的各个方面。

西夏除了盛行党项族的占卜术外,还从中原王朝传入了《易》卜。如西夏学者斡道冲用西夏文作《周易卜筮断》一书,在国内广为流行。另外,甘肃省武威下西沟岘山洞中发现的西夏文占卜辞,采用的是以天干地支计时日的占卜方法。如"寅后日变甲时安,巳后日变丁时安,申后日变丑时安,亥后日变〔癸〕时安……"。[4] 这种方法明显受到汉人占卜的影响。

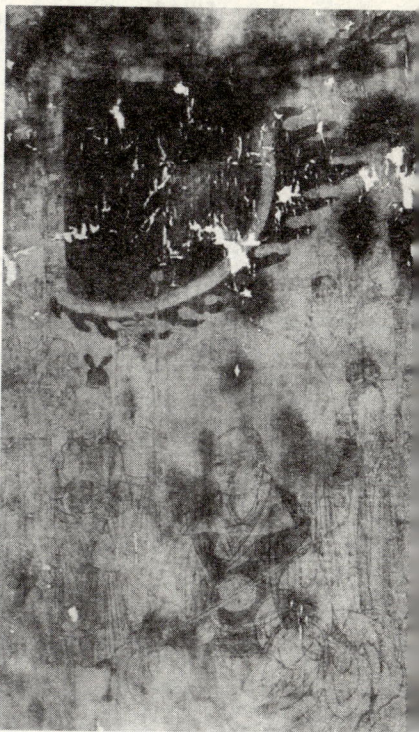

黑水城出土的唐卡
《玄武大帝图》

[1] 王尧:《西夏黑水桥碑考补》,载《中央民族学院学报》1987年第1期。

[2]《宋史》卷486,《夏国传下》。

[3]《宋史》卷486,《夏国传下》。

[4] 转引自史金波:《西夏佛教史略》,第23页。按陈炳应《西夏文物研究》,第325页译文与此异:"寅后四变甲时安,巳后四变丑时安,申后四变庚时安,亥后四变壬时安"。

黑水城出土的唐卡《八相塔》

二、西夏佛教

1. 佛教兴盛的原因

公元 1007 年(宋景德四年)李德明母罔氏下葬,要求到宋山西五台山修供 10 寺,并派致祭使护送供物至五台山,这表明至少自德明开始,统治者开始崇尚佛教。西夏建国后,由于元昊等统治者的提倡,佛教日益兴盛起来。西夏佛教之所以兴盛,究其原因,大体上有以下几点:

第一,西夏统治期间,战争比较频繁。灾难深重的西夏人民,为了摆脱战争苦难,寻找精神寄托,比较容易信仰佛教。"边塞之干戈偃息,仓箱之菽麦丰盈"[1]反映了西夏人民希望停止战争,天下太平,五谷丰登的美好愿望。

第二,西夏统治者对佛教高度重视,不仅大力提倡,而且带头信仰。

西夏立国后,其统治者鉴于党项族信仰的"天"、"鬼神"和巫术,已经不能适应新的斗争形势的需要。在充满着阶级对抗和民族矛盾经常成为主要矛盾的形势下,要想加强对老百姓的思想控制,使其统治长治久安,必须大力提倡佛教。在西夏最高统治者中,有的如开国之君元昊,不仅带头崇信佛教,而且还通晓浮图(即佛教)之学。为了发展佛教,他曾广搜舍利(传说中佛涅槃火化后的骨殖),妥为安置,规定每一季第一个月的朔日(初一)为"圣节"。让官民届时烧香礼佛,即不惜用行政命令来强制官民崇信佛教。其他统治者如毅宗谅祚、惠宗秉常、崇宗乾顺、仁宗仁孝,等等,也都大力提倡佛教,带头信仰佛教。这对西夏佛教的发展兴盛,无疑起了加速的作用。

第三,邻国的影响。西夏东面是宋,南面为吐蕃(西藏),西面为回鹘(高昌),这些都是有着深厚佛教文化基础的邻国,西夏不能不受它们的影响。兹以吐蕃的影响为例,如众所知,西夏佛教分为禅宗与密宗两派,其中以禅宗的势力较大。但传入河西地区的佛教,主要是藏传密宗。该教派与禅宗不同,可以娶妻婚配。元人马祖常《河西歌》云:

贺兰山下河西地,

[1]《嘉靖宁夏新志》卷 2,《寺观》。

女郎十八梳高髻。

茜根染衣光如霞，

却召瞿昙作夫婿。

这里的"瞿昙"泛指僧人。它说明河西佛教与藏传密宗的渊源关系。此外，西夏佛教还深受中原佛教及高昌佛教的影响。

第四，原有的基础。西夏佛教也同儒学一样，是在原有的基础之上逐步发展起来的。以河西走廊地区的佛教为例，在西夏统一之前，河西地区长期为回鹘、吐蕃以及汉人建立的归义军政权所割据。这些割据政权在其统治境内均大力提倡佛教，其中尤以归义军政权所控制的沙州莫高窟和瓜州榆林窟的佛教最盛。西夏统一河西走廊后，在此基础上，进一步调动人力和物力，大修佛窟、佛塔和佛寺，从而使这一带的佛教文化发扬光大。

2. 佛教发展的概况

西夏统治者在发展佛教方面，主要有以下一些建树：

（1）加强组织管理。西夏佛教有一套比较完善的管理机构及管理制度。西夏在其统治机构中设"功德司"，管理全国宗教事务。据西夏文《天盛改旧新定律令》记载，其中央机构中共设有两个功德司，即"僧人功德司"和"出家功德司"。这两个机构在西夏五等机构中属第二等，即"次等司"，[1]说明其地位的重要。功德司设功德司正，全面负责，设功德司副使为其辅佐，担任功德司正和功德司副使的僧人大都为有名望的高僧。他们是西夏僧人和佛教事务的组织者和管理者。至仁宗仁孝时，在诸功德之上，还增设有"偏袒都大提点"，负责掌管全国佛教事务。

同时，西夏还有一套管理寺庙僧人的职称和制度。如《凉州重修护国寺感应塔碑铭》记载，凉州管理护国寺感应塔的僧职有"提举"、"僧正"、"僧副"、"僧监"，等等。而黑水城遗址出土的西夏《杂字》官位第十七中记僧官以下有僧正、僧副、僧判、僧录等僧职，正好与碑文中出现的僧职互相补充和印证。

（2）广建寺塔。西夏境内佛寺极为普遍。全国各地所建寺庙，几乎比比皆是。"近自畿甸，远及荒要，山林溪谷，村落坊聚，佛宇遗址，只椽片瓦，但仿佛有存者，无不

黑水城出土的唐卡《欢喜金刚》

[1]《天盛改旧新定律令》卷10，《司序行文门》。

黑水城出土的唐卡
《不动明王》

必葺。"[1] 这说的是对佛教旧址的修葺。至于新建佛寺虽无详细记载,但其数量不会很少。下面就西夏境内的一些著名寺庙略加介绍:

戒台寺　在兴庆府,景宗元昊妃没藏氏曾在此出家为尼,号没藏大师。[2] 其具体建置时间和寺址,无从考定。

高台寺　公元 1047 年(夏天授礼法延祚十年),元昊建于兴庆府东 15 里。与高台寺同时建立的有佛塔,寺塔高数丈,贮藏宋朝所赠大藏经,并译为国书(西夏文)。

承天寺　公元 1055 年(夏福圣承道三年),毅宗谅祚母后没藏氏"役兵民数万,相兴庆府西偏起大寺,贮经其中,赐额'承天'"。[3] 所谓"承天",即"承天顾命"之意。该寺建成后,皇太后、皇帝亲临听讲佛经,从而提高了该寺的地位,扩大了佛教的影响。

感应塔与护国寺　公元 1093 年(夏天祐民安三年),乾顺鉴于凉州感应塔与护国寺年久失修,征调了大量人力物力,重修凉州感应塔寺庙。第二年完工,乾顺下令剃度僧侣,赏赐钱物,作大法会,并树碑以资纪念。该碑记载了西夏统治者对佛教崇奉的盛况。所立感应塔碑文是西夏字和汉字同时并列的刻石。

卧佛寺　公元 1102 年(夏贞观二年),乾顺为了替母后梁氏祈求冥福,在甘州修建卧佛寺。"宏仁寺,城西南隅,俗名大寺,一名睡佛寺。西夏永安元年建。"卧佛寺由党项僧嵬名思能建议,崇宗乾顺所修。史载:

　　李乾顺之时,有沙门族姓嵬咩,法名思能,
　早从燕丹国师,妙领真乘,深造突奥,阖境贵贱
　耆老,愿信无间,号之为国师。[4]

嵬咩,即嵬名,为党项皇室族姓。其所以名曰卧佛寺,与当地僧人法净在甘浚山下挖出古卧佛像 3 尊,献给乾顺有着直接的关系。

此外,西夏在黑城(今内蒙古额济纳旗)还兴建了众多寺庙和佛塔。黑城,位于河西走廊北部,是西夏西北部的军事重镇。它给我们留下了许多有关佛教的遗址遗物。在黑城内外,不仅幸存佛塔寺庙遗址 20 余座,而且还出土了大量西夏文、汉文佛经、佛像,西夏文木雕经板,等等。说明该地既是僧人念经、老百姓烧香礼佛之处,也是

[1]《重修凉州感应塔碑铭》。
[2]《西夏书事》卷 18。
[3]《西夏书事》卷 19。
[4]《甘州府志》卷 5,及卷 3。

刻印佛经之地,从而证实了黑城佛教的兴盛。

(3)重修和改建寺窟。位于西夏西北部的莫高窟(今甘肃敦煌)和榆林窟(今甘肃安西),属于西夏另一类型的寺庙建筑。莫高窟建于鸣沙山崖,其对面为著名的三危山,两山之间的大泉河横贯其中。榆林窟开凿于踏实河两岸的陡崖峭壁之上。两地环境幽雅,景色宜人。自公元5世纪起便开始开凿石窟,中经隋朝、唐朝和宋朝,已凿石窟数千。西夏占领瓜、沙二州之后,即对两地石窟进行重修和改建。如莫高窟222窟就是改建唐代洞窟,29窟也是将唐代壁画重新改绘而成。据统计,在莫高窟、榆林窟500多个寺窟中,可以确定为西夏洞窟的,过去认为莫高窟和榆林窟各占4座。但经1964年敦煌研究所、中国科学院民族研究所联合调查后,重新确定两地属于西夏洞窟的为88座,其中莫高窟77座,榆林窟11座。

两地石窟所留下的壁画和题记,是我们研究西夏历史、地理、生产、社会生活等方面的珍贵资料。

题记可分为西夏文题记和汉文题记两种,其中以汉文题记最多。从题记的内容看,又可分为三类:一类是西夏僧俗人等前来朝山礼佛、诵经念咒、烧香求福及修整寺庙的发愿文字。如莫高窟285窟西夏文题记,"八人同来行愿,当来山庙烧香";第二类为供养人题榜。如榆林窟第29窟,其内室西壁上、下两层绘有当地一贵族家庭成员的供养像,像前各有西夏文题记,记其身份和人名。其男供养人为瓜州监军司和沙州监军司官员;第三类为一般游人题款。这些西夏文和汉文题记,真实而生动地记述了西夏时期各阶层人物前来这里进行佛事活动的情况,是研究西夏社会历史、文物制度及语言文字的珍贵资料。其具体内容包括西夏纪年、国名、地名、官制、封号以及西夏姓氏(60多个),西夏语言文字,等等。

除了莫高窟、榆林窟之外,在酒泉的文殊山,肃北的5个庙都存留着西夏修建的石窟。在武威县城西南50公里有天梯山石窟。石窟内发现一批西夏文佛经残页,其中有《妙法莲华经》、《佛母大孔雀明王经》、《圣胜慧到彼岸功德宝集偈》等。在宁夏固原县则有须弥山石窟,石窟中有谅祚奲都年号的题记。

黑水城出土的唐卡
《金刚亥母》

西夏文《现在贤劫千佛名经》卷首《西夏译经图》

（4）输入佛典。西夏统治者为了发展佛教，曾向北宋多次请购佛经。公元 1030 年（宋天圣八年）十二月，德明派遣使者去宋，献马 70 匹作为工值，"乞赐佛经一藏，从之"。[1] 公元 1034 年（宋景祐元年，夏广运二年）十二月，元昊又派使者去宋献马 50 匹，"以求佛经一藏，诏特赐之"。[2] 公元 1058 年（宋嘉祐三年，夏奲都二年），宋仁宗通知谅诈，他所购求的大藏经、经帙、签牌等，均已及时印造。"候嘉祐七年正旦进奉人到阙，至时给付。"[3] 公元 1062 年（宋嘉祐七年，夏奲都六年），毅宗谅祚请购赎大藏经，宋仁宗应其所求，并及时命印经院印造。"候嘉祐十一年正旦，进奉人到阙给付。"[4] 公元 1072 年（宋熙宁五年，夏天赐礼盛国庆三年）十二月，夏惠宗秉常遣使贡马，"购大藏经，诏赐之而还其马"[5]。

以上五次是西夏主动向宋请购，有时宋朝也主动赐予。如公元 1055 年（宋至和二年，夏福圣承道三年）四月，"赐夏国大藏经"。[6]

（5）翻译与校勘佛经。西夏统治者为了发展佛教，在输入佛典的同时，还重视组织人力，指定专人负责，有计划地大量翻译校勘佛经。其所指定的负责之人，是西夏僧人中地位较高的"国师"。如景宗元昊时主持译经的著名国师有白法信，惠宗时的国师白智光，西夏晚期译经的蕃汉法定国师，等等。法师之下，还有学有专长参予译经的僧人。西夏统治者组织人才在首都兴庆府进行大规模的翻译佛经。用西夏文翻译佛经，早在景宗元昊建国伊始，就命国师白法信主持翻译工作。他以向宋朝求赐到的两部汉文大藏经为底本，组成一个 32 人的翻译班子，全力以赴地将其译成西夏文。惠宗秉常期间又命白智光主持译经。至崇宗天祐民安元年（1090 年），先后用半个多世纪（53 年）的时间，译成佛经 362 帙，820 部，3579 卷。传世的西夏文佛经，绝大部分译自汉文大藏经，但也有少量译自藏文、梵文。如科兹洛夫自黑城劫走的约 8000 种西夏文刊本和写本，其中约占 80％的属于佛经，有的译自藏文和梵文。

自仁宗仁孝以后，除了继续根据需要翻译一些佛经之外，则把主要精力放在校经之上。据《过去庄严劫千佛

[1]《长编》卷 109，天圣八年十二月丁未。
[2]《长编》卷 115，景祐元年十二月癸酉。
[3] 张鉴：《西夏纪事本末》卷 20，《谅祚淫狡》。
[4] 王珪：《华阳集》卷 18，《诏夏国主乞续大藏经诏》。
[5]《宋史》卷 486，《夏国传下》。
[6]《长编》卷 179，至和二年四月庚子。

名经》发愿文记载：

> 后奉护城皇帝敕，与南北经重校。

这里的护城皇帝即仁宗仁孝，"南经"指宋朝输入的《开宝藏》。"北经"指辽刻《契丹藏》和金刻《赵城藏》，均为汉文大藏经。以南、北两种藏经版本为底本来进行校勘、核正，反映了西夏最高统治者仁孝不仅重视佛经翻译的数量，而且越来越重视质量。

大量的佛经经过翻译、校刊，刻印成西夏文佛经之后，广为散布。一方面为西夏佛教的传播提供了物质条件；另一方面促使了西夏造纸业的发展。如黑城刻印佛经用的就是当地造纸厂造的纸。

（6）延请高僧弘扬佛法。公元1159年（夏天盛十一年），仁孝派遣使者到西藏，延请迦玛迦举系教派始祖松钦巴。松钦巴因故未来，但派其大弟子格西藏琐布，带佛经、佛像随使者到西夏传教，仁孝奉其为上师，并组织力量翻译他所带来的佛经。

此外，还延请了一些回鹘僧到西夏讲经说法。如首都兴庆府的承天寺就延请回鹘僧讲经说法，演绎经文，"没藏氏与谅祚时临听焉"。[1]

由于西夏统治者带头崇奉佛教，修建佛寺，改建和重建石窟，购置佛典，翻译佛经，延请高僧前来宣传佛法，在他们的大力倡导下，老百姓信仰佛教，从事诸如作佛法、盖寺舍、烧香礼佛、诵经等各种佛事活动，也就日益广泛普遍起来。

3. 佛教对西夏的作用与影响

马克思主义认为宗教是麻痹人民的鸦片烟。佛教在西夏的广为传播，对统治阶级极尽歌功颂德之能事，使西夏广大劳苦大众看不清统治阶级剥削、压迫的反动本质。它要求劳动人民忍受各种苦难，多多行善，要求他们深信灵魂不灭，因果报应，把希望寄托于未来，从而掩盖社会矛盾，引导人民脱离现实斗争。在西夏统治近200年漫长的时期里，以党项为主体的各族，在民族矛盾、阶级矛盾都很尖锐的情况下，之所以很少发生较大规模的人民起义，其原因固然很多（诸如西夏统治者善于笼络各族上层，经常注意调整民族政策，调整生产关系，以及文献记

黑水城出土的彩绘木塔

[1]《西夏书事》卷19。

黑水城出土的泥塑双头佛像

载不全,等等),但其中一个重要的原因,与西夏统治者充分利用佛教去麻痹老百姓的思想、限制遏制人民的反抗情绪,有着很大的关系。

在发展佛教的过程中,西夏统治者延请回鹘和吐蕃高僧到西夏讲经说法,翻译佛教经典,这在客观上促进了西夏同新疆、西藏之间的文化交流,对于整个中华民族文化的提高和发展有一定的积极意义。

同时,西夏佛教的发展,对西夏艺术的进步,也有一定的促进作用。如众所知,佛教的发展,需要运用各种艺术形式(包括绘画、雕塑、书法、建筑等等)进行广泛的宣传。而各种艺术形式在宣扬、服务于佛教的过程中,同时丰富、发展了自己。由于西夏统治者和虔诚的佛教信仰者对佛教艺术的高度重视和提倡,投入了较多的人力、财力和物力,从而使西夏佛教艺术创作不仅数量多,而且不乏精品,促使西夏艺术发展到一个新的水平,这是应当予以肯定的。

三、其他宗教

西夏统治者除了大力提倡佛教外,对其他宗教也采取兼容的政策。据有关文献记载,在西夏境内曾流传过道教。《文海》解释“仙”字为“山中求道者”,“山中求长寿者”。史称:

> 宁明,喜方术,从道士路修篁学辟谷,气忤而死。[1]

这里所谓“辟谷”,即不食五谷而食药物以求成仙。宁明为元昊太子,太子带头信仰道教,说明道教在西夏有相当的影响。公元 1081 年,宋朝五路伐夏,当宋军逼近灵州,夏人纷纷逃难,“灵州城中惟僧道数百人”。[2]这里僧道相提并论,说明灵州一带道教势力与佛教不相上下。此外,黑水城的出土文物,诸如《易经》残本,晋人郭象所注《庄子》残本,宋人吕惠卿所著《吕观文进庄子外篇义》,《太上洞玄灵宝天尊说救苦经》,以及有人头像图解的骨相图,等等,都足以说明西夏道教在理论上的根底及其在西夏宗教中的不可忽视的地位。

至于黑水城南城外发现有一座伊斯兰教寺庙,虽然

[1]《长编》卷 162,庆历八年正月辛未。
[2]《长编》卷 318,元丰四年十月庚午。

难以确定究竟是西夏还是元朝遗物，但即使是元朝遗物，也很难排除它受过西夏伊斯兰教影响的可能性。

意大利人马可·波罗在他的《游记》中记载着唐古忒省(即敦煌)"人民信奉佛教。居民大部分是土库曼族，少部分聂斯脱利派基督教徒和回教徒"。[1]甘州城人民大多数信奉佛教，也有一部分基督教徒和回教徒。"基督教在该城建筑了三座宏伟壮丽的教堂，而佛教徒根据全省信徒的需要，建筑了更多的庙宇庵堂。"[2]这说明西夏末和元初，在沙州和甘州一带，与佛教并存的还有景教和伊斯兰教，尽管它的势力远远不及佛教势力之大。

西夏陵出土的西夏文
(楷书)残碑

第四节　西夏文字

一、西夏文字的创制

关于西夏文字的创制时间以及由谁创造的，因有关文献记载相互抵牾而产生歧异。一种意见认为创自李德明时期。如《辽史·西夏纪》云：

〔德明〕晓佛书，通法律，尝观《太乙金鉴
诀》、《野战歌》，制蕃书十二卷，又制字若符篆。

这里的所谓"蕃书"，当指西夏文。另一种意见认为是元昊时期创制。《宋史·夏国传》云：

元昊自制蕃书，命野利仁荣演绎之，成书十
二卷，字形体方整类八分，而画颇重复。

与《宋史·夏国传》记载大体相同，即认为是元昊时期由元昊本人所创的文献，还有李焘的《续资治通鉴长编》，以及曾巩的《隆平集》。另外沈括的《梦溪笔谈》，虽然认为是元昊时期创制，但创造者为野利遇乞。该书卷25记载：

元昊果叛，其徒遇乞先创造蕃书，独居一楼
上，累年方成，至是献之。

在西夏文创造时间问题上，应以元昊时期为可信，理由有如下几点：

第一，上引《辽史》的那段记载，显然是将元昊误为德明(原文"子德明"应作"孙元昊")，不足为据。

第二，一些少数民族在其称帝建国之前，往往先制文

[1] 陈开俊等合译：《马可·波罗游记》第40章，《唐古忒省》。

[2] 陈开俊等合译：《马可·波罗游记》第44章，《甘州城，偶像的特征》。

拜寺沟方塔出土的西夏
文（楷书）《吉祥遍至口
和本续》

字,西夏也不例外。元昊称帝后,给宋仁宗所上的表章有
"臣偶以狂斐,制小蕃文字"。[1]证明西夏文字确为元昊时
期所创。

第三,据西夏人写的《妙法莲华经序》记载:

　　此后,凤角城皇帝,以自国语言,兴起蕃礼,
　　创制文字,翻译经典……[2]

所谓凤角城皇帝就是元昊。这条材料有力地证明了西夏
文字创制于元昊时期。

关于西夏文字是谁创制的?无论认为元昊所创,或者
遇乞所创,都是很成问题的。因为任何一种文字的产生,
并非某一个杰出人物所能凭空想出来的,它来源于劳动
人民长期的生活实践,它的产生和形成有一个较长的历
史过程,因此,它的真正的创造者只能是劳动人民。实际
上很不规范的和比较原始的西夏文字,在元昊建国之前,
即在民间已经产生和流传。元昊的功劳只不过命野利仁
荣将民间流传的西夏文字加以搜集、整理、归纳和演绎,
并用法律形式予以公布,在全国推行。

二、西夏文字的结构

保存到现在的西夏文约有 6000 余字。从形体上看,
乍视和汉字很相象,都是方块字。但仔细熟视与汉字并不
相同,其字体繁冗,结构复杂,状"类符篆"。从笔画看,西
夏字大多在 10 画以上,常用字中 6 画以下仅占总字数的
1%左右。

西夏文字,也像其他任何一种文字一样,尽管构造复
杂,但仍是有规律可循的。最早探索西夏文字构造的,是
我国著名学者罗福苌(ch á ng 音长)。1914 年,罗福苌从
俄国学者伊凤阁手中获得《掌中珠》,进行研究,著《西夏
国书略说》。他用汉字"六书"法,即象形、指事、会意、形
声、假借、转注法去分析西夏文字,并概括出西夏字的一
些偏旁和部首。罗福苌的研究,开我国学者研究西夏文字
的先河。

外国学者沿着这一研究方向进行研究,成绩显著的
有日本的西田龙雄。1966 年,西田龙雄著《西夏语之研
究》。该书将西夏文字分为基本文字和派生文字两种,指

[1]《宋史》卷 485,《夏国传
上》。
[2] 转引自史金波:《西夏文
化》,第 13 页。

出两种文字有五种结合关系。同时还将西夏文字分解，归纳出 329 种文字要素。此外，还概括出一些西夏字部首，将西夏字的研究提高到一个新的水平。

遵循着西夏时期编纂的各种字典，包括《文海》、《音同》、《蕃汉合时掌中珠》、《义同一类》、《圣立义海》、《五音切韵》等等的发现与公诸于世，尤其是《文海》的刊布，给专家们对西夏文字结构的进一步研究，创造了极为有利的条件。西夏人所著的《文海》，是一部最系统最全面的西夏文辞书。该书以声、韵为经纬对西夏字进行归类，对每一个字的形、义、音都有详备的注释。1983 年出版的史金波、白滨、黄振华所著《文海研究》一书，他们除了对《文海》进行校刊、汉译、编索引外，还从三种不同的角度对《文海》进行比较全面的研究，取得了可喜的成绩。其中史金波同志对西夏文字结构特点的分析，读之令人耳目一新。通过《文海》对西夏字的研究，我们清楚看到了西夏字构造的规律。

西夏文字的构成可分为单纯字与合体字两大类。

单纯字一般笔画较少，因为它构成新字的机会较多，是组成文字的基础。单纯字又可分为两种：即表意单纯字，多记录常用词，用固定的字义。如夂（人），乆（一），𢒦（手），𰥓（小），禾（老），𰃦（上），利（圣），疌（女），等等。这些字构成新字的比例最大。表音单纯字，通常为借词，地名、人名和佛经真言注音。如嘯（吃）、菇（下）、瓵（居）、歒（鬼），等等。这些单纯字也是构成新字的成分之一。

合体字包括合成字、互换字和对称字三类。

合成字是由 2 个字、3 个字，有的甚至由 4 个字组成一个字。组字时一般只用一个字的一部分，如左部、右部、上部、下部、中部；有时也用一个的大部分或全体。组合方式有 60 余种。合成字还可分为会意合成，即会两字或三字之义为一义。如𤁗（水）+ 姄（土）合成𤃥（泥）字。頽（膝）+𢒦（手）+蟲（行）成合𧔥（爬）。音意合成，即两字合成一字时，其中一字起标音作用，它与合成字同音；另一字起表意作用，它与合成字字义有关。如毹（吃）+蟲（做）合成毹（工匠）〔吃〕。这种音意合成字，与汉字中形

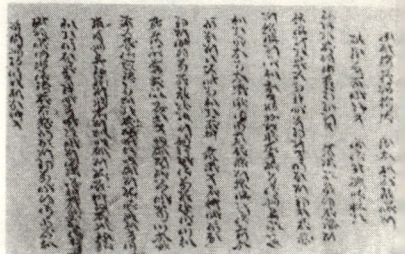

西夏文草书长卷

武威《凉州重修护国寺感应
塔碑》西夏文篆额

声字类似。以上两类合成字占西夏字总量的 80% 左右,成
为西夏字的主干。音兼意合成,有一部分字,不仅表意字
与被解释字字义有关,其表音字也与该字字义有关。如 蕤
(木)+ 殠(渡)〔嘴〕合成 薂(船)〔嘴〕,这里的"木"表示
"船"的质料,"渡"表示船的用途。而"渡"字和合成字"船"
同音,"船"成为"渡"字的引申意义。反切上下字合成,即
一个字由两个字合成,这两个字正是合成字的反切上字
和下字。换句话说,就是合成字的读音恰是这两个字中第
一个字的声母和第二个字的韵母拼合而成。如 殇(虚)+
狨(耶)合成 鞢(胁)。用这种方法构成的字,仅占西夏字
总数的 0.5% 左右,是西夏字构造中一种特殊现象。间接
音意合成,即一个字由两个字合成时,一字表意,另一字
不直接表音,而是把它译成汉语后,由该汉字的音起标音
作用。如 糉(汉)〔嗉〕+ 毻(城)合成 瓃(姓)〔汉〕。长音字
合成,即以发音与之相应的西夏字和意义为"长"的西夏
字共同组成之字。如 戻(阿)+ 祀(长)合成 瓱〔阿长呼〕。

互换字是把一个字中的两个部位交换位置组成新
字。新组成的字和原来的字往往在字义上有密切的关系,
它们常连起来共同组成一个词或词组。这类字在西夏文
中占有相当比重。这种字有几类互换法。左右两部分互
换。如 浂(指)剐(趾),矧(悔)秖(改)。中间不动,左右互
换。如 剩(斫)慨(断)。上部不动,下部左右两边互换。如
蔰(藏)薺(匿)。左边不动,右边的两部分互换。如 嶙(逃)
憱(服)。右边不动,左边两部分互换。如 瀫(缩)瀥(皱)。大
部不动,一个侧角的两部分互换。如 绂(水)骉(鱼)。

对称字是西夏文中另一种合体字,即一个字的左右
两部分相等。这类字往往有双之意。如 阪(唇),叕(双),
叕(分)等。有的字除左右两边相等外,中间还有一竖。如
辈(称),叕(中),絉(畦),等等。

此外,在西夏文中还有少量的象形字和指事字。前者
如 夂(人)字象人形。夋(虫)字象多足的虫形。后者如 衡
(丝),象一条虫在小屋内,指示蚕茧的形状。[1]

三、西夏字与汉字的异同

党项族与汉族是古老的兄弟民族,西夏文化源远流

[1] 史金波:《从文海看西夏文
字构造的特点》,载《文海研
究》,1983 年出版。

长,它受汉文化的影响很深,因此,作为西夏字不可能不受汉字的影响。尽管西夏在创造文字时没有袭用现成的汉字,而且尽量避免与汉字雷同(实际上所造西夏字无一与汉字相同)。但在造字原则、文字结构、文字笔画、字体形态、书写规则等方面,都未能摆脱汉字的影响。因此,研究两种文字的异同,有助于我们了解西夏文化的渊源。

西夏字同汉字的相同之处是两种文字都属表意文字,但同时都有表音成分,其意符与音符在形式上都没有任何标志,位置都不固定;两种文字都属"形体方整,类八分"的方块字。其笔画都有点(、)横(一)竖(丨)撇(丿)捺(乀)拐(L)提(丿),等等。在构成方法上,西夏字的含意合成字,音意合成字同汉字的会意字和形声字类似;两种文字的一些形体和不同部位上都有笔画变通现象;两种文字都有楷、行、草、篆四种书体;两种文字的同音字都很多,每群同意字常用一个字作为代表;两种文字在注音时都常用反切方法,有平、上、去、入四声的区别。

其不同之处,西夏字比汉字更繁复,其笔画较少结构简单的字比汉字少得多。同时西夏字超过 20 画的字也较少;西夏字斜笔(撇、捺)字较多,但没有汉字常用的竖钩;西夏文会意合成字比汉字里的会意字多,其音意合成字(与汉字中的形声字相似)比汉字形声字少;西夏字类似拼音构字法的反切上下字合成法构成的字,其比例比汉字大,同时更有系统性,拼合感更强;西夏文在构字时普遍省形、省声(即用两个或两个字以上的字构成一个字时,无论是作意符还是作音符,都可以只用一个字的一部分),其省去的部分并不固定,而汉字构字时,省形,省声是个别现象。西夏字每一个字的各个部分(包括上、下、左、右中大部、全体)都可以代表这个字去组成新字。因此,它没有汉字那样明显的偏旁体系;西夏文中的音意合成字(类似汉字形声字)的表意部分不表示物形,而汉字形声字的义符往往与物形有直接关系;西夏文音意合成字大多与组成它的表音字同音,而汉字形声字中仅有 10%左右的字与声符同音,其余的只是发音相近或有一定的关系。[1]

此外,在造句方面,也有明显不同。如汉文"第一",西

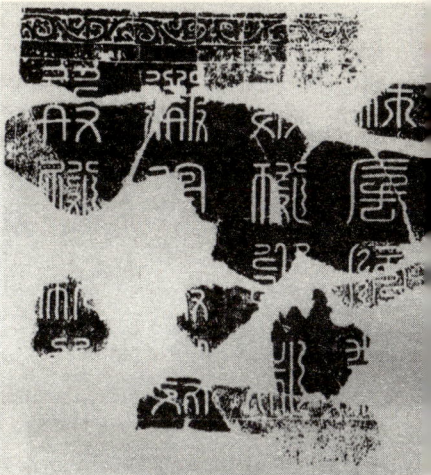

西夏陵出土的西夏文残碑篆额

[1] 参阅史金波:《西夏文化史》,第一章《西夏文与西夏语》。

夏文作"一第","开渠",作"渠开","下雪",作"雪下";"人有罪",作"人罪有","怀疑惑",作"疑惑怀","无窟穴",作"窟穴不有";"饮酒取乐",作"乐取饮酒","皆唱是言",作"皆是言唱","如是我闻",作"是如闻我"。[1] 其所以如此,是因为党项语法与汉族语法不同之故。

四、西夏文字的应用和流传

西夏文字的创制,是党项民族智慧的结晶。它对夏国的政治和文化产生了深远的影响。由于其意义重大,被元昊"尊为国字",下令"凡国中艺文诰牒尽易蕃书"。[2] 所谓"尽易蕃书",即一律用西夏字。由于元昊的积极推行,西夏字作为应用文字在西夏境内便迅速广泛推广流行开来。上自官方文书,下至民间日常生活的记事,都用西夏文字作为书写工具。各种佛教经典(包括汉文、藏文、回鹘文)和汉族儒学典籍的翻译,无不应用西夏文作为其有力的工具。

同时,西夏学者用西夏文撰写的著作虽然大部分已经散失,但还是给我们留下了许多珍贵的文献。如西夏人撰写的字典、辞书,保存下来的就有以下一些:

《音同》亦作《韵统》,是用西夏文编写的一部《同音字典》,也是现存最早的字书。全书6000余字,按声母分成九类:重唇音、轻唇音、舌头音、舌上音、牙音、齿头音、正齿音、喉音、来日舌齿音。每类再分为同音的若干小节,无同音字的独字分别列于各类之后,每一字下都有简单的注释。该书成书于崇宗乾顺正德六年(1132年)十月十日,为西夏中叶的作品。

《蕃汉合时掌中珠》为仁宗乾祐二十一年(1190年)西夏人骨勒茂才编写。该书共50页,以事门分类。作者在每一词语条目旁都列有西夏文、汉译文、西夏文汉字注音、汉译文的西夏字注音,检阅极为方便。该字典是党项人、汉人互相学习对方语言的必备的工具书,也是目前初学西夏语文的入门工具书。

《文海》是一部大型西夏文韵书,编纂体例兼有汉字《说文解字》和《文韵》的长处。作者在每一字条下进行三种注释,即首先以四字解释文字构成,接着,以较多的字

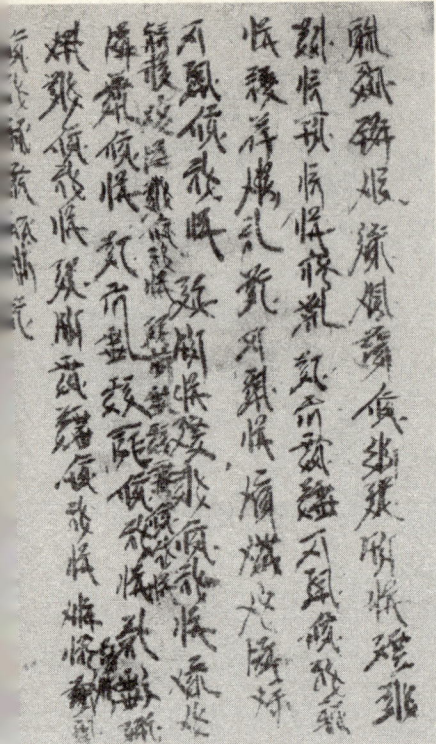

西夏文会款草

[1] 紫溪:《关于西夏国书的介绍》,载《文物参考资料》1957年第1期;史金波:《西夏语的存在动词》,载《语言研究》1983年第2期。

[2]《西夏书事》卷12。

解释字义,最后,以反切注音。该书是一部具有很高学术价值的研究西夏语言、文字的重要文献。

此外,还有《要集》,一种按事门分类的西夏文字典;《五音切韵》,一部编制西夏语韵表和韵图的韵书;《圣立义海》,一部包罗甚广的词书;《义同一类》,一部大型同义词典,等等。

西夏学者除了编写了各类字典辞书之外,还用西夏文翻译了大量的汉文典籍,其中属于儒家经典的有《论语》《孟子》《孝经》,等等。属于类书的有《类林》,译自汉文类书,是中国历史人物分类故事集,唐于立改撰,共 10卷,原本早已失传,据传世残本可知西夏文本有 10 卷 50篇,刻于乾祐十二年。属于兵书的有曹操、李莹、杜牧所注《孙子》译本残本,及《六韬》《黄石公三略》,等等。属于政论书的有唐朝吴竞编撰的《贞观政要》,名为《贞观要文》。属于历史的有春秋诸国史汇编《十二国》,等等。

在翻译和注释方面取得成就最大的有著名学者斡道冲。他曾译《论语注》,并作《解义》20 卷,称《论语小义》,并著有《周易卜筮断》。[1]

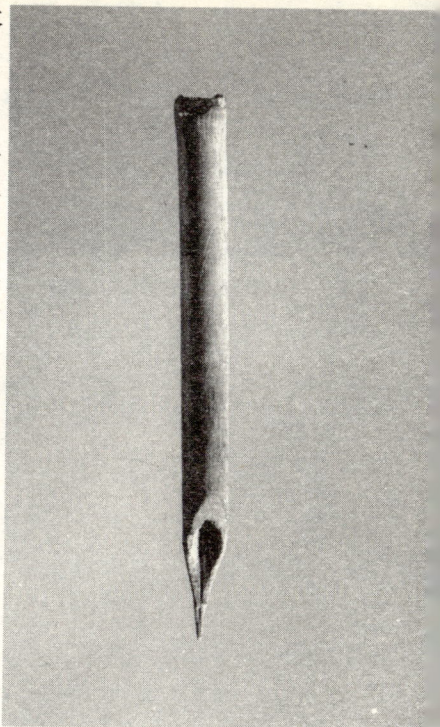

武威西夏墓出土的竹笔

在用西夏文翻译的著作里,其中数量最大的是译自汉、藏文佛经。而用西夏文书写、镌刻的碑文、题记,不仅数量较多,而且具有较高的文物、史料价值。至于用西夏文铸刻的印章、牌符、钱币等,更是琳琅满目,不胜枚举,这里就不一一叙述了。

西夏文字自创造到停止使用,经历近 5 个世纪。西夏自 1038 年建国,到 1227 年灭亡,这中间西夏文从未停止使用过。即使在西夏灭亡后,西夏文继续在我国西北地区流行和使用。蒙古称西夏为河西,因此,西夏文被称为"河西字"。公元 1302 年(元大德六年),在杭州大万寿寺完成了雕刻的河西字《大藏经》有 3620 余卷,并由僧官主八印造三十多藏,施送西北各地寺院"流通供养"。这说明西夏灭亡 76 年之后,西夏文还在西北地区使用和流传。公元1345 年(元顺帝至正五年)完成的居庸关过街塔洞壁的六体文字(西夏文、汉文、藏文、梵文、八思巴蒙文、回鹘文)碑,其中有西夏文两大咒和《如来心经》《造塔功德记》。党项人中书平章政事纳磷参加此项工作。而党项僧人智

[1] 虞集:《道园学古录》卷 4,《西夏相斡公画像赞》。

武威西夏墓出土的木打纬刀

妙酩部和那征师则是主持西夏文译写者。这说明西夏灭亡118年之后，居住在今居庸关一带的党项人中还流行和使用着西夏文字。

但居庸关六体石刻并不是西夏文字流行的最晚时间。公元1502年(明孝宗弘治十五年)，有一批西夏人在今河北保定建立西夏文经幢(chuāng床，刻有佛号或经咒的石柱)。由此可知，西夏文自使用到终止，至少有500年以上的时间。

第五节　西夏的科学

一、天文与历法

有关西夏天象的记载，大体上始于公元982年(宋太平兴国七年)。是年二月"月犯井鬼"，何谓井鬼?"《史记天官》:东井舆鬼，雍州之分，《新唐志》:夏州，东井之分"。[1]因此，所谓"月犯井鬼"，其国主兵，即天象预示着夏州地方政权的统治者将要起兵反叛宋朝。这虽然是无稽之谈，但却是"书西夏天象始此"。[2]据有关史书记载，自继迁叛宋，至西夏灭亡，有关天象特殊变化的记载，诸如日食的发生，星宿的孛犯，以及彗星的出现，约60余次。西夏统治者认为这些特异的自然现象是天神对人类吉凶祸福的预示和警告。如公元1030年(宋天圣八年)火星入于南斗;西夏谣言四起:"火星入南斗，天子下堂走。"[3]德明畏惧，被迫迁居贺兰山，并祈祷解灭。公元1040年(夏天授礼法延祚三年，宋康定元年)正月，"日有食之"，[4]日西先出现一珥，谋臣杨守素认为这种日食现象预示着军事的胜利，并力劝元昊攻取延州。元昊果然采取了一系列的旨在夺取延州的军事行动，发生了著名的三川口之战。公元1097年(夏天祐民安八年，宋元符元年)八月，天空出现彗星，时母党首领梁氏正调兵遣将，准备攻打宋泾原路，见彗星出现，以为不吉，于是下令放散人马。崇宗乾顺"仿中国制，减膳避殿，下罪己诏，大赦，改明年元曰永安"。[5]

尽管西夏统治者由于受到时代和阶级的局限性，对

[1]《西夏书事》卷3。
[2]《西夏书事》卷3。
[3]《西夏书事》卷11。
[4]《西夏书事》卷13。
[5]《西夏书事》卷30。

一些天象做了迷信的分析和解释，但他们对天文的观测还是给予了足够的重视。据有关文献记载，西夏有分析、解释天文的"太史"、"司天"和"占者"，这表明西夏设有司天监的专门机构，及专职人员观测天文。由于长期对天象的观察，从而积累了比较丰富的天文知识。骨勒茂才《番汉合时掌中珠·天相中》比较详细地记载了日、月、星、辰。如对星象的记载，将天空分为东、西、南、北4个方位（即青龙、白虎、朱雀、玄武），每个方位有7个星宿，总计有角、亢、底、房、心、尾、箕、斗、牛、女、虚、危、室、壁等28宿。此外，对气象的记载也比较详备。如风有和风、清风、金风、朔风、黑风、旋风；雨有膏雨、谷雨、时雨、丝雨；云有烟云、鹤云、拳云、罗云、同云，等等。当然，西夏的天文学知识并非自己的独创，而是一方面继承中原王朝的天文学知识，同时结合自己的观测体验而形成的。

在西夏天象的记载中，其中有些科学资料诸如水灾、旱灾，地震，等等，对后人的研究很有参考价值。如《重修凉州感应塔碑铭》记载公元1092年（夏天祐民安三年）凉州大地震，震坏了该地的感应塔。这一记载为我国地震学工作者提供了珍贵的资料，受到了有关专家的重视。

西夏建国前，很长一段时间没有历法。公元1007年，宋司天监参考以前历法，制成"仪天历"，应德明之请，颁赐西夏。"德明时行中国仪天兴注历垂三十年。"[1]这是西夏使用宋朝历法的最初记载。公元1023年（宋天圣元年）八月，宋制成"崇天万年历"，打算颁行西夏，但"未及颁而曩霄称帝，自为历日，行于国中"。[2]元昊设置"大恒历院"机构，掌管历法的编制和颁行。表明西夏统治者对历法的重视。但西夏自己制定了哪些历法?无从查考。从留下的实物看，未见纯西夏文编制的历书，但有西夏文、汉文合璧历书。如黑水城出土，现藏于俄国的五种西夏历书中，就有西夏文、汉文合璧书写。至于出土于黑水城，现藏于大英博物馆的成于公元1047年（天授礼法延祚十年）的与一般历书不同手写西夏历书残页，采用表格形式。其中表示月份、星宿、节气、干支和数目的字，分别用西夏文或汉文书写。西夏立国后，除了使用番汉合璧历书外，仍然奉行宋朝颁赐的历书。如公元1045年（夏天授礼法延祚

黑水城出土的《大黑天》

1《西夏书事》卷9。
2《西夏书事》卷18。

八年,宋庆历五年)十月,元昊行宋仁宗颁赐的"崇天万年历"。公元 1065 年(夏拱化三年,宋治平二年),宋颁赐夏国"历日一卷"。[1] 公元 1085 年(夏大安十一年,宋元丰八年),宋神宗向秉常颁赐"奉天历"。在西夏奉行宋历问题上,有一种看法需要纠正。香港林旅芝先生云:

〔夏〕始终奉行宋历,德明时行中国仪天历,元昊称帝后,则奉行仁宗颁赐之崇天万年历。[2]

其实,西夏并非自始至终奉行颁赐之宋历,而是于公元 1132 年"停行中国历"。停止的原因是由于西夏已归附金朝。"故事,每于上年孟冬受中国赐历。时高宗以乾顺附金久,不复颁赐,自是不行中国历。"[3] 当然,西夏在被迫停止使用宋朝颁施的历法后,在一些地区仍然采用以干支记时日的中原汉历。如武威小西沟岘山洞中发现的人庆二年(公元 1145 年)的西夏汉文历书残页,同中原以干支记时日的历书大体一致。这种历法可能为西夏"大恒历院"所编。

二、法律

西夏在元昊立国之前,尚无成文法律。遇有民事纠纷,"诉于官,官择舌辩气直之人为和断官,听其曲直。杀人者,纳命价钱百二十千"。[4] 元昊建国后,为了确立西夏的典章制度,对宋朝的各种制度的调查研究,引以为鉴,尤为重视。如宋仁宗放宫人 207 人,"悉任所之"。元昊得此消息后,"阴以重币,购得数人,纳诸左右,于是朝廷刑赏,宫闱阴事,纤悉具知"。[5] 元昊不仅"明法律",而且十分重视法治。他于"案上置法律",又以"兵法勒诸部",[6] 推行一条"尚武重法"的立国方针。这表明至少在元昊时西夏已有成文的法律。

西夏法律发展至崇宗乾顺和仁宗仁孝时,似乎更加成熟和完善。如崇宗乾顺贞观年间,为了以法治军,编撰了一部有着较高实用价值的军事法典——《贞观玉镜统》;乾祐二十一年骨勒茂才所撰的《番汉合时掌中珠·人事下》记载了诉讼程序,其主要程序是诉状,官府表示愿意授理,然后逮捕犯人,追查证据。对于拒不招供的犯人,

黑水城出土的《月星图》

[1] 王珪:《华阳集》卷 18,《赐夏国主历日诏》。
[2] 林旅芝:《西夏史》,第十三章《夏之政制及文化》,第 281 页。
[3] 《西夏书事》卷 34。
[4] 《辽史》卷 115,《西夏外纪》。
[5] 《西夏书事》卷 13。
[6] 《宋史》卷 485,《夏国传上》。

严刑拷打,直至犯人伏罪、定罪,才算结束审判的全过程。

仁孝时,随着封建生产关系的发展,针对国内政治、经济、军事发展的新情况,有必要对旧的法典重新进行增修,于是《天盛改旧新定律令》大型西夏法典应运而生。该法典是一部根据本国的国情,参照宋朝政书编修的西夏政治制度的法令的汇编。编撰该法典的目的是"为民取则,为世除恶"。[1]它是在前代和当代法典的基础之上修改增补而成的。"臣等(立法官)参照诸新旧律典,勘订〔这些典籍中〕种种不明、不妥、不适之处,造福民庶。"[2]该法典全书计 20 章,2600 多面(缺第十六章),1600 条。卷首列编纂者和汉文译者姓名,表明该法典是参考过宋代政书体例编修而成的。该法典对西夏人的生活作了全面的规定,对西夏国家机关作了相应的介绍。

《天盛改旧新定律令》颁行了一段时间之后,西夏政府又从实际出发,增补了一些新的内容,编成《新法》一书。

除了上述法典外,至神宗遵顼时,还编撰了《光定猪年新法》。

以上属于国家的根本大法。此外,还有针对性的制定了一些具体法令。如仁孝针对哆讹领导的起义,为了缓和阶级矛盾,曾制定过"赈济法"。针对巩固边防的需要,制定"戍边法"(从出土的《乾定二年黑水守将告近禀帖》可以看出)。以上编纂法令的情况表明,西夏统治者在注意文治(以儒治国)的同时,还非常重视法律的镇压,注重法治。从一个侧面证明了崇宗乾顺以来,推行的立国方针,是一条"尚文重法"的路线。

三、史学与地理学

西夏统治者对史学比较重视。尤其注重对西夏国史的编撰工作。从仁宗仁孝时开始,参照宋朝编修实录的办法,开始纂修国史。著名的番汉教授斡道冲,本是汉族,其先祖世居灵州,德明时迁居兴州,几代都掌管撰修西夏国史之职。公元 1161 年(夏天盛十三年),仁宗仁孝设立翰林学士院,以王金、焦景颜为学士,命王金为夏国历朝实录的总纂,负责修《李氏实录》。据明人钱谦益《牧斋有学

西夏木雕女伎像

[1] 李仲三汉译:《天盛年改旧新定律令》,第 1 页,宁夏人民出版社 1988 年出版。

[2] 李仲三汉译:《天盛年改旧新定律令》,第 1 页。

西夏文宿卫牌

集》记载:"庆阳李司寇家有西夏实录",其资料都来自西夏官修实录。公元1225年(夏乾定二年)南院宣徽使罗世昌罢官后,撰写《夏国世次》20卷。可惜这些史学著作均已散亡湮没。

在注重修史的同时,西夏统治者还重视对地图的绘制。公元1046年(夏天授礼法延祚九年),元昊派使臣杨守素带上表章和详细地图,向宋朝献出卧贵庞等九城砦,并以此换回越界至宋境内的400余党项人户。杨守素所献地图,其地名系用西夏语标注,其所献之地,在宋人看来,本属宋朝领地,西夏人绘制时仅在地图上改易蕃语名称而已。此外,黑水城出土的西夏文文献,还有关于西夏州城的记载。

在对本国地理重视的同时,对邻近王朝的地理也给予了应有的注意。仁孝时宣德郎李师白曾三次出使金朝,出使时对金国的山川形胜,民情风俗,细心观察,并作记录,回国后著《奉使日记》3卷,[1] 从而丰富了西夏对金国的地理学知识,但该书散佚未传。

四、医药学

西夏立国之前,在很长一段时间里,党项人生病无医药,往往求佑于神明。"有疾但占筮,令厮者送鬼,或迁他室,谓之'闪病'。"[2] 建国之后,随着社会生产的发展,人们的物质文化生活有了提高,广泛使用来自宋朝的中医、中药学。20世纪初,黑城出土的西夏文刊本中有《治疗恶疮要论》等医学著作。1971年,甘肃武威发现的西夏文写本药方残页,是治疗伤寒病的药方。所列药名有中药牛膝、莨菪子等数种。其煎法为"好好煮,频翻动"。其服法为"于空腹时,每次十粒,温水送下"。[3] 这种药方、煎法服法与传统的中医并无二致。据西夏法典《天盛改旧新定律令》记载,西夏设有"医人院",在政府机构中属"中等司"。[4] 据《番汉合时掌中珠·人事下》记载,西夏人因殴斗伤、残或致死引起诉讼时,要请"医人看验"作为分析案情的依据,表明西夏在崇宗乾顺时,可能已经有了法医。西夏《文海》"扎针灸"下注云:"此者病患处铁针穿刺使血出之谓。"[5] 表明西夏除了使用传统的中医中药治病外,还采用针刺

[1]《西夏书》卷37。

[2]《辽史》卷115,《西夏外纪》。

[3] 陈炳应:《西夏文物研究》,第310页。

[4]《天盛改旧新定律令》卷10,《司序行文门》。

[5] 史金波等著:《文海研究》,第523页。

治病之法。

西夏人所患的常见疾病,据《文海》记载,有痉挛、疝气、疹痘和癞疥。其中尤以癞疥为一种十分普遍而可怕的疾病。何谓癞、疥?西夏《文海》"癞"条释云:"此等癞疮也,人头牲等出癞也,人身上则为疥。"[1]

在病理学方面,西夏人主要有以下三个方面的认识。第一,由于血脉不通所致。如《文海》"脉阻"条释云:"此者疾也,患血脉不通之谓。"[2]第二,由于传染所引起。如恶疮就是由传染所致。《文海》"〔染〕传"条释云:"此者传染也,传病也,染恶疮等之谓。"[3]第三,认为"四大不和"所致。《文海》"病患"条释云:"此者患病也,……四大不和也。"[4]何谓"四大"?按照佛典的解释,人身由地、水、火、风合成。此四大如不调合,则生疾病。这表明,由于西夏佛教的盛行,佛典中的关于疾病的一些观点,已经渗透到西夏医学理论之中。

由于西夏的医药学知识主要来自宋金,因此,其医药水平不如宋金。一些疑难病症无法医治,只好求助于宋金。仁孝时,权臣任得敬患病,久治不愈。仁孝遣使至金"乞良医为得敬治疾,诏保全郎王师道佩银牌往焉"。[5]桓宗纯祐时,其母患病,纯祐遣使至金求医,金朝皇帝"诏太医判官时德元及王利贞往,仍赐御药"。[6]这说明西夏的医疗水平不如宋金。

西夏文宿卫牌

第六节　西夏文学艺术

一、文学

党项族早在吐蕃奴隶主王朝统治之时,曾用藏文记录过有关本民族古老的传说。在建立夏州地方政权之后,由于不断受到汉文化的影响,在文学方面,给我们留下了一些造诣较高,印象深刻的文学作品。这突出地表现在夏州地方政权的统治者给中原王朝用汉文书写的表章之上。如公元 955 年(宋至道元年)六月,李继迁为向宋朝索取夏州而写的表章,其中有云:

　　臣先世自唐初向化,永任边陲;迨僖庙勤

[1] 史金波等著:《文海研究》,第 505 页。

[2]《文海研究》,第 504 页。

[3]《文海研究》,第 511 页。

[4]《文海研究》,第 475 页。

[5]《金史》卷 134,《西夏传》。

[6]《金史》卷 134,《西夏传》。

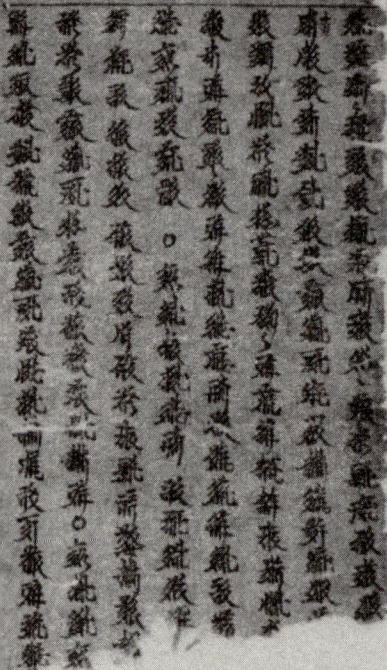

甘肃出土的西夏文《医方》

王,再忝国姓。历五代而恩荣勿替,入本朝而封爵有加。德并戴天,情深拱极。……臣虽拓跋小宗,身是苾臣后裔。十世之宥,义在襃忠;三代之仁,典昭继绝。聿维夏州荒土,羌户零星,在大宋为偏隅,于渺躬为世守。祖先灵爽,应恋首丘;明发私怀,敢忘宗土。恭惟皇帝陛下,垂天心之慈爱,舍兹弹丸;矜蓬梗之飘零,俾以主器。诚知小人无厌,难免僭越之求,伏祈圣主宽仁,远降哀全之诏,曲成靡既,再造莫酬,臣不胜惶悚恐惧。[1]

该表章层次分明,文字优美,逻辑清楚,将索取夏州之理讲得明白透彻。

元昊建国后,由于西夏统治者重视发展本民族的文化,同时注意尽量吸收周边各民族的优秀文化,尤其是汉文化,从而将西夏文学的水平大大提高一步。元昊称帝时给宋所上表章(详前),首先对其祖先歌功颂德,接着揭示其称帝建国的必然趋势,最后恳请仁宗予以册封,愿意同宋永远保持友好交往的睦邻关系。全文约380字,但却给人以气势磅礴,一气呵成,文字洗练优美之感。

崇宗乾顺、仁宗仁孝时,由于封建经济的发展,反映在文学上有了长足的进步。首先,文学的地位大大提高。公元1112年(夏贞观十二年),在遴选官员审查资格时,规定对于精通文学的知识分子,优先提拔为官;其次,这一时期不仅散文佳作增多,而且产生了一些优秀诗歌。公元1139年(大德五年)四月,大臣高守忠家生有灵芝,群臣认为是一种祥瑞征兆,上表向皇帝祝贺。"乾顺作《灵芝歌》,俾中书相王仁宗和之。"[2]并将歌词刻在石碑上以资纪念。《灵芝歌》的全文不见记载,1975年清理西夏陵区仁孝陵碑亭遗址时,发现《灵芝歌》的部分内容残碑。其中有"俟时效祉,择地腾芳","德施率土,赍及多方"[3]等语句。每句为4字,二句一韵,给人以文雅秀美的感觉。虽是歌功颂德的宫廷诗,但也反映了作为西夏最高统治者的文学功力。

除君臣互相酬和的宫廷诗外,还有大量老百姓创作的诗歌汇编成诗歌集。如《新集金粹掌置文》是长达千字的五言诗。由文学家梁德育汇集的《新集锦合辞》是一本

[1]《西夏书事》卷5。
[2]《宋史》卷486,《夏国传下》。
[3]李范文编译:《西夏陵墓出土残碑粹编》。

充满生活气息,富有哲理性内容的诗歌集。如"水珠不沾者体法,人身无祸者德忠。无德富贵天中云,非道贮财草头露"[1]。就是富有哲理性的诗句。在西夏诗歌集中,还有赞颂西夏祖先的《颂祖先诗》,颂扬造字师野利仁荣的《颂师书》,劝导容忍的宗教诗《忍教搜〔寻〕颂》和劝善性的诗文集《三世属明言集文》、《贤智集》,及记载狩猎情况的《月月乐诗》,赞美仁孝迁移太学校趾的《新修太学歌》,等等。

黑水城出土的西夏文《医方》

同时,西夏谚语也很有特色。如诗体类书《圣立义海》中的谚语有云:

> 聪明人珍视妇女品行,愚蠢人注意妇女容貌。占有牲畜不富,怀有智慧才富。

公元1176年梁德养编辑的《谚语》有云:

> 钟爱美观,不会雄强;严守礼节,不会英勇。
> 狼吃东西,留下余食;贼偷东西,留下痕迹。

这些谚语也与诗歌一样,往往富有哲理性。

二、音乐

党项羌人喜爱音乐,但他们使用的乐器比较简单,在很长一段时期内,他们仅有琵琶、箫笛等,而以击缶为节。在使用这些乐器时,他们最长于吹笛。他们所吹的笛叫羌笛,其音调悠扬婉转,久负盛名。唐宋之际,我国汉族诗人非常欣赏,经常在诗词中提到它。唐代诗人王之涣的乐府《出塞》有云:"羌笛何须怨杨柳,春风不度玉门关。"宋仁宗时,身任边防司令官的范仲淹所写的《渔家傲》,有"羌管悠悠霜满地,人不寐,将军白发征夫泪"。这些,说明扣人心弦的羌笛有着深远影响。

西夏音乐源远流长,它深受汉族音乐的影响。早在唐朝晚期,僖宗曾赐给党项首领拓跋思恭全套鼓吹,共有三驾,大驾用1530人,法驾781人,小驾816人,"俱以金钲(zhēng征)、节鼓、捆(gāng刚)鼓、大鼓、小鼓、铙鼓、羽葆、鼓中鸣、大横吹、小横吹、觱篥(觱音必bì)、桃皮、筚、笛为器"。[2]这里的"大驾","法驾",本是封建帝王享用的"乘舆"之制,作为夏州节度使也享用此制,而且乐队人数达到3000人以上,令人难以置信。但它反映了党项族此

[1] 转引自史金波著:《西夏文化》,第139页。
[2]《西夏书事》卷12。

时已经接受中原汉族音乐的影响，党项统治者从此有了自己的人数较多乐器较全的乐队。在唐朝音乐的影响下，党项族音乐历经五代至宋，相隔 100 多年，"其音节悠扬，声容清厉，犹有唐代遗风"。[1]李德明统治期间，随着党项人的汉化，在礼仪、官制、音乐方面，继续保持向中原王朝学习的劲头。"其礼文仪节，律度声音，无不遵依宋制。"[2]元昊建国之后，从西夏的实际出发，第一次对西夏音乐进行改革。元昊认为中原王朝的那套"音节悠扬，声容清厉"的比较繁复的音乐，已不适用于充满战斗精神的党项民族。他说：

> 王者制礼作乐，道在宜民。蕃俗以忠实为先，战斗为务，若唐宋之缛节繁音，吾无取焉。[3]

从这一观点出发，他下令"裁礼之九拜为三拜，革乐之五音为一音。令于国中有不遵者，族"。[4]

西夏音乐经过元昊更张之后，早已不是唐末的遗音。但任何文化都是一定观念形态的反映，作为上层建筑之一的文化，必须适应当时的经济基础，音乐当然也不能例外。随着西夏封建经济的发展，党项族汉化的加深，西夏音乐到仁宗仁孝期间，再一次发生了变革。公元 1148 年（夏人庆五年），仁孝命乐官李元儒采用中原汉族乐书，参照本国制度，修定乐律，"历三年始成，赐名新律"[5]。李元儒等也因此升官。经过这次改革，西夏音乐由于吸收了较多的汉族音乐的养料，从形式到内容更加丰富了。[6]

西夏音乐不仅深受汉族的影响，而且不少汉化较深的党项羌人，还能直接唱汉族歌曲。北宋著名的政治家和科学家沈括任职鄜延时，曾作过几十首"凯歌"，令他的士兵歌唱，其中一曲云：

> 天威卷地过黄河，万里羌人尽汉歌。
> 莫堰横山倒流水，从教西去作恩波。[7]

这里的羌人，指宋夏沿边的党项羌等少数民族。不仅宋夏沿边的党项羌人能唱汉族歌曲，而且在西夏境内的党项羌人，也大都能唱汉族歌曲。尤其是对北宋中期的著名文学家柳永所作的词，几乎家喻户晓，人人爱唱。所谓"凡有井水处，即能歌柳词"，[8]说明汉族诗词和歌曲在西夏流传甚广。

[1]《西夏书事》卷 12。

[2]《西夏书事》卷 12。

[3]《西夏书事》卷 12。

[4]《西夏书事》卷 12。

[5]《西夏书事》卷 36。

[6]《宋史·夏国传》载："增修律成，赐名'鼎新'。"对此，有两种理解，一种认为《夏国传》所说的"新律"是指仁孝天盛年间改旧新定律令，即《西夏法典》。因为这里的律是单用，是法律，而乐律是不能单用的。因此，吴广成《西夏书事》的理解是错误的；另一种认为吴氏的看法没有错。因为第一，律字在古代汉语中，除了法律、戒律……等诸多含义外，还有另一个重要的意思是定音器；第二，吴氏的记载具体明确，有根有据；第三，在时间上不一致。仁孝制定"新律"，在南宋绍兴十八年，即西夏人庆五年五月，而《西夏法典》的制定为天盛元年至二十一年之间，在绍兴十八年之后（孙星群：《西夏辽金音乐史稿》，中国青年出版社 1998 年版，第 156—158 页）。两相比较，此处采用吴广成的说法。

[7]《梦溪笔谈》卷 5，《乐律一》。

[8]叶梦得：《石林避暑录话》卷 3。

西夏统治者为了发展音乐，还设有专门管理音乐的机构——"蕃汉乐人院"，属"末等司"。[1]该机构的设立，表明在西夏存在着两种音乐，即蕃乐与汉乐并存。自立国后，经过100多年发展的西夏音乐，其乐器种类很多，据《番汉合时掌中珠·人事下》的记载有三弦、六弦、琵琶、琴、筝、箜篌、管、笛、箫、笙、竽篥、七星、大鼓、丈鼓、拍板，等等。表明蕃汉乐人所用乐器，已经相当齐全了。

由于西夏音乐吸收汉、吐蕃、回鹘等众多民族音乐之长，逐渐形成自己的特色，因此，深得本民族及汉族人民，尤其是宋夏统治者的喜爱。如元昊妃子索氏，趁元昊外出打仗，"日调音乐"。[2]秉常"招诱汉界娼妇乐人"。[3]公元1083年（宋元丰六年），宋神宗召宋夏边境投降的蕃乐人42人，"奏乐于崇政殿"。[4]表明具有自己民族特色的西夏音乐，作为文化交流的内容，反过来给予宋朝以影响。

西夏音乐不仅影响四周邻国，而且对元代音乐的发展，起了一定的推动促进作用。蒙古灭夏后，西夏音乐经过高智耀的推荐，为元朝所采用。元朝统治者在其政府机构中设有昭和署（后改名为乐府署）管理河西（即西夏）乐人，表明元朝统治者对西夏音乐的重视。

敦煌莫高窟彩绘泥塑菩萨和弟子

三、绘画与书法

西夏绘画大体上可分为壁画、木板画和岩画等。所谓壁画，指的是敦煌莫高窟和安西榆林窟，玉门的昌马石窟，酒泉的文殊山石窟，张掖的马蹄寺石窟，银川的须弥山圆光寺石窟，内蒙古的百眼窑石窟中的壁画。在这些石窟的壁画中，保存得最集中和全面反映西夏早、中、晚期壁画特点的则是莫高窟和榆林窟。

莫高窟的西夏壁画以西夏早、中期最多。其画法继承五代、宋初的壁画传统，人物很少创新，但花饰图案却相当精美。如莫高窟301窟顶部的团龙藻井（窟顶装饰图案），中央为团曲龙形，四角配以朵云，构图立意新颖。此外，如保相花图案、交技卷草图案都堪称精美。至于有一种波状卷云纹边饰（以一条波浪式的藤蔓为主干，两侧派生出像忍冬草形的卷云纹），因为构图简单朴素，成为西夏广为流行的装饰图案。

[1]《天盛改旧新定律令》卷10，《司序行文门》。
[2]《长编》卷162，庆历八年正月。
[3]《长编》卷312，元丰四年四月庚辰。
[4]《宋会要辑稿·职官》22之33。

宁夏宏佛塔出土的木雕
菩萨像

莫高窟的人物壁画,数量较多,其中比较有特点的是409窟东壁的王者供养像。该像身高167厘米,头顶高冠,身着龙袍,腰束玉带,手持长柄香炉。前立一童子,高70厘米,服饰华丽,当为王者眷属。男像后有侍从7人,其身材大约只有王者的一半。作者试图以身材的大小来表现人物的尊卑贵贱的差别,但这种画法却违反了现实生活,充其量只不过是一幅迎合封建统治阶级意识的人物画。

与莫高窟的人物画相反,榆林窟的人物画精品较多。如第二窟的壁画《水月观音》构思巧妙,造型杰出,画技精湛,为世人所倾倒。该画继承了中原的传统画法,它将人、神融为一体,将山水和人物有机地结合,运用勾描皴擦、点染等技法,使画面达到了很高的意境。

除《水月观音》为世人交口称赞之外,榆林窟第三窟的《千手千眼观音像》也很有特色。它反映了西夏的现实生活。在观音像的法光中左右对称地画有《打铁图》、《犁耕图》、《踏碓图》、《酿酒图》。此外,还绘有锹、镐、锄、犁、耙、斧、锯、锛、剪尺、规等农业手工业生产工具。这些画给我们再现了西夏社会农业、手工业生产的较多场景,从而为我们今天研究西夏的经济提供了极为珍贵的形象资料。

榆林窟内的西夏供养人像,也有其特色。如第29窟西壁画有供养人群像。其壁画南侧和北侧各有男女供养人像两列,窟主和他的眷属都以西夏文题记标明官职、姓名、身份。从供养人的长像及其所穿衣服和冠履,可知当时西夏人的长相和衣着,同时可以与有关史料相印证。如所画供养人面部丰满而微长,鼻梁较高,身材高大,则与《宋史·夏国传》所载西夏人面部特征"圆面高准"完全吻合。至于西夏文题记,则为我们提供了党项姓氏及西夏官制等方面的历史资料。

总之,西夏壁画既继承了中原绘画传统,又吸收了高昌回鹘的画法,同时还接受了吐蕃佛教密宗绘画的影响,加以融会贯通,从而在构图、造型、线条、敷彩等方面,形成了本民族特色的绘画风格。正如谢稚柳所指出:"妙能自创,俨然成一家。"[1]

[1] 谢稚柳:《敦煌艺术叙录》。

西夏木版画,在科兹洛夫和斯坦因盗走的西夏文献中,保存了一些木刻板佛画,其中以佛、菩画像较多。此外,在甘肃武威西郊的西夏墓里发现了29块木板画,其板画内容有重甲武士、男女侍从、牵马人以及家禽、家畜等。这些木板画构图简练,线条流畅,不同人物具有不同的神态,充满着浓厚的生活气息,表现了画家的深厚功力。

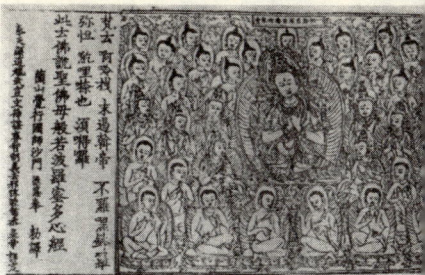

黑水城出土的汉文《佛说圣佛母般若波罗密多心经》版画

岩画分布于当时西夏的东部,即今鄂尔多斯草原以北的那仁乌拉山中。该地有许多岩画,其中有些属于西夏时期。岩画的内容有羊、马、太阳、磨盘和骑者等。岩画画风朴实、粗犷,构图简单,可能为受汉文化影响较深的西夏牧民所作。此外,在银川西面的贺兰山中也发现了岩画数处,有的画面与带有佛教内容的西夏文字相毗邻。西夏岩画虽然是一种比较原始的绘画,但它从一个侧面反映了比较落后的处于社会低层的西夏牧民的精神文化生活,是一种活的原始民族文化遗存,是西夏绘画的不可缺少的重要组成部分。

西夏书法可谓字体秀美,书法精湛。由于西夏文字与汉文文字性质近似,因此,其书写方法如执笔、用笔、点划、结构、分布等与汉字大体相同。

如同汉字书法一样,西夏书法,也分为楷书、行书、草书、篆书等种类。但以楷书、行书最多。西夏楷书如柏林图书馆藏《妙法莲花经》字体俏劲有力,气韵隽秀,刚柔相济,堪称西夏书法精品。列宁格勒所藏《佛说宝雨经》,墨书小楷,书法婉丽遒逸,工整秀美。行书在日常应用文字和部分佛经中使用较多,其特点是书写随意自然。

草书也广为流行,其代表作有《孝经》,其字划简约流畅,结构均匀自然。篆书,如西夏陵园的寿陵碑额,所刻之字笔划匀称畅达,结构严谨整齐,字形方正典雅,类似汉文小篆。至于西夏官印用的篆字,笔划屈曲折叠,填满印面,疏密得中,变化较多,庄重美观,类似汉文九叠篆文。

书写工具,在武威小西沟岘山洞中曾发现两支竹笔。如写本《孟子》字体粗黑整齐,刚健有力,显然是用这种竹笔书写的。

西夏工书法者不乏高水平者。如仁孝时出使金朝的

黑水城出土的西夏文写本《佛说宝雨经卷第十》版画

武功大夫刘志直，"官翰林学士，工书法"，就是其中之一。其写字的笔为黄羊尾毫制成。"西北有黄羊，志直取其尾为笔，国中效之，遂以为法。"[1]

四、雕塑与铸造

西夏雕塑品种颇多，内容丰富。计有石雕、木雕和竹雕，并有许多精品。

西夏陵园出土了大量的石雕。其中尤以雕龙栏柱为上乘之作。该浮雕以二龙戏珠为题材，凸雕出两条龙在云雾中翻腾戏珠的生动形象。该浮雕图案，布局匀称，结构严谨，造型美观，显示了作者高超的雕刻技巧。陵园中出土的大石马，长130厘米，重350公斤。通体圆雕，其比例适宜，刀法细腻，是石雕中的代表作。园陵中出土的石雕人头像，脸形方长，高鼻深目，颧骨较大，留八字须，面带微笑，栩栩如生，是西夏雕刻艺术的精品。此外，西夏陵园出土的五座人像石碑座，其雕像以夸张的手法，表现了负重者的神态。从而反映了西夏下层劳动人民不堪压迫和奴役的艰难处境。但这些负重者并非是奴隶，而是西夏负担各种沉重劳役的"正面母亲的形象"。该形象"不乏英武之气和女性的健朗之美"。[2]

内蒙古自治区额济纳旗古庙遗址出土的木雕菩萨像，端庄安详，神态怡然，端坐于佛龛之内，其左有宝瓶，右有顽童，嬉戏自乐，富有生气。武威西郊林场出土的木缘塔，共四个，其中一塔由座、身、顶、刹四部组成，呈八角形。各部均由小木板雕凿卯榫相接合。制作精巧，造型稳重。

西夏陵区出土的长方形竹雕，在长7厘米，宽不足3厘米的竹子内，却雕刻有人物、庭院、假山、花树，等等，雕刻精细，形象生动。

至于泥塑，在西夏寺庙里，几乎到处都有，十分普遍。莫高窟941窟佛座南侧的西夏供养天女的彩塑一铺，雕出了一个额宽腮小，高鼻梁，面带美丽微笑的少女形象。内蒙古自治区黑水城遗址附近的一所古庙里出土的25尊彩塑像，包括佛像、菩萨像、男女供养人像、力士像、化生童子像，等等，运用了写实与艺术夸张相结合的手法，着

---

[1]《西夏书事》卷37。

[2] 柯文辉：《西北石刻之王》，载《工商时报》1990年4月25日《华夏之美》专栏。

力表现了现实生活中的人物。所塑各种人物姿态各异，真实自然，活灵活现，具有浓厚的生活气息。这彩塑因其成就很好，堪称西夏彩塑艺术中的上乘之作。

西夏铸造作品中的精品，首推西夏陵园 101 号墓出土的，现陈列于宁夏博物馆中的鎏金大铜牛。该铜牛为蹲卧式，长 120 厘米，重 188 公斤，模制浇铸成型，腹内空心，外表鎏金，造型生动，形象逼真。这种集美术、模型、浇铸、鎏金等多种技艺于一身的大型金属铸造，显示了西夏高超的艺术水准。

西夏统治者在中央十六司中设有"文思院"，专门掌管制造统治阶级享用的各种工艺品，表明西夏统治者对工艺制造业的高度重视。虽然设该机构的目的是为皇室统治者奢侈生活服务，但在组织上加强了工艺制造的管理，对工艺制造业的发展起了一定的促进作用。中国历史博物馆和西安市文物管理处所藏的两盒铜符牌，为青铜所铸，圆形，牌身直径为 15 厘米和 14.7 厘米。符牌上刻有西夏文"敕"字及"敕然马牌"四字。铸作细腻平滑，线条刻画流畅，属于铜铸中的精品。

内蒙古临河县西夏城址出土了一批金器，其中莲花盏托 1 件，金佛 1 件，金碗 2 件，以及双鱼柱形作柄的指剔、雕刻人物、花朵耳饰等，制作精巧，刻工精细，表现了西夏金器制造工艺的高超水平。

内蒙古黑城出土的泥塑菩萨像

第七节　西夏的社会生活

一、尚武与复仇

作为西夏国家的主体民族党项族，是一个勇敢、剽悍，"俗尚武"[1] 的民族。唐僖宗时，发生了黄巢大起义，党项首领拓跋思恭率兵助唐，攻打义军。义军将领朱温、尚让率众涉过渭水，思恭命弟思忠还击，两军战于渭桥（今陕西省长安县东北），桥面上有铁鹤，"思忠射之没羽，贼骇走"，[2] 即整只箭完全射入铁鹤的身体之中，义军见之竟惊骇而走。这一记载，未免有些夸张，但也反映了党项人的善射和思忠的膂力过人。夏州政权的重建者李继迁，是一位

[1]《旧唐书》卷 198，《党项传》。
[2]《西夏书事》卷 2。

青铜峡出土的砖雕佛像

"勇悍有智谋"[1]的首领。一次，他率领十余骑出猎，途中遇一猛虎，他让随从躲入树林中，只身张弓引箭，一发射中虎眼，由是番部畏服。西夏开国之君元昊，不仅在立国方针问题上，主张"尚武重法"，而且是一位"遇战斗勇谋为诸将先"的率兵作战的首领。他每次出兵前，都要率部落酋长狩猎，并征求他们对作战方略的意见。由于他有勇有谋，因此，在对宋对辽战争中，总是大获全胜。"元昊结发用兵，凡二十年，无能折其强者。"[2]不仅西夏的一些有为之君，有勇有谋，而且有些母后，也能征惯战，不让须眉男子。毅宗谅祚之母没藏后，曾多次指挥对宋作战。崇宗乾顺之母梁太后，更是多次挂帅，率兵入寇宋朝边境。公元1098年(夏永安元年)十月，梁太后鉴于宋朝在边境连筑城堡，决定亲自率军40万进攻宋平夏城(今宁夏回族自治区固原县北)，连营百里，使用高车"对垒"攻城，"飞石激火，昼夜不息"，[3]士卒死伤惨重，总共打了13天攻坚战，未能攻下，最后粮尽退兵。

党项人的尚武之风，连同他们的诚恳、朴质、团结互助的美德一直保持到西夏灭亡以后。元末党项人余阙在其《送归彦温赴河西廉访使序》一文中指出：

> 予家合肥，合肥之戍，一军皆夏人。人面多黧黑，善骑射，有身长八九尺者。其性大抵质直而上义，虽异姓如亲姻。凡有所得，虽箪食豆羹不以自私，必招其朋友。朋友之间有无相共，有余即以予人；无即以取诸人，亦少以属意。[4]

这种民风和美德，是维持党项民族团结的极其重要的因素。

党项人之所以具有尚武精神并非偶然，而是与党项人生活条件有着直接的关系。作为西夏的主体民族党项族，自远古以来生息在辽阔的青藏高原上。由于这一带地势险峻，气候多变，霜雪期长，属于高寒地带，恶劣的地理环境，使党项人锻炼成为习劳耐苦，健壮勇敢，"能寒暑饥渴，长于骑射"，[5]富于战斗精神的民族。西夏立国之后，由于西夏同其邻国关系紧张，民族矛盾经常处于主导地位。加之统治者为了同宋辽争霸，需要以武立国，因此，党项人以"忠实为先，战斗为务"的强悍民风，得以延续下去，

[1]《长编》卷25，雍熙元年九月。
[2]《宋史》卷486，《夏国传下》。
[3]《西夏书事》卷30。
[4]《青阳先生文集》卷4，《送归彦温赴河西廉访使序》。
[5]曾巩：《隆平集》卷20。

并成为西夏立国长久的因素之一。金臣斡特剌云："西夏崇尚旧俗,故能保国数百年。"[1] 所谓崇尚旧俗,就是崇尚党项族"自为儿童则习骑射"[2] 的尚武风习。崇尚这种旧俗,虽然是为了适应党项部落的保守心理和习惯,以争取他们的支持,但在客观上却多少起了延缓西夏寿命的作用。

甘肃武威出土的金链

崇尚复仇,是党项人的又一传统习俗。这种习俗比较普遍,是羌系民族的共同风俗。西夏谚语有云:"吃十袋美果也得报仇,有十个女儿不算有后。"[3] 史载:

〔党项〕尤重复仇,若仇人未得,必蓬头垢面,跣足蔬食,要斩仇人而后复常。[4]

当然,不是任何时候都能复仇,如仇家有凶丧则不可复仇。如果仇家的力量大于自己,那么,就动员妇女去烧毁仇家庐舍,仇家因"敌女兵不祥",自然要"退避三舍",任其烧毁房屋。如果双方愿意和解,可用鸡、猪、犬血和酒装入髑髅之中痛饮。并发誓道:"若复报仇,则谷麦不收,男女秃癞,六畜死,蛇入帐。"[5] 另外,党项人在战争中如果战败,那么,3 天之后,再到其战败地点"捉人马射之,号曰'杀鬼招魂'"。[6] 或者埋草人于地下,众人放箭射之而还。

二、饮食与健康

党项人的饮食,内迁之前由于不知稼穑,养牛、羊、猪以供其食。内迁后,由于学会了农耕,在唐王朝发给他们的"空闲田地"[7] 上耕作,其作物有麦、黍、芹、稗、秫、粳、麻、豌豆、黑豆、荜豆等,以及萝卜、蔓菁、蕨菜等蔬菜及果品。由于技术落后,产量很低,故其军队只能吃杂粮,老百姓则以野菜为其主食(具体野菜名目详前)。建国后,随着农业的发展,其食物种类较杂,除了食用麦面、荞麦、豆类外,也食白米、炒米、蒸米等等。其烹饪方式,计有烧烤、搅拌、煮熬、炒等。其调味品有盐、油、椒、葱、蜜等。其饮料主要有奶酪和茶。茶在党项人的饮食中有着特殊的重要性,因为食肉须用茶来帮助消化。"茶之为物,西戎、吐蕃今毕仰之,以其肉之食,非茶不消,其青稞之熟,非茶不鲜,故不能不赖于此。"[8] 但西夏不产茶,完全依赖宋朝供应。此外,西夏也酿酒和制醋,供军民食用。

[1] 《西夏书事》卷 20。

[2] 司马光:《温国文正公文集》卷 38,《横山疏》。

[3] 霍升平、杨秀琴译:《西夏箴言集锦》"十六字箴言",载《民族艺林》1988 年第 1 期。

[4] 《旧唐书》卷 198,《党项传》。

[5] 《辽史》卷 115,《西夏外纪》。

[6] 《宋史》卷 486,《夏国传下》。

[7] 《唐大诏令集》卷 130,《洗雪平夏党项德音》。

[8] 顾炎武:《天下郡国利病书》卷 65,《王延相严茶议》。

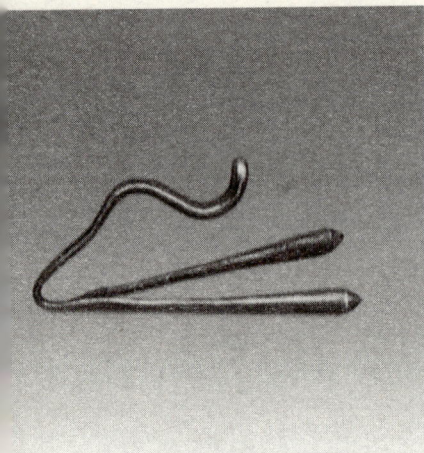

宁夏灵武石坝出土的发钗饰

由于党项人自幼"骑马射箭",在艰苦的环境中得到锻炼,加上为人坦诚,能团结互助,乐于助人,心态较好,因此其体格健壮结实,并以长寿著称于史籍。"弥药勇健走"[1]是对党项人身体健壮结实的写照。"人年八十以上死者,以为令终,亲戚不哭,少而死者则云夭枉,共悲哭之。"[2]"人寿多过百岁",[3]"人寿百岁,七十者稀"。[4]则是说党项人的寿命,同其他民族比较,是相对要长的。

三、姓氏与发式

黑城出土的西夏文和汉文本两种"杂字"里,都列有蕃姓和汉姓,而《文海》和《文海杂类》中,也多处提及蕃姓和汉姓。此外,西夏文书籍、文契、碑刻、印章中,则有相当数量的蕃汉姓氏。这里的"蕃姓"即党项姓氏。其汉文本《杂字》保留的汉姓138个,列有党项姓氏60个,而西夏文本《杂字》列党项姓氏244个,是汉文本《杂字》所收姓氏的6倍多,这说明西夏境内生活的党项人比汉人多。

作为主体民族的党项姓氏,大多为双音节,即两字一姓。如嵬名、野利、没啰、没藏等等。其具体构成情况,有以身体部位为姓。如读音为"〔令合〕不"的姓,意为"大项",即"大脖子";有以动物名称为姓。如读音为"能儿"的姓,意为"沙狐儿";有的姓与植物有关,如读音为"则磨"的姓,意为"茶尖";有以"讹"为第一音节,加上汉语数词为第二音节组成双音节的姓,如"讹一"……"讹八"等;有和地支连在一起的姓。如"耶巳"、"耶午"等;有复姓,计两种:一为蕃复姓。如"嵬名那征乐","息王那征宝"等;二为汉姓与党项姓相重叠的复姓。如"张讹三茂"、"吴嵬名山"等。[5]

党项人的姓氏构成有着较深的文化内涵。如以动植物为姓,反映其对图腾崇拜的残留。将姓氏同一些数字排列为姓,明显来源于原始人类对数字的认识和理解。至于以汉姓与党项姓相重叠组成的复姓,反映了西夏境内蕃汉互婚,民族间存在着自然同化的蛛丝马迹。

西夏党项族各部存在着不少大姓。除了显赫的皇族姓嵬名外,还有一些常见的大姓。如野利、没藏、没啰、芭里、骨勒、骨匹、乃令、如定、西壁、西五、都罗、兀啰、令介、

[1]《新集金粹掌置文》。
[2]《隋书》卷83,《党项传》。
[3]《新唐书》卷221,《党项传》。
[4]骨勒茂才著,黄振华等整理:《番汉合时掌中珠》,第71页。
[5]史金波:《西夏文化》,第185、186页。

北却、讹六、讹力、酪布、平尚、千玉、播盃、卫幕、嵬立、嵬迎、嵬㖿、〔嗼合〕讹、〔嗼则〕布、讹命、讹、罔等等。这些大姓,在番汉联合统治中,拥有较大的势力,起着举足轻重的主导作用。

至于汉族姓氏,在文献中常见的有赵、李、梁、王、任、曹、刘、韩、张、杨、苏、罗、贺、高、薛、潘、米、白、宋、吴、焦、田、邹、马、郝、索、陈,等等。[1]而且其人名多为上层统治者。同党项大姓比较,其数量明显要少。

关于西夏发式,元昊建国时,曾下"秃发令",规定西夏男子三日内一律秃发,否则,严惩不贷。于是"民争秃其发,耳垂重环"。[2]如何秃发?即剃去顶发而留周边头发,两鬓两绺头发垂耳前,余发披肩或分为两束垂肩上。这从榆林窟29窟的壁画及西夏文《观音经》等版画中的人物形象得到佐证。

西夏男子,除秃发外,还有辫发和披发。如黑城出土的两幅唐卡火星神像与摩利支图像左下角一男供养人,即为辫发(两绺鬓发垂耳前,余发结辫垂后),而武威西夏火葬墓出土木版画中的驭马图,其驭马人披着短发,两鬓头发状如飞鸟。

西夏女子,大多梳高髻,戴各种冠饰。如瓜州榆林窟29窟南壁两侧上层的女供养人像,头戴莲蕾形冠。冠似分四瓣,沿边有金饰,冠侧有饰物。其头发除梳高髻,用莲蕾形头饰网住固定外,余发有的挽髻垂背,有的垂肩,大都戴耳环和耳坠。

西夏平民女子及侍女,也大都梳高髻,但髻上无饰物。如黑水城出土绘有摩利支唐卡右下角一妇人,及武威西夏火葬墓出土的五侍女木版画上的前四名,均为此发式。

西夏女子的冠饰与发式,明显受唐宋的影响。如《观音经》插图中的几个女子及榆林窟酿酒图中的两女子,其冠饰与发式都与唐宋女子无异。[3]

四、居所与服饰

党项族的居室,随着其社会生产的发展而演变着。在党项族迁入西北之前,其居室为了适应其游牧生活的需

甘肃武威出土的西夏木桌

[1] 史金波:《西夏文化》,第187页。

[2]《西夏书事》卷11。

[3] 徐庄:《丰富多彩的西夏服饰》,载《宁夏画报》1997年3—5期。

拜寺口双塔出土的彩绘木桌

要，构造比较简单。建室的主要材料来源于牦牛毛和羊毛，而且每隔一段时间就得更换。"俗皆土著，居有栋宇，其屋织牦牛尾及羊毛覆之，每年一易。"[1] 这种居室实际上是用毛毡覆盖着的木支架帐篷。因此，当时人们在统计党项人户时，往往以族帐为单位。这种帐篷游牧流动时，便于搬迁，定居时也可改为"栋宇"。这种"栋宇"的内部情况如何呢? 史载:

> 西戎(指西夏)之俗，所居正寝，常留中一间，以奉鬼神，不敢居之，谓之"神明"，主人乃坐其旁。[2]

说明栋宇之内，有三间屋并列，中间为供神明之用，左右两间才是人居住的地方。

党项族迁居西北后，随着农业的出现与发展，一部分党项人开始过定居生活。因此，党项人的居室，除毡帐外，新增了土屋和瓦屋。"民居皆土屋，有官爵者，始得覆之以瓦。"[3] 西夏各族所居土屋，还可以从已发掘的遗址得到印证。1964 及 1965 年，在宁夏回族自治区石嘴山市庙台公社南约一公里处，发掘的西夏德明时所建的省嵬城遗址，"除南城门址发现少量的砖、瓦等建筑材料外，遗址中未见砖瓦"[4]，表明城内居民的住房绝大部分为土屋。

至于砖瓦建造的房屋，非一般老百姓所能建造，而且数量较少，这里就不一一叙述了。

由于党项人从事畜牧业，因此，其衣着多为皮毛制品。他们头戴毡帽，身穿毛织布衣或皮衣，足穿皮靴，腰间束带，上挂小刀、小火刀等物。他们所穿的毛皮制成品，《蕃汉合时掌中珠》有明确的记载。如上身穿的计有皮袭、短鞠、长鞠、褐衫，等等。

"衣皮毛"，虽是党项族的传统服装，但这仅限于党项一般牧民，至于统治阶级，由于受中原汉族穿着的影响，早已穿起轻软华丽锦绮服装了。这种锦绮服装的来源，一是来自宋朝的"岁赐"。宋朝为了满足西夏统治者的需要，每年都要派专人"押时服赐夏国"。如公元 1078 年(宋元丰元年)十月，神宗命"阁门祗候赵勘押赐仲冬时服至，秉常以番书附之入谢"。[5] 二是通过榷场和市贸易得来。通过贸易获得锦、绮、绫罗之类的丝织品，然后加工成华丽的

[1] 《旧唐书》卷 198，《党项传》
[2] 《梦溪笔谈》卷 18，《技艺》。
[3] 《隆平集》卷 20。
[4] 宁夏回族自治区展览馆：《宁夏石嘴山市西夏城址试掘》，载《考古》1981 年第 1 期。
[5] 《西夏书事》卷 24。

服装。

但统治阶级的服饰并非一成不变,元昊建国时,为了在穿着上同宋有别,突出本民族的特点,对文武官员及老百姓的服饰做了如下具体规定:

> 文资则幞头、靴笏、紫衣、绯衣;武职则冠金帖起云镂冠、银帖间金镂冠、黑漆冠,衣紫旋襕,金涂银束带,垂蹀躞,佩解结锥、短刀、弓矢韣,马乘鲵皮鞍,垂红缨,打跨钹拂。便服则紫皂地绣盘毬子花旋襕,束带。民庶青绿,以别贵贱。[1]

这表明西夏文官服饰因袭唐宋,武职装束与唐宋有所不同。同时还注意"以衣冠彩色别士庶贵贱"。[2] 其所以如此,是由于西夏是封建性质的国家,国内阶级矛盾尖锐,等级森严。为了维护封建统治秩序,需要从各方面(包括服饰)去区别尊卑贵贱的。

元昊以后由于存在着"汉礼"和"蕃礼"的变化,因此,西夏人的服饰也相应地起着某些变化。如毅宗谅祚改用"汉礼",经宋同意,西夏改用汉族衣冠。惠宗秉常时,母党梁氏专权,下令废汉礼,复蕃礼,其服饰当然也要相应起些变化。

同时,西夏服饰除了同一时期的服饰有所变化外,各族之间服饰有别,一个民族的各阶层服饰有别,男女老幼的服饰有别,各行各业的服饰有别,一年四季的服饰有别。据《蕃汉合时掌中珠·人事下》记载,除了有许多不同种类的毛皮服装外,还有袄子、襂襕、袜肚、汗衫、布衫、衬衣、裙、裤、袽、腰绳、背心、领襟、鞋、韈、冠冕、凉笠、暖帽、耳环、绵帽、耳坠、腕钏、冠子、钗锦,等等。而夏文《杂字》则记载了男服 26 种,女服 19 种。总之,西夏服饰多种多样,丰富多彩,既受汉族和吐蕃等族服饰的影响,又有自己的民族特色。我们应当将它作为文化的重要组成部分进行具体而深入的研究。

五、婚姻与丧葬

党项族的婚姻有一个历史发展的过程。隋唐之际,由于党项处于原始社会末期阶段,因此,党项人明显保存着原始群婚的习俗。史载:

拜寺口双塔出土的彩绘木椅

[1]《宋史》卷 485,《夏国传上》。

[2] 陈邦瞻:《宋史纪事本末》卷 30,《元昊拒命》。

妻其庶母及伯叔母、嫂、子弟之妇，淫秽蒸
褻，诸夷中最为甚，然不婚同姓。[1]

这种婚姻风俗，不仅限于党项族，很多民族都有。这是一种原始的婚姻习俗。

党项人自定居西北，尤其在建立夏州地方割据政权之后，随着社会生产的发展，其婚姻盛行明媒正娶之制。《番汉合时掌中珠·人事下》云：

男女长大，遣⬚⬚⬚，诸处为婚，索与妻眷，
……嫁与他人。送与沆房，亲家翁⬚，并诸亲戚，
尽皆聚集。儿女了⬚，方得心定。

武威出土的《杂字》中则有"送女索妇，来到家中"之语。表明党项族进入封建社会后，也与汉人一样实行明媒正娶。

党项平民百姓，盛行一夫一妻制，至于有钱之家，尤其是皇室贵族，则为一夫多妻制。如李继迁连娶豪族之女为妻，李德明三娶，元昊七娶。乾顺的庶弟晋王察哥，"年已七十余，犹姬妾充斥下陈"。[2]这与中原王朝的皇室贵族大臣妻妾成群并无二致。西夏有钱之家，一般要娶多少妻妾？他们在家庭中的地位如何？意大利人马可波罗在叙述甘州的婚俗时指出：

一般人可以娶二、三房妻室，甚至还有更多
的。但有些人却比较少，完全根据男人维持妻妾
的能力大小而定。因为他们的妻子不但没有丰
厚的嫁妆，相反，还要分享丈夫的牲畜、奴婢和
金钱。结发妻子在家庭中享有比较优越的地位。
丈夫如果发现妻子有不贞或其他不法行为，或
自己感到厌恶时，可以随时休弃她们。[3]

这表明西夏有钱人家娶妻妾的数字视财力而定。所娶妻妾，第一位比较尊贵，其余处于无权的任人摆布的地位。马可波罗的上述记载，应为西夏末期的情况。

西夏婚姻一方面因受汉族的影响，盛行明媒正娶之外，另方面还实行本民族比较自由的婚俗。"凡育女稍长，靡由媒妁，暗有期会，家不之问。"[4]男女双方自由相爱到感情极深的时候，往往发生情殉之事。如何进行情殉呢？男女手牵着手，一口气跑到深山穷谷无人之处，"并首而卧，绅带置头，各悉力紧之，倏忽双毙"。[5]双方亲属找到尸

甘肃武威出土的西夏木椅

[1]《旧唐书》卷198，《党项传》。
[2]《西夏书事》卷36。
[3] 陈开俊等译：《马可波罗游记》第44章，《甘州城婚姻的风俗》。
[4] 张鉴：《西夏纪事本末》卷10，《元昊僭逆》。
[5]《西夏纪事本末》卷10，《元昊僭逆》。

首后,并不痛哭流涕,而是用彩色丝绸包裹其身,外面裹上一层毡,用羊绳捆好,然后选择一个峻岭,在上面搭一个一丈长的木头架,将尸体安放在架上,宰牛致祭,双方族人在木架下"击鼓饮酒,尽日而散"。[1]西夏男女追求性爱自由,甚至不惜情殉,还可以从西夏谚语得到印证。其谚语云:"同日死,命不惜,同睡寝,仍照旧。"[2]这种奇特的风俗说明什么呢?它反映西夏在男女关系上并不像汉族那样重视封建礼教。其婚姻性爱,同汉族相比还是自由的。

回民巷窟出土的喇叭座炉

党项羌人死后采用火葬,源远流长。如唐时党项羌人"死则焚尸,名为火葬"。[3]火葬后似乎还要建坟,如西夏文宫廷颂师云:"弥药(指党项人)祖坟白河上。"表明西夏祖先死后建坟。以上两条史料反映党项族在其未内迁之前,即游牧于四川、甘肃、青海之时的葬俗是既焚尸又建坟墓。

党项人内迁之后,继续实行焚尸,然后将骨灰埋于山洞或石穴之中。如公元1003年(宋咸平六年)李继迁"寻其祖于红石峡,障水别流,凿石为穴,既葬,引水其上,后人莫知其处"。[4]同时,似乎已经出现土葬。公元1004年(宋咸平七年),继迁死,子德明嗣位于枢前,后来又将其父用土埋葬于贺兰山西南麓。

西夏建国以后,党项羌的火葬传统继续被保留下来。但此时的火葬习俗已与佛教的火化融合为一,构成了一种礼仪繁缛和铺张浪费的新火葬形式。马可波罗在其游记中记载西夏沙州(今敦煌)一带信仰佛教的居民进行火葬时指出:

> 葬礼一般在城外举行,实行火葬。灵柩送出城外时,在必经之路,每隔一段距离,必须建造一种独木的棚屋,装饰彩绸,作为临时停枢的地方。每逢灵柩停下时,不管时间长短,都必须摆上酒食,停一站摆一站,直到棺材到达目的地为止。他们以为这样做,能够让死者的灵魂得到休息,消除疲劳,有力气跟着前进。同时,他们在殡葬过程中,还有一种风俗,用某种树皮制作的纸,为死者绘制大批的男女马匹骆驼、钱币和衣

[1]《西夏纪事本末》卷10,《元昊僭逆》。

[2]霍升平、杨秀琴译:《西夏箴言集锦》"十二字箴言",《民族艺林》1988年第1期。

[3]《旧唐书》卷198,《党项传》。

[4]《西夏书事》卷7。

武威塔儿湾出土的
黑釉瓷灯台

服图形,和尸体一起火化。他们以为死者在阴间
将会享受纸片上所画的人物和器皿。在举行殡
葬仪式的时候,所有乐器全部击响起来,霎时间
吵闹喧嚣震耳欲聋。[1]

这种火葬的特点是灵柩与尸体一起火化,而且礼仪也比
党项羌人最早的火葬要繁缛得多。

至于西夏皇室和显贵大臣,死后并未采用简陋的火
葬,而是采用奢侈壮丽的墓葬。西夏皇帝的陵墓集中于贺
兰山的东部,其陵墓制度系"仿宋巩县宋陵而作,人有掘
之者无一物"。[2]据《宋史·夏国传》载,自继迁开始,经德
明、元昊、谅祚、秉常、乾顺、仁孝、纯祐到安全,共9个皇
帝,其坟墓分别命名为:裕,嘉、泰、安、献、显、寿、庄、康等
陵。西夏陵园基本上是仿效唐宋陵园,但规模较小。从已
发掘的八号陵和108号墓去看,其陵园平面布局紧凑,月
城在内城南面,改变了外城包围内城的格局,陵台台基呈
八角形或圆形(唐宋皇陵呈方形);陵台在墓室后部,不起
封土作用;墓室形制中,墓道敷设木椽,用圆木或木板封
闭甬道,周壁敷设护墙板,而不用砌砖。这些,都是西夏皇
陵不同于唐宋皇陵之处。

六、交通及其工具

西夏交通四通八达。首先,由于西夏控制着河西走廊
及河套、陕北、青海东部的广大地区,因此,历代相沿的陆
路古道,如长安——凉州——西域道;长安北出原州的萧
关道;长安北出庆州的灵州道;经夏州至漠北的大同云中
道和回鹘道,等等,都在其掌握之中。

其次,元昊建国后,出于军事、政治、经济的需要,开
辟了不少新的道路。这些新道大都是以兴庆府为中心,向
四面八方辐射的。其重要者有自兴庆府通向宋都汴梁的
国信驿路;自兴庆府过黄河向东北穿越河套地区,直达辽
国都城临潢府的"直路";自兴庆府通往河西走廊的腾格
里沙漠的南缘路;自兴庆府通往白马强镇、黑水镇燕、黑
山威福军用大道,等等。

此外,还有很多次一级的新道,如翻越贺兰山的九条
公道;通往贺兰山、天都山离宫的御道;自盐州通往环庆

[1] 陈开俊等译:《马可波罗游
记》第1卷第40章,第
50—51页。
[2] 《嘉靖宁夏新志》卷3,《李
王墓》。

地区的车厢峡道、淮安道,等等。

公元 1136 年(夏大德二年,金天会十四年),西夏攻取西宁、乐州。次年,金将上两州连同积石州、廓州划给西夏。从此,由秦州、临夏、青海湟水流域向西入南疆、和田的青唐路,也完全在西夏的掌握之中。[1]

西夏的交通工具,主要有驼畜、人畜力车、船筏和浑脱,等等。

驼畜。主要有马、骆驼、骡、驴及牦牛。西夏每年向宋、辽、金朝贡,其贡品,大多用马及骆驼载运。产于贺兰山西北草原上的骆驼,为贡使提供在沙漠中乘骑及运输物品的理想工具,号称"沙漠之舟"。公元 981 年(宋太平兴国六年),宋供奉官王延德出使高昌,经过沙漠地区,"沙深三尺,马不能行,行者皆乘骑驼"。[2]说明骆驼是沙漠中理想的乘骑和运输工具。

船筏。流经西夏河套地区的黄河水势平稳,适宜于用船筏长途运载和渡口渡送客货。西夏境内的黄河,有官渡 30 余处,私渡难计其数。王延德出使高昌,行至今内蒙古磴口附近,见党项人"骆驼牵木栿而渡",[3]这是对西夏渡口渡送客货的真实写照。西夏著名渡口,有位于兴庆府东怀州境内的顺化渡(又名怀州渡)、灵州东北 30 里的吕渡,和青海廓州大通城东 15 里的达南渡,等等。

浑脱。何谓浑脱? 此处的"浑"作完整解,"脱"就是退皮。简言之,即完整的皮囊。如何制作皮囊? 以羊皮囊为例,宰羊时,不剖腹开膛,从颈口掏出骨肉,然后将完整的皮进行浸泡、取毛、灌进食盐及胡麻油曝晒、浸润等工序,再"吹气实之",[4]即可制成浑脱。由于浑脱皮囊既可用来盛水,又可用作渡具,因此,西夏正规军每人都配有浑脱。[5]这种浑脱传至宋朝中原地区,"河北道近岁为羊浑脱,动以千计"。[6]

浑脱有羊、牛两种,用牛皮做的浑脱,承载能力更大。明清时,将若干浑脱组并在木椽构成的排架上,成为皮筏。其数量,少者 14 只,多到百只,其载重量少者 500 公斤,多到数十吨。今天,宁夏、甘肃黄河上游的羊皮筏子,仍然能够见到,但已成为旅游的工具。[7]

武威塔儿湾出土的黑釉剔花牡丹纹瓷瓮

[1] 参阅王天顺主编:《西夏地理研究》,第 181—184 页。
[2]《宋史》卷 490,《高昌传》。
[3]《宋史》卷 490,《高昌传》。
[4]《宋史》卷 490,《高昌传》。
[5]《宋史》卷 486,《夏国传下》。
[6]《宋史》卷 339,《苏辙传》。
[7] 参阅王天顺主编:《西夏地理研究》,第 195—197 页。

主要征引文献与参考书目

一、文献资料

魏收《魏书》（点校本），中华书局 1974 年版。

魏征《隋书》（点校本），中华书局 1962 年版。

刘昫《旧唐书》（点校本），中华书局 1975 年版。

欧阳修《新唐书》（点校本），中华书局 1975 年版。

薛居正《旧五代史》（点校本），中华书局 1976 年版。

欧阳修《新五代史》（点校本），中华书局 1974 年版。

脱脱《宋史》（点校本），中华书局 1977 年版。

脱脱《辽史》（点校本），中华书局 1974 年版。

脱脱《金史》（点校本），中华书局 1975 年版。

宋濂《元史》（点校本），中华书局 1976 年版。

李焘《续资治通鉴长编》，中华书局 2004 年版。

王称《东都事略》，台北，文海出版社 1979 年版。

曾巩《隆平集》，文渊阁四库全书本。

欧阳修《欧阳文忠公集》，四部丛刊本。

范仲淹《范文正公集》，四部丛刊本。

张方平《乐全集》，文渊阁四库全书本。

苏辙《栾城集》，四部备要本。

司马光《司马文正公传家集》，四部丛刊本。

田况《儒林公议》，稗海本。

钱若水等《太宗皇帝实录》，四部丛刊本。

林宝《元和姓纂》，金陵书局校刊本。

宋敏求《唐大诏令集》，商务印书馆 1959 年版。

佚名《宋大诏令集》，中华书局 1962 年版。

彭百川《太平治迹统类》，文渊阁四库全书本。

司马光《涑水记闻》（点校本），中华书局 1989 年版。

王钦若《册府元龟》,中华书局影印本 1960 年版。

王溥《唐会要》,中华书局 1955 年版。

司马光《资治通鉴》,中华书局 1963 年版。

赵汝愚《诸臣奏议》(点校本),上海古籍出版社 1999 年版。

文彦博《文潞公集》,文渊阁四库全书本。

韩琦《安阳集》,文渊阁四库全书本。

包拯《包孝肃奏议》,文渊阁四库全书本。

《全唐文》,中华书局影印本 1983 年版。

沈括《梦溪笔谈》,文化出版社 1975 年版。

曾公亮《武经总要》,文渊阁四库全书本。

吕祖谦《宋文鉴》(点校本),中华书局 1992 年版。

欧阳修《归田录》(点校本),中华书局 1981 年版。

夏竦《文庄集》,文渊阁四库全书本。

王巩《闻见近录》,知不足斋丛书本。

江少虞《宋朝事实类苑》(点校本),上海古籍出版社 1981 年版。

乐史《太平寰宇记》,文渊阁四库全书本。

范镇《东斋记事》(点校本),中华书局 1980 年版。

洪迈《容斋随笔》,商务印书馆 1955 年版。

陈鹄《耆旧续闻》,丛书集成初编本。

王溥《五代会要》,丛书集成初编本。

岳柯《桯史》(点校本),中华书局 1981 年版。

张端义《贵耳集》,丛书集成初编本。

周辉《清波杂志》,文渊阁四库全书本。

张舜民《画墁集》,文渊阁四库全书本。

龚鼎臣《东原录》,丛书集成初编本。

太平老人《袖中锦》,丛书集成初编本。

晁补之《鸡肋集》,四部丛刊影印明仿宋刊本。

张世南《游宦纪闻》,笔记小说大观本。

王珪《华阳集》,文渊阁四库全书本。

朱弁《曲洧旧闻》,文渊阁四库全书本。

魏泰《东轩笔录》(点校本),中书华局 1983 年版。

洪皓《松漠纪闻》,丛书集成初编本。

李远《青唐录》,见陶宗仪等编《说郛三种》,上海古籍出版社 1989 年版。

罗从彦《豫章文集》,文渊阁四库全书本。

杨仲良《续资治通鉴长编纪事本末》,北京图书馆出版社 2003 年版。

郑刚中《西征道里记》,丛书集成初编本。

宇文懋昭《大金国志》(点校本),中华书局 1986 年版。

熊克《中兴小纪》,国学基本丛书本。

马端临《文献通考》,商务印书馆(万有文库十通本)。

王存《元丰九域志》(点校本),中华书局 1984 年版。

李心传《建炎以来朝野杂记》,国学基本丛书本。

李心传《建炎以来系年要录》,中华书局 1956 年版。

叶隆礼《契丹国志》(点校本),上海古籍出版社 1985 年版。

苏天爵《元文类》,四部丛刊影印元刊本。

陶宗仪《南村辍耕录》,中华书局 1959 年版。

叶子奇《草木子》,中华书局 1959 年版。

姚燧《牧庵集》,四部丛刊本。

王恽《秋涧先生大全文集》,四部丛刊本。

余阙《青阳先生大全文集》,四部丛刊续编本。

虞集《道园学古录》,四部丛刊本。

程钜夫《雪楼集》,文渊阁四库全书本。

吴海《闻过斋集》,文渊阁四库全书本。

陈邦瞻《宋史纪事本末》,国学基本丛书简编本。

[伊朗]志费尼《世界征服者史》,何高济译,内蒙古人民出版社 1980 年版。

胡汝砺《嘉靖宁夏新志》(点校本),宁夏人民出版社 1982 年版。

《弘治宁夏新志》,天津古籍出版社 1988 年影印本。

王夫之《宋论》,中华书局 1984 年版。

徐松辑《宋会要辑稿》,中华书局 1957 年版。

柯绍忞《新元史》(元史二种),上海古籍出版社 1989 年版。

屠寄《蒙兀儿史记》(元史二种),上海古籍出版社 1989 年版。

吴广成《西夏书事》(中华野史·辽夏金元卷),泰山出版社 1999 年版。

冯承均译《马可波罗行记》,上海世纪出版集团 2001 年版。

陈开俊等译《马可波罗游记》,福建科学技术出版社 1981 年版。

骨勒茂才《番汉合时掌中珠》(整理本),宁夏人民出版社 1989 年版。

戴锡章《西夏纪》(中华野史·辽夏金元卷),泰山出版社 1999 年版。

顾祖禹《读史方舆纪要》,台湾洪氏出版社印行。

张鉴《西夏纪事本末》(点校本),甘肃文化出版社 1998 年版。

顾炎武《天下郡国利病书》,四部丛刊三编本。

史金波等译《天盛改旧新定律令》,法律出版社 1999 年版。

史金波等译《文海》,中国社会科学出版社 1983 年《文海研究》本。

罗矛昆译《圣立义海》,宁夏人民出版社 1959 年《圣立义海研究》本。

陈炳应译《贞观玉镜将》,宁夏人民出版社 1995 年《贞观玉镜将研究》本。

陈炳应译《西夏谚语》,山西人民出版社 1993 年版。

韩荫晟《党项与西夏资料汇编》上卷(第 1 册、第 2 册),宁夏人民出版社 1983 年版。

李范文编释《西夏陵墓出土残碑粹编》,文物出版社 1984 年版。

李仲三译《西夏法典》(天盛年改旧定新律令)(第 1—7 章),宁夏人民出版社 1988 年版。

李逸友《黑城出土文书》(汉文文卷),科学出版社 1991 年版。

《俄藏黑水文献》(1—11 册),上海古籍出版社影印本。

刘建丽、汤开建《宋代吐蕃史料集》(一)(二),四川民族出版社 1986 年、1989 年版。

焦进文、杨富学校注《述善集》,甘肃人民出版社 2001 年版。

陈登原《国史旧闻》第二分册,中华书局 1962 年版。

二、研究论著

吴天墀《西夏史稿》(增订本),四川人民出版社 1981 年版。

李蔚《西夏史研究》,宁夏人民出版社 1989 年版。

李蔚《西夏史若干问题探索》,甘肃文化出版社 2002 年版。

汤开建《党项西夏史探微》,允晨文化实业股份有限公司 2005 年版。

周伟洲《唐代党项》,三秦出版社 1988 年版。

李华瑞《宋夏关系史》,河北人民出版社 1998 年版。

杜建录《西夏经济史》,中国社会科学出版社 2002 年版。

陈炳应《西夏文物研究》,宁夏人民出版社 1985 年版。

白滨编《西夏史论文集》,宁夏人民出版社 1984 年版。

白滨《元昊传》,吉林教育出版社 1988 年版。

白滨《寻找被遗忘的王朝》,山东画报出版社 1997 年版。

史金波《西夏佛教史略》,宁夏人民出版社 1988 年版。

史金波《西夏文化》,吉林教育出版社 1986 年版。

史金波《史金波文集》,上海辞书出版社 2005 年版。

蔡美彪等《中国通史》第 6 册,人民出版社 1979 年版。

〔俄〕孟列夫著,王克孝译《黑城出土汉文遗书叙录》,宁夏人民出版社 1994 年版。

王天顺主编《西夏战史》,宁夏人民出版社 1993 年版。

王天顺主编《西夏地理研究》,甘肃文化出版社 2002 年版。

漆侠、乔幼梅《辽夏经济史》,河北大学出版社 1998 年版。

何广博主编《述善集研究论集》,甘肃人民出版社 2001 年版。

史金波等《中国活字印刷术的发明和早期传播·西夏和回鹘活字印刷术研究》,社会科学文献出版社 2000 年版。

孙星群《西夏辽金音乐史稿》,中国青年出版社 1997 年版。

李范文《西夏研究论集》,宁夏人民出版社 1983 年版。

朱瑞熙、张邦炜等著《辽宋西夏社会生活史》,中国社会科学出版社 2002 年版。

刘建丽《宋代西北吐蕃研究》,甘肃文化出版社 1997 年版。

索引（按笔画为序）

（人名、地名、重大事件及典章制度等）

新版后记

  《简明西夏史》由人民出版社于 1997 年 10 月出版,至今已整整十年了。承蒙重新排版,改名为《中国历史·西夏史》。为此,我做了如下修订工作。

  第一,在内容上有所增加和补充。如第七章西夏的衰亡与西夏遗民,原书西夏遗民写的过于简略,根据专家读者的建议,除增加迁徙内容外,还增写了蒙元时期党项人士从政的主要事迹及其历史作用。此外,第一章总论,增加了西夏统治者的文化政策、文化的区域划分、特征及其发展所受诸因素的制约和西夏的地理条件。第五章西夏国家的昌盛,第一节增加了都城更名,第六节增加反腐倡廉,等等。第七章西夏的社会经济,第一节西夏的狩猎业,增加了狩猎概况,第三节西夏的手工业,增加了造纸业与酿酒业,第四节西夏的商业,补充了转手贸易与掠夺贡使商旅的内容。第八章西夏的文化与社会生活,第四节西夏文字,增加了在造句方面,西夏同汉文的不同,第七节西夏的社会生活,增加了饮食与健康、姓氏与发式、交通及其工具,等等。

  第二,在史料引注方面,凡原书引注为第二手资料,尽可能改为第一手资料。如原书 124 页注②《西夏书事》卷 13,改为《长编》卷 126,康定元年正月庚辰。纠正了原书的注释错误。如原书 279 页注③为《宋史》卷 304,《杨告传》,查对有误,更正为《梦溪笔谈》卷 25,《杂志》。根据修订内容的需要,对原书的注释有所增加。如原书 174 页,写划地界复和市,只有注释①、②,再版增加了③、④两个注释。

  第三,加强对历史事件叙述分析的全面、辨证。如原书 151 页,对庆历和议的分析,主要指出对西夏有利,再版本加上该和议可以减少宋朝陕西四路十分之四的驻军,从而减少了老百姓的负担。原书 302—303 页,对西夏掠夺贡使商旅,只是笼统地指出其充当拦路虎的角色,再版本则指出这种角色到崇宗乾顺元德年间有所改变,即允许西州回鹘商人过夏境贸易,并对大食等国商人实行优惠政策。

  第四,原书错别字、脱漏之处及标点欠妥之处颇多,再版本一一加以纠正。如原书第 1 页倒 3 行,“西尽巴楚”,“楚”为“焚”字之误。原书 342 页 10 行,“主要是诉状”。主字前漏“其”字,要字后漏“程序”二字。原书 309 页所引“西夏之盛,礼事孔子,极其尊亲,以帝庙祀,……作服施采,顾赡学宫,遗像斯在,国废时运,人鲜克知”。显然“运”为“远”字之误。“祀”字及“采”字后的逗号(,),均应更正为句号(。),等等。

　　第五,删去原书《拓跋氏世系表》和《西夏大事纪年简表》,新编了人名、地名、重大事件及典章制度索引,增加了主要征引书目与参考文献。

作者谨识

2007 年 3 月

新版《中国历史·西夏史》编辑后记

　　1975年8月底,在内蒙古生产建设兵团一师六团历练了6年的我,被推荐上兰州大学历史系,跳出沙漠去上学,犹如"少年时代做新郎",喜悦之情溢于言表。拿到入学通知书后,我连探家这样的"好事"都放弃了,迫不及待地从内蒙古巴彦高勒(内蒙巴盟磴口)南下报到。

　　其时的兰州大学,正是"两校"(梁效)鼓吹的"教育革命"重灾区,教学与学习沦为了革命的"附庸"。学校被迫以"劳动"代替"改造",以"革命"代替教学。从盘旋路的兰大校门进入,迎面便是文科楼,右转向北,学校的礼堂前,竖立着苇席搭成的"大字报"栏;校园里,处处是穿着深蓝色劳动布工作服的教师,树荫下的校内小道上,匆匆行走的是肩扛或手持铁锹的学生(统称工农兵学员)。其时的兰大,容不下一张平静的书桌了。刚入学时,我是历史系第一个报到的新生,学校里、系里都还没有开始迎接新同学的工作。历史系73级此时正面临毕业、正在榆中毕业实践。系里只好将我临时安排到73级的女生宿舍里。该宿舍里有一位没有参加毕业实践的学员叫周晓瑜,重庆人。她告诉我,她正在准备"评水浒"的批判稿;"评水浒"是上世纪70年代的政治运动之一。由当时的中共中央主席毛泽东发动,名为"评水浒",实为批"周公"(周恩来)。毛说:"《水浒》这部书,好就好在投降。做反面教材,使人民都知道投降派。"毛又指出:"《水浒》只反贪官,不反皇帝。屏晁盖于一百○八人之外。宋江投降,搞修正主义,把晁的聚义厅改为忠义堂,让人招安了。宋江同高俅的斗争,是地主阶级内部这一派反对那一派的斗争。宋江投降了,就去打方腊。"

　　《水浒传》是我国古代四大名著之一,水浒中的人物故事,家喻户晓。我从小记忆力好,喜欢历史。水浒中的108将,我可以背出绝大多数。理解力、记忆力、想象力是哲学、历史、文学三大学科入门的基础。加上我又是浙江临海人,与周晓瑜同属江南,只是她居长江之首,我则居之江(即钱塘江)之南。"江南自古多才女",按辈分,周晓瑜是我的"学姐";按年龄,我们是同年。与她谈聊《水浒》,正是有话要说的"血气方刚"时。我们有时切磋、有时争论,以至于等到我离开她的宿舍时,她说了一句我迄今都铭记在心的话:你干脆和我们一起毕业吧。她的幽默、诙谐,令我久久难忘。周晓瑜毕业以后分配到了山东大学历史系,此后不断进修进取,她已成长为教授、博士生导师。从她毕业至今,我们分别已34年。我们有时会打打电话互致问候、时时在想念中,但一直未见过面。天下之大,人海茫茫,有缘者总能相见。从"评水浒"到 1975 年年底的"反击右倾翻案风",我们都首当其冲。1976 年 10 月粉碎"四人帮"后,我们在校园里敲锣打鼓,迎来了学术文化的春天。为了弥补荒废的课时,我们又日夜兼程上课。

兰大的历史系是文科四大系之一,教授名师济济。教我们秦汉史的刘光华先生、魏晋南北朝史的杨剑虹先生、隋唐五代史的齐陈骏先生以及辽宋金西夏史的李蔚先生、明清史的唐景绅先生、近代史的杨定名先生、何玉畴先生、杜经国先生、民族史的杨建新先生、中共党史的朱允兴先生等等,还有李天祜、汤季芳、阮大荣、侯尚智、欧阳珍、李建诸先生教我们世界史和战后国际关系史。上世纪 70 年代末恢复学位制和职称评定以后,他们都飞快地成为了博导、著名教授。而当年他们为本科生讲课、上大课,却都习以为常。我在兰大的学习虽然短暂,但却得到了这些名师们的授课真谛,从这一点说来,我们这一代人又是幸运的。名师授课的特色,五彩缤纷。如著名的希腊悲喜剧研究专家李天祜讲课时,挺直腰板背诵埃斯库罗斯的《被缚的普罗米修斯》(埃斯库罗斯,古希腊三大悲剧家之一,人称"悲剧之父"):"啊,我那无比神圣的母亲啊……,雷电啊,来的更猛烈些吧……"。李老师的磁性的沧桑的声音,至今都犹在耳,每次回忆,都能在心灵上产生震撼。汤季芳先生是当年留美归来的"红色专家"(他是系主任),他对战后苏美、中美、日美及美国和整个欧洲关系的研究,既深入又富有创见。如从美国对苏问题专家哈里曼(美国第一任驻苏大使)、波伦、凯南影响国会并制定对苏外交政策及他对"马歇尔计划"核心:欲建立强大的欧洲,必定要建立强大的德国的认识,都是战后国际关系研究的真知灼见,迄今都仍闪烁着理论的光芒。受他熏陶,凭藉他授课的知识功底及为我们开列的参考书单,30 年后,我策划编辑出版了《战后国际关系稀见史料书系》(共 8 种:《哈里曼回忆录》、《杜鲁门回忆录》、《蒙哥马利回忆录》、《艾森豪威尔回忆录》等);又凭藉朱允兴先生讲授的中共党史知识的功底,我在 2003 年策划编辑出版了著名的黑皮书《现代稀见史料书系》(共 10 种:即《双山回忆录》《郑超麟回忆录》(上下)《莫斯科中山大学和中国革命》《延安回忆》《我的回忆》(上下)《苦笑录》《中共五十年》等)震动了学术界并获得读书界的广泛好评。杨剑虹先生是浙江黄岩人,是山东大学王仲荦先生的研究生。齐陈骏先生是浙江天台人,1957 年毕业于上海复旦大学历史系。他们都是我的台州小同乡。他乡遇同乡,又是任课的先生,更是亲切,我学习的积极性徒然高涨。齐陈骏先生是一位才华横溢的学者,复旦大学历史系毕业以后,分配到兰州大学工作。20 多岁就在《历史研究》发表文章,受到学界重视。同时,他也是同辈人之中较早被评为教授的学者。齐先生精通魏晋南北朝隋唐五代史,所撰《五凉史略》诸书久负盛名。不仅如此,他后来又涉足敦煌文献领域,成为国内较早培养敦煌学研究生的学者之一,奠定了兰州大学敦煌学研究重镇的基础。目前,齐先生早年创立的敦煌学研究室已经发展壮大为教育部人文社会科学重点研究基地兰州大学敦煌学研究所,正在发挥着越来越重要的作用。上世纪 90 年代初,他陪父亲来京,此后他应邀出访前苏联从北京中转,我都尽了迎来送往之责。1981 年,我生平的第一篇学术论文《关于石勒的再评价问题》发表(《民族研究》1981 年第 3 期,《光明日报》1981 年 7 月 18 日又作了转载),及其以后发表的《试论十六国时期汉族士族的历史作用》就与齐先生的指导帮助有关,也与王思治先生(著名清史专家)、马大正先生(著名清史专家、国家清史编撰委员会副主任)的推荐有关。齐陈骏先生的著作甚多,但阴差阳错,我一直没有机会担任齐先生书稿的责任编辑,我从心底里祝先生永葆学术的青春。"十年道路行不尽,江山万里看无穷",往事如烟,师恩难忘。

李蔚先生在宋史、西夏史、金元史及中国古代经济史的研究上颇多建树。他也是我兰大毕业后分配到人民出版社历史编辑室以后从事宋史研究和编辑出版宋史研究著作的引路人之一。多年来,我一直在编辑岗位上忙忙碌碌,为他人作嫁衣裳,虽然编辑出版了 200 多部书,获得了国家图书奖、中国图书奖、政府优秀出版物奖等大奖及国务院颁发的政府特殊津贴,也撰写了数十篇关于宋史研究的论文、综述和书评,如《宋代榷盐制度述论》、《略论宋代的榷盐与边防》以及《中国史研究动态》及《中国历史学年鉴》的 1985、1986、1987 年《宋史研究概况》等等,但一直没有从事专门的宋史研究,也没有写出大部头的专史。编辑搞研究,苦于时间不够用,只是钻钻空子、打打擦边球而已。"青出于蓝应胜于蓝",李先生的学术研究是高山,高山仰止。我们实在是惭愧。1997 年,我有幸担任了李先生的《简明西夏史》的责任编辑,此次又再次担任修订版《中国历史·西夏史》的责任编辑,再次阅读修订稿,感慨万千,深感先生的学术水平与西夏史研究水平跃上了新的境界。

首先,李蔚先生将西夏史放到中国历史发展的长河中考察,对西夏王朝的历史地位给予了充分的肯定。这是富有创见的历史观。众所周知,在西夏立国的 12 世纪前后,中国境内同时存在着几个民族政权:东部和南部地区先后有北宋与南宋王朝,西南部地区有吐蕃和大理政权,西部地区是高昌诸小国,北部地区有蒙古政权,东北部地区先后有辽、金王朝,而西夏地处西北一隅。西夏是今天中国版图内以党项羌族为主的各族人民共同创建的封建王朝,是中国历史不可分割的一部分。西夏王朝从公元 1038 年元昊正式称帝建国,到公元 1227 年被蒙古政权所灭,首尾 190年。如果上溯至公元 881 年拓跋思恭建立夏州地方政权,则长达 347 年,比同时存在的北宋长 27 年、比辽朝长 137 年、比金朝长 227 年。但是,历代封建史家囿于封建正统观念及民族偏见,████否定西夏王朝的历史地位、不承认西夏政权的合法性。如宋末元初的马端临就完全否定了包括西夏王朝在内的河西地区历代少数民族政权的历史地位;又如元代史家并列修撰《宋史》《辽史》《金史》时,唯独不给西夏单独修史而仅仅将西夏的史事附于三史末尾。个中原因,除了西夏史料的湮没等原因外,显然与不承认西夏的正统地位有关。李先生用唯物史观对上述观点做了分析,他在《前言》中明确指出:中国是一个统一的多民族国家,中国的历史是中华民族各族人民共同创造的历史。正如毛泽东在《论十大关系》中指出:各个少数民族对中国的历史都作过贡献。在 10 至 13 世纪期，先后与宋、辽、金鼎立，西夏王朝曾经组织领导其境内以党项族为主体的各族人民，发扬爱国主义精神，在极其艰苦的条件下，从事生产斗争和军事斗争，开展同周边邻国的经济文化交流，发展了社会经济和文化，为开发祖国的大西北，做出了不可磨灭的贡献。它的兴起、发展和衰亡的历史，是我国历史有机组成的一部分。李先生还认为，此前的马克思主义的历史学家在评价西夏历史地位时，虽有超越前人的观点，不同程度地肯定了西夏的历史地位，但论述并不充分。李先生从四方面得出了明确的结论：一是西夏对河西地区局部统一，是唐末五代藩镇割据向元朝政治大一统转变的中间环节，它顺应了历史大趋势，具有深远的历史意义。二是西夏的立国对我国西北的经济开发作出了一定的贡献，这对改变西北地区落后的经济面貌起到了积极作用。三是西夏统一河西地区，加强了西北边疆同内地政治、经济、文化各方面的交流，这对缩小边疆地区与内地的差距意义重大。四是西夏立国之后大力发展文教，不仅为自己培养了大批文臣武将，而且为元代统治者储备了大量人材。对于提高西夏境内各族以及整个中华民族的文化水平做出了贡献。这些不仅是一家之言，而且对于人们认识西夏正确的历史地位具有指导意义。说明李先生在西夏史研究上已经达到的理论层次和学术水平。

其次，本书在已经出版的同类著作中，以框架新颖、结构完善而独具特色。由于元人修前代史时没有编撰一部西夏纪传体正史，致使西夏公私史料在元以后湮没殆尽。西夏王朝便成了古丝绸之路上的消失了的神秘王国。西夏学也成了"绝学"。清乾隆、嘉庆以后，学界崇尚考据，修史之风大盛，不少学者开始认识到西夏在中国历史上的地位，他们在史料极其缺乏的条件下纂修了一批关于西夏历史的书籍如《西夏纪事本末》《西夏书事》《西夏事略》……清乾嘉时期的考据学派虽做了大量辑佚，但多出于宋代文人的笔记文集，史料价值不大。史料的缺失，是西夏史的研究长期处于薄弱、落后的原因。20 世纪以来，随着西夏文物的大量出土，西夏学逐渐成为世界范围内的显学。20 世纪 80 年代以后，一大批西夏的断代史、专史、论文集出版，西夏史的研究出现了兴旺的势头，这些著作对深入研究西夏史作用巨大，但有的偏于史料的陈述与分析，有的内容有遗漏，有的编排体例不尽合理等等。李蔚先生就是在此时深思熟虑、另起炉灶开始撰写一部历史与逻辑相统一的西夏史专著。本书第一章《总论》是全书的纲，对西夏历史做了鸟瞰式的论述，其中关于西夏立国长久的原因、西夏历史的发展阶段、西夏历史的特点、西夏历史的地位等等，都是人们忽略而论述不清的问题。李先生对上述问题的考察和论述，颇具宏观和理论的高度。李先生总结的西夏在政治上采用蕃汉联合统治、经济发展的不平衡及对外存在的依赖性、民族矛盾激烈处于主导地位与对外战争频繁、文化上的多元与儒学佛教的兴盛等西夏历史的四大特点，都是发前人所未发的重大理论问题。第二章叙述西夏立国以前的历史及夏州地方政权的建立，揭示了西夏所奠定的立国基础。李先生

在三、四、五、六章中还摒弃了以政治、经济、军事、学术文化和民族关系等板块结构
叙述断代历史的传统,而是以西夏立国以后历史发展的脉络,以建国、巩固、繁荣、
衰亡四个发展阶段分章立目,将西夏300余年的历史置于运动的轨迹之中,从而勾
勒了西夏历史从立国到衰亡的全过程。这种创新的体例,给人以眉清目秀之感。第
七章叙述西夏社会经济,材料丰富,内容翔实,写的丰满。第八章专论西夏的文化和
社会生活,在史料极其分散和贫乏的情况下,拾遗补缺,全面概述了西夏文化和社
会生活的各个方面,难能可贵。

　　第三,李蔚先生具有多年的教学实践和教学经验,对西夏专题史的研究也颇深
入,此次另起炉灶撰写的西夏史,论述与分析精当,观点和体例也多有创新,是一部
功力与学问俱佳的力作。历史研究贵在占有史料、弄清和接近史实;而钩沉索引,考
镜源流,又是史学研究的基本功。但功力不等于学问,史学工作者还必须在具备深
厚功底的情况下对史实加以分析,从而得出规律性的理性认识。治学能成一家之
言,这才是学问。本书引用的材料,既有考古、文献材料,又有前人著述的成果、当代
学者的论断,尤其是李蔚先生利用近年来整理出版的黑水城出土的西夏文献《贞观
玉镜统》研究和考证西夏的军事,得出了西夏乾顺时期"尚文重法"并非不要武备,
二是要求武备要更加精益求精的结论。在占有丰富史料的基础上,李蔚先生对前人
的许多错误也作了辨证。李蔚先生治学一贯强调理论分析,把握历史问题的实质。
本书中观点鲜明的文字随处可见。如李继迁对宋战争性质的评介,李蔚先生不同意
把它视为反对北宋民族压迫的正义战争观点,也不赞成视此为地主阶级内部分裂
割据、也有农民起义和农牧民起义的性质。而是认为李继迁对宋战争纯粹是一场封
建王朝内部具有地主阶级割据性质的战争,毫无正义可言。又如在西夏官制研究
上,李蔚先生认为西夏有汉官和蕃官两套官制的传统看法不可靠,主张西夏官制是
一套官制、一个系统,所谓蕃官则是汉人和党项人都可以担任的职官的西夏语译
音。再如关于西夏文化的渊源,李蔚先生也不同意前苏联学者的西夏文化来源于中
亚细亚而独立自成体系的观点,强调了汉文化以及土蕃、回纪文化对西夏文化的影
响,西夏文化是一种植根于晋唐以来河陇文化之上的文化,而河西陇右地区的河陇
文化属于中原学术文化体系,西夏文化是中华民族传统文化的有机组成。这不仅具
有理论意义,而且还具有现实意义。

　　本书原名《简明西夏史》,初版于1997年(1998年获甘肃省政府一等奖)。此次
列入《中国历史》第10卷为《中国历史·西夏史》。从2000年开始,请原作者李蔚先
生修订、增补,增加了"社会生活",与原书的《西夏的文化》合为《西夏的文化和社会
生活》。还增加了西夏遗民的迁徙与流向、蒙元时期党项人从政的主要事迹及其历
史作用及300多幅历史文物图片等等;对历史事件的叙述、分析则更加全面、辩证;
原书史料的脱漏、错讹、误植,也都作了一一订正。又按照学术著作的惯例,增加了
"主要征引文献与参考书目"和"索引"。

李蔚先生最钟爱的学生罗炳良先生,和我既是学友又是会友,我们是宋史研究会在京相互联系、走动比较多的会员之一。他为本书的出版做了大量的史料校订和图片的遴选、文字说明等工作。他在 1987 年李蔚先生的硕士生毕业后,又考取了北京师范大学著名史学史专家瞿林东先生的博士生,现在是教育部人文社会科学重点研究基地北京师范大学史学理论与史学史研究中心副主任、学术委员会委员,国家林业局北京林业大学生态文明研究中心学术委员会委员、兼职教授、博士生导师,已出版了《南宋史学史》《中华野史·辽夏金元卷》等多部著作。他的人品和学术研究成果,我辈都钦佩不已,他应该具有光辉的学术未来。

"君子相交淡如水,秀才人情半张纸"。我与西夏史研究的著名学者李范文先生(宁夏社会科学院前院长),史金波先生、白滨先生、聂鸿音先生(均为中国社会科学院民族所研究员),陈炳应先生(甘肃省博物馆研究员)都在西夏史的国际国内学术会议上相熟相交,有事时都有求必应。李范文先生主编的《西夏通史》(人民出版社、宁夏人民出版社联合出版),我也是责编之一(署名修平)。为了该书的出版,2004—2005 年我曾 3 次飞银川。该书出版后,获首届中华优秀出版物提名奖、吴玉章学术奖。李范文先生也特别尊重我为《西夏通史》的顺利出版所付出的劳动,每次来北京,他都要来我处聚聚、坐坐,让人感到温暖无比。

"茂树底下有芳草",我是李蔚先生的学生,李先生在看到我为马植杰先生著《中国历史·三国史》写的《编辑后记》后,嘱我也写点什么,我拉拉杂杂写下以上与本书有关的人事与交往。以此聊为"编辑后记"。

"鸳鸯绣取从人看,要把金针度与人",妥当否? 诚惶诚恐!

张秀平

2009 年 5 月 20 日下午 4 时至凌晨 4 时

于北京朝内大街 166 号 510 室

图书在版编目（CIP）数据

中国历史·西夏史 / 李蔚著.
－北京：人民出版社，2009 年 6 月
（中国历史 / 张秀平 关宏策划）
ISBN 978-7-01-007841-0

Ⅰ.中⋯　Ⅱ.李⋯　Ⅲ.①中国－历史②中国－古代史－西夏（1038～1227）
Ⅳ.K20

中国版本图书馆 CIP 数据核字（2009）第 047644 号

中国历史·西夏史
ZHONGGUO LISHI XIXIASHI

作　　者：李　蔚
选题策划：张秀平 关　宏
责任编辑：张秀平
封扉设计：徐　晖
版式设计：陈　岩

人 民 出 版 社 出版发行
地　　址：北京朝阳门内大街 166 号
邮政编码：100706
经　　销：全国新华书店经销
印刷装订：永恒印刷有限公司印装
出版日期：2009 年 6 月第 1 版　2009 年 6 月第 1 次印刷
开　本：730 毫米×970 毫米　1/16
印　张：21.25
字　数：330 千字
书　号：ISBN 978-7-01-007841-0
定　价：50.00 元